ملامح
الديمقراطية الصينية
中国的民主道路

中国的民主道路
作者：房宁

（著名和作者名 阿文）

Copyright ©China Social Sciences Press, Beijing, China, 2014
All rights reserved.

Sponsored by B & R Book Program
本书获得国家新闻出版广电总局"丝路书香工程"重点翻译资助项目

تمت الترجمة بشركة بيت الحكمة للترجمة

هيئة تحرير سلسلة "فهم الصين"

رئيس هيئة التحرير: وانغ وي جوانغ

مساعدو رئيس هيئة التحرير: لي جيه - لي يانغ - لي باي لين - تساي فانغ.

أعضاء هيئة التحرير: تساي فانغ - قاو باي يونغ - هاو شي يوان - هوانغ بينغ جين باو بينغ - جين باي- لي جيه - لي لين- لي باي لين - لي يانغ - وانغ ووي جوانغ - وانغ ووي- وانغ لاي - يانغ إي - تشاو هونغ - تشاو جيان ينغ- تشو شين بينغ.

ملامح الديمقراطية الصينية

中国的民主道路

تأليف:

فانغ نينغ

ترجمة:

آلاء سيد

مراجعة:

د. أحمد ظريف القاضي

دار جامعة حمد بن خليفة للنشر

HAMAD BIN KHALIFA UNIVERSITY PRESS

الطبعة العربية الأولى عام ٢٠١٨

دار جامعة حمد بن خليفة للنشر
صندوق بريد ٥٨٢٥
الدوحة، دولة قطر

www.hbkupress.com

ملامح الديمقراطية الصينية

حقوق النشر © China Social Sciences Press, Beijing, China, 2014
الحقوق الفكرية للمؤلف محفوظة

جميع الحقوق محفوظة.
لا يجوز استخدام أو إعادة طباعة أي جزء من هذا الكتاب بأي طريقة بدون الحصول على الموافقة الخطية من الناشر باستثناء في حالة الاقتباسات المختصرة التي تتجسد في الدراسات النقدية أو المراجعات.

الترقيم الدولي: ٩٧٨٩٩٢٧١١٩٩٦٥

مكتبة قطر الوطنية بيانات الفهرسة- أثناء- النشر (فان)

نينغ، فانغ، مؤلف.

ملامح الديمقراطية الصينية / تأليف فانغ نينغ ؛ ترجمة آلاء سيد ؛ مراجعة د. أحمد ظريف القاضي. – الطبعة العربية الأولى. الدوحة : دار جامعة حمد بن خليفة للنشر ، 2018.

صفحة ؛ سم. – (سلسلة فهم الصين)

تدمك : 978-9927-119-96-5

1. الديمقراطية -- الصين. ب. سيد، آلاء، مترجم ؛ القاضي، أحمد ظريف، مراجع. ج. العنوان. د. السلسلة.

JQ1516 N55 2018

320.951– dc23

201826237386

كلمة الناشر الصيني

دار نشر الأكاديمية الصينية للعلوم الاجتماعية

عانت الصين الحديثة منذ بداية حرب الأفيون مصير التخلف والإذلال والضعف، ذلك المصير الذي كوَّن داخل عقليات الكثير من الصينيين مفهومًا ثقافيًّا، مفاده أن مهاراتهم وثقافتهم ونظام حكمهم أقل شأنًا من الآخرين. ولذلك فقد ضروريًّا أن تبدأ عملية إحياء مجد الصين، وتغيير مفهوم أن "الغرب هو القوي وأنا الضعيف"، عن طريق النقد والإصلاح الثقافي. ومن ثَم فقد "فتح الصينيون أعينهم ناظرين إلى دول العالم"، وبدأوا دراسة العالم من حولهم: اليابان وأوروبا وأمريكا، وكذلك روسيا السوفيتية.

وبهذا بدأنا مرحلة تغيير عاجل ومُلحّ لذلك التخلف والفقر والضعف المخيم منذ زمن، مجتهدين في تجاوز القلق والتوتر من هذه القوى الغربية. ويمكن القول إن أكثر ما كان يشغلنا خلال ما يزيد على مائة عام من السعي وراء تحقيق حلم الدولة القوية وحلم النهضة، هو فهْم الآخر ودراسته دون أن نسمح لأي كان أن يفهمنا ولو بقدر قليل. ولقد استمر هذا الوضع دون أي تغيير ملموس حتى بدأت العملية التاريخية للتحديث، التي تلت حركة الإصلاح والانفتاح في عام 1978م، ويُعد كَمّ الترجمات لأعمال الغرب في ثمانينيات وتسعينيات القرن العشرين خير مثال على الجهد المبذول في فهْم الآخر. وقد كانت هذه هي بداية تاريخ فهْم الصينيين ومعرفتهم للعلاقة بين "الصين ودول العالم" منذ بداية العصر الحديث.

وبالتوازي مع هذه الجهود، كان البحث عن "طريق" إنقاذ الدولة من الاحتلال والخراب، وتكوين دولة قوية وثرية من خلال "النقد الثقافي" و"نقد نظام الحكم" و"النقد المادي- التقني" هو جزء من سعي الصينيين وراء تحقيق حلم الدولة

القوية وحلم النهضة، وبما أن هذا "الطريق" المنشود في بدايته سيكون مجرد فِكر وشعار وروح، فكانت النقطة الأهم هي إيجاد الفكر والشعار والروح القادرين على إنقاذ البلاد، وتحقيق القوة والرخاء.

ولقد استمر بحث الصينيين وإعادهم للمحاولات المختلفة مرارًا وتكرارًا خلال مائة عام، لاقوا خلالها الإذلال والهزيمة والقلق، ففشلوا في تطبيق مبدأ "التعليم الصيني من أجل البنية الأساسية، والتعليم الغربي من أجل الاستخدام العملي"، كما فشلوا في ممارسة الملكية الدستورية، وعانوا الفقر الذي سببته سياسة الرأسمالية الغربية، والانتكاسة الكبرى للاشتراكية العالمية التي حدثت في بداية تسعينيات القرن العشرين، نعم؛ فقد مرَّت الصين بكل ذلك وأكثر؛ لتتمكن أخيرًا من الوصول إلى طريق انتصار الثورة الصينية، والتحرر والاستقلال الوطني، والدمج على وجه الخصوص بين كل من المنطق النظري للاشتراكية العلمية، والمنطق التاريخي للتنمية الاجتماعية في الصين، والوصول إلى طريق تحديث الاشتراكية الصينية - طريق الاشتراكية ذات الخصائص الصينية.

لقد شهد اقتصاد السوق الاشتراكي في بلادنا خلال ثلاثين عامًا من الإصلاح والانفتاح تطورًا سريعًا ملحوظًا، وحققنا الكثير من الإنجازات العملاقة في كل من الاقتصاد والسياسة والثقافة والبناء المجتمعي، وتعززت القوة الوطنية الشاملة، والقوة الثقافية الناعمة، وقوة التأثير الدولي، وتمكنت الاشتراكية ذات الخصائص الصينية من إحراز نجاحات عملاقة باهرة، وبالرغم من كونها ما زالت غير متكاملة، إلا أنه يمكننا القول إن الشكل الأساسي لها قد تشكَّل بنجاح. وبهذا تمكَّنت الصين بعد سعي وكفاح مائة عام من تكوين ثقة قوية بطريقها ونظرياتها ونظام حكمها، فارتفعت عاليًا بكل شموخ وسط دول العالم.

ولكن في الوقت نفسه، يجب علينا النظر إلى أنه في ظل حقيقة أن الصين تمكنت من الظهور في العالم، ومن أن تصبح واحدة من القوى العالمية الحالية، من خلال المعرفة والدراسة طويلة الأمد لثقافة الغرب ومفاهيمه وعاداته، ما زالت المبادرات الإيجابية التي تُتخذ من أجل تعريف أنفسنا إلى جميع شعوب العالم قليلة في إطار تعريفهم بـ "تاريخ الصين في الماضي" و"واقع الصين في الحاضر".

فلا يزال بعض الشخصيات الغربية البارزة، وشعوب دول الغرب، متأثرين بالشكل القديم "الغرب القوي والصين الضعيفة"، ذلك الشكل الذي طالما اعتادوا رؤيته خلال عملية التبادل الثقافي بين الصين وشعوب الغرب، فقليل مَن لديه معرفة عامة عن تاريخ الصين في الماضي وأحوال تطورها الحالي، فضلاً عن عدم وجود أي فهْم أو استيعاب لطريق التطور الصيني، و"نظرية الصين"، و"النظام الصيني" الذي يهدف إلى التطور العلمي الفعال للصين، وقيمة الصين المتفردة وإسهاماتها السباقة للحضارة الإنسانية، وغيرها من القضايا الأساسية المتعلقة بالصين.

ولقد أدى إغفال الصين عن "تعريف الذات" إلى إحداث بعض الشخصيات المعارضة، أصحاب الدوافع الخفية، لغطًا كبيرًا وضجة كبيرة ببعض النظريات الوهمية التي كوَّنوها من أجل رمي بلادنا بها زورًا وعدوانًا، فظهرت: "نظرية انهيار الصين"، و"نظرية التهديد الصيني"، و"رأسمالية الدولة الصينية"، وغيرها من القضايا التي انتشرت على نطاق واسع.

ويمكن القول، إنه خلال عملية التنمية التي اتبعنا فيها مبدأ "تَحسُّس الحجارة أثناء عبور النهر" عملنا بطاقة كبيرة وروح قوية على دراسة الغرب ومعرفة العالم، واعتدنا استخدام خبرة الغرب وخطاباتهم في معرفة أنفسنا، وتجاهلنا بشكل تام "معرفة ذواتنا"، و"ترك الآخرين يعرفوننا". ففي الوقت الذي اندمجنا فيه مع العالم أجمع بكل ودية وتسامح، لم يكن لدينا فهم وإدراك واقعي وموضوعي عند الآخرين. وبالتالي ها نحن الآن بعد أن نجحت الاشتراكية ذات الخصائص الصينية أخيرًا في تكوين "طريقها"، نبدأ في سرد قصة الصين بطريقة صحيحة، ونحكي تجربتنا وخبرتنا، مستخدمين أسلوب التعبير الدولي؛ لتعريف العالم بأسره بالصين الحقيقية؛ ولنوضح لهم أن شكل الحداثة الغربية ليس هو نقطة النهاية لتطور التاريخ البشري، وأن الاشتراكية ذات الخصائص الصينية هي أيضًا ثروة ثمينة للفكر الإنساني، ويعتبر الأمر مهمة بالغة الأهمية لكل الباحثين الأكاديميين المُتحَلين بحس العدالة والمسؤولية.

ولهذا الغرض، شكّلت الأكاديمية الصينية للعلوم الاجتماعية مجموعة من خيرة الخبراء والعلماء الذين ينتمون إليها، إلى جانب بعض الخبراء المتميزين من خارجها؛

من أجل كتابة سلسلة كُتب "فَهْم الصين"؛ لتقوم بإجراء عـرض وتحليـل عـام للطريق الوطني الصيني، والنظرية الصينية، والنظام الصيني، ولتقدم توضيحًا وشرحًا موضوعيًّا للتنمية التي تشهدها الصين الحالية في: النظـام السياسـي، وحقـوق الإنسان، وسيادة القانون، والنظام الاقتصادي، والوضع المالي، وأحـوال السـوق البنكية، والإدارة الاجتماعية، والضمان الاجتماعي، والسياسة السكانية، ومفهوم القيمة، والمعتقدات الدينية، والسياسات العرقية، والقضـايا الريفيـة، والتحضـر والتصنيع، والعلوم البيئية، وكذلك الحضارة القديمة، والآداب والفنـون، وغيرهـا الكثير من المجالات والاتجاهات، آملين أن يساعد نشر سلسلة الكتب هـذه في أن يفهم القرَّاء بداخل بلادنا فهمًا أكثر صحة تاريخ التنمية الذي مرت بـه الحداثـة الصينية خلال ما يزيد على مائة عام، وأن يروا المشكلات التي تواجههـا الصـين حاليًّا بنظرة أكثر عقلانية، وتأصيل ثقة الشعب بنفسه، وتعميق فكرة حاجتنـا إلى الإصلاح العاجل بدواخلهم، وتكثيف الوعي وتوحيد الفهـم والقـوى لتطـوير الإصلاح، ليس هذا فحسب؛ بل نحن نطمح أيضًا إلى أن تساعد هـذه السلسـلة القراء خارج الصين في زيادة فهمهم ومعرفتهم بالصين، وأن تنجح في تكوين بيئة دولية أفضل تساعد الصين في تطورها.

المحتويات

المقدمة ترسيخ الديمقراطية الصينية.. 13

الباب الأول: أصل الديمقراطية الصينية.. 35

الفصل الأول: نقطة الانطلاق التاريخية والطريق.. 37

(1) الأزمات الوطنية تُمهد لبداية التاريخ الحديث للصين.. 37

(2) استكشاف طريق إنقاذ البلاد وضمان البقاء لثلاث مرات متتالية.. 40

(3) طريق الجمهورية الديمقراطية لثورة 1911م.. 55

الفصل الثاني: أساس السياسة الصينية المرتبط بالظروف الفعلية.. 65

(1) قيام النظام السياسي على أساس مادي.. 65

(2) خط أيهوي– تنغتشوانغ: خط الظروف الصينية الأساسية.. 68

(3) القيود والشروط التي فرضتها أحوال الصين على النظام السياسي.. 78

الفصل الثالث: "التوحيد الكبير" حضارتا النهرين تحملان النظام السياسي القديم.. 81

الوحدة والتنمية: المتطلبات التي فرضتها الأحوال الأساسية للبلاد على النظام السياسي المعاصر.... 83

الباب الثاني: بناء الديمقراطية الصينية المعاصرة.. 93

الفصل الأول: بدء بناء الديمقراطية بعد تأسيس الصين الجديدة.. 95

(1) صياغة "الدستور" الأول.. 95

(2) تأسيس نظام مجالس نواب الشعب.. 98

(3) تأسيس نظام الأحزاب السياسية ذات الخصائص الصينية.. 100

(4) تأسيس نظام الحكم الذاتي الإقليمي القومي.. 105

الفصل الثاني: نقطة التحول الكبرى في تاريخ الإصلاح والانفتاح.. 111

(1) القضاء على الفوضى وتعيين الأمور في نصابها الصحيح، ووضع مخطط إصلاح النظام السياسي.. 111

9

(2) الإصلاحات الأربعة الكبرى في الثمانينيات 115
(3) إنشاء نظام الحكم الذاتي الجماهيري 120

الباب الثالث: خصائص الديمقراطية الصينية التوحيد المشترك بين ضمان الحقوق المدنية والسلطة المركزية 125

الفصل الأول: اكتشاف القوانين الأساسية لبناء الديمقراطية الصينية 127
(1) الحيرة بين تطبيق: "الديمقراطية" أم "المركزية" 128
(2) إعادة التفكير في "الثورة الثقافية": التوازن بين "الديمقراطية" و"النظام القانوني" 134
(3) البحث والاستكشاف خلال مرحلة الإصلاح: المركزية أم اللامركزية 135

الفصل الثاني: الوظيفة والمنطق الفكري لـ "ضمان الحقوق المدنية" و"السلطة المركزية" 141
(1) الشعب والحزب وجهان لعملة واحدة: المعنى السياسي لـ "وحدة الثلاثة" 141
(2) ضمان الحقوق المدنية: تحفيز إيجابية الجماهير 143
(3) مركزية السلطة: تحقيق التطور الاستراتيجي 149

الباب الرابع: النقطة الرئيسة لبناء الديمقراطية الصينية تطوير الديمقراطية التشاورية 169

الفصل الأول: أصل الديمقراطية التشاورية وتطورها في الصين 171
(1) "نظام ثلاثة/ثلاثة" و"المؤتمر الاستشاري السياسي القديم" 173
(2) المؤتمر الاستشاري الجديد يبدأ ممارسة الديمقراطية التشاورية 174
(3) التطور الجديد واضفاء الطابع المؤسسي على الديمقراطية التشاورية في الفترة الجديدة. 176

الفصل الثاني: القيمة التاريخية والملامح الرئيسة للديمقراطية التشاورية الصينية 181
(1) القيمة التاريخية للديمقراطية التشاورية الصينية المعاصرة 181
(2) الأشكال الرئيسة للديمقراطية التشاورية الصينية 188
(3) الملامح الرئيسة للديمقراطية التشاورية الصينية 190

الباب الخامس: استراتيجية التنمية الديمقراطية الصينية التوسيع التدريجي لحقوق المواطنين 193

الفصل الأول: النظرة التدريجية للحقوق بالصين 195
(1) الحقوق شيء تاريخي وليس طبيعيًّا 195
(2) الحقوق شيء اجتماعي وليس شخصيًّا 197
(3) الحقوق شيء واقعي وليس عقليًّا ذهنيًّا 200

الفصل الثاني: المصدر الحقيقي لمفهوم الحقوق التدريجي 203
(1) التطور غير النظامي للحقوق... 203
(2) تجربة تاريخ التنمية السياسية بأوروبا وأمريكا............................ 205
(3) الدروس المستفادة من التحول الديمقراطي الأعمى بالدول المتخلفة ... 208

الفصل الثالث: التمسك بالمُضي في طريق تطوير الحقوق ذي الطابع التدريجي 211
(1) الفهم الصحيح للطبيعة المزدوجة الخاصة بالوعي بالحقوق................ 212
(2) الالتزام بالمفهوم العلمي لتطوير الحقوق.................................. 215
(3) التنفيذ والتوسع التدريجي لحقوق المواطنين.............................. 217

الباب السادس: طرق بناء الديمقراطية الصينية دفع المشكلات وتعزيز إجراء التجارب 221
الفصل الأول: "تَحسس الحجارة أثناء عبور النهر": منهجية الإصلاح.................. 223
(1) نوعان من الطرق الفكرية: "تَحسُّس الحجارة أثناء عبور النهر" و"التخطيط عالي المستوى".. 223
(2) خصوصية القضايا السياسية... 228
(3) شروط "التخطيط عالي المستوى" ومقدمته المسبقة....................... 232

الفصل الثاني: اختيار مسار دفع المشكلات 237
(1) الظاهرة أكبر من الجوهر: البدء من الحلول المؤقتة...................... 237
(2) الانتصارات الصغيرة تُكوِّن النصر الكبير: خفض تكاليف الإصلاح...... 244

الفصل الثالث: مبدأ دفع إجراء التجارب 249
(1) نظرية المعرفة: السعي لتوحيد الذاتية والموضوعية........................ 249
(2) طريقة التجربة والخطأ: تفريق مخاطر الإصلاح........................... 250

الباب السابع: آفاق بناء الديمقراطية الصينية.. 253
الفصل الأول: تعزيز عوامل العرض الخاصة بنظام بناء الديمقراطية الصينية.......... 255
(1) الحاجة إلى تقييد السلطة.. 256
(2) الحاجة إلى رفع قدرة إدارة السلطة....................................... 264
(3) الحاجة إلى مكافحة الفساد وبناء النزاهة................................. 269

الفصل الثاني: الاستراتيجيات الثلاث لدفع بناء الديمقراطية.................... 275
(1) نشر المشاركة السياسة المنظمة بمختلف المستويات.................... 276
(2) توسيع نطاق الديمقراطية التشاورية ورفع جودتها 279
(3) تأسيس نظام تقييد السلطة وتطوير الإشراف الديمقراطي.................... 282

المقدمة

ترسيخ الديمقراطية الصينية

تُعتبر الديمقراطية اتجاها عامًّا للتطور السياسي الذي شهده المجتمع الإنساني بعد دخوله الحقبة الصناعية. ولما كانت الصين حاليًّا في المرحلة التاريخية التي تحقق فيها تطور التصنيع والتحديث؛ كان وجود الديمقراطية نتاجًا حتميًّا لهذا التطور، وكل ما تحتاجه البلاد من أجل تنمية الصين المعاصرة. فاستكشاف ووضع ديمقراطية تتلاءم مع احتياجات العصر، وتتفق مع ظروف البلاد، وتلبي متطلبات التطور، سوف يُعد -بلا شك- ضمانة سياسية كبيرة لتطور التحديث والتصنيع في البلاد. ويمكن القول إن الديمقراطية الصينية تتشابه مع الديمقراطية الخاصة بغيرها من البلاد في نقاط، كما تختلف معها في نقاط أخرى.

فقد تشكلت الديمقراطية الصينية بشكل تدريجي خلال طريق النضال الطويل لإيجاد: الاستقلال الوطني، وتحقيق دولة قوية وغنية، والعمل على تقدم المجتمع. أيضًا تأثرت الديمقراطية الصينية المعاصرة بالتقاليد التاريخية والثقافية والظروف المحورية. فمن خلال البحث الطويل المتكرر، اكتسبت عملية بناء الديمقراطية الصينية الكثير من التجارب والخبرات المهمة الخاصة بها، وتمكنت الصين من تكوين نظام ديمقراطي ذي خصائص صينية، ويعكس في الوقت نفسه القيمة الرئيسة، والمبادئ العالمية للديمقراطية. ونحن نُطلق على ذلك النظام الديمقراطي الذي يتسم بكل من العمومية والخصوصية معًا: الطريق الصيني للديمقراطية.

(1)

إن تأسيس الديمقراطية الصينية وتطورها هو أمر مترسخ في تـاريخ الصـين وواقعها. لقد قدمت البيئة التاريخية والظروف الواقعية المعاصرة: نقطـة البدايـة والأساس الصلب لتأسيس الديمقراطية الصينية وتطورها، ولَبَّت الكثير من المتطلبات الخاصة بتطور التصنيع والتحديث بالصين المعاصرة، ودفعت الديمقراطية المعاصرة، وشكلت العوامل الأساسية الخاصة بها.

وبنظرة ظاهرية، قد تظهر الديمقراطية على أنها "قيمة عالمية" أو شيء أشـبه بـ "كل الطرق تؤدي إلى روما"، كما قد يظهر أيضًا أن أشكال النظم السياسية في العديد من دول العالم متقاربة ومتشابهة، وتُسمى جميعها بالسياسات الديمقراطية. ولكن في حقيقة الأمر؛ تختلف الأسباب التاريخية للديمقراطية الفعلية التي تمارسها كل بلد من البلاد، كما تختلف وظيفة الديمقراطية ودورها في تطـور التاريخ الحديث والمعاصر في كل بلد عن الأخرى.

فبالنظر إلى الديمقراطية الحديثة التي نشأت في إنجلترا، نجد أن السبب الجوهري في تأسيس سياسة الديمقراطية هناك يرجع إلى الصراعات السياسية بـين الزمـرة الحاكمة؛ ولذلك أصبحت "حماية الحقوق" هي نقطة البدايـة والأسـاس لقيـام الديمقراطية بإنجلترا.

أما الديمقراطية الفرنسية فقد كان سبب تأسيسها هو التناقض الصارخ بـين طبقات المجتمع وفئاته، فنشأت الديمقراطية خلال النضال الثوري الذي قامت بـه الطبقات الدنيا ضد الطبقات العليا؛ ولهذا كان "القتال من أجل الحريـة" لوقـت طويل هو العنوان الرئيس الواضح المميَّز للديمقراطية الفرنسية. وقد اختلفت الحال في أمريكا عن هذا وذاك؛ فوُلدت الديمقراطية الأمريكية خلال حرب الاسـتقلال التي عارضوا فيها القمع الخارجي، ونشأت تأثُّرًا بالكثير من الأسـباب التاريخيـة والظروف الجغرافية وغيرها من الأسباب الخاصة؛ ففي الوقت الذي تم فيه استقلال أمريكا كانت دول قارة أوروبا تحتوي مساحة عريضة للبناء والتقـدم، وظروفـًا ملائمة لاختيار النظم والسياسات، الأمر الذي جعل الكثير من المفاهيم الديمقراطية والمبادئ السياسية التي نبعت في قارة أوروبا تظهر في العالم الجديد في مكانة متفوقة

عن العالم القديم. فكان كل ذلك بمثابة مِنحة أعطاها التاريخ لأمريكا، مِنحة ساعدت الديمقراطية الأمريكية في بداية تأسيسها على ممارسة الانفتاح المزدوج للحقوق المَدنية وسلطة الدولة.

ولقد كان أمرًا نادرًا بين دول العصور اللاحقة أن تتمكن سياسة الديمقراطية في بداية نشأتها من تحقيق الانفتاح المزدوج للحقوق المَدنية وسلطة الدولة، ولعل أهم الأسباب في ندرة الدول القادرة على تحقيق ذلك هو صعوبة وجود دولة تمتلك من التاريخ والظروف الطبيعية الهائلة كالتي تمتلكها أمريكا.

ولما كانت "كل الطرق تؤدي إلى روما "ولكنها في الوقت نفسه طرق مختلفة غير متشابهة، فقد أدى ذلك إلى وجود أسباب أساسية لظهور طُرق الديمقراطية في جميع البلاد، ولكنها في ذات الحين تختلف من بلد إلى آخر. فاختلاف كل من الغايات ونقاط الانطلاق التاريخية، والمهام التي يفرضها التاريخ في البلاد المختلفة، يؤثر تأثيرًا بالغًا في تشكيل طريق الديمقراطية الخاص بكل بلد على حدة. ولقد كانت أزمة تهديد بقاء الشعب الصيني التي تَسبب في ظهورها العدوان الاستعماري هي نقطة البداية الخاصة بالديمقراطية الصينية، فأصبح الخلاص الوطني، وإنقاذ البلاد من القهر، هو النقطة المحورية، والبداية التاريخية الأصلية لبناء جميع السياسات في الصين المعاصرة. وقد تبلورت المطالبة بالديمقراطية خلال النضال العظيم من أجل إنقاذ الشعب والحصول على الاستقلال الوطني، ومن ثم ظهرت ملامح أول ممارسة للديمقراطية في تاريخ الصين.

لقد أصبح السعي من أجل تحقيق التطور السريع لصناعة الدولة، وبناء دولة جديدة مزدهرة وقوية، هو المهمة التاريخية الجديدة في فترة ما بعد تأسيس الصين الجديدة. ومن ثمَ كانت الديمقراطية هي الآلية السياسية الإيجابية التي حفزت الشعب على بناء الدولة وتحقيق التحديث. وتحولت الفكرة الأساسية للديمقراطية الصينية من إنقاذ البلاد والخلاص الوطني إلى بناء دولة اشتراكية قوية.

وبذلك أثَّرت نقطة الانطلاق التاريخية والمواضيع والدوافع التاريخية الرئيسة تأثيرًا عميقًا على المسار التاريخي الخاص بتطور الديمقراطية الصينية، وكذلك على

طريقها الواقعي المعاصر. وبالرغم من التغييرات الجذرية التي شهدتها الصين منذ أن بدأت حركة الإصلاح والانفتاح، إلا أنه قد ظل واحدًا من أهم الخصائص المهمة في البلاد دون أدنى تغيير؛ حيث لم تتمكن 30 عامًا من حركة الإصلاح والانفتاح من إحداث أي تغيير لـ "خط أيهوي- تنغتشوانغ"، تلك الحدود الجغرافية الاقتصادية الموجودة منذ أكثر من 80 عامًا، والتي قدمها الجغرافي هو هوان يونغ بعام 1935م؛ والذي يُعد خطًّا يعكس التوزيع غير المتكافئ بين عدد سكان دولة الصين والموارد الموجودة بها.

وتعتبر الموارد الطبيعية بالدولة هي واحدة من الأسس المادية المهمة للتطور الاقتصادي الخاص بها؛ حيث تحتل 4 من الموارد الطبيعية الموجودة بالصين الصدارة في جميع دول العالم، وهي: الموارد البشرية، وموارد السوق، وموارد الطاقة المائية، وموارد الفحم.

وبغض النظر عن الموارد البشرية وموارد السوق، تحتل موارد الفحم المركز الأول عالميًّا في كمية الإنتاج، والثالث عالميًّا في حجم الاحتياطي من الفحم، كما تحتل موارد الطاقة المائية أيضًا المركز الأول عالميًّا. والجدير بالذكر بأن تلك الموارد الأربعة ذات الصدارة العالمية متوزعة بطريقة متعاكسة بالكامل؛ فمعظم الموارد البشرية وموارد السوق موجودة بشرق "خط أنهوي- تنغتشوانغ"، في حين تواجد معظم موارد الطاقة المائية وموارد الفحم بغرب "خط آنهوي- تنغتشوانغ". ولذلك أصبح توزيع الموارد على نطاق موسع واحدًا من الخصائص المهمة للأنشطة الاقتصادية والاجتماعية في الصين. ويجب أن تتناسب وتتكيف الأنظمة السياسية الصينية المعاصرة كافة، بغض النظر عن نوعها وحالتها، مع هذا الوضع الخاص بالموارد باعتبارها واحدًا من الحقائق الأساسية والظروف المهمة للبلاد. كما يجب أيضًا أن يمتلك النظام السياسي المعاصر بالصين القدرة على توزيع الموارد على نطاق واسع، والإدارة والمعالجة الفعالة لمسألة الأراضي الشاسعة، وأعداد السكان الضخمة، وتوزيع الموارد غير المتكافئ في هذه البلاد الواسعة.

لقد كانت الديمقراطية اختيار الشعب، ولم يكن ذلك الاختيار اختيارًا عشوائيًّا؛ بل إنه قد تم من بين العديد من الاحتمالات والاختيارات التي أسهمت

في تكونها المهام التاريخية والظروف الفعلية للدولة، وغيرها من العوامل الموضوعية.

وبذلك كان لتاريخ الصين وظروفها الفعلية دور كبير في التأثير على النظام السياسي للصين الحديثة وتقريره، ولما كان تحقيق التصنيع والتحديث الوطني من المهام الأساسية التي تواجهها الصين الحديثة حاليًّا، تطلبت الظروف الفعلية للصين حاليًّا خلال مرحلة التحديث والتصنيع، وجودَ نظام وآلية سياسية لها القدرة على تحريك روح الإيجابية والمبادرة والإبداع بداخل الجماهير من أجل بناء الوطن، والسعي لتحقيق السعادة ومستوى حياة جيد، وأيضًا تكون قادرة في الوقت ذاته على تركيز قوة الشعب وحكمته، ذلك الأمر الذي سيكون من شأنه المساعدة على الصعيد الوطني في توزيع الموارد بطريقة فعالة، وحماية البلاد والمحافظة على أراضيها، وضمان الاستقرار والوحدة بالمجتمع.

وبالحديث عن النظام السياسي بالصين المعاصرة، يتحتم القول إنه في حال قدرته على الوفاء بجميع الاحتياجات الخاصة بهذين الاتجاهين السابقين اللازمين لتنفيذ تطور المجتمع وبناء البلاد، يمكن حينها فقط اعتباره نظامًا اختياريًّا جيدًا يمكن التعايش به، ونظامًا واقعيًّا يُمثل جميع الأنظمة التي يحتاجها الشعب الصيني، وبالتالي سيصبح نظامًا ديمقراطيًّا حقيقيًّا.

(2)

لقد تمكنت الصين أخيرًا بعد رحلة طويلة من البحث والاستكشاف، ومن خلال عملية التصنيع والتحديث ذات الوتيرة السريعة، أن تجد طريق الديمقراطية الذي يتفق مع الظروف الفعلية للبلاد، ويُجسد القيمة العامة للديمقراطية، ويلبي جميع احتياجات تطور المجتمع الصيني.

وبمقارنة النظام الديمقراطي الصيني بباقي النظم الديمقراطية في الدول الأخرى، تظهر أمامنا أربع ميزات واضحة لطريق الديمقراطية الصيني المعاصر:

أولًا: القدرة على توحيد كل من ضمان الحقوق المدنية، ومركزية سلطة الدولة خلال عملية التنمية الاقتصادية والاجتماعية:

فعلى الصعيد العالمي، نجد أن أول ملامح للديمقراطية في العصر الحديث ترجع إلى "الميثاق الأعظم[1]" الذي كُتب في بريطانيا عام 1215م. فيُعتبر "الميثاق الأعظم"، هو نقطة البداية للديمقراطية الغربية في العصور الحديثة، دار مفهومه الأساسي حول "ضمان الحقوق"؛ ولذلك تم خلال ذلك العام وضع القوانين، وإنشاء المؤسسات من أجل ضمان حقوق النبلاء والطبقة الأرستقراطية.

وقد تطورت الممارسات الديمقراطية التي أرسى "الميثاق الأعظم" قواعدها، وتعرضت لكثير من التحولات والتغيرات حتى أصبحت حاليًّا هي الديمقراطية البرلمانية، ونظام الحكم الدستوري في دول الغرب بالعصر الحديث. وتكمن قيمة "ضمان الحقوق" في أن يشكل النظام نطاقًا عامًّا للسلوك الاجتماعي، ويكوِّن توقعات حول الأنشطة الاقتصادية؛ ومن ثم يُحفَّز جانب المبادرة والإيجابية داخل المواطنين نحو المشاركة في الإنتاج والأنشطة الإبداعية.

لقد أثبتت الممارسات الديمقراطية كافة على مر تاريخ عصور التصنيع، منذ عصر التصنيع بأوروبا وأمريكا بالقرن الثامن عشر، وحتى استعادة ميجي باليابان في القرن التاسع عشر، ووصولاً إلى حركة الإصلاح والانفتاح بالصين في القرن العشرين، أثبتت أن "ضمان الحقوق المدنية" من الممكن أن يجلب قوة هائلة دافعة للتنمية، تساعد بشكل كبير في التطور الاجتماعي والاقتصادي.

وعلى هذا النحو، أسهمت حركة الإصلاح والانفتاح في إعطاء الشعب الصيني حرية اجتماعية واقتصادية لم يسبق لها مثيل، وحققت ضمان الحقوق المدنية وانفتاحها، وساعدت بشكل كبير على تحفيز جوانب الإبداع والمبادرة والإيجابية في نفوس مئات الملايين من الشعب الصيني.

---

(1) الماجنا كارتا أو الميثاق الأعظم، هي وثيقة إنجليزية صدرت لأول مرة عام 1215م. تحوي بنودًا عدة، منها مطالبة الملك بأن يمنح حريات معينة وألا تكون حريته مطلقة، وأن يوافق علنًا على عدم معاقبة أي "رجل حر" إلا بموجب قانون الدولة، وهذا الحق ما زال قائمًا حتى اليوم في هذه الدول.

ومن خلال هذا التغيير الذي حدث لإيجابية الشعب تجاه الإنتاج تمكَّن الاقتصاد الصيني من تسجيل قفزة تاريخية في ظل ظروف عدم حدوث تغير جذري في الموارد الطبيعية. ويمكن القول إن هذه كانت نتائج القوة الدافعة الاجتماعية الكبرى التي كونتها الديمقراطية الصينية. ومن ثم كان النجاح الاقتصادي الهائل الذي شهدته الصين منذ بدء فترة الإصلاح والانفتاح وظهور العديد من قصص النجاح حول العديد من الكفاءات التي ظهرت من العدم، والمواهب الفذة التي كشفت عن نفسها، وأصحاب المهارات الاستثنائية المتفردة، هي الإثباتات الأكثر قوة المؤيدة لانفتاح الحقوق المدنية باعتبارها إصلاحًا سياسيًّا موجهًا. وهنا يلزم التأكيد أن ضمان الحقوق المدنية هو مجرد اتجاه واحد من اتجاهات بناء الديمقراطية الصينية والإصلاح والانفتاح. وإذا ما تم القول إن الديمقراطية بجميع دول العالم تشتمل على عوامل ضمان الحقوق المدنية، وإن الديمقراطية الصينية لم تتفرد بهذا الاتجاه وحدها دون الدول الأخرى، يأتي ردنا واضحًا مذكرين الجميع بالجانب الآخر المشكِّل لبناء الديمقراطية الصينية، ألا وهو: مركزية سلطة الدولة، ذلك الاتجاه الأكثر تميزًا في الديمقراطية الصينية المعاصرة.

تُعد الصين دولة كبيرة لحقت بركب التطور في مرحلة متأخرة، ويُعد شعبها شعبًا ذا تاريخ مجيد وآثار ثقافية عريقة. لذا كان يجب على عملية التصنيع والتحديث بالصين أن تعمل على تغيير مظاهر الرجعية والنظرة المحدودة، إلى جانب العمل بكل جهد من أجل الحصول على مستوى متقدم عالميًّا. فـ "الحلم الصيني" لم يكن مجرد أنشودة رعوية خيالية؛ بل هو طموح شعب عظيم في اعتلاء قمة العالم أجمع. وبالطبع لم ترغب الصين التي بدأت رحلة تقدمها في وقت متأخر أن تتبع بشكل أعمى الدول الغربية المتقدمة؛ بل كان لا بد لها من أن تسلك مسارها الخاص. وفيما يخص الديمقراطية، نجد أن مركزية سلطة الدولة كانت هي الجانب الأكثر تميزًا في طريق الديمقراطية الصينية. فقد كانت "قيادة الحزب الشيوعي الصيني" هي التجسيد الحي لنظام مركزية سلطة الدولة خلال الفترة الكبيرة التي حكم فيها الحزب الشيوعي الصيني البلاد، ذلك النظام الذي أسماه الرأي العام

الغربـي بـ "الاستبدادية"، ويتمثل تعريف ما يُسمى بـ "الاستبدادية" في: الدمج بين الحرية الاقتصادية والاستبداد السياسي.

وبالرغم من وجود عدد كبير من الأشخاص في دول الغرب؛ بل وحتى في الصين أيضًا، يفهمون السياسة الصينية بناء على هذا التعريف، إلا أن الحقيقة بعيدة كل البعد عن هذا الوصف الذي يتحدثون عنه. فالنظام والآلية الخاصة بالصين تختلف اختلافًا جوهريًّا عن ما يُسمى بـ "الاستبدادية"، ويكمن في أن: النظام السياسي المعمول به في الصين حاليًّا ليس الهدف منه استخدام سلطة رجل واحد أو حزب واحد، أو مجموعة واحدة وتوظيفها لخدمة بعض الأغراض الأنانية الخاصة بمصالحهم، كما هي الحال في نظام السياسة الاستبدادية، فالنظام السياسي الذي تعمل به الصين في وقتنا هذا هو نظام يهدف إلى تركيز الموارد، واستخدام ترتيبات شاملة، وتنفيذ آلية التنمية الاستراتيجية لتحقيق التصنيع والتحديث. فكل من السلطة السياسية، والنظام السياسي ذاتا درجة المركزية العالية يُستخدم من أجل التنمية الاستراتيجية للبلاد؛ ولضمان تحقيق الصين لنظام سياسي ذو فاعلية كبرى يتمكن من تنفيذ التنمية المكثفة. فهذا هو العنصر الآخر للديمقراطية الصينية، الذي لا يقل أهمية عن عنصر "ضمان الحقوق المدنية".

ثانيًا: اختيار الديمقراطية التشاورية لتصبح الاتجاه الرئيس، والنقطة الأساسية لبناء الديمقراطية خلال مرحلة التصنيع

تمثلت طريقة تصنيف الصين للديمقراطية لوقت طويل في فصل الديمقراطية من حيث الشكل إلى كل من "الديمقراطية التشاورية"، و"الديمقراطية الانتخابية". وفي هذا السياق، تجدر الإشارة إلى أن بعض الأكاديميين الغربيين درسوا العيوب والمشكلات الناجمة عن نظام الانتخابات التنافسية التي يعمل بها الغرب، واقترحوا استخدام الديمقراطية التشاورية، أو التشاور الديمقراطي، من أجل تكميل النظام السياسي الغربـي وتهيئته، ولكن تلك المناقشات اقتصرت على كونها مجرد نظريات شفهية لم تنتشر حتى خارج نطاق المحادثات بصالونات العلماء. أما في الصين فالوضع مختلف تمامًا؛ فتتم ممارسة الديمقراطية التشاورية منذ زمن

طويل وبصورة واسعة، حتى إنها أصبحت شكلاً مهمًّا من أشكال الديمقراطية الصينية.

فلم تقتصر مرحلة التصنيع على كونها مرحلة تطور سريع لقوى الإنتاج المجتمعية؛ بل إنها كانت أيضًا مرحلة شهد فيها البناء المجتمعي بالصين تغيرات وتحولات كثيرة. ولقد جلبت عملية التصنيع في طياتها حراكًا اجتماعيًّا كبيرًا وتغييرًا هائلاً لهويات أفراد الشعب، وزيادة كبيرة في الثروات، ذلك الأمر الذي أدى إلى ظهور عدد كبير من التناقضات الاجتماعية. ولما كانت مرحلة التصنيع فترة تاريخية سَهُلَ فيها زيادة التناقضات الاجتماعية، كان من الطبيعي أن يُصاحب ذلك الكثير من الصراعات الاجتماعية والاضطرابات السياسية. وبالطبع يُعد اختيار النظام السياسي أمرًا عظيمًا له تأثير عميق على كل من عملية التصنيع، وكذلك على المجتمع خلال مروره بهذه العملية. وقد أثبتت خبرات الكثير من الدول الغربية النامية والمتطورة أن تنفيذ نظام الانتخابات التنافسية خلال مرحلة التصنيع، وفتح الطريق لقوة المشاركة المجتمعية، من الممكن أن يؤدي إلى "مشاركات مُخصصة"، وحصول جماعات المصالح على سلطة سياسية من خلال ممارستهم للأنشطة السياسية، ومن ثم استخدام تلك السلطة السياسة في التغيير والتأثير بقواعد وأنماط توزيع الأرباح والمصالح، بما يخدم مصالحهم الفردية. وبهذا الشكل تصبح نتيجة المشاركات المخصصة هي تفاقم الصراع الطبقي في المجتمع، وحدوث صراعات واضطرابات اجتماعية لا حصر لها.

لقد كان التركيز على تطوير الديمقراطية التشاورية خلال مرحلة التصنيع من الخبرات المهمة التي اكتسبتها الصين. فالتركيز على تطوير الديمقراطية التشاورية يمكنه بدرجة معينة أن يتجنب احتمالية زيادة الصراعات والتناقضات المجتمعية وانخفاض "المشاركات المخصصة" التي من الممكن أن يتسبب بها استخدام الديمقراطية الانتخابية في خلال عملية التصنيع. وبهذا اتخذت الصين في المرحلة الحالية الديمقراطية التشاورية نقطةً رئيسة لتطور الديمقراطية في الصين؛ حيث تكمن قيمتها الرئيسة في عدة نقاط:

1: لها القدرة على خفض التناقضات الاجتماعية وزيادة الفهم الاجتماعي المشترك

يمكن للديمقراطية التنافسية القضاء بكل سهولة على المصالح والأرباح نتيجة لتكثيف الخلافات وزيادته، وانتشار مبدأ "الفائز يأخذ كل شيء" التي تتسبب بهما. في حين تتميز طبيعية الديمقراطية التشاورية بأنها تسعى من أجل المصالح المشتركة، والبحث عن "القاسم المشترك" الأكبر، والاهتمام بمصالح الجهات كافة؛ فتعمل على تعزيز التسويات والتفاهم، والإعلاء من نمط المصالح المشتركة. ومن هنا يتضح جليًّا أن استخدام الديمقراطية التشاورية خلال فترة عملية التصنيع، التي يكثر فيها التغيرات، وتظهر فيها التناقضات الاجتماعية، هو الطريقة الوحيدة التي من شأنها تخفيف تلك الصراعات والتناقضات، وزيادة التناغم والاستقرار بالمجتمع.

2: تساعد على زيادة جودة الديمقراطية

إن كلاًّ من الديمقراطية التشاورية والديمقراطية الانتخابية، والديمقراطية ذات مبدأ قرار الأغلبية، ليست متعاكسة ومتناقضة تمامًا، ولكن عن طريق الديمقراطية التشاورية يُعبَّر تعبيرًا كاملاً عن جميع الآراء، فتُتاح الفرصة للاستفادة من خبرات الآخرين من خلال عملية تبادل الآراء ومناقشتها، فيستفيد الأقل خبرة من الأكثر خبرة، كما يُتجنَب التحيز، وتُوجَد الإمكانية للوصول إلى قرار بالإجماع؛ وبهذا يُجمع بين مبدأي "الانصياع لرأي الأغلبية" و"احترام رأي الأقلية" معًا.

3: تعمل على رفع كفاءة اتخاذ القرارات والحد من التكاليف السياسية:

يُعد الجدال والمنافسة العلنية هما الشرطان الأساسيان لكل من الديمقراطية التنافسية والديمقراطية بالتصويت والديمقراطية الانتخابية، وبالرغم من أن هذه الأشكال للديمقراطية لها العديد من المزايا، إلا أنها تمتلك في الوقت نفسه نقطة ضعف واضحة، تتمثل في إخراج الخلافات والتناقضات إلى العلن. ويتسبب إخراج الخلافات والتناقضات إلى العلن إلى جعل القضايا الأساسية تجريدية ومعيارية، وتكوين القيم المتعارضة والأحكام الأخلاقية، ونتيجة لذلك تُرفع تكاليف

المعاملات المؤدية إلى وجود تناغم وتوافق وفهم اجتماعي مشترك. أما الديمقراطية التشاورية فتسعى إلى إيجاد نقاط مشتركة وتنحية الخلافات، ولها القدرة في الظروف كافة على تجنب التناقضات الصارخة، وعدم إخراج الخلافات إلى العلن، وبالتالي تصبح ذات قدرة هائلة على تسوية الخلافات والوصول إلى فهم اجتماعي مشترك، والحد من تكاليف المعاملات المؤدية لتسوية الصراعات، والوصول إلى حلول وسطية.

ثالثًا: التطور والتوسع المستمر للحقوق المدنية وسلطة الشعب، بالتزامن مع التقدم الاجتماعي والاقتصادي

يُعتبر كل من ضمان الحقوق المدنية، وتوسيع نطاق الحرية المجتمعية، النقاطَ الأساسية في تحقيق الديمقراطية الصينية، ولكن بالطبع كان الجمع بين هاتين النقطتين عملاً شاقًّا لا يمكن إنجازه بين عشية وضحاها؛ بل احتاج إلى كثير من الجهد المبذول للتمكن من تحقيقه. فطريق الديمقراطية في الواقع ليس طريقًا سويًّا ومُمهدًا، وقد واجهت الكثير من دول العالم العديد من الصعاب والمنحنيات خلال مرورها به حتى وصلت إلى "الفشل الديمقراطي". وهنا نجد السؤال التالي يطرح نفسه: إذا كانت الفكرة الأساسية للديمقراطية هي تحقيق حكم الأغلبية، فلماذا قد يؤدي تنفيذ الديمقراطية وتطورها في بعض الدول إلى الفوضى؟ وتأتي الإجابة حاملة العديد من الأسباب التي قد تؤدي لتلك الفوضى، ولعل من أهمها وأكثرها خطورة هو: أن الحقوق المدنية تتجاوز القدرة الاستيعابية للنظام والآلية السياسية، ومن ثم تتكون ظاهرة "السرعة الزائدة للحقوق المدنية".

والحقوق المدنية هي نوع من أنواع الظواهر التاريخية التي تُنفَّذ عبر عملية تدريجية. وتُعرف الحقوق المدنية في المفهوم الغربي بطريقتين، فالبعض يعتقد أنها شيء بديهي متأصل في فطرة الإنسان، وهذا ما يُطلق عليه "نظرية الحقوق الطبيعية الممنوحة من السماء"، أما البعض الآخر فيعتقد أن الحقوق هي الحقوق التي يمنحها القانون، وأن الحقوق المشروعة هي مقدسات لا يمكن انتهاكها. ولكن تجربة الغرب في التطور السياسي لا توضح بأي شكل كان اعتقادهم المزعوم بأن الحقوق

المدنية هي شيء فطري طبيعي ممنوح من السماء. فبإلقاء نظرة على الدستور الأمريكي باعتباره الكتاب الكلاسيكي للديمقراطية الغربية، نجد أنه بالرغم من أن مبادئ السيادة الشعبية، وضمان الحقوق المدنية صِيغت في الدستور عام 1787م إلا أن إلغاء العبودية وحماية حقوق أصحاب البشرة السوداء "القوة السوداء" لم تَرِد في الدستور إلا في التعديل الدستوري الثالث عشر والخامس عشر؛ أي بدءًا من عام 1865م أثناء الحرب بين الشمال والجنوب، وبعد مرور أكثر من 80 عامًا على صياغة الدستور.

وبعد مرور مائة عام أخرى؛ أي في منتصف القرن العشرين ظل الأمريكيون الأفارقة يعانون التمييز العنصري، ولم تُنفَّذ تلك الحقوق التي شَرعها الدستور بشأنهم؛ ففي خلال "حادثة ليتل روك[1]" عام 1957م اضطرت الحكومة الأمريكية إلى إرسال الفرقة المجوقلة[2] 101 من أجل حماية بعض التلاميذ أصحاب البشرة السوداء، وإيصالهم إلى مدارسهم بأمان. وقد حدث مرة أخرى أن أرسلت الحكومة الأمريكية في الستينيات الحرس الوطني من أجل حماية أصحاب البشرة السوداء خلال ركوبهم الحافلات العامة.

ويمكن القول إن تلك المبادئ التي صيغت في الدستور الأمريكي بدأت في حيز التنفيذ الفعلي في سبعينيات القرن العشرين؛ أي بعد مرور أكثر من مائتي عام على وضعها؛ حيث بدأت الحقوق المدنية الأمريكية في التحسن بسبب الكثير من حركات الحقوق المدنية، والحركات الطلابية، والحركات النسائية، وغيرها من الحركات الاجتماعية التي بدأت في الازدياد يومًا عن يوم خلال التطور الاقتصادي، والازدهار الاجتماعي الذي شهده المجتمع الأمريكي. وبهذا يشير تاريخ تطور الديمقراطية الاجتماعية والتطور السياسي بأمريكا إلى أن تحقيق الحقوق

---

(1) تُعرف حادثة ليتل روك بـ "تسعة ليتل روك"، وقد حدثت نتيجة رغبة تسعة طلبة من أصحاب البشرة السوداء في الالتحاق بمدرسة سنترال الثانوية التي لم يكن يدرس فيها سوى أصحاب البشرة البيضاء في العام 1957. وأثار التحاقهم بالمدرسة مقاومة وأزمة دستورية، كان من شأنهما أن دفعا عجلة الحقوق المدنية في أميركا.

(2) مصطلح يُطلق على القوات المنقولة جوًّا.

المدنية هو عملية اجتماعية تحتاج إلى وقت طويل من الزمن، وأن وضع الدستور والقانون وصياغتهما ما هي إلا نقطة البداية لتحقيق الحقوق المدنية التي تبعد كل البعد عن نهاية الطريق، فصياغة الدستور ووضع القانون هما مجرد جزء من تاريخ تحقيق الحقوق المدنية والوفاء بها.

أما بالحديث عن الإيديولوجية والممارسات الاجتماعية الصينية، فلم يحدث مسبقًا أن تعاملنا مع قضية الحقوق المدنية على أنها مقدسات أو مطلقات أو بديهيات أو عقائديات محرمة. فمن وجهة نظرنا لا تعتبر الحقوق المدنية نتاج الأفكار والمفاهيم العقلية؛ بل هي نتاج التطور الاجتماعي والاقتصادي، فبالمصاحبة مع التطور الثقافي والاجتماعي والاقتصادي، بدأت الحقوق المدنية في التوسع والازدياد؛ فهي لم تكن أبدًا شيئًا فطريًّا متأصلاً في الإنسان، ولم تكن أيضًا نتاج النضال والكفاح السياسي. فالحقوق المدنية من حيث الجوهر هي أمر تاريخي نسبي. ومن خلال الظروف التي يمر بها الشعب فقط يمكن أن يتمتع المواطنون بالحقوق المدنية الملائمة لتلك الظروف المعينة. فمن خلال التقدم الثقافي والاقتصادي والاجتماعي بدأت الحقوق المدنية في التطور والتوسع التدريجي، وخطوة بخطوة ارتفعت جودة الحقوق الثقافية والاقتصادية والسياسية والاجتماعية كافة، التي يتمتع بها المواطنون. وبالطبع تحتاج الحقوق المدنية إلى حماية وتأكيد من الدستور والقانون؛ حيث يعتبر التأكيد الدستوري والقانوني لها واحدًا من معايير القيم الاجتماعية، وشكلاً من أشكال تأكيد مكانة تلك الحقوق في المجتمع، ولكن يظل كل منهم في النهاية لا يمكنه التأكيد والجزم بتنفيذها. فتنفيذ القانون والدستور، وتحويل الحقوق المشروعة الواردة بهما من مجرد نص مكتوب إلى واقع ملموس هي عملية تتحقق بالممارسة.

فجوهر الحقوق المدنية هو أنها نتاج التقدم الاجتماعي والتطور الاقتصادي، وليست نتاج مجموعة من القوانين. ولذلك فإن جذور تطور الحقوق المدنية في الصين يعتمد اعتمادًا أساسيًّا على البناء الاقتصادي والتنمية الشاملة للقوى الإنتاجية المجتمعية؛ فمن خلال الدفع المستمر للتطور الاجتماعي والاقتصادي يمكن خلق ظروف أفضل تساعد على تطور الحقوق المدنية وتدفعها إلى الأمام. وهذه

هي الخبرة المهمة التي مر خلالها الشعب الصيني؛ لكي يتمكن من الحفاظ على استقرار المجتمع خلال تلك الظروف المجتمعية المحيطة المعقدة بين التطور السريع للمجتمع والاقتصاد والحفاظ على الوعي الخاص بالحقوق المدنية.

رابعًا: استخدام استراتيجيات دفع المشكلات، ودفع إجراء التجارب خلال مرحلة بناء الديمقراطية وإصلاح النظام السياسي

من الضروري أن تُختار الاستراتيجيات الصحيحة التي تخدم بناء الديمقراطية وإصلاح النظام السياسي. ومن خلال أعوام طويلة من البحث والاستكشاف، كوَّنت الصين خبرة مهمة في كيفية استخدام المشكلات في دفع الإصلاح، واستخدام إجراء التجارب في تعزيز الإصلاح، لتصبح هاتان هما الاستراتيجيتان الأساسيتان في دفع الديمقراطية الصينية، وتُعد هذه ميزة أخرى تُضاف إلى مميزات بناء الديمقراطية الصينية.

ويُعد بناء الديمقراطية وإصلاح النظام السياسي مشروعًا اجتماعيًّا واسع النطاق. ومن وجهة نظر صحيحة يمكن القول إن الإصلاح السياسي والمؤسسي للديمقراطية يحتاج إلى العديد من الخطط والترتيبات اللازم إعدادها بشكل مسبق، ثم بعد ذلك تأتي عملية التنفيذ، ويُطلق على هذه العملية "التخطيط العالي المستوى". وبإلقاء نظرة على الوضع الحالي، نجد أن تحقيق هذا التخطيط المقصود في مجال البناء السياسي يحتاج إلى الكثير من المتطلبات التي غالبًا يصعب تلبيتها. فهذا التخطيط يحتاج إلى تراكم خبرات، وتجهيز العديد من النظريات وتشكيلها، فيجب أولاً أن يكون له أساس من الخبرات الكافية في المجال عينه، ثم يتم تكوين النظريات العلمية بناء على هذا الأساس. ولكن في المجال الاجتماعي، وبصفة خاصة في المجال السياسي يقل تكرار الممارسة لظاهرة معينة أو موضوع معين، وحينها لا يمكن أن يصبح الأمر مثل العلوم الطبيعية والهندسية، التي يتم فيها عمل بعض التجارب من أجل خلق بيئة ملائمة لإجراء التجربة المنشودة، عندما تتم ممارسة موضوع التجربة ممارسة قليلة غير متكررة.

وبالرغم من كل ذلك، لم يكن من المستحيل تمامًا الجمع بين كل من التخطيط العالي المستوى، بالإضافة إلى التنفيذ معًا بمجال بناء السياسية، فالتاريخ

يحمل لنا بين طياته العديد من السابقات من هذا النوع، مثل: "مشروع قانون الحقوق المدنية" بعد الثورة الفرنسية الكبرى، والنظام الدستوري الأمريكي الذي وُضع بعد استقلال أمريكا، والكثير من النظم السياسية التي وُضعت في الصين الجديدة بعد بناء جمهورية الصين الشعبية، والتي من أبرزها مجالس نواب الشعب الصيني وغيرها. فكل هذه الأمثلة تعتبر من التجارب المهمة عبر تاريخ التطور السياسي التي توضح إمكانية جمع نظام سياسي بين "التخطيط العالي المستوى" والتنفيذ معًا. ولكن يتحتم علينا الذكر أن جميعها كانت لديها فرصة تاريخية مهمة لا يمكن الاستغناء عنها، ألا وهي الثورات الاجتماعية التي ساعدت في تكوين بداية تاريخية جديدة، ومساحة ملائمة للتطور. ويمكن القول إن التخطيط العالي المستوى للنظم السياسية يتكون خلال أوقات الثورات التي يتم خلالها تبديل النظم القديمة بغيرها جديدة.

وبالطبع تُعد كل من الثورة والإصلاح أمرين مختلفين؛ فالإصلاح هو تغيير وتحسين لأساس موجود بالفعل، ولا يُقصد به "التخلص من القديم والبدء من جديد". فالإصلاح هو ورث العديد من العوامل المكونة لنظام موجود بالفعل، تلك العناصر التي تُغيَّر بعد ذلك لتتناسب مع الأساس المتواجد حاليًّا. ولذلك فعملية الإصلاح تتطلب مواجهة كل من النظام الموجود، والأنماط الثابتة الخاصة به، وغيرها من العوامل التي يجب تقيدها بعد ذلك بالعديد من الشروط الموضوعية، ولا يمكن بأي شكل من الأشكال أن يُتعامَل معها وفقًا لأسس شخصية ذاتية.

وبشكل مجازي يمكن القول إن الثورة تشبه "إعداد منطقة جديدة وتطويرها"، أما الإصلاح فيشبه "إعادة إعمار مدينة قديمة". كما تختلف فترات الإصلاح عن فترات الثورات؛ فيصعب في الأولى وجود "تخطيط عالي المستوى" ويَندُر، على عكس الحال في الثانية.

وبدءًا من عصر الإصلاح والانفتاح، يمكن وصف استراتيجيات إصلاح النظام السياسي مجازيًّا بـ "تَحسُّس الحجارة أثناء عبور النهر"، فالمشكلات تظهر من خلال الممارسة الفعلية، وليس من خلال مجموعة من الأفكار والمفاهيم المجردة، وبذلك يُفرِّق ويُميِّز بين الأفعال اللازم اتخاذها من خلال التجربة، وليس بمجرد

اتباع خطة مملوءة بـ "حزمة" من الأفكار بكل سهولة. فما يُسمى بالانطلاق بدءًا من المشكلات يتمثل في جعل المشكلات الفعلية هي نقطة البداية للإصلاح، فيكون البدء من الظاهرة. فالظاهرة أكبر من الجوهر. والبدء من الظاهرة لا يمكن أن ينفصل عن جوهر الأشياء، ولكن في ظل عدم وجود معرفة بجوهر الأشياء، يتم تخطيط نطاق الجوهر والتعرف من خلال إجراء تجارب الإصلاح، بدءًا من الشكل الخارجي، وصولاً إلى المعنى الداخلي، وبدءًا من الضحالة إلى العمق، ومن خلال حل المشكلة بشكل جزئي، يُنتقل من التراكم الكمي إلى التغيير النوعي. فعملية الإصلاح يجب أن تتوسع تدريجيًّا عن طريق الاختبارات والمشروعات التجريبية.

لقد كانت هذه هي إحدى الاستراتيجيات المهمة الناجحة التي استخدمتها الصين في الإصلاح وبناء الديمقراطية. فإصلاح النظم السياسية، ودعم سياسة الديمقراطية، يحمل في طياته أخطارًا كبيرة، ومسؤوليات ليست هينة؛ فبمجرد وقوع خطأ في إصلاح النظم السياسة تصبح النتائج كارثية لدرجة يَصعُب علاجها. وبالطبع، لا يوجد إصلاح دون مخاطر؛ فجميع الإصلاحات على الدوام يجب أن تواجه العديد والعديد من المخاطر المختلفة، إلا أن الإصلاح في النظم السياسية يُعد حالة استثنائية إلى حد ما؛ فلا يمكن التعامل بجرأة زائدة خلاله؛ لأن المخاطر التي يمكن أن تنجم عنه لا يمكن التراجع عنها، كما أن الخطأ خلاله قد يؤدي إلى كوارث لا يمكن إصلاحها. فمن الوارد جدًّا أن يفشل إصلاح النظام السياسي بأكمله إذا ما تعرَّض لانتكاسة كبيرة، ويترتب على ذلك تحمل الدولة والشعب للعديد من الخسائر والأضرار التي لا يمكن إصلاحها، بل وغالبًا ما يساهم ذلك في تدمير حياة عدة أجيال. نعم، هذه هي المخاطر التي لا يقوى على تحملها أي قائد سياسي أو أي مسؤول كان، سواء في الحكومة أم في الأحزاب السياسية. لذلك يجب أن يتجنب إصلاح النظام السياسي أي مخاطر قد تؤدي إلى انقلاب الحكم والبلاد.

لذا يجب أن تُبنى جميع التصورات والخطط والتجارب الخاصة بإصلاح النظام السياسي على أساس "مبدأ التراجع"، الذي يتمثل في إجراء التقييم المسبق للمخاطر التي يمكن أن يواجهها الإصلاح، والاستعداد المبكر بخطط التراجع إلى الخلف في

حال اكتشاف أي خطأ. فمن الممكن أن تتبدد هذه المخاطر التي تتربص غالبًا ببناء الديمقراطية، وإصلاح النظام السياسي، في حالة إجراء العديد من التجارب وتنفيذها. فإجراء التجارب من الممكن أن يعمل على تجنب الخطر الكامل والمصائب الكارثية؛ لذلك يمكن اعتباره جزءًا من آلية التراجع والعودة. نعم، من الصعب أن يتجنب الإصلاح الأخطاء، إلا أن بعض تلك الأخطاء من الممكن تحملها ما دامت في نطاق محدد. فالفشل والخطأ هما جزء من الاستكشاف والفهم ما داما لن يؤثرا على الوضع العام، كما أن كلاًّ منهما يمكن أن يساعد على تعميق المعرفة الخاصة بنظام الأشياء، ومن جهة أخرى يساعد على إيجاد المزيد من العلوم والطرق الصحيحة.

(3)

تنقسم الديمقراطية بين القيمة والممارسة. وإذا ما عرفنا الديمقراطية من ناحية "القيمة" سيتمثل معناها حينها في سيادة الشعب، ذلك المعنى الذي يحظى باتفاق وإجماع واسع النطاق، واعتراف قانوني شامل في جميع دول العالم. في ظل تلك الأحوال من اعتراف القانون بسيادة الشعب، أصبحت الديمقراطية قضية ممارسة؛ وبقولنا إن الديمقراطية قضية ممارسة نعني أنها أصبحت تتمثل في إيجاد الشكل الديمقراطي، والنظام السياسي الذي من شأنه تحقيق سيادة الشعب. ولكن ما دام إيجاد الشكل الديمقراطي المناسب وبناؤه بنجاح ليس بالأمر الهين على الإطلاق، سواء أكان هذا في الماضي أم في الحاضر، في دول الغرب أم في دول العالم الثالث. فبعدما تحقق الإجماع العام والاعتراف السياسي بالسيادة الشعبية، خضع إيجاد شكل محدد للديمقراطية واختياره وتأسيسه، للعديد من التقيدات والضوابط التي فرضتها بعض الظروف التاريخية والمعاصرة. وعلى مدار تاريخ تقدم الديمقراطية في العالم أجمع، كان طريق الديمقراطية في جميع الدول دون استثناء أشبه بالممر الضيق وسط سلاسل الجبال، مليء بالتعرجات والتعقيدات، ولا يمكن المضي قدمًا خلاله بسهولة ويسر.

وقد كانت هذه هي حال طريق الديمقراطية بالصين أيضًا. فلم يكن بناء مستقبل الديمقراطية في الصين أمرًا هينًا دون عوائق كما يتصور البعض؛ بل إن بناء

الديمقراطية الصينية وتطويرها قد خضع للعديد من القيود والتحديدات التي فرضتها بعض الظروف الخاصة، والبيئة الدولية وغيرهما من العوامل الموضوعية. ومن المتوقع مستقبليًّا، ألا تتمكن الديمقراطية الصينية من تنفيذ سياسة الانتخابات التنافسية، وذلك نتيجة للقيود التي ستفرضها مرحلة تطور التصنيع، وغيرها من الظروف التاريخية والواقعية المعاصرة، ويُعد هذا الأمر هو المشكلة الأهم التي ستواجه بناء الديمقراطية الصينية، وإصلاح النظام السياسي على المدى البعيد. ويمكن القول إنه في ظل وجود تلك القيود التاريخية المفروضة، سوف تكون الصين قادرة فقط على القيام بالتطوير الآمن المناسب للمشاركة السياسية المنظمة، وتوسيع نطاقها، والتنمية الكبرى للتشاور الديمقراطي، وتأسيس الاستراتيجيات الكلية الخاصة بتقييد السلطة ونظام الرقابة والإشراف وتحسينها.

أولًا: التوسع في تنفيذ المشاركة السياسية المنظمة على المستويات المختلفة

المشاركة السياسية واحدة من أهم المضامين المكوِّنة للديمقراطية التي تحتل مكانة مهمة في عملية الممارسة الفعلية لها. وتُعد المشاركة في وضع السياسات هي المسار الرئيس لتنفيذ المشاركة السياسية بالصين، فمن خلال النظام الاستشاري للرأي العام أصبحت جميع السياسات والقوانين بالبلاد تُبنى على أساس يعكس الرأي العام للشعب، وبفضل استشارة الرأي العام أصبحت جميع استراتيجيات حكم الحزب الحاكم والقوانين والقواعد الخاصة بنظام الحكم وغيرها من السياسات، تعكس وتمثل المصالح الأساسية للشعب تمثيلاً صحيحًا. ويمكن القول إن المفتاح الرئيس لضمان وجود مشاركة سياسية منظمة يتمثل في تنفيذ المشاركة السياسة على المستويات المختلفة؛ وذلك لأنه في ظل الشكل الديمقراطي المعاصر أصبح جليًّا أن العلاقة بين طبقة "النخبة" وطبقة "عامة الشعب" هي المشكلة الأكثر أهمية، التي يجب معالجتها خلال الممارسة غير المباشرة للديمقراطية.

يتمثل المعنى الصحيح للديمقراطية في المشاركة السياسية للجماهير كافة، ولكن هناك بعض العوامل التي تقيد بموضوعية من نطاق عامة الشعب وقدرتها في

ممارسة المشاركة السياسية: كعدم التكافؤ في المعلومات والخبرات، والقيود التي تفرضها المصالح، إلى وجود عدد من التقييدات. ويعتبر شكل "المشاركة السياسية على المستويات المختلفة" هو الطريقة الأساسية للتغلب على القيود المفروضة على مشاركة الجماهير. ويستخدم ما يُسمى بـ "المشاركة السياسية على المستويات المختلفة" بعض المعايير الأساسية التي لا غنى عنها من أجل تحديد وتشكيل طريق المشاركة السياسية، والأطراف المشاركة فيها، والموضوع الرئيس لها، وهي: ارتباط المصالح، وكفاية المعلومات، والاشتراك في المسؤولية.

فتحقيق التمييز بين الشؤون السياسية المختلفة طبقًا لدرجة اتفاق المصالح، ودرجة استيعاب المعلومات، وكذلك درجة الاشتراك في المسؤولية، يؤدي إلى وجود كيان شعبي قوي متماسك، ويعبر عن تحقيق مشاركة سياسية على المستويات المختلفة دون التطرق نحو ما يُسمى بالمشاركة السياسية الكاملة التي لا تفرِّق بين الاطراف المشاركة فيها ومستوياتهم المختلفة، وبالتالي يتم ضمان حق جميع أفراد الشعب في المشاركة في الحياة السياسية بالبلاد، ومنع وجود أي فوضى واضطراب قد ينشأ عن المشاركة السياسية غير المنظمة.

ثانيًا: تعزيز الديمقراطية التشاورية ورفع قيمتها وجودتها

طُرح المفهوم العام للشكل الصيني للديمقراطية التشاورية في المؤتمر الوطني الثامن عشر للحزب الشيوعي الصيني؛ حيث قُدِّمت فكرة تحسين نظام الديمقراطية التشاورية وآلية العمل بها، وجعل العمل على تنمية الديمقراطية التشاورية ونشرها على نطاق واسع، وتعديد مستوياتها، وإضفاء الطابع المؤسسي عليها، هي المحاور الأساسية لمستقبل بناء الديمقراطية في الصين. وتُعد المشكلة الرئيسة في التطوير المستقبلي للديمقراطية التشاورية في الصين هي رفع جودة العمل بها. وعند الحديث عن مستقبل تطوير الشكل الصيني للديمقراطية التشاورية يتضح أمامنا بعض من النظم المهمة الخاصة بتطوير الديمقراطية التشاورية ورفع جودتها، والتي يجب إدراجها في جدول الأعمال الخاص بخطة بناء الديمقراطية الصينية، وهي: الاكتشاف الشامل الدقيق الموضوعي للظروف الاجتماعية، والرأي العام، وآلية رد فعل الشعب.

وبمقارنة الديمقراطية التشاورية بالديمقراطية الانتخابية، نجد أن آلية التعبير الخاصة بالديمقراطية التشاورية أضعف نسبيًّا من نظيرتها؛ ولذلك اتضح جليًّا في خلفية التنمية الرئيسة للديمقراطية التشاورية، أنه من المهم جدًّا تسريع عملية بناء نظام لاستطلاع الرأي العام الصيني. وبالنظر إلى الوضع الحالي نجد أن الديمقراطية التشاورية ليس لها قاعدة وأساس ثابت متين بالصين؛ وذلك لأن العمل الخاص باستقصاء الرأي العام هناك ما زال يحتوي على العديد من العيوب وأوجه القصور، التي لا تساعد على بناء نظام استقصاء مهني منظم شامل للرأي العام. وفيما يتعلق بهذا الشأن، نجد أنه أصبح لزامًا على الصين دراسة خبرات الدول الأجنبية الأخرى الخاصة بهذا الصدد والتعلم منها، والجمع بين الظروف الوطنية والاحتياجات الفعلية للبلاد، وتسريع عملية بناء المؤسسات والنظم المتخصصة الاستقصائية للرأي العام، والتركيز بشكل خاص على بناء منظومة مهنية متخصصة مستقلة نسبيًّا خاصة باستقصاء الرأي العام، وذلك كله من أجل العمل على رفع جودة الديمقراطية التشاورية بالبلاد.

ثالثًا: بناء النظم الخاصة بتقييد السلطة ونظام الإشراف الديمقراطي وتعزيزها

أصبح كل من تقييد السلطة والإشراف الديمقراطي يشغلان حاليًّا دورًا ومكانة أهم من قبل، وذلك في ظل حقيقة التخلي عن وضع الانتخابات التنافسية خيارًا سياسيًّا لبناء الديمقراطية. وقد أثبتت الممارسات السياسية على مدار تاريخ الإنسانية أن تحقيق توازن السلطة هو أمر فعال وموثوق، باعتباره إجراءً أساسيًّا لمنع تدهور السلطة، وضمان الحفاظ على طبيعتها. فتوازن السلطة يُعد من الإنجازات البارزة للحضارة السياسية الإنسانية، وأحد المبادئ القابلة للتطبيق عالميًّا في ظل وجود نظام سياسي ديمقراطي. وفي تعريف لكل منها يمكن القول إن تقييد السلطة يقوم على مبدأ أساسي مفاده الإشراف والتقييد المتبادل بين عناصر السلطة المتشابهة أو المتماثلة، بينما يقوم الإشراف الديمقراطي على أساس مفاده إشراف صاحب الحق أو ممثل الكيان الأساسي على المُكلف بالأعمال أو النائب بتنفيذ

الأعمال، ومن هنا يتضح أن تقييد السلطة والإشراف الديمقراطي هما آليتان للتقييد والإشراف على السلطة السياسية، يختلفان في الطبيعة، ويتقاربان ويتفقان في الدور والوظيفة في ذات الوقت، ولا شك أن مرحلة البناء الديمقراطي المستقبلي تحتاج بشدة إلى تعزيز وتطوير كليهما معًا.

فخلال عملية إصلاح النظام السياسي المستقبلية بالصين، يجب أن يُصنَّف ويُسلسل ويُدرَج الشكل الخاص بآلية بناء تقييد السلطة جنبًا إلى جنب مع تعزيز بناء النظام الخاص بتقييد السلطة أيضًا. ويُقصد بما يُسمى بـ "التصنيف": الترتيب المتوالي لأجهزة السلطة الأساسية في الدولة، كلجنة الحزب والحكومة، ومجلس المؤتمر الشعبي الوطني، والقضاء وغيرها، بناء على أولية بناء آلية داخلية سليمة لتقييد السلطة بها. ويُعَرَّف ما يُسمى بـ "التسلسل" بـ: التفريق بين السلطات المركزية والسلطات المحلية والإدارات، اعتمادًا على آليات توازن السلطة المميزة بكل منها، والتي بُنيت طبقًا للظروف والاحتياجات المختلفة. أما بالحديث عن ما يُسمى بـ "التدريج" فيمكن القول إن السلطة السياسية في الصين اتخذت شكلاً مركزًا نسبيًّا لفترة طويلة من الزمان، وذلك بسبب ظروف المرحلة الحالية للتنمية في الصين، والقيود التي فرضها تاريخ النظام السياسي على تلك المرحلة، وبالتالي أصبحت آلية توازن السلطة بالنظام السياسي الصيني غير متوازنة ومتجانسة على الإطلاق، وأصبح من اللازم التفريق بين آليات التوازن الخاصة بطبقات السلطة المختلفة.

هذا، وقد برز دور الإشراف الديمقراطي ومكانته بروزًا أكثر وضوحًا في ظل غياب الشكل الديمقراطي الخاص بالانتخابات التنافسية. وأصبح الإشراف الديمقراطي شكلاً سياسيًّا ديمقراطيًّا مهمًّا لا يمكن الاستغناء عنه خاصة في أعمال الصين الخاصة باقتصاد السوق الاشتراكي. فيُعد الإشراف الديمقراطي الضمانة الخاصة بثبات السلطات كافة التي يمنحها الشعب إلى الحزب الحاكم وأجهزة السلطة بالدولة والأجهزة الحكومية، وبتنفيذ النهج الأساسي، الذي مفاده أن السلطة يتم استخدامها من أجل الشعب، وأن العمل لا يكون إلا لتنفيذ مصالح الشعب. وبمعنى مؤكد يمكن القول إن الإشراف الديمقراطي هو واحد من العوامل

الرئيسة التي تضمن المسار الصحيح لتطور الديمقراطية خلال المرحلة الحالية، فبتحقيق إشراف ديمقراطي فعال فقط، يمكن أن تؤدي جميع أشكال الديمقراطية الأخرى دورها أداءً صحيحًا. وبعبارة أخرى، أنه فقط في حالة تنفيذ نظام إشراف ديمقراطي فعال وتعزيزه، يمكن أن تُجسَّد السياسة الديمقراطية الاشتراكية الصينية تجسيدًا حقيقيًّا، ولذلك يعتبر الإشراف الديمقراطي مجالاً مهمًّا يحتاج إلى التعزيز والتطوير من أجل بناء السياسية الديمقراطية الاشتراكية ذات الخصائص الصينية.

وبهذا يتضح أن الطريق الأساسي لبناء الديمقراطية الصينية وتطويرها، اعتمد على الحقائق الفعلية والحالية للبلاد، والخبرات الذاتية التي مارستها الصين نفسها. فقد تمكنت الصين من خلال تكرار البحث والاستكشاف المتواصل من تشكيل نظام سياسي ديمقراطي أكثر منهجية، يتناسب مع مرحلة التطوير، ويتماشى مع متطلباتها.

وتتسم عملية بناء الديمقراطية الصينية بأربع سمات أساسية مميزة هي: التعزيز المشترك لضمان الحقوق المدنية، ومركزية سلطة الدولة في وقت واحد، والتنمية الرئيسة للديمقراطية التشاورية، ووجود تطور اقتصادي واجتماعي يتناسب مع تطوير الحقوق المدنية وتوسيعها، واتخاذ دفع القضايا وتعزيز إجراء التجارب استراتيجيات أساسية لتعزيز الإصلاح السياسي والبناء الديمقراطي.

ويجدر القول إننا على ثقة تامة بأنه بمواصلة المضي قدمًا في هذا الطريق، سوف يصبح النظام السياسي الديمقراطي الصيني بمثابة ضمانة سياسية يُعتمد عليها لعملية التطوير الاجتماعي والاقتصادي، وأن الصين سوف تتمكن في نهاية المطاف من إتمام المهمة التاريخية للتصنيع والتحديث، وتحقق نهضة وطنية عظمى.

الباب الأول

أصل الديمقراطية الصينية

تُعد الديمقراطية الصينية الخيار التاريخي للشعب الصيني. وطالما كانت الاختيارات المجتمعية هي وحدة بين الذاتية والموضوعية؛ فإي من الاختيارات التي نُفِّذت من قبلُ كانت نتيجة لمبادرة ذاتية، وقد خضعت للقيود والحدود التي فرضتها الظروف الموضوعية، فالشعب يقوم بصنع اختياره من خلال الظروف المتاحة التي تفرضها الأوضاع التاريخية، ثم يضع هذا الاختيار في موضع التنفيذ. ولقد كانت جميع الأنظمة الديمقراطية في مختلف البلاد بلا استثناء، شيئًا متأصلاً في تاريخ تلك الدول وحضارتها؛ فهي أنظمة بُنيت على طبقًا لظروف خاصة بتلك البلاد جميعها. فالتاريخ والظروف الفعلية عاملان أساسيان يلعبان دورًا مهمًّا في مرحلة تشكيل الأنظمة الديمقراطية؛ حيث يقومان بتعميق جذور تلك الديمقراطية وتأصيلها في البلاد. ومن هنا يتضح أننا إذا ما أردنا التعرف على النظام الديمقراطي الصيني، يتحتم علينا أولاً النظر إلى تاريخ الصين والظروف الفعلية الخاصة بها.

الفصل الأول

نقطة الانطلاق التاريخية والطريق

يُطلق على التأثير الذي يُحدثه مسار التطور التاريخي في النظام السياسي بالبلاد في العلوم السياسية ما يُسمى باتباع التغيرات المؤسسية للمسار (اتباع المسار). ومن هنا يتضح أن الديمقراطية الصينية لا يمكنها تجنب تاريخ الصين الحديث، وأن معرفة الصينيين بالديمقراطية جاءت من خلال خبراتهم وتجاربهم الشاقة التي بدأت في العصر الحديث.

(1) الأزمات الوطنية تُمهد لبداية التاريخ الحديث للصين

بالنظر إلى تاريخ الصين الحديث، يلفت الانتباه دائمًا كلمتان طالما تركتا أثرًا عميقًا في نفس الجميع، هما "إنقاذ البلاد وضمان البقاء" و"ازدهار الصين"، كلمتان ترددتا على مدار أجيال مترسختين في قلوب الشعب الصيني كأكبر أحلامهم، فهما يمثلان المهمتين الرئيستين لنضال المجتمع الصيني في العصر الحديث من أجل الاستقلال الوطني والتنمية الاجتماعية.

كانت حرب الأفيون عام 1840م هي نقطة البداية لتاريخ العصر الحديث بالصين، فمثلت الصورة النموذجية للصراع والتصادم بين الحضارة الصناعية للرأسمالية الغربية، والحضارة الزراعية للإقطاعية الشرقية. كانت حربًا عظيمة، أحد طرفيها إنجلترا أكثر الدول الغربية الصناعية تقدمًا حينها، في حين كانت الصين أقل الدول الإقطاعية الشرقية تقدمًا حينذاك هي الطرف الآخر. فحدث أن هزم الأسطول البحري البريطاني التابع لتلك الدولة الصغيرة القوية، التي قامت على الحضارة الصناعية الجيش الصيني التابع لإمبراطورية تشينغ تلك الإمبراطورية الكبيرة الضعيفة التي قامت على الحضارة الزراعية، ومنذ ذلك الحين تغير المسار

التاريخي للصين، وبدأ التاريخ الحديث للصين يسرد سطوره.

بدأت حرب الأفيون في يونيو عام 1840م في "شيامن" بالصين، وانتهت بتوقيع قائد الجيش الإنجليزي على "معاهدة نانجينغ" بين الصين وبريطانيا في 29 من أغسطس عام 1842م. وتعتبر معاهدة نانجين هي أول معاهدة غير عادلة في تاريخ الصين الحديث، وقد أثرت في تاريخ الصين بشكل رئيس في جانبين: أولهما: التنازل عن هونغ كونغ، وإعطاء القنصلية البريطانية حق الاختصاص الإلزامي، مما أضر بسلامة السيادة الصينية. وثانيهما "مزاولة الأعمال التجارية في الموانئ الخمس"[1]، ذلك الأمر الذي ألغى نظام التجارة الأصلي بالصين، وحقق بدلاً عنه قوانين الجانب البريطاني المتمثلة في "التجارة الحرة". وقد كان معنى الإضرار بالسيادة والتجارة الحرة واضحًا وضوحًا جليًّا متمثلاً في صورة شخص قوي سياسيًّا واقتصاديًّا يقتحم "منزل" شخص ضعيف قليل الحيلة. هذا، وقد أثَّر الإضرار بسيادة البلاد على قدرة الحكومة المركزية للبلاد على حماية السياسات الخاصة بها، بينما أدت "التجارة الحرة" إلى تعرض الحضارة الزراعية الصينية لتدهور شديد بسبب الحضارة الصناعية البريطانية.

وبعد مرور عام 1842، أجبرت الحكومة البريطانية حكومة تشينغ مرة أخرى في العام التالي على توقيع "دستور مزاولة الأعمال التجارية في الموانئ الخمس" و"معاهدة خومين". ومن ثم فقد طمعت جميع القوى الغربية في أراضي الصين، واستغلت هزيمتها وضعفها، وأصبحت كل واحدة منهم تلو الأخرى تُقدم على توقيع العديد من الاتفاقيات والمعاهدات غير المتكافئة مع الصين. وبهذا الشكل أدت الهزيمة في حرب الأفيون ومعاهدة نانجين وغيرها من سلسلة المعاهدات غير العادلة إلى ضرب حكم أسرة تشينغ المنغمسة في أمجادها الماضية، وأثَّرت تأثيرًا عميقًا في مستقبل الصين. وإذا قِيل إن حرب الأفيون الأولى عام 1840م فتحت فقط طريق الدخول إلى الصين، وبدأت عصرًا من الكوارث والأزمات، فيصح القول إن حرب الأفيون الثانية قد جلبت معها أزمات سياسية هددت بقاء النظام بأكمله؛ ففي أكتوبر عام 1856م اتخذت إنجلترا "حادثة سفينة أرو" حجةً مناسبة

---

(1) هي موانئ: قوانغتشو، وشيامن، وفوتشو، ونينغبو، وشانغهاي.

لغزو قوانغتشو، وفي العام الذي يليه تحججت فرنسا هي الأخرى بـ "حادثة الكاهن ما" فكونت مع إنجلترا قوات تحالف ليقوما معًا بشن حرب الأفيون الثانية. وفي سبتمبر عام 1860م غزت قوات التحالف البريطانية الفرنسية بكين، وهرب الإمبراطور شيان فنغ إلى منتجع الأباطرة الذي يقع في ريخه، فاحتلت قوات التحالف بدورها بكين، ونهبت القصر الصيفي القديم وحرقته.

فأثناء حرب الأفيون الثانية احتُلَّت العاصمة بكين، ودُمِّرت الحدائق الإمبراطورية، ولم تنتهِ إلا بتوقيع "معاهدة بكين" التي كانت تمثيلاً صارخًا لإهانة البلاد والتخلي عن سيادتها. وبعد ذلك تُوفي الحاكم الأعلى لأسرة تشينغ الإمبراطور شيان فنغ في المكان الذي التجأ إليه بعد صراع مع المرض. وبهذا، فقد كانت حرب الأفيون الثانية أزمة لا مثيل لها هددت بقاء إمبراطورية تشينغ الكبرى، وأسهمت في الوقت نفسه في إثارة وعي الطبقة العليا الحاكمة، والطبقة البيروقراطية بالأزمة الحقيقية التي تهدد البلاد، ومن ثم بدأت أول حركة تنمية إصلاحية في تاريخ الصين الحديث. نعم، قد بدأ تاريخ العصر الحديث بالصين بأزمات سياسية نتجت عن ضغوط خارجية هائلة، ولكن هذا ما جعل منطق التنمية السياسية بالصين متسمًا دائمًا بالصمود ضد أي ضغط خارجي قادر على تعزيز قوة الذاتية وتوسيعها على نطاق كبير. فأصبحت تلك البداية سببًا في تحقيق تلك النتيجة الباهرة.

لقد كان عدوان القوى الغربية على الصين سببًا في تعرف المجتمع الصيني على فكرتين أساسيتين، هما: "إنقاذ البلاد" و"ضمان البقاء". فإذا ما نظرنا إلى تاريخ الصين الحديث والمعاصر نجد أن جميع الأحداث الخاصة بالتنمية السياسية بالصين، وجميع الاختبارات التاريخية الكبرى، والبناء المؤسسي العظيم، التي حدثت في الفترة بعد حرب الأفيون الثانية، تتصل جميعها بلا استثناء بهاتين الفكرتين الأساسيتين: "إنقاذ البلاد" و"ضمان البقاء". فكل ما حدث من أجل الوفاء بمتطلبات فكرتي "إنقاذ البلاد" و"ضمان البقاء" حفظه التاريخ من الضياع وحَفره بداخله ومجَّده، وعلى العكس فقد مُحِيَ كل ما يتنافى مع تلك الأفكار أو كان يحدث عبثًا دون أن يكون غرضه خدمة تحقيق هاتين الفكرتين. فالعملية التاريخية برمتها توضح أن

اختيار النظم والاستراتيجيات يخضع لأحكام المهمات التاريخية وقواعدها؛ فالنظم والاستراتيجيات في الأساس هي وسيلة تحقيق وتنفيذ المهمات التاريخية. وبهذا يمكن القول إن نقطة البداية التاريخية كان لها تأثير دائم على عملية التطوير بالعصور اللاحقة.

(2) استكشاف طريق إنقاذ البلاد وضمان البقاء لثلاث مرات متتالية

مَثّل كل من احتلال بكين وحرق القصر الصيفي وموت الإمبراطور في أرض غريبة سلسلة من المصائب الكارثية التي هزت طبقة النخبة السياسية لإمبراطورية تشينغ العظمى، التي ضمت النبلاء والبيروقراطيين والأدباء والأطباء. ومن ثم فقد بدأ منذ عام 1860م اتجاه غير مسبوق للفكر والرأي العام في الارتفاع السريع بالنخبة السياسية بالصين. وكانت الكلمة الرئيسة المحركة لهذا التيار، هي: "تطوير الذات". وبالفعل فقد بدأت كلمة "تطوير الذات" تظهر مرارًا وتكرارًا ظهورًا ملحوظًا، ابتداءً من عام 1861م في الكتب التذكارية، والمراسيم الإمبراطورية، ومقالات الأدباء والمفكرين؛ لتوضح الرغبة القوية لطبقة النخبة في النضال والبحث عن الازدهار، وشعورهم ووعيهم الحقيقي بالأزمات.[1] وسرعان ما تحول هذا النوع من الوعي بالأزمات، وطموحات التغيير والتطوير إلى حركة تطوير ذاتي، قامت بها طبقة النخبة السياسية بالمجتمع الصيني.

1- حركة التغريب: حركة النخبة السياسية لتطوير الذات

بدأت تلك الحركة بعد مرور شهرين على توقيع "معاهدة بكين" المُذلة؛ ففي الـ 13 من يناير عام 1861م أرسل كل من ولي عهد قونغ الشهير الأمير إيشين، والعالم قويليانغ، ومساعد وزير وزارة الإيرادات وينشيانغ، عريضة "طلب تأسيس وزارة الشؤون الخارجية ووضع دستور اللوائح الست" إلى الإمبراطور شيان فنغ في

---

(1) طبقًا لما ورد في كتاب "تاريخ أواخر عهد أسرة تشينغ من تاريخ كامبردج للصين"، الجزء الأول، المؤلف جون كينغ فيربانك، دار نشر العلوم الاجتماعية الصينية، 1993م، ص 544.

ريخيه، وقد كانت تلك الوثيقة هي بداية انطلاق أول حركة لتطوير الذات والإصلاح في أواخر أسرة تشينغ.

وقد صدَّق الإمبراطور شيان فنغ على تلك العريضة، التي كانت آخر عريضة مهمة يُصدق عليها قبل وفاته؛ فبعد موافقته عليها بشهر واحد أصابه المرض ولم يكن يقوى على الحراك حتى وافته المنية. وبالنظر إلى تلك الوثيقة التاريخية بوجهة نظر حديثة: نجد أن معظمها كان اقتراحات تغيير للنظم الإدارية، ولكنها تعكس بدقة مدى معرفة وعلم طبقة النخبة في السلالات الإقطاعية في هذا الوقت، كما تعكس مستوى الإدراك والفكر الأساسي لأولى جهود الإصلاح في التاريخ الحديث للصين.

وقد كان أن بدأت الطبقة الحاكمة بأسرة تشينغ بعد انتهاء حرب الأفيون الثانية، وفي ظل ظروف الضغط الأجنبي الهائل بالتوجه الكامل نحو طريق الإصلاح، وتطوير الذات من خلال التغريب. وأما عن ما يُسمى بـ "التغريب"، فقد كان يُطلق عليه في عصر لين تسه شو "شؤون الغرباء"، ذلك المصطلح الذي يشير إلى جميع المسائل والأعمال المتعلقة بالعلاقات الخارجية والدول الأجنبية.

وقد بدأت نقطة انطلاق حركة التغريب بقول السيد وي يوان صديق لين تسه شو: "يجب التغلب على الغرب باستخدام أساليبهم بطريقة تفوقهم"، وبقول رئيس طائفة التغريب تشانغ تسي دونغ: "دراسة العلوم الصينية لوضعها حجرَ أساس إلى جانب دراسة العلوم الغربية للتنفيذ والتطوير"، وهنا يجب الإشارة إلى أن هذا الكلام أصبح بعد ذلك الفكر التوجيهي الأساسي لحركة التغريب بأكملها.

هيئة تصنيع الآلات بجيانغ نان

وبهذا بدأت حركة التغريب منذ ستينيات القرن التاسع عشر في الازدهار في الصين بأكملها، وتمثل مضمونها في بناء الصناعة العسكرية الحكومية وتطويرها، والصناعة التجارية تحت الإشراف الحكومي، وتأسيس الحكومة بنية تحتية قوية. ويتحتم القول إن تكوين جيش قوي قادر على الصمود أمام القوى الغربية كان هو أكثر هدف مباشر لحركة التغريب؛ ولذلك أصبح تأسيس صناعة عسكرية

حديثة هو المهمة الأساسية لحركة التغريب. ويعتبر كل من هيئة التصنيع بجيانغ نان، وهيئة التصنيع بجينلينغ، وهيئة الآلات بتيانجين، وهيئة بناء السفن بماوي، بالإضافة إلى هيئة الآلات بقوانتشو التي أُنشئت لاحقًا، ومصنع المدافع بهوبي وغيرها، من المؤسسات الرئيسة المهمة في مجال الصناعة العسكرية الحديثة، التي أُنشئت أثناء حركة التغريب.

وتجدر الإشارة إلى أنه بجانب مؤسسات صناعة الأسلحة الشهيرة هذه، بُني العديد من الهيئات المحلية للتصنيع والآلات وغيرها من الهيئات المشابهة في عشرات المقاطعات على طول الساحل والبر الرئيس. ولكن بطبيعة الحال لم يقدر أساس الصناعة العسكرية ذو التقدم المتأخر والتطور البطيء، والمستوى المتدني المبتدئ على الإيفاء باحتياجات تكوين جيش جديد لأسرة تشينغ، يحمل معدات حديثة مماثلة للتي يمتلكها الجيش الغربي.

أما بعد ذلك فقد اختلف الوضع؛ حيث تمكنت أسرة تشينغ تحت تأثير حافز مقاومة اليابان الذي كان يتزايد يومًا بعد يوم من تكوين جيش بحري حديث مُجهز بأحدث الأجهزة المماثلة للأسطول الغربي من خلال الشراء والاستيراد، مؤسسة بذلك "أسطول بي يانغ". وينبغي القول إن أسطول بي يانغ هو تطوير الصناعة العسكرية الحديثة التي قامت بها حركة التغريب، وبذلك كان تأسيس جيش حديث هو أهم الإنجازات التي حققتها الحركة.

وبهذا زاد وعي بيروقراطيي طائفة التغريب بعد بدئهم حركة التغريب، وتفهموا جيدًا أن أساس الصناعة العسكرية هو وجود صناعة حديثة في المقام الأول؛ ولذلك أطلقوا شعار "القوة مولودة الثراء والازدهار"، الذي نادى بتأسيس الصناعات الأساسية، وتطوير الصناعة المدنية من أجل رفع مستوى الصناعة رفعًا كاملاً.

وبالفعل، فد ظهر منذ سبعينيات القرن التاسع عشر تيار الاتجاه نحو تطوير الصناعات الأساسية والمدنية المعاصرة، وقد كان من أهم ممثلي هذا التيار لي هونغ تشانغ، وتشانغ تشيه دونغ، وتسوه تسونغ تانغ، وشنغ شوان هواي، وغيرهم.

ولقد ساهم هؤلاء العظام في بناء وتأسيس هيئات الصناعة المدنية الصينية الحديثة ذات الشهرة الحالية، مثل هيئة التعدين بكايبينغ التي تشرف على أول منجم فحم يستخدم الآلات في الحفر، وهيئة الغزل والنسيج الآلي بشنغهاي، وهيئة التجارة والملاحة البحرية، التي أنشأها السيد لي هونغ تشانغ، ومنجم الحديد بـ "دايي"، ومصنع الحديد بهان يانغ اللذين ساهم في تطويرهما السيد تشانغ تشيه دونغ، وهيئة الصوف الآلي بلانتشو التي أسسها السيد تسوه تسونغ تانغ، وغيرها من الهيئات الصناعية.

وبذلك فقد تمكنت حركة التغريب من خلال جهود استمرت لـ 30 عامًا من تحقيق نتائج مؤكدة، وأسست تأسيسًا ابتدائيًّا الصناعة العسكرية الحديثة بالصين، وأول الصناعات الأساسية والصناعات المدنية. وبجانب تلك الصناعات التي كانت تديرها الحكومة، شهدت الصناعات الممولة برأس المال الخاص تطورًا أيضًا، ووصلت المؤسسات الصناعية الخاصة الجديدة إلى الذروة في الفترة بين سبعينيات وثمانينيات القرن التاسع عشر، ووصل عدد المؤسسات الصناعية التي يديرها الأفراد في الفترة قبل الحرب الأولى بين الصين واليابان إلى 160 مؤسسة. ولكن للأسف دُمِّرت جميع جهود إنقاذ البلاد وضمان البقاء الأولى بعد مرور 30 عامًا على يد منافسة الصين التي قامت بالتغيير والإصلاح في الوقت نفسه بالتزامن مع الخلاص الوطني الصيني- اليابان.

بدأت الحرب الصينية-اليابانية الأولى في يوليو عام 1894م، وانتهت بفوز اليابان الساحق والتدمير الكامل لأسطول باي يانغ. وقد عنى ذلك بالطبع انتهاء حركة التغريب التي استمرت لأكثر من 30 عامًا، وضرب الروح المعنوية لطبقة النخبة السياسية الصينية، ففقدوا مصداقيتهم وتأثيرهم تمامًا. وحينذاك نشرت جريدة شانغهاي مقالاً تندد فيه بما حدث قائلة: تنازل حركة التغريب عن جميع تعهداتها ومهامها "عاد كل منهم لحياته الروتينية وإنفاق الأموال دون فائدة".

وبذلك فقد أدت الهزيمة في حرب الصين واليابان إلى ضياع جميع الجهود التي بذلتها النخبة السياسية الأكثر ثقافة وتفتحًا ومقدرة في الطبقة الحاكمة من أجل إنقاذ البلاد.

2- حركة إصلاح المائة يوم: الإصلاح السياسي الذي حققته النخبة الثقافية

أوضح فشل حركة التغريب أن التحقيق البسيط للإصلاح الإداري، وتأسيس صناعة قومية لا يكفي لإنقاذ البلاد. فإلى أين تذهب الصين؟ لقد أدت الأزمات المتفاقمة إلى إثارة غضب المجتمع الصيني إثارة كبيرة، وسيطر على كل من الإمبراطور وطبقة النبلاء إحساس من الكراهية المريرة والاستياء، إثر هزيمة الصين في حرب الصين واليابان.

وفي اليوم الثالث بعد توقيع "معاهدة ماقوان" بين الصين واليابان، التي وُقِّعت في الـ 20 من إبريل عام 1895م، أصدر الإمبراطور قوانغشو مرسومًا إمبراطوريًّا أعلن فيه: "نُعلمكم جميعًا، أنه بعد ذلك سوف أقوم أنا الإمبراطور ووزرائي بالاتحاد قلبًا واحدًا، متناسين الآلام التي دامت فترة طويلة، باذلين أقصى جهودنا من أجل أمرين مهمَّين، هما: تدريب قوات الجيش، وإمدادها بالمؤن والمعدات، ساعين إلى التخطيط للإصلاح والازدهار".[1]

فبعد فشل طريق تطوير الذات الذي كان شعار "التغلب على الغرب باستخدام أساليبهم بطريقة تفوقهم" هو نقطة بدايته، ظهر على الساحة التاريخية بعض العناصر المميزة التي تنتمي لقوة مجتمعية أخرى في المجتمع الصيني التقليدي- طبقة الأدباء والمفكرين. فـ "ليانغ تشي تشاو" و"كانغ يو وي" و"تان سي تونغ" و"يان فو" وغيرهم يعتبرون من أعظم النماذج والقادة التي ظهرت في ذلك الوقت. فهزيمة الصين في حربها مع اليابان بسبب ضعف قوتها ومستواها غير الكفء إذا ما قارناها باليابان، جعلت الشكوك تساور طبقة الأدباء، وتتجه اتجاهًا مباشرًا نحو النظام الصيني، ومن ثم عكفوا على إعادة التفكير والدراسة لفكر تطوير الذات السابق، وتوصلوا من خلاله إلى التفكير في النظام السياسي والاجتماعي.

يُعتبر كانغ يو وي هو الزعيم الذي بدأ على يده "التفكير المؤسسي" بتاريخ الصين الحديث. وصل كانغ يو وي إلى بكين بعد الحرب الصينية الفرنسية بثلاث سنوات للانضمام إلى امتحان المحافظات، ولكنه لم يجتز امتحان القبول، فتقدم

---

(1) كتاب "مذكرات أسرة تشينغ"، دار الصين للنشر، 1987م، وثيقة 366.

ببيان مكتوب إلى الإمبراطور قوانغشو يوضح فيه أحوال البلاد، وقد كانت هذه هي الخطوة الأولى في مشاركة الطبقة الأدبية في أواخر أسرة تشينغ في أحوال البلاد السياسية. وقد طلب كانغ يو وي من الإمبراطور في هذا البيان تغيير "قانون الأجداد" الذي لم يتغير منذ آلاف السنين، وحثه بشدة على تغيير النظام السياسي من أجل بدء السير في طريق إنقاذ البلاد.

وفي ربيع عام 1895م، وأثناء عقد الامتحانات الإمبراطورية "إي وي كيه" في بكين، وصلت أخبار توقيع "معاهدة ما قوان" إلى العاصمة، والتي تنص على التنازل عن تايوان وشبه جزيرة لياودونغ، ودفع 200 مليون ليانغ من الفضة تعويضات، وهنا ثار غضب المرشحين الذين كانوا ينتظرون إعلان قائمة الناجحين في الامتحان، وتصاعد السخط العام، خاصة داخل نفوس مَن كانت تايوان هي موطنه الأصلي منهم.

وفي 22 إبريل، كتب كل من الطالب ليانغ تشي تشاو، وكانغ يو وي الذي أتى من أجل حضور الامتحانات مذكرة "خطاب إلى عظمة الإمبراطور" مكونة من 18 ألف رمز، وقد لاقت هذه المذكرة استجابة بين المثقفين في 18 مقاطعة، ووقَّع عليها أكثر 1200 شخص.

وفي اليوم الثاني من مايو، اجتمع المرشحون الناجحون في الامتحانات الإمبراطورية في 18 مقاطعة مختلفة، ومعهم آلاف المواطنين، بقيادة كل من ليانغ تشي تشاو، وكانغ يو وي أمام "محكمة الرقابة" بالعاصمة، طالبين توصيل هذه المذكرة إلى الإمبراطور. وقد عُرفت هذه الواقعة الشهيرة في تاريخ الصين الحديث باسم "تقديم خطاب قونغ تشيه"، وقد كانت هذه الواقعة بمثابة تحرير لمشاعر القمع والحزن التي ملأت الطبقة الأدبية بالصين بعد الهزيمة في الحرب مع اليابان، وفي الوقت نفسه أعطت النخبة الثقافية فرصة مهمة لإنقاذ الأزمة الوطنية بطريقتها الخاصة.

ومنذ ذلك الوقت أصبح كل من ليانغ تشي تشاو، وكانغ يو وي، هما ممثلا الطبقة الأدبية في هذا العصر؛ فقد مثَّل كلاهما من خلال وجهة نظرهم باعتبارهم أفرادًا من النخبة الثقافية، وعي طبقات المجتمع الصيني جميعها، بخلاف البيروقراطيين

والنبلاء في قضية، إنقاذ البلاد وضمان البقاء.

هذا، وقد ورد في عريضة "خطاب إلى الإمبراطور" أربعة شروط لتسوية "معاهدة ماقوان": إصدار مرسوم إمبراطوري يهز عنان السماء، ونقل العاصمة إلى مكان آخر، وتدريب الجيش، وتعزيز قوته، والقيام بإصلاح سياسي عظيم. وبالرغم من أن جميع اقتراحات وطلبات المرشحين لم تُقبل، إلا أن واقعة "تقديم خطاب قونغ تشيه" جعلت ليانغ تشي تشاو، وكانغ يو وي يتمتعان بشعبية هائلة في جميع أنحاء البلاد، وخلقت ظروفًا ملائمة ساعدتهم على تعزيز فكرهم حول الإصلاح الدستوري والتحديث.

عكف كانغ يو وي على الكتابة بعد واقعة "تقديم خطاب قونغ تشيه"، التي أصبحت بمثابة الكثير والكثير من التحضير النظري، فأخذ يسجل ويحسب وينقد الخطط الخاصة بالإصلاح في دول العالم المختلفة، وفي عام 1898م عرض وقدم كانغ يو وي "دراسة التغيير السياسي باليابان" و"دراسة التغيير السياسي لقيصر روسيا الأكبر" و"مذكرات سقوط الأتراك" و"سجل الثورة الفرنسية" و"مذكرات انهيار بولاندا"، وغيرها من الكتب المهمة، إلى الإمبراطور قوانغ شيوي؛ ليوضح بها الدروس المستفادة من خبرات الآخرين في مجالي التغير السياسي للبلاد، والمحافظة والجمود على نظامها، ويبين إيجابيات وسلبيات كل منهما، ويحث على تنفيذ الإصلاح والتغيير السياسي بالصين.

ومن خلال ذلك كله يتمثل الفرق بين مقترحات إنقاذ البلاد، الخاصة بكل من النخبة الثقافية التي مثلها ليانغ تشي تشاو، وكانغ يو وي وجماعة التغريب، في أن النخبة الثقافية استوعبت جيدًا الدروس المستفادة من التغيير الذي نادت به جماعة التغريب، والذي انحصر في مجال الأدوات والآلات، ثم اتجهت من خلال رؤيتها وفكرها إلى التغيير السياسي، فأصبح لديهم وعي مماثل للنخبة الثقافية بعصر ميجي باليابان في هذا الوقت، الذين أدركوا أن تطور الغرب هذا كان مرتبطًا بالاقتصاد والنظام السياسي، وبالفكر والثقافة أيضًا.

نشر دورية الفكر الإصلاحي الدستوري والتحديث

أسَّس ليانغ تشي تشاو في إبريل عام 1898م جمعية حماية البلاد، التي ضمت الشخصيات الإصلاحية معًا، واتصلت بالبيروقراطيين المتفتحين من حاشية الإمبراطور قوانغ شيوي، محاولة الاعتماد على أفكار الإصلاح والطموح لدى الإمبراطور قوانغ شيوي من أجل إحداث التغيير والإصلاح، وجعل الصين تحذو حذو بريطانيا وألمانيا واليابان وغيرها من الدول، وتنفيذ تغيير نظام الملكية الدستورية.

وبالفعل أتت جهود جماعة الإصلاحيين المستمرة ثمارها في نهاية الأمر؛ حيث قرر الإمبراطور قوانغ شيوي بصفته الحاكم الأعلى بالبلاد اسميًّا "التخلص من الحزن الطويل الأمد"، وإنقاذ البلاد من أزمتها، وأصدر المرسوم الإمبراطوري بعنوان "مرسوم تقرير أحوال البلاد"، الذي أعلن فيه قراره بتنفيذ الإصلاح السياسي.

وبالفعل استدعى الإمبراطور في اليوم الـ 16 من يونيو السيد كانغ يو وي، وناقش معه إجراءات الإصلاح السياسي وخطواته، وعَين كانغ يو وي مديرًا بالجيش باعتباره العقل المدبر لعملية الإصلاح السياسي هذه. كما استعان بعد ذلك بكل من: "تان سيه تونغ" و"يانغ رويه" و"لين شيوي" و"ليو قوانغ" وغيرهم من الشخصيات ليساعدوا في عملية الإصلاح.

كما أصدر الإمبراطور بعد ذلك عشرات المراسيم الإمبراطورية التي تحمل سياسات جديدة، معتمدًا في ذلك على آراء كانغ يو وي، وليانغ تشي تشاو وغيرهم، يتنوع محتواها بين المالية والاقتصاد والعسكرية، والسياسة والثقافة والتعليم، وغيرها من الأمور المتعلقة بالبلاد في شتى المجالات، وكان من أكثرها أهمية: دعوة أصحاب المال الخاص بتنفيذ صناعات، ومكافأة وتحفيز الابتكار والاختراع، وإصلاح أحوال المالية، وإنشاء بنوك وطنية، وإصلاح نظام الجيش، وتدريب المشاة والبحرية بشكل جديد، وفتح الباب للمناقشة وسماع وجهات النظر الأخرى، والسماح للمدنيين بفتح مكاتب صحفية ومؤسسات تعليمية، وإلغاء الامتحانات الإمبراطورية، وتأسيس مدارس جديدة على نظام حديث،

وغيرها. وقد سُميت سلسلة الإصلاحات السريعة هذه باسم "إصلاحات المائة يوم".

ولكن سرعان ما تغير الوضع؛ فبعدما رأت الإمبراطورة تسي شي الحاكمة الفعلية للبلاد والممثلة الرئيسة لقوة المحافظين كارهي التغيير ما يحدث، تيقنت أن حركة الإصلاح التي قامت بسبب تحريض النخبة السياسية سوف تهز المبادئ الأساسية لإدارة البلاد، وبالطبع عارضت تنفيذ هذا الإصلاح السياسي على أرض الواقع.

ولذلك فقد حاول كانغ يو وي، وليانغ تشي تشاو، وغيرهم من الشخصيات المحورية في تلك الحركة حماية الإصلاح السياسي، فاستعانوا بالإمبراطور قوانغ شيوي، وبعض جنرالات الجيش من أجل إحداث انقلاب عسكري، وتنفيذ الإصلاح والتغيير بالقوة، ولكن في الواقع كانت مقدرة النخبة الثقافية في النظام السياسي بأواخر عهد أسرة تشينغ ضعيفة، وكان داعمهم الوحيد هو إمبراطور لا يحمل لقبه إلا بشكل صوري، ولم يكن لجماعة الإصلاحيين أن تساعد وتلقي بنفسها وسط المخاطر، فتحول موقفها من فورها، واتخذت الخوف من غضب جماعة المحافظين وانتقامها حجة لتراجعها.

وعلى النقيض من ذلك كانت جماعة المحافظين هي التي نفذت تغييرًا سياسيًّا؛ ففي الـ 21 من سبتمبر بذلك العام زجت بالإمبراطور قوانغ شيوي في السجن، وأخذت في القتل والقبض على الإصلاحيين. أما عن الإصلاحات والخطوات التي اتُّخِذت في سبيل تحقيقها، فقد أُلغيت جميعًا دون استثناء، ولم يبقَ سوى الجامعة الإمبراطورية، والمدارس الحديثة التي أُنشئت.

دامت حركة الإصلاح السياسي التي بدأتها النخبة الثقافية لمدة 103 أيام منذ بدأ الإعلان عنها في المرسوم الإمبراطوري (مرسوم تقرير أحوال البلاد)، الذي أصدره الإمبراطور قوانغ شيوي في الـ 11 من يونيو عام 1898 حتى فشل كليًّا، وأُلغي من قبل التغيير السياسي الذي نفذته الإمبراطورة تسي شي في الـ 21 من سبتمبر من العام نفسه؛ ولهذا أُطلق على هذه الحركة في التاريخ "حركة إصلاح المائة يوم".

وبمقارنة تلك الحركة مع حركة تطوير الذات للنخبة السياسية، نجد أن ما حدث قد أثّر في نفوس كانغ يو وي وليانغ تشي تشاو وغيرهما من النخبة السياسية تأثيرًا أعمق وأضعف من قوتهم ضعفًا أكبر من ضعف النخبة السياسية بعد فشل حركتها.

لقد علمت النخبة الثقافية بشكل يقيني أن الإصلاح، وإثراء البلاد، وزيادة قوتها العسكرية، يجب أن يبدأ من تغيير النظم والسياسات، ولكنهم افتقدوا وجود أساس مجتمعي وحليف سياسي لهم، حتى إنهم لم يحوزوا فهم الشخصيات المتفتحة المثقفة من طبقة البيروقراطيين وتأييدهم، فلم يُكوِّنوا أي اتحاد سياسي.

فقد اعتقد الإصلاحيون بكل سذاجة أن "الإصلاح أمر يسير ما دام قد أتى من القيادات العليا، وأمر مستحيل إذا ما نبع من الطبقات السفلى"؛ لذلك عَلقوا جميع آمالهم على شخص الإمبراطور قوانغ شيوي أملاً في تحقيق فوز سهل ورخيص. وقد نبعت سذاجة الإصلاحيين تلك من قلة خبرتهم ومعرفتهم السياسية، فجماعة الإصلاحيين هم في الأساس جزء من الطبقة الأدبية التقليدية لا دخل لهم في الأمور السياسية، وحتى إن غضضنا الطرف عن أحوالهم الاجتماعية التي نشأوا فيها، سنجد أن قيمة خبراتهم ومعارفهم في الأساس كانت قديمة لا نفع لها، يجب أن تهلك وتزول جنبًا إلى جنبًا مع ذلك النظام الرجعي الذي لم يستطيعوا إلغاءه وإصلاحه.

3- حركة يي خه توان: حركة الخلاص الوطني[1]

انتهت سريعًا حركة إنقاذ البلاد الخاصة بالنخبة الثقافية، وذهبت وكأنها لم تكن، واستمرت الأزمة الصينية في التفاقم المتسارع يومًا بعد يوم دون أي تغيير. وبعد مرور عامين على انتهاء حركة إصلاح المائة يوم التي فصلها عن حرب الصين واليابان ما يقرب الـ 4 أعوام، ظهرت مرة أخرى في الآفاق حركة مثيرة للإعجاب تسعى وراء إنقاذ البلاد وتخليصها.

(1) يُطلق عليها أيضًا حركة الملاكم أو انتفاضة الملاكم.

فلا يخفى على أحد أن هزيمة الصين في حربها مع اليابان وتوقيعها لـ "معاهدة ماقوان" التي تنازلت فيها عن أراضيها، ودفعت طبقًا لنصها الكثير من التعويضات، كانت مصلحة كبرى حققتها اليابان، وأنها في الوقت ذاته أثارت رغبة القوى الغربية في دولة أوروبا في تفتيت الصين وتقسيمها فيما بينهم.

وفي نوفمبر من عام 1897م حدثت "واقعة تساو تشو" في شاندونغ، التي كانت نتيجتها قتل اثنين من رجال الدين الألمان الأب فرانز نيز، والأب ريتشارد هيول، لأسباب غير معروفة. وعلى الفور اغتنمت ألمانيا الفرصة، وأرسلت قواتها للاستيلاء على خليج جياوتشو ومنطقة "جياو آو" كرد فعل على ما حدث، وبذلك أصبح كل من اليابان وألمانيا يحتلان الجزء الشمالي من الصين، ووقعت الصين في مسار المجتمع النصف إقطاعي النصف استعماري، وأضرت الكميات الكبيرة من البضائع الأجنبية التي دخلت الصين، وبعض المنتجات الزراعية التي تُسوَّق، بالصناعات اليدوية التقليدية والزراعة التقليدية بالصين، مما أفسد الاقتصاد الطبيعي الريفي. أيضًا ضرب خط السكة الحديد الذي بنته ألمانيا بين جياوتشو وجينان، حركة النقل التقليدية بالصين. وعانى الفقراء على طول الخط بين شاندونغ وخبي من فلاحين وحرفيين بلا عمل وملاحين وشيالين، الإقصاء الثقافي، ومرار الفقر الذي فرضه الاقتصاد الخارجي، واجتمعوا جميعًا على مشاعر كرههم للأجانب.

وفي هذا الوقت كان مواطنو شاندونغ معروفين بطبيعتهم الشجاعة، وحبهم ممارسة الووشو واللياقة البدنية التي اشتهروا بها منذ زمن. وفي هذا العام اجتمع ممارسو الووشو معًا من أجل التدريب على الفنون القتالية، وكوَّنوا منظمة جماهيرية شعبية أطلقوا عليها "الملاكمون الشعبيون".

وبعد حرب الأفيون الثانية، سُمح للمبشرين ورجال الدين الغربيين بدخول الصين، ومزاولة الأعمال التبشيرية بها، وبناء الكنائس الخاصة بهم، ولكن غالبًا ما كانت يحدث بعض الاشتباكات بين السكان المحليين والكنائس المسيحية نتيجة للاختلافات في الأعراف والثقافات بين الطرفين. وقد كان غالبًا ما يستخدم رجال الدين هؤلاء السلطة في التسلط على المواطنين، ولما كانت الحكومة المحلية

تخشى غضب الكنيسة التي لا تخضع للقوانين الصينية المحلية، ولا رغبة لهم بمعاداها، فكانوا لا يستطيعون التعامل مع الموقف بنزاهة وعدل، الأمر الذي أدى إلى تكاثر الحوادث.

وفي الفترة بعد حرب الصين واليابان، أصبح المسيحيون في جانب، والملاكمون في جانب آخر، وزاد الصراع بين الطرفين، وأصبحت التشابكات بينهما شرسة على نحو متزايد. وفي الفترة بين عامي 1898م-1899م سادت المجاعات شاندونغ وجيانغسو وخنان وخبي، مما أدى إلى تفاقم التناقضات الاجتماعية بين المواطنين، وانهيار النظام الاجتماعي وتفككه، وبدأ تمرد وانتفاضة شاندونغ وخهنان وجيانغسو، وأعمال الشغب دون توقف. وفي ظل هذه الظروف، أخذ الملاكمون الشعبيون بالتجمع تدريجيًّا مع باقي المجموعات الشعبية في شاندونغ وخهباي، وتطور هذا التجمع فيما بعد ليصبح حركة منظمة تعارض الغزو والعدوان الأجنبي- حركة يي خه توان.

تكونت حركة يي خه توان بشكل تطوعي عفوي مبعثر إلى حد كبير، ولكنهم على أية حال كان لديهم الاتجاهات والميول نفسها، وقد مثَّل شعار "مساعدة تشينغ للقضاء على الأجانب" الاتجاه السياسي لهذه الحركة الثورية.

وفي شتاء عام 1899م، توسعت حركة يي خه توان حتى وصلت خهباي وتيانجين. وفي يناير عام 1900م، رأت الإمبراطورة تسه شيه أن "الدعم الشعبي قد يكون ذا قيمة"، فأصدرت مرسومًا ملكيًّا يقضي بحماية حركة يي خه توان، متجاهلة أي احتجاجات قد تصدر عن الكيانات الدبلوماسية بدول الغرب على إثر قرارها هذا. كما غيَّر الحاكم العام "يو لو" أيضًا سياسته في قمع وإخماد الحركة، وأصبح بدلاً من ذلك يؤيدها ويساعدها، بل ومنح أعضاء هذه الحركة أجورًا من الفضة، ودعا أيضًا قائد حركة يي خه توان بالحضور إلى تيانجين لجمع الحشود.

وفي العاشر من يونيو، استفاد الأمير زي يي من حركة يي خه توان التي طالما تعاطف معها، وقدَّم لها النصح، وعُيِّن وزيرًا خارجيًّا في البلاد. وفي هذه الأثناء بدأ توافد الملاكمين الشعبيين من جميع أنحاء البلاد إلى بكين، وأصبح عدد الناس في

بكين يتجاوز غالبًا الـ 100 ألف شخص. ودمرت الحركة جميع الكنائس ببكين بعد دخولها، وقتلت جميع المبشرين والمسيحيين.

وفي الـ 20 من يونيو، توجه السيد كليمنس فون كيتيلر سفير ألمانيا المقيم في الصين، إلى وزارة الشؤون الخارجية من أجل التفاوض، وطلب حماية أعمال ألمانيا المتعلقة مع الصين، وفي منتصف طريقه قُتل في كمين قطع عليه الطريق. وكان قتل كليمنس فون كيتيلر بمثابة الفتيل الذي أشعل نيران الغرب، فكونت الدول الغربية تحالفًا لقواها لغزو الصين، وفي الـ 21 من يونيو أعلنت حكومة تشينغ رسميًّا شن الحرب على 11 دولة، هي: بريطانيا، وأمريكا، وفرنسا، وألمانيا، وإيطاليا، واليابان، وروسيا، وبلجيكا، والنمسا، وهولندا، وإسبانيا. وفي الوقت نفسه الذي أعلنت فيه أسرة تشينغ الحرب على هذه الدول، أعلنت أيضًا مكافأة لكل مَن يقتل أو يقبض على شخص أجنبي.

وحاصرت يي خه توان وحكومة تشينغ جميع سفارات الدول الأجنبية الموجودة في بكين في شارع دونغجياو. وكونت كل من اليابان، وأمريكا، والنمسا، وبريطانيا، وفرنسا، وألمانيا، وإيطاليا، وروسيا، تحالف الدول الثماني الذي وصل عدد قواته إلى 45 ألف شخص، وذلك من أجل الضغط على يي خيه توان، وإنقاذ السفارات المحاصرة، وبالفعل دخلوا بقواهم بكين وتيانجين في الفترة بين يوليو وأغسطس عام 1900م.

ففي 14 يوليو احتلت قوات التحالف تيانجين، وانتحر القائد "يو لو" بعد هزيمة جنوده أمام قوات التحالف. وفي الـ 14 من أغسطس اقتربت القوات من حدود مدينة بكين، واشتبكوا مع القوات الصينية في معركة شرسة دامت يومين، وانتهت بدخول قوات التحالف بكين في الـ 16 من أغسطس. وقد انتاب الذعر الإمبراطورة تسه شيه والأسرة الملكية بأكملها لما رأوا بكين تسقط، فهربوا جميعهم إلى شيآن. وأصدرت الإمبراطورة مرسومًا قبل هروبها أسندت فيه مسؤولية الحرب إلى حركة يي خه توان، وأمرت جميع قوات أسرة تشينغ بالانتشار والاختفاء في جميع أنحاء البلاد.

ويمكن القول إن حركة يي خيه توان قد استفادت في تطورها السريع بشكل جزئي من دعم أسرة تشينغ لها، ولكن بعد مواجهاتها قوات تحالف الدول الثماني،

وتغيير موقف أسرة تشينغ معها، انهارت التشكيلات المنظمة للحركة كافة وانقسمت، وسرعان ما انتهت حركة يي خه توان وتداعت.

وفي 7 سبتمبر عام 1901م، أُجبرت أسرة تشينغ على توقيع "بروتوكول الملاكم" الذي دفعت بموجبه تعويضات لـ 11 دولة تُقدر بـ 400 مليون ونصف ليانغ[1] من الفضة وقد أُطلق على هذا التعويض في التاريخ اسم "تعويض الملاكم"، وقد كان هذا هو أكبر مبلغ تعويضات تدفعه الصين لدول أجنبية على مر تاريخها.

وبهذا دام ارتفاع حركة يي خه توان وازدهارها لمدة لا تتجاوز الثلاثة أشهر، وانتهت وفشلت تحت ضغط وقمع القوى الأجنبية، وخيانة أسرة تشينغ وغدرها. ولكن بالرغم من ذلك كله فإن حركة يي خه توان تُعد حركة عظيمة قاومت الدول الاستعمارية، وحاولت وناضلت من أجل إنقاذ البلاد من الأزمة، حركة ذات إنجازات لن تُمحى من التاريخ أبد الدهر. فقد أدركت القوى الغربية من خلال روح المقاومة والنضال المستميت للحركة، مدى صعوبة قهر الصين. وبالرغم من تحقيق قوات التحالف نجاحًا ساحقًا أمام أسرة تشينغ وقواتها، إلا أن الخوف قد انتابهم تجاه المقاومة الشعبية الصينية، وفي النهاية تخلوا عن حكم الصين بأسلوب الاستعمار الكامل، وتجنبت الصين بذلك أن تلقى مصير الهند نفسه، وأن تنغمس انغماسًا كاملاً في الاستعمارية.

وبمقارنة حركة يي خه توان بحركتي التغريب وإصلاح المائة يوم، نجد أن تكوين المجموعات المكونة للحركة، وكذلك تشكيل المشاركين فيها، كان أكثر تعقيدًا، ولكنهم جميع أعضائها انتموا إلى الطبقات السفلى من المجتمع الصيني حينذاك. وطبقًا لتحليل الخلفية الخاصة بالـ 89 قائدًا للحركة بشاندونغ، يتضح أن معظم المشاركين في الحركة كانوا من الفلاحين والحرفيين والباعة المتجولين. وإذا ما تطرقنا للحديث عن النسب المئوية نجدها كما يلي: 38.2% من الفلاحين أصحاب الأراضي، و24.7% من الفلاحين المستأجرين وعمال المزارع، و5.6% من الباعة الجائلين، و4.5% من النجارين، و3.4% من المتشردين، و1.1% من

(1) الليانغ 50 جرامًا.

الأطباء البيطريين والمؤديين. بالإضافة إلى 22.5% من ملاك الأراضي.[1] وبهذا يتضح أن 80% من المشاركين بحركة يي خه توان كانوا من الطبقة العاملة الدنيا.

وبهذا يتضح أن كلاً من حركة التغريب، وحركة إصلاح المائة يوم، وحركة يي خه توان، ثلاث حركات مجتمعية، نظمتها طبقات مختلفة من الشعب الصيني بهدف إنقاذ البلاد وضمان بقائها، واجهوا جميعًا عدوان الإمبريالية والاستعمار وظلمهم في أواخر العصر الإقطاعي بأسرة تشينغ، وواجهوا ظروفًا تاريخية خاصة بأشد الأزمات الوطنية التي مرت على البلاد. فكانت حركة التغريب هي حركة تطوير الذات التي نظمت على يد النخبة السياسية، في حين كانت حركة إصلاح المائة يوم تجسيدًا لجهود النخبة الثقافية من أجل إنقاذ البلاد، ولكن بالمقارنة بهم تُعد حركة يي خه توان هي حركة مقاومة شعبية نظمتها الطبقات الدنيا من الشعب من أجل إنقاذ بلادهم. فالنخبة الثقافية والنخبة السياسية استوعبوا جيدًا الموارد الاقتصادية والسياسية والثقافية للمجتمع الصيني، وكانوا بمثابة الحامل التقليدي لمسؤولية المجتمع الصيني. ولكن أولاً وأخيرًا، كان المجتمع الصيني يتجه نحو عصر من الضياع، وكذلك نخبته أيضًا، ولقد أثبتت الممارسات بالفعل أن نخبة المجتمع الصيني الإقطاعي في نهاية أسرة تشينغ لم تكن لديها القدرة على إنقاذ الأزمة المجتمعية؛ بل ولم تكن لديها القدرة حتى على إنقاذ ذاتها وإصلاحها.

ومن ناحية أخرى، حاولت الطبقة العاملة الدنيا العاجزة الفقيرة غير القادرة على تحمل أي مسؤولية المقاومةَ، ورمت بنفسها إلى التهلكة في وقت عصيب ضاع فيه المجتمع، وسُدت فيه كل الطرق من أجل الدفاع عن غريزة البقاء ومقاومة العدوان، والبحث عن مخرج لإنقاذ المجتمع والشعب. وبالطبع فقد أدى التشكيل العفوي غير المنظم لحركة يي خيه توان إلى عدم وجود أهداف وخطوات واضحة وموحدة، وحتى إطار فكري معروف لهذه الحركة؛ فقد كان الاتجاه السياسي الأساسي لها هو الحفاظ على البنية الاجتماعية التقليدية، وتكوين شكل

(1) كونغ لينغ رن: "مذكرات اقتصاد شان دونغ بأواخر القرن التاسع عشر وحركة يي خه توان"، في "المجلة الأدبية بجامعة شاندونغ للفنون"، الإصدار الأول لعام 1980م، ص 20-22.

حياة سوي وتقاليد ثقافية، ولكن الممارسة الواقعية للحركة لم تُظهر ذلك أبدًا؛ بل أوضحت اتجاهًا فكريًّا ينتمي إلى الاقتراحات المجتمعية الشعبوية.

ومن المعروف والواضح للجميع، أن الشعبوية[1] لا يمكنها خلق حالة طبيعية للمجتمع في أي مرحلة تاريخية كانت. وبالرغم من أنها لعبت دور المتمرد الثائر خلال الأزمة الوطنية الصينية بأواخر القرن التاسع عشر، إلا أنها لم ولن تتحول يومًا لتلعب دور المُنشئ المُعمِّر.

لقد كان المؤسسون والمشاركون في الحركات الثلاث السابقة هم الفئات الثلاث الاجتماعية الأساسية المكونة للشعب الصيني التقليدي. وتشابهت طبيعة المشكلات والقضايا التي واجهوها جميعًا، فأصبح من اللازم إيجاد طريق جديد، وبناء نظام سياسي ونمط اجتماعي جديد، من أجل محاولة إنقاذ البلاد من الأزمة. ولكن في أواخر عهد أسرة تشينغ لم تكن تتوافر ظروف اجتماعية كالتي تمتع بها عصر حركة "استعادة ميجي" في اليابان، فضيعت فرصتها التاريخية في تحقيق الإصلاح المجتمعي، وإنقاذ البلاد من أزمتها. وبعد أن فشلت الجهود التي بذلتها الفئات الاجتماعية الثلاث في إنقاذ البلاد بأسلوبها الخاص، أُوكلت المهمة التاريخية للخلاص الوطني الصيني للثورة الاجتماعية.

(3) طريق الجمهورية الديمقراطية لثورة 1911م

كانت أبواب الصين في النصف الثاني من القرن التاسع عشر مفتوحة على مصراعيها للاستعمار ومنغمسة فيه، وبالتزامن مع ذلك تغيرت تدريجيًّا البنية الاجتماعية والاقتصادية للمجتمع الصيني، وأدى ازدهار التجارة والصناعة إلى زيادة تطور فئة رجال الأعمال الصناعيين والتجار وغيرهم من الطبقات المجتمعية الجديدة. وشهدت أعمال التجارة والصناعة والتجارة البحرية تنمية كبرى،

(1) الشعوبية يمكن تعريفها بأيديولوجية، أو فلسفة سياسية، أو نوع من الخطاب السياسي الذي يستخدم الديماغوجية ودغدغة عواطف الجماهير بالاحتجاج الجماهيري. حيث يعتمد بعض المسؤولين على الشعوبية لكسب تأييد الناس والمجتمعات لما ينفذونه أو يعلنونه من سياسات، وللحفاظ على نسبة جماهيرية معينة تعطيهم مصداقية وشرعية.

خاصة في المناطق الساحلية بجنوب شرق الصين، ومنطقة قواندونغ المجاورة لهونغكونغ وماكاو، التي بدأ يرتفع فيها تدريجيًّا المكانة الاجتماعية للتجار ورجال الصناعة.

وفي يونيو عام 1894م بدأت غيوم الحرب تُغيم على شبه الجزيرة الكورية، كما كانت حرب الصين واليابان حينها على وشك الاندلاع. وفي هذه الأثناء وصل إلى تيانجين طبيب شاب طموح يمتلئ قلبه برغبة إنقاذ البلاد، محاولاً زيارة رئيس الوزراء ومفوض التجارة في الموانئ الشمالية السيد لي هونغ تشانغ، الذي كان في طريقه إلى الازدهار في ذلك الوقت. ذلك الشاب الذي عكف منذ بداية هذا العام على كتابة آلاف الخطابات التي تحتوي على خطط لإصلاح البلاد وإنقاذها، متمنيًا أن تتبناها حكومة تشينغ، ناويًا تحقيق أفكاره المثالية في تكريس نفسه لخدمة البلاد. هذا الشاب الذي أصبح بعد ذلك الرائد الأعظم للثورة الديمقراطية الصينية ذا الصيت العالمي والشهرة الواسعة– السيد صن يات سين.

ولكن بالطبع لم يستطع هذا الشاب الثائر غير المعروف أن يحصل على فرصة للقاء السيد لي هونغ تشانغ، الذي كان منشغلاً بكثير من الأمور العسكرية والسياسية حينها، والتعبير عن نظريته حول كيفية تحفيز وظائف الموارد البشرية والأراضي الواسعة والموارد الطبيعة والبضائع المتنوعة. وبعد خروج صن يات سين مكتئبًا من مكتب القائد، اندلعت حرب الصين واليابان.

وفي 21 نوفمبر من نفس العام وضع العدوان الياباني يده على المنطقة الاستراتيجية لوشون، محرزًا بذلك أول نصر مؤكد له منذ بداية الحرب. وفي اليوم الثالث من احتلال اليابان لـ "لوشون، أسَّس صن يات سين جمعية إحياء الصين في هونولولو بأمريكا، استعدادًا لبدء ثورة إنقاذ البلاد. وبالرغم من أن يوم تأسيس جمعية إحياء الصين لم يُسجل، إلا أن التاريخ هنا معتمد على اليوم الذي قام صن يات سين فيه بوضع "دستور جمعية إحياء الصين"، الذي يدفع الأعضاء فيه رسوم العضوية. ومن هنا نشهد التحول الذي حدث لصن يات سين– فقد غيَّر موقفه من مجرد تعليق آماله على الحكام من خلال خطاباته لهم، وبدأ بتشكيل حزب سياسي للقيام بثورة شعبية، ليعكس بذلك التغيرات في عصور الصين المختلفة،

ويثبت أن طريق الإصلاح وإنقاذ البلاد من الداخل أصبح طريقًا مسدودًا غير مجدٍ، وأن إنقاذ البلاد وضمان بقائها بقاءً فعليًّا يلزمه ثورة.

وفي العام الأول من القرن العشرين (1900م) احتل تحالف الدول الثماني بكين. ودخل المجتمع الصيني قرنًا جديدًا وهو منغمس في أزمته الوطنية. ولكن إلى أين تذهب الصين؟ كان هذا هو أكثر الأسئلة التي دارت في أذهان الشعب بأكمله صعوبة، سؤال حتمي يلزمه إجابة واضحة. إن فشل الحركات الثلاث السابقة في تاريخ الصين، التي نظمتها فئات المجتمع المختلفة من الشعب الصيني التقليدي، عززت احتياجات المجتمع الصيني، وكان يجب تلبيتها من أجل تنفيذ إصلاح وتطوير شامل أكثر فاعلية.

ولكن القوى المجتمعية التي ستكمل حركة الإنقاذ الآن هي قوى اجتماعية جديدة أصبحت في تزايد تدريجي مستمر- وهما السلطة المحلية ورجال الصناعة والتجارة في الجنوب؛ فبعد أن قامت القوى الغربية بالاقتحام القسري لأبواب الصين، بدأ الصينيون في كل مكان السفر إلى الخارج، منتشرين في جميع أنحاء العالم طلبًا لكسب لقمة العيش. وعلى عكس ما قد يتخيل البعض، فقد ظلت قلوب هؤلاء الصينيين المغتربين بالخارج سنوات عديد، مرتبطة بوطنهم العزيز.

وقد تمنى هؤلاء الصينيون المغتربون وانتظروا تغير مصير بلادهم، وخاصة بعد مرور الشعب الصيني بعصر الفقر والضعف والتعرض للعدوان والهجمات، وقد قدم هؤلاء الصينيون فيما بعد عونًا وتأييدًا كبيرًا للنضال الثوري. وبالوصول إلى بداية القرن الـ 20، اجتمع في جميع أنحاء الصين، وبصفة خاصة في المنطقة الجنوبية، مجموعة من القوى المجتمعية والطبقات الاجتماعية المختلفة، معارضين للاستعمارية والإقطاعية، داعين إلى اتباع شكل نظام الجمهورية الديمقراطية الغربي. وقد ضمت هذه القوى المجتمعية بداخلها ثلاث فئات وطبقات اجتماعية: رجال الصناعة والتجارة، وأصحاب السلطة المحلية، والصينيين المغتربين الذين يعيشون في الخارج.

وبالرغم من أن الصينيين المغتربين يعيشون خارج البلاد، إلا أنهم كانوا من أهم الداعمين للثورة في بداية عهدها، وعاد عدد كبير منهم إلى البلاد من أجل

المشاركة في الانتفاضة، والمشاركة في النضال الثوري مشاركة مباشرة. ولـذلك فقد قال صن يات سين مسبقًا: الصينيون المغتربون هم المصدر الأم للثـورة. وفي أغسطس عام 1905م أسَّس كل من صن يات سين، وهوانغ شـين، وآخـرين، حزبًا ثوريًّا وطنيًّا في طوكيو باليابان، متخذين جمعية إحياء الصين، وجمعية الصين المزدهرة، أساسًا لهم، وأطلقوا عليه اسم "التحالف الصيني".

وانتُخب رئيسًا له السيد صن يات سين، الذي دعا برنامجه السياسي المتمثـل في "تخليص أسرى الحرب، وإعادة إحياء الصين، وبناء البلاد وتأسيسها، وتكـافؤ ملكية الأراضي بين المواطنين" إلى الإطاحة بحكم أسرة تشينغ بالكامـل، وإبـادة النظام الاستبدادي، وتأسيس النظام الجمهوري الديمقراطي الغربـي، وتنفيـذ إصلاح المجتمع الصيني بأكمله. وبعد فترة ليست ببعيدة نشر صن يات سين لأول مرة في الكلمة الافتتاحية لـ "صحيفة الشعب"، الصحيفة الرسمية الخاصة بحزب التحالف، "مبادئ الشعب الثلاث": الوطنية، والديمقراطية، والحياة الشعبية، ووضع الأساس النظري لنظام الجمهورية الديمقراطية الذي يدعو إليه. وبهذا كان تأسيس حزب التحالف علامة واضحة على أن الحركة الثورية قد انطلقت. وقـد عمـل حزب التحالف من ناحية على التشكيل المستمر لأعمال الشغب المسلحة على يد أعضاء الحزب أنفسهم، ومن ناحية أخرى على النشر والدعاية للثورة في الـبلاد، خاصة في المنطقة الجنوبية، في محاولة لإطلاق ثورة أقوى وأوسع. وفي الـ 10 من أكتوبر عام 1911م حققت انتفاضة وو تشانغ التي نظمهـا وأطلقهـا الفريقـان الثوريان: جمعة النمو المشترك، ومجمع الأدباء، نجاحًا باهرًا، وذلك بعد فترة طويلة من الجهود المبذولة والمحاولات العديدة للانتفاضات، وشُكِّلت حكومة هوبـي العسكرية بمساعدة حزب التحالف.

وبمجرد رفع راية انتفاضة وو تشانغ، انهارت على الفور إمبراطورية تشـينغ العظمى التي لم تقوَ على الوقوف في خضم العاصفة الثورية، وبعد شهر واحد من الانتفاضة قامت كل من: جيانغشي، ويونان، وقويتشو، وقوانغدونغ، وقوانغشي، وتشيهديانغ، وجيانغشو، وأنهوي، وفوجيان، وغيرها الكـثير مـن المقاطعـات الجنوبية، بإعلان الاستقلال واحدة تلو الأخرى. وبعد نجاح الانتفاضـة وإعـلان

استقلال المقاطعات الرئيسة الجنوبية، قررت أسرة تشين استخدام قائد جيش باي يانغ المتقاعد مرة أخرى القائد يوان شيه كاي من أجل أن يقود قوات باي يـــانغ، ويتحالف مع القوات التي تدين بالولاء للمملكة المتبقية في الجنوب، ويواجه أعضاء الحزب الثوري في جنوب الصين.

وقد استفاد يوان شيه كاي بالفعل من كل الأوضاع المتاحة، فمـــن ناحيـــة أرسل بقواته إلى ووهان، وفي الوقت نفسه أخذ في دمـــج قواتـــه وتعزيزهـــا في الشمال، ومن ناحية أخرى أخذ المساعدة من قوات دولة تشينغ التي أُجبرت على تسليم السلطة أثناء استقلال ولايات الجنوب. وبعد فترة صغيرة من الصراعات بين الجنوب والشمال عُقدت "مفاوضات السلام بين الشمال والجنوب" في الـــ 18 من ديسمبر، الذي كان أحد طرفيه "جمعية محافظي المحافظات" ممـــثلاً للجنـــوب، وطرفه الآخر القائد يوان شيه كاي ممثلاً عن جيش باي يان.

ففي الـــ 25 من ديسمبر حدث أن عاد صن يات ســـين إلى الـــبلاد، وفي الـــ 29 من ديسمبر عقد مجلس الشعب الخاص بـــ 17 مقاطعة انتخابات رئاســـية مؤقتة بنانجينغ، وانتُخب صن يات سين قائدًا عامًّا مؤقتًا للصين. وفي الأول مـــن يناير عام 1912م تلا السيد صان يات سين رائد الثورة القَسَم، وتـــولّى منصـــب الرئيس المؤقت للبلاد، وأُعلن تأسيس جمهورية الصين. وبـــذلك أنهـــى تأســـيس جمهورية الصين حكم إمبراطورية تشينغ الذي دام أكثر من 260 عامًا، وأنهى أيضًا النظام الاستبدادي الإقطاعي الذي حكم البلاد أكثر من 2000 عام. وبهذا تمكنت ثورة 1911م وبناء جمهورية الصين من تغيير شكل النظام السياسي للبلاد، إلا أنهم لم يغيروا البنية السياسية للمجتمع الصيني.

وهنا تجدر الإشارة إلى أنه بعد تولي صن يات سين منصـــبه رئيسًـــا مؤقتًـــا للبلاد، اشترط القائد يوان شيه كاي الذي كان مسيطرًا على الجهـــة الشـــمالية، ويقود عددًا كبيرًا من القوات، أن يتنازل صن يات سين عن منصبه في مقابـــل أن يُلزِم يوان شيه كاي حكومة تشينغ بالتنازل عن العرش، وقد كان؛ ففي الـــ 12 من فبراير أعلن الإمبراطور شيوان تونغ بأسرة تشينغ تنازله عن العـــرش، وبعـــده بيومين قدَّم صن يات سين استقالته مجبرًا.

وفي الـ 15 من فبراير، انتخب مجلس الشيوخ يوان شيه كاي رئيسًا مؤقتًا للبلاد، والذي قام من فوره بإعلان حل حكومة نانجينغ المؤقتة التابعة لجمهورية الصين، التي لم يمر على إنشائها سوى 3 أشهر فقط، وبذلك انتهت أيضًا ثورة 1911م.

وبطبيعة الحال غرق أعضاء الأحزاب الثورية في الصين في حالة من اليأس والسلبية الشديدة بعد انتهاء الثورة. وحتى السيد صن يات سين الذي عاش عمره في نضال عنيد لا نهاية له، لم يقوَ أيضًا على تحمل الأمر، وقد جاء في وصف له للظروف الفعلية حينها ما يلي: "عزيمة منهزمة، هزائم متكررة، وأصبحت جزر اليابان تدريجيًّا نقطة تجمع من يبحث عن ملجأ ومنفى خارج البلاد. والاختلاف في الرأي سائد عند الحديث حول أمور البلاد. والجميع يغلق أفواهه، فلا حديث عن الثورة، وأصبحت الثورة نوعًا من الإحباط والعار، وتفرقت الروح الثورية والجماعات المناضلة التي دامت 20 عامًا، وأصبح من المحال استردادها بعد النكسة التي مرت بها".[1]

وبهذا فشلت حركة التغريب وحركة إصلاح المائة يوم، وكذلك حركة يي خه توان بسبب ضعف القوى المجتمعية التي نظمت تلك الحركات، ذلك الضعف الذي لم يمكنهم من تغيير النظام المجتمعي التقليدي الصيني، ولهذا ففشلوا واحدة تلو الأخرى. ولكن لِمَ إذًا لم تتمكن ثورة 1911م التي هدفت إلى الإطاحة بالنظام القديم وتنفيذ ثورة اجتماعية، وكذلك أعضاء الأحزاب الثورية، من إكمال مهمتهم التاريخية؟

وجاءت الإجابة على هذا السؤال بعد البحث الدقيق متمثلة في الأسباب التالية:

1- ثورة 1911م هي ثورة دستورية محدودة

أنشأت ثورة 1911م شكل نظام الجمهورية الديمقراطية، ولكنها لم تتمكن من الوصول إلى نتائج فعلية فيما يتعلق ببناء الديمقراطية من خلال الثورة. وقد كان من الملحوظ للجميع في العام الأول من بناء الجمهورية ظاهرة "ارتفاع الجيش

---

(1) صن يات سين: "إعلان تأسيس الحزب الثوري الصيني"، "الأعمال الكاملة لصن يات سين"، المجلد الثالث، مؤسسة الصين للنشر، عام 1981م، ص 112.

الثوري واختفاء الحزب الثوري".[1] فلماذا لم تتمكن ثورة 1911م من تحقيق أهم طموحاتها في تأسيس نظام جديد، ولم تنجح في تنفيذ مهمتها التاريخية بإنقاذ البلاد والعمل على ازدهارها؟

لقد كان السبب المباشر في ذلك هو أن ثورة 1911م قامت فقط بتغيير شكل النظام السياسي الصيني ولم تعمل على تغيير بنية القوى السياسية المتواجدة تحت النظام السياسي الصيني حينها، ولم تستوعب وتفهم جيدًا الطبقات والفئات الاجتماعية الأساسية، الذين يمتلكون السلطة الفعلية، ولم تغير القوانين والأشكال الفعلية الخاصة بالحصول على السلطة السياسية في المجتمع الصيني.

وبعد انتهاء ثورة 1911م استُوعِب وفُهِم أن القوى السياسية الفعلية في الصين تتمثل في أمراء الحرب الشماليين، وأمراء الحرب المحليين في شتى المناطق، بالإضافة إلى جميع ملاك الأراضي من طبقة النبلاء الذين كانوا يعتمدون عليهم. وبسبب بنية القوى السياسية تلك دخلت الصين بعد انتهاء ثورة 1911م عصرًا من الانقسام والحروب الأهلية، والنزاع بين الأمراء الذي دام عشرات السنين. ولذلك يمكن القول إن النظام السياسي الذي قامت ثورة 1911م بتغييره كان تغييرًا للبنية الأكثر سطحية- النظام الدستوري، الذي كان من المفترض أن يكون الدستور والقانون، والسلطة السياسية بالبلاد.

فبعد قيام ثورة 1911م أُسِّست جمهورية الصين، ووُضع الدستور واتُّبع الغرب في تنفيذ ما يُسمى بالنظام الجمهوري الديمقراطي، وعقد الانتخابات، وتحقيق توازن ميزان القوى وغيرها من الإصلاحات، ولكن كما ذكرنا سلفًا لم يتم حدوث أي تغيير في طبيعة القوى السياسية الموجودة تحت سطح النظام الدستوري. لذلك فقد كان الأمر أشبه بما قاله لوشون مجرد "تغيير لراية الإمبراطور التي تعلو أسوار المدينة".

---

(1) طبقًا لـ "خطابات الحزب القومي الصيني في شانغهاي"، "الأعمال المختارة لصن يات سين"، الجزء الثاني، دار نشر الشعب، عام 2011م، ص 1.

2- عدم تغيير ثورة 1911م لبنية المجتمع الصيني التقليدي

فبعد مرور 10 سنوات على قيام ثورة 1911م أشار السيد صن يات سين قائلاً: "إن جمهورية الصين الموجودة حاليًّا ليست إلا مجرد شعار وهمي، وإن الأمر يستلزم قيام ثورة عظمى مرة أخرى؛ لأنه في هذه الحالة فقط سوف تتمكن البلاد من التحول لجمهورية الصين بشكل فعلي وحقيقي".[1] فقد فشلت ثورة 1911م في إدخال الصين عصر الديمقراطية، وكان السبب في هذا هو عدم قدرتها على تغيير البنية الاجتماعية المكونة للمجتمع الصيني في أواخر عهد أسرة تشينغ وبداية عهد تأسيس الجمهورية.

كان المجتمع الصيني بالطبع في أواخر أسرة تشينغ مجتمعًا زراعيًّا كما كان حاله منذ آلاف السنين، وكانت طبقة ملاك الأراضي، وطبقة النبلاء التي تعلوها، هما الطبقتان المسيطرتان العلييان في المجتمع الزراعي الصيني، واحتلت طبقة الفلاحين وغيرها من الطبقات العاملة الطبقات الدنيا في ذلك المجتمع الطبقي الإقطاعي بالرغم من أنهم كانوا أساس هذا المجتمع وبنيته الرئيسة.

وبالنظر إلى أحوال التطور الصناعي والتجاري في العصر الحديث بالصين، نجد أنه في الفترة بين عام 1895م وعام 1900م؛ أي منذ انتهاء حرب الصين واليابان وحتى احتلال تحالف الدول الثماني لبكين، أُنشئ 104 مؤسسات صناعية وتعدينية في جميع أنحاء الصين بتكلفة تزيد على 10000 يوان، وبإجمالي رأس مال يزيد على 23 مليون يوان. وقد وصل استثمار رءوس أموال المدنيين الصينيين في هذه الفترة إلى 3 ملايين و800 ألف يوان في العام الواحد.

أما في الفترة بين عامي 1901م و1910م؛ أي في السنوات العشر التي تفصل بين احتلال تحالف الدول لبكين وقيام ثورة 1911م، فبلغ إجمالي عدد المؤسسات المُنشأة في الصين370 مؤسسة، بإجمالي رأس مال 86 مليون و200 ألف يوان؛ أي بمعدل 8 ملايين و620 ألف يوان في العام الواحد.[2]

---

(1) صن يات سين: "خطابات الحزب القومي الصيني في شانغهاي"، "الأعمال المختارة لصن يات سين"، الجزء الثاني، دار نشر الشعب، عام 2011م، ص 1.

(2) طبقًا لكتاب "بين حرب الأفيون وحركة الرابع من مايو"، المجلد الثاني، دار نشر الشعب، 1981م، ص 677.

وبالتالي يتضح أن الصناعة والتجارة في العصر الحديث بالصين في الفترة قبل تأسيس الجمهورية كانت شديدة الضعف، وبالطبع يرجع ذلك إلى طبيعة المجتمع بصفته مجتمعًا زراعيًّا. ولم تتمكن حركة التغريب ولا حركة إصلاح المائة يوم، ولا ثورة 1911م وغيرها من الحركات، من تغيير بنية المجتمع الصيني التقليدي.

ويوضح تاريخ العديد من الدول أن الديمقراطية لا يمكنها أبدًا أن تعني مجرد بناء لنظام دستوري، كما لا يمكن أن يكون معناها مجرد تغيير في شكل النظام السياسي لدولة ما. فتحقيق الديمقراطية يحتاج مسبقًا إلى تغيير بنية المجتمع التقليدي، وأن تصبح طبقات المجتمع الجديدة هذه هي أساس ديمقراطية النظام السياسي الجديد، وأن بنية المجتمع القديمة لا يمكن تغيرها بشكل كامل، وجميع التغيرات التي تطرأ على النظم السياسية في ظل وجود هذه البنية تُعد تغيرات شكلية فقط؛ ولذلك فإن تغيير بنية المجتمع التقليدي يجب أن تكون هي المقدمة المهمة، والمهمة ذات الأولوية القصوى اللازمة لتأسيس النظام الديمقراطي بالصين الحديثة.

الفصل الثاني

أساس السياسة الصينية المرتبط بالظروف الفعلية

تُعد الظروف الفعلية التي تمر بها البلاد أحد عوامل التقييد المهمة التي تحدد النظام السياسي. فالخصائص والأحوال التاريخية الطبيعية لبلد ما في وقت محدد، والتي تتضمن الظروف الطبيعية والظروف التاريخية، والظروف الفعلية الحقيقية، وغيرها من الجوانب هي التي تُشكل الوضع الفعلي لهذا البلد. كما تشمل ظروف البلاد مساحة الأرض وعدد السكان والموارد الطبيعية، وأماكن توزعها وغيرها، باعتبارها جزءاً مهمًّا من مكوناها الأساسية، ويمكننا أن نطلق على تلك الظروف أيضًا "الظروف الأساسية للبلاد".

(1) قيام النظام السياسي على أساس مادي

بشكل عام، لا يمكن لأحد أن ينكر أن النظام السياسي أُسِّس على أساس اقتصادي، ولكننا لا يمكن أن ننسى أن جذور هذا الأساس الاقتصادي تمتد إلى حركة مقايضة الموارد الطبيعية بين الناس قديمًا.

ولقد كان للظروف التاريخية وظيفة تقييدية تحدد تشكيل النظام السياسي. وكما أشار ماركس إلى هذا من قبل قائلاً: "لقد قيدت طريقة إنتاج الحياة المادية الحياة الاجتماعية والحياة السياسية والحياة الروحية للمجتمع بأكمله، فليست عقلية البشر هي مَن حددت طريقة وجودهم ومعيشتهم؛ بل على النقيض فقد كان الوجود المجتمعي هو مَن حدَّد وكوَّن وعي البشر".[1]

---

(1) كتاب "مقدمة في نقد الاقتصاد السياسي"، "الأعمال المختارة لماركس وإنجلز"، ص 2.

ويوضح التاريخ الحديث والقديم للصين وغيرها من البلاد: أن جميع الأنظمة السياسية لم تنشأ من العدم، وهي أيضًا لم تتكون اعتمادًا على الإرادة الذاتية للشعب؛ فالنظام السياسي هو نتاج للتطور التاريخي للمجتمع، ويرتبط بالظروف الاقتصادية والاجتماعية والثقافية للبلاد، وكذلك بالقضايا والمهمات الرئيسة كافة التي تواجهها الدولة أثناء تقدمها. وما يُسمى بالظروف الأساسية للبلاد يشير إلى الأوضاع التي تكونت في ظل كل هذه الأحوال الوارد ذكرها، والتي لا يمكن تغيرها بسهولة من خلال بعض العوامل الذاتية، مثل: الأراضي الإقليمية والبيئة الجغرافية، وعدد السكان والموارد الطبيعية وأماكن توزيعها، فكل هذا يدخل في نطاق الظروف الأساسية للبلاد. ومعرفة النظام السياسي لا يمكنها أن تنفصل عن معرفة الظروف الأساسية للبلاد؛ فالبيئة الجغرافية هي أساس التقسيم الإقليمي للعمل. وقد انتقل تقسيم العمل من التقسيم الطبيعي للعمل[1] إلى التقسيم المجتمعي للعمل، ثم انتقل مرة أخرى من التقسيم المجتمعي للعمل إلى التقسيم الإقليمي للعمل.

وقد زاد التقسيم المجتمعي للعمل من فاعلية الإنتاج، ودفع الجنس البشري نحو الحضارة والتقدم. وتأثر شكل التقسيم الإقليمي للعمل بالبيئة الجغرافية والموارد الطبيعية، وكانت له القدرة على إفساح المجال كاملاً لمزايا البيئة والموارد الطبيعية، وعلى جعل الأراضي تحمل مميزات نسبية، ومن ثم فقد دفع عملية تنمية قوى الإنتاج.

وبالطبع يؤثر مستوى نمو اقتصاد المجتمع على البنية السياسية له؛ فتطور قوى الإنتاج يؤدي إلى ظهور فائض اقتصادي، مما يجعل ظهور الطبقات أمرًا ممكنًا. فالطبقات المسيطرة اقتصاديًّا تصبح بعد ذلك بمساعدة الدول هي الطبقات الحاكمة سياسيًّا، ومن ثم تصبح هذه الطبقات هي الكيان السياسي صاحب السلطة العامة في المجتمع.

وقد لاحظ الفلاسفة القدماء تأثير الظروف الأساسية للبلاد على النظام السياسي، وأشار أرسطو في كتابه "العلوم السياسية" إلى أن البيئة الجغرافية

(1) يشير إلى تقسيم الناس في العمل حسب الجنس والعمر، ظهر في المجتمع البدائي، هو نقطة البداية للتقسيم البشري.

والأراضي وعدد السكان، يمكنها إحداث تأثير مباشر في شكل الدولة، ونظامها الدستوري وقوانينها.(1)

وقد كان المفكر التنويري الفرنسي مونتسيكيو ممثلاً للشخصيات أصحاب البحوث النظرية حول علاقة الظروف الجغرافية والنظم الاجتماعية. وكان يعتقد أن حالة الطقس وجودة التربة ومساحة الأرض وغيرها من العوامل الجغرافية الخاصة ببلد ما، لها تأثير مباشر على المواطنة والمشاعر والعادات والقوانين والنظم السياسية بهذه البلد؛ بل يمكن القول إن لها تأثيرًا حاسمًا مؤكدًا. وقد درس مونتسيكيو بداية القوانين الخاصة بفرنسا وروما وأصولها، والتغيرات التي مرت بها، واعتقد أن كبر حدود البلاد وصغرها من الممكن أن يقرر أيضًا النظام السياسي لها، فالدول الصغيرة من السهل أن تتأسس فيها الجمهورية، والدول المتوسطة المساحة تكون مناسبة للنظام الإمبراطوري، بينما يناسب الدول الكبرى النظام الإمبراطوري الاستبدادي.

كما أولى ماركس أيضًا اهتمامًا بتأثير البيئة الجغرافية الطبيعية على المجتمع البشري، وأشار كل من ماركس وإنجلز في كتاب "شكل الأيديولوجيا الألمانية"، إلى أنه يجب النظر إلى كل من البيئة الجغرافية وتكاثر عدد السكان، وتطور المجتمع ونهضته، على أنهما كيان موحد، "إن تلك الجوانب الثلاثة وُجدت معًا في ذات الوقت منذ بداية التاريخ، وظهور أول جماعة من الجنس البشري، وما زالت حتى الآن تؤدي دورها في التاريخ."(2) وأشار ماركس أيضًا في كتابه "رأس المال" إلى هذا قائلاً: "إن كل مجتمع يبحث عن وسائل الإنتاج ووسائل العيش التي تتناسب مع بيئته الطبيعية؛ ولذلك تختلف طرق الإنتاج وطرق المعيشة والمنتجات الخاصة بالمجتمعات المختلفة".(3) فالظروف الأساسية للبلاد هي الشروط الخارجية الحتمية

---

(1) طبقًا لكتاب "العلوم السياسية لأرسطو"، ترجمة: ووشاوبينغ، دار النشر التجارية، 1983م، ص 352-362.

(2) ماركس وإنجلز: "شكل الأيديولوجيا الألمانية"، "الأعمال المختارة لماركس وإنجلز"، المجلد الأول، دار الشعب للنشر، 1995م، ص 80.

(3) ماركس: "رأس المال"، "الأعمال الكاملة لماركس وإنجلز"، المجلد 23، دار الشعب للنشر، 1972م، ص 390.

الثابتة لوجود المجتمع وعملية تطوره، ولها تأثير بالغ ودور تقيدي محدد على التطور الاقتصادي والاجتماعي الخاص به. ومع ذلك فإن العامل الحاسم للتنمية الاجتماعية، والنظام الوطني هو ممارسات البشر الفعلية. والاعتراف بتأثير البيئة الطبيعية على المجتمع الإنساني، يساعد على تعميق المعرفة بالظروف الأولية للتطور السياسي والاجتماعي، ومعرفة الطريقة النظامية للتنمية السياسية.

(2) خط أيهوي- تنغتشوانغ: خط الظروف الصينية الأساسية

يعتبر "خط أيهوي- تنغتشونغ" الذي طرحه وأسسه العالم هو هوان يونغ عام 1953م هو أعظم الاكتشافات التي توصلت لها الدراسات الجغرافية في الصين الحديثة. فيُعد "خط أيهوي- تنغتشونغ" هو المفهوم الأكثر أهمية لتعريف الظروف الأساسية الصينية.

نشر السيد هو هوان يونغ عام 1935م مقالاً له في "المجلة الجغرافية" بعنوان "توزيع سكان الصين"، وفي هذا المقال استخدم السيد هو هوان يونغ البيانات الديموغرافية الخاصة بتعداد السكان في البلاد لعام 1933م التي جمعها، واستخدمها في رسم يدوي لخريطة كثافة خط الكفاف لتعداد السكان الصيني الأولى، مشيرًا بكل نقطة واحدة إلى عدد 10 آلاف صيني. وقد اكتشف السيد هو هوان يونغ أن هناك فجوة كبيرة بين نسبة توزيع السكان في الغرب والشرق، وكان الخط الأبرز في هذه الخريطة هو الخط المائل بـ 45 درجة المتواجد بين محافظة أيهوي التابعة لمقاطعة هيلونغجيانغ بأقصى شمال الصين وحتى محافظة تنغتشونغ التابعة لمقاطعة يونان؛ حيث مثَّل هذا الخط خطًّا فاصلاً للجغرافيا السكانية بالصين.

وأشار هو هوان يونغ في هذا المقال إلى أننا إذا جربنا رسم خط مباشر يبدأ من أيهوي بهيلونغجيانغ (مدينة خيخه حاليًّا)، ويتجه نحو الجنوب الغربي حتى تنغتشونغ بيونان، فسوف يتم بذلك تقسيم الصين إلى جزأين: الجزء الجنوبي الشرقي، والجزء الشمال الغربي. وستبلغ مساحة الجزء الجنوبي الشرقي 36% من إجمالي مساحة الصين، ومساحة الجزء الشمالي الغربي 64% من إجمالي مساحة البلاد. ولكن إحصائيات توزيع السكان ستكون كالآتي: 440 مليون

نسمة في الجزء الجنوبي الشرقي بنسبة 96% من إجمالي عدد السكان، بينما يتوزع في الجزء الشمالي الغربي 18 مليون نسمة فقط بنسبة 4% من إجمالي عدد السكان بالصين، وبهذا يتضح وجود تفاوت كبير في توزيع عدد السكان بالصين.(1)

وقد سُمي هذا الخط باسم "خط هو هوان يونغ" أيضًا نسبة إلى السيد هو هوان يونغ صاحب هذا الاكتشاف المهم، وتقديرًا للمساهمة التي قدمها للجغرافيا السكانية الصينية بهذا الاكتشاف. وفي عام 1935 أُعدت النسخة الإنجليزية من خريطة توزيع السكان الصينية وطُبعت. وبذلك أصبح "خط أيهوي- تنغتشونغ" الاكتشاف المهم للسيد هو هوان يونغ، هو الخط الفاصل والقانون الخاص بتوزيع السكان بين شرق الصين وغربها.

وبعد ذلك، مر المجتمع الصيني بحرب مقاومة اليابان وحرب التحرير، وبناء الجمهورية الصينية، وحركة الإصلاح والانفتاح، وشهدت الصين تغييرًا جذريًّا اقتصاديًّا واجتماعيًّا وثقافيًّا وتحولت الصين من دولة زراعية متدهورة إلى دولة صناعية كبرى ترتفع بشكل حاد. ولكن ذلك الخط الذي يوضح قانون التوزيع السكاني بالصين لم يتغير كثيرًا طوال تلك السنوات.

ففي عام 1987م أشار السيد هو هوان يونغ طبقًا لتحليله للإحصائيات المحلية لتعداد السكان الرابع الخاص بعام 1982م إلى الآتي: "تمثل مساحة النصف الشرقي للصين حاليًّا نسبة 42.9% من إجمالي مساحة الصين، بينما تمثل مساحة النصف الغربي نسبة 57.1% من إجمالي مساحة الصين... ويعيش في المنطقة التي تقع شرق هذا الخط الفاصل قرابة 94.4% من إجمالي سكان الصين، بينما يعيش 5.6% فقط من إجمالي عدد السكان في النصف الغربي".

وفي بداية القرن العشرين أعلنت منغوليا استقلالها، وفي 26 نوفمبر عام 1924م أُعلنت جمهورية منغوليا الشعبية. وفي 5 يناير عام 1946م اعترفت الصين بجمهورية منغوليا الشعبية المستقلة. ولذلك فإنه في وقت حساب خط توزيع عدد السكان بعام

(1) تانغ بوه: "هو هوان يونغ و«خط هو هوان يونغ» الغامض"، (الخريطة)، 2011م، العدد الرابع.

1982م كانت النسبة التي تحتلها مساحة الأراضي الواقعة على جانبي "خط آنهوي- تنغتشونغ" مختلفة إذا ما قارنها بنسب عام 1935م، فتغيرت نسبة مساحة أراضي الجزء الغربي من 64% إلى 57.1%، لتصبح نسبة مساحة أراضي الجزء الشرقي 42.9%.

ووصولاً إلى التعداد السكاني الرسمي الخامس في عام 2000 كان عدد السكان قد زادت كثافته عما سبق في النصف الجنوبي الشرقي لخط هو هوان يونغ، فتشغل الأراضي نسبة 43.8% من إجمالي مساحة الصين، وتبلغ نسبة عدد السكان بها 94.1% من العدد الكلي للسكان، وبالتالي فقد قلت الكثافة السكانية في النصف الشمالي الغربي، فتشغل الأراضي نسبة 56.2% من إجمالي مساحة الصين، وتبلغ نسبة عدد السكان بها 5.9% من العدد الكلي للسكان.

ومن هنا يتضح أن الوضع لم يتغير كثيرًا بالمقارنة بعام 1953م، سواء فيما يتعلق بنسب توزيع السكان، أو نسب الكثافة السكانية المطروحة.(1) وتوضح نتائج الإحصاء أنه بعد دخول القرن الـ 21، تطور اقتصاد الصين تطورًا سريعًا وملحوظًا، وبناء على ذلك اتجه عدد كبير من القوى العاملة إلى المناطق الساحلية، ومن ثم فلم يتم تخفيف مشكلة الكثافة السكانية في شرق "خط أنهوي- تنغتشوانغ"؛ بل على العكس فقد تفاقمت تفاقمًا كبيرًا.

وقد أوضحت بيانات التعداد السكاني السادس التي نشرها مكتب الإحصاءات الحكومية بعام 2011م بالمقارنة مع التعداد السكاني لعام 2000م، أن الكثافة النسبية لعدد السكان في المنطقة الشرقية قد ارتفعت بنسبة 2.41 نقطة مئوية، بينما انخفضت في كل من المناطق الوسطى والمناطق الغربية والشمالية الشرقية، ولكن كانت نسبة الانخفاض الخاصة بالمنطقة الغربية هي الأكبر، فقد انخفضت بمعدل 1.11 نقطة مئوية، يليها انخفاض نسبة الكثافة في المناطق الوسطى الذي انخفض بمعدل 1.8 نقطة مئوية، في حين انخفضت نسبة الكثافة في المناطق الشمالية الشرقية بمعدل 0.22 نقطة مئوية.(2)

---

(1) تانغ بوه: "هو هوان يونغ وخط هو هوان يونغ الغامض"، (الخريطة)، 2011م، العدد الرابع.

(2) ماجيان تانغ: "إعلان البيانات الأساسية للتعداد السكاني السادس"، الموقع الإلكتروني لبوابة الحكومة المركزية: htm.cn/gzdt/2011-04/28/content_1854048.gov.http://www

وطبقًا لبيانات التعداد السكاني السادس، تجاوز عدد السكان في مقاطعات شرق "خط آهوي- تنغتشونغ" مليار و200 مليون نسمة. وبدون شك، فقد طرأ الكثير من التغيرات حاليًّا على المناطق التي كان يضمها "خط الظروف الأساسية للبلاد" (خط آهوي- تنغتشونغ) عند اكتشافه منذ بضعة عقود.

الخط الفاصل للجغرافيا السكانية بالصين[1]

هذا، وقد اكتشف الباحثون الصينيون في ثمانينيات القرن العشرين وجود منطقة بيئية انتقالية (أو يمكن تسميتها منطقة ضعف بيئي)، تمتد من شمال شرق الصين وحتى جنوب غرب الصين؛ حيث ظهر في هذه المنطقة الانتقالية ضعف بيئي ملحوظ. وفي عام 1995م، توالت مقالات الباحثين تناقش وتشرح منطقة الضعف البيئي التي تتوزع أساسًا على "خط آهوي- تنغتشونغ".[2]

وفي الواقع يرجع عدم تغيير قاعدة التوزيع السكاني التي كشف عنها "خط آهوي- تنغتشونغ" منذ عشرات السنين إلى كون هذا الخط في واقع الأمر خطًّا فاصلاً لجغرافيا الصين الطبيعية، وهو في الوقت نفسه خط فاصل لمناخ الصين.

فمن المعروف أن التضاريس بالصين تتوزع في شكل أشبه بدرجات السلم، فترتفع في الغرب وتنخفض في الشرق ممثلة ثلاث درجات مختلفة. وتمثل الدرجة الأولى هضبة عالية يبلغ متوسط ارتفاعها 4000م فوق سطح البحر، تشتمل في طياتها على هضبة تشينغهاي- التبت، وجبال بايان كالا وجبال تانغقولا وجبال الهيمالايا وجبال هنغدوان، بالإضافة إلى حوض تشايدام، أما عن الدرجة الثانية فتعتبر الهضاب والأحواض المكون الرئيس لها، وتضم في طياتها هضبة منغوليا الداخلية، وهضبة اللوس وهضبة يوننان-قويتشو وحوض تاريم، وحوض جونغقار وحوض سيتشوان وغيرها، ويتراوح مستوى ارتفاعها بين 1000-2000 متر فوق سطح البحر، بينما تتكون الدرجة الثالثة من السهول والتلال، فتحتوي على

---

(1) تانغ بوه: "هو هوان يونغ و«خط هو هوانيونغ» الغامض"، (الخريطة)، 2011م، العدد الرابع.

(2) تشانغ لين: "قاعدة التوزيع السكاني الخاص «بخط هو هوان يونغ» لم تتغير"، "جريدة ساعة العلوم"، 2010/1/20.

السهول الثلاثة الكبرى: (السهل الشمالي الشرقي، وسهل شمال الصين، وسهل الروافد الوسطى والدنيا لنهر يانغتسي)، كما تضم أيضًا المناطق الثلاث الكبرى للتلال بالصين: (تلال لياودونغ، وتلال شاندونغ، وتلال دونغنان)، ويبلغ متوسط ارتفاعها 500م فوق سطح البحر. وتقع أغلب مناطق الدرجة الأولى والثانية التي يبلغ متوسط ارتفاعها 1000م فوق سطح البحر بشكل رئيس في غرب "خط أهوي- تنغتشونغ"، بينما تقع معظم منطقة السهول والتلال الملائمة لحياة الجنس البشري وتقدمه في المنطقة الواقعة شرق "خط أهوي- تنغتشونغ".

هذا إلى جانب، أن أرض الصين واسعة، وخطوط العرض التي تتخللها كثيرة، وهناك فجوة وتفاوت كبير بين المناطق القريبة من البحر والمناطق البعيدة عنه، ويزيد على ذلك تضاريسها التي تختلف بين المرتفع والمنخفض، التي تشمل من أنواع التضاريس أغلبها، وتضم في طياها سلاسل جبلية متنوعة ومختلفة؛ لذلك فقد اختلفت أحوال الجو وتباينت بين الحرارة وهطول الأمطار وغيرها، مكونة بذلك مناخًا ذات طبيعة متنوعة؛ فينتمي الجزء الشرقي إلى مناخ الرياح الموسمية وينتمي الجزء الشمالي الغربي إلى المناخ القاري المعتدل، بينما تنتمي هضبة تشينغهاي- التبت إلى المناخ البارد.

ويتصادف خط سقوط الأمطار بمتوسط 400مم في الصين تقريبًا مع "خط آهوي-تنغتشونغ"، ويعتبر خط سقوط الأمطار هذا خطًا فاصلاً بين المنطقة الشبه رطبة والمنطقة الشبه جافة، وتختلف الجغرافيا والمناخ على جانبي هذا الخط على نطاق واسع؛ فتعد المناطق الواقعة بجنوب شرق خط سقوط الأمطار السالف ذكره مناطق رطبة تخضع لتأثير مناخ الرياح الموسمية الخاص بالمحيط الهادئ والمحيط الهندي، وتتكون بشكل رئيس من السهول وشباك الأمطار والتلال وتضاريس الدانشيا، وتصلح للتنمية الزراعية. أما المناطق الواقعة في شمال غرب الخط فهي مناطق جافة ليست متأثرة ولو بجزء قليل بمناخ الرياح الموسمية الخاص بالجزء الجنوبي الشرقي، وتتكون من المراعي والصحاري والهضاب التي يغطيها الثلوج.

فطالما كانت المناطق شرق "خط أيهوي-تنغتشونغ" ملائمة للتنمية الزراعية بسبب تأثير المناخ والبيئة الجغرافية، تلك الأراضي التي أصبحت الآن مجموعة من

المدن المتطورة على نطاق واسع، وبتركز بها عدد كبير من السكان، أما المناطق غرب الخط فهي مناطق ذات ظروف طبيعية قاسية يسودها الضعف البيئي، تتخذ من تربية الحيوانات نشاطًا رئيسًا لها، وتتميز بكثافتها السكانية المنخفضة. وبهذا يتضح أن خط توزيع السكان أيهوي-تنغتشونغ هو نتيجة تأثير البيئة الجغرافية الطبيعية على الأنشطة الإنسانية.

وبجانب الفروق الشاسعة في توزيع السكان بالغرب والشرق، نجد أن توزيع الموارد الطبيعية باختلاف أنواعها بالصين غير متزن على الإطلاق أيضًا، فتمتلك موارد الأراضي في الصين من الخصائص أربعًا: كمياتها هائلة في العدد ولكن نصيب الفرد الواحد منها ليس بكثير، وتتعدد أنواعها، ولكن مساحة الأرض الصالحة للزراعة بيها ضئيلة، وظروف استخدامها معقدة وتَظهر الفروق الإقليمية في الإنتاجية واضحة بها، وتتوزع بشكل غير متكافئ، وتبرز مشكلة الحماية والاستثمار المتعلقة بها.

فتحتل المناطق الجبلية بالصين نسبة ثلثي (3/2) المساحة الإجمالية للبلاد، وتمثل الصحاري وصحراء غوبي أكثر من 12% من المساحة الإجمالية، بينما تمثل مساحة الأرض المزروعة في جميع أنحاء البلاد أقل من 10% من المساحة الإجمالية.

أما عن الموارد المائية فتتوزع هي الأخرى بشكل غير متوازن على الإطلاق؛ فتعد الأنهار والبحيرات المكون الرئيس للمياه العذبة بالصين. ويقدر نصيب الفرد في الصين من حجم المياه الجارية 2200 متر مكعب لكل فرد؛ أي ما يعادل 24.7% من حجم المياه الجارية في العالم. ويعتبر نصيب الأفراد من الموارد المائية الخاصة بحوض نهر اللؤلؤ هي الأكبر بين أحواض الأنهار الأخرى؛ حيث يبلغ نصيب الفرد الواحد 4000 متر مكعب. ويرتفع نصيب الأفراد من حوض نهر يانغتسي بقدر قليل عن متوسط نصيب الأفراد المعروف بالبلاد؛ حيث يتراوح نصيب الفرد منه بين 2300–2500 متر مكعب.

ويُعد حوض نهري هاي ولوان هو أكثر مناطق الموارد المائية توترًا في البلاد، فلا يتجاوز نصيب الفرد منه 250 مترًا مكعبًا. ويتجسد التناقض في الصين بشكل واضح بين توزيع المياه وتوزيع الأراضي الصالحة للزراعة، فتكثر المياه في الجنوب

وتقل في الشمال، بينما تكثر الأراضي الخصبة في الشمال وتقل في الجنوب. ومن ناحية أخرى، تتمركز مناطق زراعة القمح والقطن في الصين بالسهول الشمالية، وتشغل مساحة الأراض الخصبة بالصين نسبة 40% من المساحة الإجمالية للصين، بينما تشغل مساحة الموارد المائية حوالي 6% فقط من المساحة الإجمالية للصين. وقد أدت ظروف عدم التكافؤ بين توزيع المياه والأراضي إلى زيادة درجة نقص المياه في المناطق الشمالية للصين.

أما عن احتياطي موارد الطاقة المائية في الصين فيصل إلى 680 مليون كيلو وات، محتلة بذلك المركز الأول في العالم. ويتوزع 70% من هذا الاحتياطي في أربع مدن ومقاطعات بالجنوب الغربي ومنطقة التبت ذاتية الحكم، ويعتبر نظام نهر يانغتسي هو أكبر مورد للطاقة المائية يليه نظام براهمابوترا، كما يمتلك كل من مياه النهر الأصفر ومياه نهر اللؤلؤ كمية كبيرة نسبيًّا من احتياطي الطاقة المائية. وقد تم حاليًّا فتح مناطق لاستخدام بعض من احتياطي هذه الموارد التي تتمركز في الروافد العليا لنهر اللؤلؤ والنهر الأصفر ونهر يانغتسي.

ومن ناحية أخرى، يتميز توزيع الموارد المعدنية في الصين بعدم التجانس أيضًا؛ فينتشر الحديد الخام مثلاً بشكل رئيس في لياونينغ وشرقي خبي وغربي سيتشوان، بينما يتوزع الفحم الخام بشكل رئيس في المناطق الشمالية والشمالية الغربية والشمالية الشرقية والجنوبية الغربية؛ حيث يتمركز في مقاطعات: شاندونغ ومنغوليا الداخلية وشينجيانغ وغيرها من المقاطعات المتواجدة في نطاق تلك المناطق. وبالرغم من أن شكل التوزيع غير المتكافئ هذا يجعل الصين تمتلك ميزة انتشار التعدين على نطاق واسع إلا أنه يسبب ضغطًا كبيرًا لعملية النقل. فمن أجل التمكن من الاستخدام الفعال في جميع أنحاء البلاد لتلك الموارد المتوزعة بشكل غير متكافئ في شتى الاتجاهات كان من اللازم تعزيز بناء وسائل النقل والمواصلات وتطوير الخدمات اللوجستية على نطاق واسع.[1]

(1) طبقًا لـ "الموارد الطبيعية"، "أحوال الصين"، "الكتاب السنوي لجمهورية الصين الشعبية"، الموقع الإلكتروني لبوابة الحكومة الصينية:
http://www.gov.cn/test/2005-07/27/content_17405.htm

ويمكن القول إن الصين تُحقق منذ العصر القديم توزيع الموارد عبر الأقاليم، نتيجة لما تفرضه طبيعة البلاد من الأراضي الواسعة والموارد المتوزعة بشكل غير متكافئ. فبسبب الظروف المناخية والجغرافية تمركزت مناطق إنتاج الحبوب في العصر القديم بالصين في منطقة جيانغتشيه وليانغهو وليانغ قوانغ. وقد كان يتم توزيع الموارد في العصر القديم بشكل رئيس عن طريق النقل البحري لتنفيذ "إمداد الشمال بحبوب الجنوب".

وقد شهدت القناة الكبرى التي يبلغ طولها 2700 كيلومتر بين هانغتشو في الجنوب وتشوجيون (بكين حاليًّا) في الشمال بداية من عام 486م على عملية توزيع السلع والمواد بين الجنوب والشمال لأكثر من 2000 عام. فوصل عدد السفن الناقلة للبضائع من الجنوب للشمال بقناة بكين وهانغتشو الكبرى بأسرة مينغ إلى أكثر من 9000 ناقلة، وقد وصل حجم الحبوب السنوي التي يتم نقلها من الجنوب إلى الشمال في عصر أسرة تشينغ إلى أكثر من 4 ملايين دان[1]. وبهذا استمرت حالة "إمداد الشمال بحبوب الجنوب" حتى سبعينيات القرن العشرين.

أما بعد فترة السبعينيات، فبدأت التنمية الزراعية الشاملة والتقدم التكنولوجي الزراعي بالشمال، وبناء قاعدة للحبوب وتحسين مرافق الحفاظ على المياه، فأخذت المناطق الشمالية والوسطى بالصين تتحول تدريجيًّا إلى مناطق إنتاج الحبوب. وتغير شكل توزيع الحبوب تدريجيًّا ليصبح "إمداد الجنوب بحبوب الشمال".

أما عن موارد الفحم بالصين فتتركز في شاندونغ وشانشي وغرب منغوليا الداخلية، وبعد تأسيس الصين الجديدة أصبحت المدن الصناعية الكبرى في شرق الصين وجنوبها مناطق رئيسة لاستهلاك الفحم، فأصبح "نقل فحم الشمال إلى الجنوب" و"نقل فحم الغرب إلى الشرق" هما المفهومان الجديدان لتوزيع الموارد. وتمركزت عملية توزيع الفحم الخام في ثلاث طرق نقل أساسية الطريق الشمالي والطريق الأوسط والطريق الجنوبي. فيشمل الطريق الشمالي ثلاث طرق سكك حديدية، داتشين وفينغشادا وجينغيوان، ويقوم وحده بنقل 55% من حجم حركة

---

(1) دان، وحدة قياس للحبوب الجافة، والدان يكافئ 10 ديكالتر؛ أي ما يساوي 100 لتر.

نقل الفحم بأكملها، ويقوم بإمداد بكين وتيانجين وهيباي التي يُنقل لها الكمية الأكبر عن طريق النقل البحري لميناء تشين هوانغ داو، بالإضافة إلى إمداده بكميات محددة إلى منطقة شمال شرق الصين أيضًا. كما يعتبر خط السكة الحديدية شين مو- هوانغ هوا الذي بُني حديثًا هو أيضًا خط رئيس لنقل الفحم من الغرب إلى الشرق؛ حيث يصل الفحم إلى ميناء هوانغهوا ليتم تحويله للنقل البحري.

أما الممر الأوسط فيشمل خط سكة حديد شيهتاي، ويقوم بنقل 25% من إجمالي حجم نقل الفحم من الغرب إلى الشرق؛ حيث يُنقل الجزء الأكبر من خلال سكة حديد شيهجيا تشوانغ- ديهتشو إلى ميناء تشينغدوا ليتم نقله بحريًّا. في حين يضم الممر الجنوبي السكك الحديدية، تاي جياو وهانتشانغ وهويوا ونان تونغبو، ويقوم بنقل 20% من إجمالي حجم نقل الفحم من الغرب إلى الشرق؛ حيث يُنقل الفحم عن طريق سكة حديد خيه يان ريه الجديدة إلى ميناء ريتشاو ليتم نقله بحريًّا.

وببدء القرن الـ 21، أُطلقت ثلاثة مشروعات كبرى تمثل المحتوى الرئيس لتنمية غرب الصين، واحدًا تلو الآخر وهي: مشروع نقل الغاز الطبيعي من الغرب إلى الشرق، ومشروع نقل الكهرباء من الغرب إلى الشرق، ومشروع نقل المياه من الجنوب إلى الشمال. وبذلك دخل توزيع الموارد الاستراتيجي الناجم في المقام الأول عن التوزيع غير المتكافئ للموارد بالصين مرحلة جديدة.

ويعتبر مشروع نقل الغاز الطبيعي من الغرب إلى الشرق واحدًا من معالم تنمية غرب الصين التي بدأت في عام 2000م؛ فهو ثاني أعظم مشروع استثماري في البلاد بعد مشروع الخوانق الثلاثة.

تحتوي أحواض تاريم وتشايدام وأوردوس وسيتشوان الموجودة بغرب الصين على 26 تريلون متر مكعب من موارد الغاز الطبيعي؛ أي ما يعادل نسبة 87% من إجمالي حجم موارد الغاز الطبيعي في الصين بأكملها. ويعتبر نقل الغاز الطبيعي من حوض تاريم عبر خط أنابيب الغاز إلى منطقة دلتا نهر يانغتسي هي الحركة الأساسية لمشروع نقل الغاز من الغرب إلى الشرق. ويمتد خط أنابيب الغاز عبر 14 مقاطعة، بإجمالي طول 4000 كيلو متر مربع، ويتميز بقدرة نقل سنوية تقترب

من 12 مليار متر مكعب من الغاز، وبقدرة قصوى تصل إلى نقل 20 مليار متر مكعب.

وفي الأول من أكتوبر عام 2004م بدأ تشغيل الخط بأكمله ووضعه في حيز التنفيذ. وفي بداية عام 2008م افتُتح الخط الثاني لنقل الغاز الطبيعي من الغرب إلى الشرق، والذي اعتُبر أطول خط أنابيب ناقلاً للغاز الطبيعي عابرًا للحدود في العالم بأكمله، ينقل الغاز الطبيعي من بوابة مخزن الغاز الطبيعي بتركمانستان على طول المناطق الغربية والوسطى في الصين ودلتا نهر يانغتسي ودلتا نهر اللؤلؤ؛ ليخدم بذلك أكثر من 300 مليون مواطن، ويقدم إمدادات مستقرة منذ أكثر من 30 عامًا.

أما عن مشروع نقل الكهرباء من الغرب إلى الشرق فيعمل على نقل الطاقة الكهربائية من جويتشو ويوننان وسيتشوان ومنغوليا الداخلية وشانشي وغيرها من مقاطعات المنطقة الغربية، ليوصلها إلى المناطق التي تنقص بها الطاقة الكهربائية بالشرق، كقوانغدونغ وشانغهاي وجيانغسو وتشجيانغ وبكين وتيانجين وتانغشان.

وقد طُرح إنشاء الخطوط الثلاثة الكبرى، الشمالي والأوسط والجنوبي، لـ "نقل كهرباء الغرب إلى الشرق" في "مسودة الخطة الخمسية العاشرة". يعمل الخط الشمالي على نقل الطاقة الكهرومائية من الروافد العليا للنهر الأصفر والطاقة الحرارية من شانشي ومنغوليا الداخلية إلى منطقة بكين وتيانجين وتانغشان، بينما يعمل الخط الأوسط على نقل الطاقة الكهرومائية من روافد نهر جينشا والخوانق الثلاثة إلى المناطق الشرقية، أما عن الخط الجنوبي فينقل الطاقة الكهرومائية من جويتشو وقوانغشي ويوننان والطاقة الحرارية من يوننان وجويتشو إلى قوانغدونغ وهاينان، وغيرها من المناطق.

وقد بدأت عملية المقارنة العلمية والحجج الديمقراطية حول مشروع نقل المياه من الجنوب إلى الشمال التي استغرقت ما يقرب من 50 عامًا.[1] عندما طرح ماو

(1) طبقًا لـ "مشروع نقل المياه من الجنوب إلى الشمال: الاختيار الحتمي لأحوال المياه بالصين"، "جريدة قوانغ مينغ اليومية"، 2013/10/2م.

تسي دونغ عند استكشافه للنهر الأصفر في عام 1952م فكرة: "أن المياه بالجنوب كثيرة وفي الشمال قليلة، وإذا وجِدت الإمكانية فمن الممكن استعارة القليل من الجنوب لنمد به الشمال".

وقد بُدئ العمل في أكبر مشروع لنقل مياه بين الأحواض عبر الأقاليم في تاريخ البشرية بعد تجهيز وإعداد لمدة نصف قرن من الزمن. ويعتبر الهدف الرئيس من هذا المشروع هو حل مشكلة المنطقة الشمالية، وبصفة خاصة مشكلة نقص الموارد المائية بأحواض أنهار هايخه وهوايخه والنهر الأصفر، وتضم منطقة التخطيط الخاصة بالمشروع 438 مليون شخص. ويعمل مشروع نقل المياه على نقل المياه من الروافد العليا والوسطى والسفلى لنهر يانغتسي على التوالي إلى مناطق نقص المياه في الشمال والشمال الغربي. وينقسم خط نقل المياه إلى ثلاث أجزاء خط غربي وخط أوسط وخط شرقي. يقوم الخط الغربي بنقل المياه من منابع نهر يانغتسي في شمال غرب الصين؛ لتقوم بدعم النقص في مياه النهر الأصفر، أما الخط الأوسط فيقوم بنقل المياه من خزان دانجيانغكو برافد نهر هان التابع لنهر يانغتسي على طول سفوح جبل فوجين وجبل تايهانغ، متوجهًا بها إلى بكين، بينما يبدأ الخط الشرقي من جيانغدو بمقاطعة جيانغسو مارًّا بآنهوي وخنان وشاندونغ وخبي، حتى يصل في النهاية إلى مقصده النهائي بتيانجين. وقد بدأ التشغيل الكلي لهذا المشروع في نهاية عام 2002م.

(3) القيود والشروط التي فرضتها أحوال الصين على النظام السياسي

وُلدت الحضارة الصينية منذ فترة هواشيا، محاطة بالجبال العالية والصحراء الشاسعة والبحار العريضة محمية بها، وازدهرت وترعرعت في ظل "النهرين الأم": النهر الأصفر، ونهر يانغتسي. ولقد كان للبيئة الجغرافية والموارد وتوزيع سكان تأثير مهم على بنية المجتمع الصيني وأنظمته السياسية منذ القدم. فاشترطت الظروف الأساسية للبلاد وجود نظام سياسي يمكنه أداء الوظائف التالية: حماية توحيد البلاد وسلامة أراضيها، وكفاءة توزيع الموارد، والوقاية والحد من الكوارث الطبيعية.

ولقد ظلت حضارة الصين في ازدهار دائم على مدى عقود، فالحضارة الصينية هي الحضارة الوحيدة في العالم التي تمتلك تاريخ خمسة آلاف عام من الحضارة المستمرة غير المتقطعة، ولقد كان السبب في هذا قدرة النظام السياسي التاريخي بالصين على التأقلم مع الظروف الأساسية للبلاد، ووصول العوامل الاجتماعية والسياسية والطبيعية إلى درجة محددة من الاتفاق والتصالح.

الفصل الثالث

"التوحيد الكبير" حضارتا النهرين تحملان النظام السياسي القديم

يُعتقد أن "التوحيد الكبير" هو إحدى خصائص النظام السياسي الصيني في العصر القديم، فكلمة "الكبير" يُقصد بها أراضي البلاد الواسعة التي تمتد في شرق قارة آسيا، يحدها في الشمال هضبة منغوليا، وفي الجنوب بحر الجنوب، ومن الشرق البحر الشرقي، ومن الغرب جبال بامير. بينما يعني ما يُسمى بـ "التوحيد" تنفيذ البلاد ذات المساحة الواسعة وعدد السكان الهائل لنظام سلطة مركزية موحد. فبجانب ما يسرده تاريخ العصر القديم عن قدرة الصين على مواجهة الأعداء، والتخلص من الفوضى الناجمة عن الحرب، والتغلب على حالات الانقسام التي حدثت، نجد أن البلاد قد استطاعت أيضًا العيش في رَغد لفترة طويلة في ظل إمبراطورية موحدة.

إن الحضارة الصينية القديمة هي الحضارة الوحيدة في تاريخ البشرية التي استمرت دون انقطاع، ولقد استمر توارث الثقافة الصينية على مدى آلاف السنين وصولاً إلى يومنا هذا.

وترتبط هذه الحضارة الاستثنائية بدولة "التوحيد الكبير" الصينية القديمة وبالنظام السياسي، فلا يمكن فصل أي منهما عن الآخر؛ ولذلك لا يمكن الفصل بين كل من: حضارة الصين القديمة المستقرة المستمرة، ونظام "التوحيد الكبير" الوطني، وبين جغرافيا الصين ذات مساحة الأرض الشاسعة الممتدة في شرق آسيا وموقعها ومناخها ومواردها وغيرها من الظروف الطبيعية.

ويمكننا تسمية أوائل الناس الذين عاشوا بشرق قارة آسيا منذ العصور القديمة في أراضي هذه البلاد الواسعة التي تمتد في شرق قارة آسيا، ويحدها في الشمال

هضبة منغوليا، وفي الجنوب بحر الجنوب، ومن الشرق البحر الشرقي، ومن الغرب جبال بامير باسم "مساحة هواشيا"، وهي الفترة التي عاش فيها الصينيون القدماء (أمة هواشيا)، ومارسوا حياتهم الطبيعية.

وقد تمركزت حضارة هواشيا بشكل رئيس في وادي النهر الأصفر ونهر يانغتسي، في مناطق يسود فيها مناخ الرياح الموسمية المعتدلة ومناخ الرياح الموسمية شبه الاستوائية؛ فقد غلب مناخ الرياح الموسمية شبه الاستوائية على منطقة وادي نهر يانغتسي، بينما ساد مناخ الرياح الموسمية المعتدلة منطقة وادي النهر الأصفر.

ولما كان العصر الصيني القديم قائمًا على الحضارة الزراعية، فقد كان الإنسان في ظل ظروف الزراعة والإنتاج حينها يعتمد كليًّا على المناخ، ويعيش تحت رحمة الطبيعة للحصول على غذائه. وبهذا كان المناخ الموسمي عاملاً في عدم استقرار أحوال الإنتاج والمحصول الزراعي، فكانت الصين دائمة التعرض لكوارث الجفاف والفيضانات.

ومن جانب آخر، ساعد ذلك في أن تصبح طريقة تبادل السلع بين النهرين ومنطقتي المناخ المختلفتين من أجل أن تمد كل منهما الأخرى بما تملكه، هي أحد أهم الشروط والآليات التي مكنت قومية هواشيا حينها من التماسك والحفاظ على بقائها بشكل عام. وقد لعب اختلاف المناخ في الجنوب والشمال دورًا مكملاً لبعضهما البعض، وظهر ما يُسمى بـ "الشمس تسطع بالغرب في وقت اختفائها من الشرق، وإذا أظلم الجنوب فحتما سيسود النور الشمال".

وهنا يمكن القول إن الأراضي الصينية تمتلك مشروع نقل المياه عبر الأقاليم منذ عصر الدول المتحاربة. كما أصبحت القناة الكبرى من بكين إلى هانغتشو الممتدة بين الشمال والجنوب التي بدأ استخدامها في أسرة سوي للربط بين المنطقتين المناخيتين وأحواض الأنهار بهما، هي نظام التكيف الاقتصادي المهم للاتصال بين الشمال والجنوب في تاريخ الحضارة الصينية. وبالطبع قد قدم نظام التكيف الاقتصادي هذا أساسًا اقتصاديًّا متينًا للحضارة الصينية.

هذا، وقد طرح منسيوس من قبل النظرية السياسية "الصين الكيان الواحد". وحلل السيد ليو تسونغ يوان من أسرة تانغ في كتابه "النظرية الإقطاعية" بشكل عميق، أسباب تكون نظام مركزية السلطة في الصين القديمة. فجاء في كتابه ما يلي:

أدت محدودية ظروف الإنتاج في وقت مبكر للمجتمع الإنساني بشكل حتمي إلى وجود صراع وتنافس بين المجموعات الإنسانية، وقد أدى نضال القوميات هذا إلى تفريق المجموعات وظهور قائد لكل قومية وظهور النظام والقانون.

وتسببت الصراعات المستمرة في وجود حقيقة أن القوي يلتهم الضعيف، وبالتدريج تكوَّن شكل البلاد الموحدة التي يحكمها الأقوياء. ولما كان البشر في فترة هواشيا يعيشون في حدود طبيعية منغلقة نسبيًّا فقد كونوا نوعًا من المساحة المستقلة بهم. وقد تجمع داخل هذه المساحة حشود مختلفة تتنافس فيما بينها، وتتصارع على الموارد والثروات المحدودة.

وبطبيعة الحال أدى التنافس إلى وجود فائزين وخاسرين، فيخضع الخاسر لحكم الفائز، ويحمي الفائز الخاسر، وبالتالي تكوَّن نظام اجتماعي وسياسي مستقر. ولم تتوقف هذه المنافسة عن الحدوث والتكرار في جميع المناطق وبجميع الطبقات؛ بل ازدادت تدريجيًّا حتى كونت في النهاية الفائز الأول والفائز النهائي، ومن ثم تشكل النظام الكامل- دولة موحدة، أو ما يُسمى بـ "الصين الكيان الواحد". وبعبارة أخرى يمكن القول، إن الشكل التنظيمي والعلاقات الاجتماعية للجماعات الناشئة في ظل حضارة النهرين في عصر هواشيا القديم كانت لا بد أن تتجه نحو التوحيد.

وبناء على هذا كله يمكن القول، إن هذا الوضع كان النتيجة الحتمية للصراع المجتمعي في ظل الظروف الطبيعية الخاصة بالبلاد، وإن هذا هو القانون الأساسي للتطور السياسي للحضارة الصينية، كما أن هذا هو السبب الأساسي وراء تشكيل حضارة الصين القديمة، ووحدة البلاد على المدى الطويل.

الوحدة والتنمية: المتطلبات التي فرضتها الأحوال الأساسية للبلاد على النظام السياسي المعاصر

في إجابة لسؤال ما أحوال الصين المعاصرة؟ يأتي الوصف القاطع للجيل القديم من الثوريين الملامح العامة ليلخص أحوال البلاد في المرحلة الأولى من تأسيس الصين الحديثة، والمرحلة الأولى من فترة الإصلاح والانفتاح.

فوصف ماو تسي دونغ خصائص الصين قائلاً: "بلد فقيرة اقتصاديًا وثقافيًا"، وقال دنغ شياو بينغ: "بلد ذات تعداد سكاني هائل وأساس ضعيف واهن"، كما أضاف تشين يون قائلاً: "شعب يزيد على المليار، يعيش معظمه في غياهب الريف".

وقد شهدت أحوال الصين بالطبع تغيرًا كبيرًا خلال أكثر من 30 عامًا من التطور السريع منذ حركة الإصلاح والانفتاح. فعند تأسيس جمهورية الصين الشعبية عام 1949م كانت الصين واحدة من أكثر دول العالم فقرًا، بلد متخلفة اقتصاديًا مع عدد كبير من السكان. وكان إجمالي الدخل القومي للفرد في عام 1949م 66 يوانًا فقط، ومتوسط العمر المتوقع للمواطنين 35 عامًا، وقد بلغت كمية إنتاج الصين في هذا العام من الفولاذ 158 ألف طن؛ أي بما يعادل ثمن الكمية (8/1) التي تنتجها الهند.

أما في الفترة بين عامي 1953م و1978م، فزادت سرعة التطور الاقتصادي الصيني بمتوسط 6.1%. ففي عام 1978م كان الناتج المحلي الإجمالي بالصين 364 مليار و500 مليون يوان، لتحتل الصين بذلك المركز العاشر عالميًا، وأصبح متوسط الدخل القومي للفرد 190 دولارًا أمريكيٍّ، ليتم بذلك تصنيفها ضمن أقل البلدان ذات الدخل المنخفض نموًا في العالم. وقد ساعد الإصلاح والانفتاح الاقتصاد الصيني على دخول مرحلة التطور ذات السرعة المستقرة، وبهذا زاد متوسط سرعة نمو الاقتصاد الصيني في الفترة بين عامي 1978م و2012م بنسبة تزيد على 9%.

فقفز الناتج المحلي الإجمالي في الصين من المرتبة العاشرة عالميًا بعام 1978م ليصل إلى المرتبة الثانية على مستوى العالم حاليًا، وتغير حال الصين لتحتل في عام 2011م نسبة 10.5% من نسبة الاقتصاد العالمي بدلاً من نسبة 1.9% التي حققتها في عام 1980م.

هذا، وقد شهدت حياة المواطنين أيضًا تحسنًا ملحوظًا بالتزامن مع هذا التطور الاقتصادي السريع؛ ففي الفترة بين عامي 1979م و2012م زاد متوسط الدخل الصافي للفرد في الأسر بالمناطق الحضرية ومواطني الريف، زيادة فعلية وصلت إلى 8% و7.5% على التوالي. وفي عام 2012م زاد نصيب الفرد من الناتج

المحلي الإجمالي ليتجاوز 6000 دولار أمريكي، لتنتقل بذلك الصين من تصنيف الدول ذات الدخل المنخفض عالميًّا بمنتصف ثمانينيات القرن العشرين لتدخل تصنيف الدول ذات الدخل المتوسط. كما ساعد الإصلاح والانفتاح عملية التصنيع والعمران في الصين على التطور السريع، ودخلت عملية تطور المجتمع الصيني بشكل كلي إلى مرحلة التصنيع الوسطى. وحاليًّا، وصل معدل التحضر والعمران في الصين إلى 50%.

ولكن في الوقت نفسه الذي شهدت فيه البلاد التطور السريع للتصنيع والتحضر، ظلت أحوال الصين الأساسية محتفظة بجانبها الثابت الذي لا يتغير، ظلت في حالة عدم توازن وتكافؤ كما كان حالها دائمًا قبل مرحلة الإصلاح والانفتاح؛ بل وزاد وضعها سوءًا. وأصبح عدم توازن تنمية المناطق اقتصاديًّا والتوزيع غير المتكافئ للموارد الطبيعية هما السمة المميزة للظروف الأساسية للبلاد، وبالطبع كان "خط أيهوي-تنغتشونغ" هو أبرز معالم حالة عدم التكافؤ المسيطرة على أحوال البلاد.

فمنذ بدأ عصر الإصلاح والانفتاح تزامن مع حدوث التغير والتطور التاريخي للصين اجتماعيًّا واقتصاديًّا زيادة وتفاقم لمشكلتي عدم التكافؤ بالبلاد، والمتمثلتين في عدم اتزان درجة التطور بين المناطق، وعدم التكافؤ في توزيع الموارد، ويجب القول إن هذا الأمر أسهم في أن يصبح "خط آيهوي-تنغتشونغ" أكثر عمقًا وظهورًا.

ونتيجة لهذا كله نجد أن أحوال البلاد الفعلية قد فرضت على النظام السياسي المعاصر والسياسية الديمقراطية المعاصرة اثنين من المتطلبات الأساسية.

أولهما: ضرورة امتلاك النظام السياسي الصيني المعاصر القدرة على الحفاظ على وحدة البلاد

فالصين بلد ذات مساحة أراضٍ شاسعة وعدد سكان ضخم، وتطورها الاقتصادي سريع وتتميز بعدم التكافؤ في تطوير المناطق وتوزيع الموارد، ويظهر بها الكثير من الاختلافات الإقليمية. فقد أدى التطور السريع للعمران والتصنيع الصيني منذ بداية الإصلاح والانفتاح إلى ظهور بعض المناطق الوظيفية الاقتصادية الضخمة

ذات مستوى وسرعة تطور مختلفين، ومثال على هذا المناطق الوظيفية السبع الكبرى: منطقة "دلتا نهر يانغتسي" و"دلتا نهر اللؤلؤ" و"الدائرة الاقتصادية المحيطة ببحر بوهاي"، ومنطقة شمال شرق الصين، ومنطقة المقاطعات الخمس بوسط الصين ومنطقة جنوب غرب الصين ومنطقة شمال غرب الصين. وبالحديث عن "دلتا نهر يانغتسي" و"دلتا نهر اللؤلؤ" بوصفها مثالاً للمناطق الوظيفية الاقتصادية بالصين، نذكر ما يلي:

يُكوِّن "دلتا نهر يانغتسي" السهل الرسوبي الموجود أمام نهر يانغتسي، والذي يحده من الشمال نهر يونغهيه، ومن الجنوب نهر تشيانتانغ وخليج هانغتشو، ومن الغرب الجزء الغربي من نانجينغ، ومن الشرق شاطئ البحر، ويشمل شنغهاي بأكملها وجنوب مقاطعة جيانغسو وسهل هانغجياهو بمقاطعة تشجيانغ وشرق مقاطعة أنهوي، بمساحة إجمالية تصل إلى 50 ألف كيلو متر مربع، فهو سهل عظيم مستوٍ ذي مساحة شاسعة. وتُعد "دلتا نهر يانغتسي" أكثر المناطق الاقتصادية سرعة في معدل التطور الاقتصادي وأكبرها في الإجمالي الاقتصادي، وأعظمهم في إمكانات النمو والتطور.

تحتل منطقة دلتا نهر يانغتسي 1% من إجمالي المساحة الكلية للبلاد وتصل نسبة سكانها إلى 6% من إجمالي عدد المواطنين بالصين، ويخرج منها ما يقرب الـ 20% من الناتج المحلي الإجمالي للبلاد، وربع (4/1) الإيرادات المالية بالدولة. وإلى جانب ذلك تُعد منطقة دلتا نهر يانغتسي أساسًا مهمًّا للصناعة التحويلية[1] على المستوى العالمي. فتضم وحدها 400 مؤسسة من أصل 500 مؤسسة كبرى في العالم بأكمله، من بينها ما يزيد على 200 مؤسسة في المقر الإقليمي والمقر الوطني اللذين بُنيا في شنغهاي.

أما عن منطقة "دلتا نهر اللؤلؤ"، فتنقسم إلى: "دلتا نهر اللؤلؤ الصغرى" و"دلتا نهر اللؤلؤ الكبرى". وتُعد "دلتا نهر اللؤلؤ الصغرى" هي الدلتا المتكونة من

---

(1) هي الصناعة التي تعتمد على تحويل المواد الأولية من شكل إلى آخر حسب الشكل الذي يصممه الصانع، وحسب طريقة تحويلية معينة، سواء كانت كيميائية أو فيزيائية أو هندسية لإنتاج منتج جديد من تلك المواد الأولية.

الترسيبات التي حدثت عند دخول النهر الشمالي والنهر الغربي والنهر الشرقي إلى البحر، تصل مساحتها إلى ما يقرب من 56 ألف كيلو متر مربع، وتقع في وسط وجنوب مقاطعة قوانغدونغ، عند الروافد السفلى لنهر اللؤلؤ وبمحاذاة هونغ كونغ وما كاو، وتتصل مع منطقة جنوب شرق آسيا عبر البحر، وتتميز بسهولة المرافق البرية والبحرية وتُسمى بـ "بوابة الجنوب الكبرى". وفي عام 2012 بلغ الناتج المحلي الإجمالي الإقليمي لمنطقة نهر اللؤلؤ 4 تريليونات و789 مليار و725 مليون يوان، ووصل نصيب الفرد من الناتج المحلي الإجمالي 13454 دولارًا أمريكيًّا. بينما تشتمل منطقة "دلتا نهر اللؤلؤ الكبرى" على كل من قوانغدونغ وهونغ كونغ ومكاو، وتبلغ مساحتها 181 ألف كيلو متر مربع، ويبلغ تعداد سكانها 86 مليون و790 ألف نسمة، وبذلك تعتبر ثالث أكبر مجموعة مدن كبرى في العالم. وبهذا تحتل منطقة "دلتا نهر يانغتسي" و"دلتا نهر اللؤلؤ" مكانة متميزة ومتصدرة بين المناطق الصناعية في العالم، وفي الصين نفسها، سواء في المساحة أو عدد السكان أو البنية الصناعية أو مستوى التنمية الاقتصادية، فتتميز ببنية صناعية شاملة كاملة، وإجمالي اقتصادي عملاق، وعدد سكان ضخم. فهذه المناطق الاقتصادية الضخمة تملك إمكانيات فريدة للبقاء والتنمية.

وفي هذا السياق، أوضحت الخبرات البشرية العالمية على مر التاريخ، أن التوسع السريع في الاقتصادات الإقليمية، واقتراب بنياتها الصناعية من الكمال، من الممكن أن يؤدي إلى الانقسام السياسي. ففي ثمانينيات القرن العشرين، شهدت دول أوروبا الشرقية الاشتراكية الأصل اضطرابات سياسية فككت البلاد جزئيًّا، وكان الاختلاف في البنية الاقتصادية بين المناطق الإقليمية المختلفة هو أهم الأسباب المؤدية لذلك.

ويُعد التفكك الذي شهدته يوغوسلافيا خير مثال على هذا الجانب؛ فقد ساعد الإصلاح الذي حدث في يوغوسلافيا بخمسينيات القرن العشرين على دفع الاقتصاد بقوة، فاحتل اقتصادها الصدارة بين دول شرق أوروبا، وبسبب علاقاتها الاقتصادية الوثيقة مع دول أوروبا وعدد من الأسباب الأخرى، طرأت الكثير من التغيرات التدريجية على الهيكل الاقتصادي اليوغوسلافي، وظهرت مناطق اقتصادية عديدة، من أهمها مناطق الصناعات الخفيفة، مثل كرواتيا وسلوفانيا وغيرهما،

ومناطق اقتصادية خاصة بإنتاج الصناعات الثقيلة وإخراج الموارد، مثل صربيا وغيرها. ولكن تحول الاختلاف في الهيكل الاقتصادي وما جلبه من تفريق في المصالح الاقتصادية إلى نوع من الاضطرابات السياسية بيوغوسلافيا، والتي أدت من فورها إلى حدوث حروب الانقسام ذات الأسباب الاقتصادية.

وبالحديث عن الصين، يمثل سكان الصين ما يقرب من خُمس (5/1) سكان العالم، وبذلك تُعد الصين أكبر دولة في العالم من حيث عدد السكان، بينما تحتل المكانة الثالثة عالميًّا من حيث المساحة، والمرتبة الثانية عالميًّا من حيث حجم الاقتصاد، وقد ألزم مثل هذا الاقتصاد الضخم والفروق الإقليمية ضرورة وجود قدرة توازن بين تطور المناطق المختلفة، ووجود القدرة على السيطرة على الفروق الإقليمية التي تتوسع باستمرار، وخلق الظروف تدريجيًّا لتضييق الفجوة الإقليمية. وتعتمد القدرة على السيطرة وخلق التوازن على قدرة الحكومة المركزية لوضع السياسيات المتناسقة الملائمة، بينما تعتمد قدرة الحكومة على وضع السياسات بشكل أساسي على بنية السلطة السياسية في البلاد. ولذلك يجب أن يكون بالصين بصفتها أكبر دول العالم، نظام سياسي وهيكل سياسي على درجة محددة من المركزية، ويجب أن تختلف في هذا الجانب مع غيرها من دول العالم.

وفي إبريل عام 2001م، طرح السيد جيانغ تسي رئيس البلاد والأمين العام للحزب الشيوعي الصيني حينها، المعايير الثلاثة الخاصة بتغيير النظام السياسي الصيني، وهي: "تطوير الديمقراطية الشعبية، وحماية أمن البلاد ووحدتها، ودفع التنمية الاجتماعية والاقتصادية).[1] وقد كانت هذه المعايير الفريدة التي طورت سياسة الديمقراطية، وأجرت إصلاح النظام السياسي، هي نتاج أحوال الصين الأساسية المتفردة من نوعها.

ثانيهما: ضرورة امتلاك النظام السياسي الصيني المعاصر القدرة على ضمان التنمية المستدامة والمنسقة للاقتصاد الوطني:

---

(1) جيانغ تسي مين: "الهدف من إصلاح الهيكل السياسي هو تحسين النظام السياسي الاشتراكي"، "الأعمال المختارة لجيانغ تسي مين"، المجلد الثالث، دار الشعب للنشر 2006م، ص 235.

تمتلك جميع الأنظمة السياسية في دول العالم المختلفة القدرة على ضمان تطور الاقتصاد الوطني، ولكن قدرة الضمان الاقتصادي الخاصة بالنظام السياسي الصيني تمتلك بعض المميزات الخاصة، وقد نبعت هذه المميزات من الظروف الأساسية للبلاد، وبصفة خاصة التوزيع الخاص للموارد الطبيعية والموارد الاقتصادية. فتطور الاقتصاد الصيني يرتبط بالنظام الصيني والعمل الجاد للشعب، كما يرتبط في الوقت نفسه بهبة الموارد الطبيعية والموارد الاقتصادية الممنوحة للصين. فيُعد التوزيع غير المتكافئ للموارد الطبيعية والاقتصادية بالصين، أحدَ الأحوال الأساسية للبلاد الفريدة من نوعها، وتُعد الموارد أهم الشروط الأساسية الخاصة بتطور الاقتصاد الوطني.

وتتصدر الموارد الطبيعية بالصين العالم في مجالين: الطاقة المائية وموارد الفحم؛ فتمتلك الصين أكثر موارد الطاقة المائية في العالم ثراءً، وتحتل الصدارة أيضًا في مواردها من الفحم، فحاليًّا تحتل المركز الأول عالميًّا في كمية إنتاج الفحم، وتحتل المكانة الثالثة من حيث كمية الاحتياطي الخاص بها من الفحم.

وطبقًا للبحث الذي تم في عام 2005م، يوجد في الصين 3886 نهرًا، تمثل كمية احتياطياتها النظرية لموارد الطاقة المائية 100 ألف كيلو وات، وفي الوقت الذي ستصل فيه قراءة الفولتمتر السنوية لكمية الاحتياطيات النظرية لموارد الطاقة المائية إلى 6 تريليونات و82 مليارًا و900 مليون كيلو وات ساعي، سوف يتمكن الاقتصاد من بناء مولدات بسعة كلية تصل إلى 401 مليون و800 ألف كيلو وات، وستصل كمية الكهرباء المولدة سنويًّا إلى تريليون و753 مليارًا و400 مليون كيلو وات ساعي. ولذلك، وطبقًا للحسابات الحالية، تستخدم الصين 20% من موارد الطاقة المائية بها.

ومن ناحية أخرى، تمتلك الصين موارد فحم ثرية أيضًا، فوفقًا لإحصائيات عام 2000م، قُدِّرت الاحتياطيات القابلة للاستخراج من موارد الفحم في العالم بـ 984 مليار و211 مليون طن، من بينها 246 مليارًا و643 طنًّا في أمريكا، و157 مليارًا و10 ملايين طن في روسيا، بينما تمتلك الصين 114 مليارًا و500 مليون طن، فتحتل بذلك المكانة الثالثة عالميًّا. وبهذا أصبحت موارد الطاقة المائية والفحم الثرية أحد العوامل المواتية لدعم التطور الاقتصادي، ولكن تمثلت المشكلة

في عدم التكافؤ في توزيع موارد الفحم والطاقة المائية بالبلاد، وتوزيعها المركز في المناطق الوسطى والغربية التي تتميز بندرة السكان والضعف الاقتصادي، ووقوعها تقريبًا في غرب خط آهوي-تنغتشونغ أو بمحاذاة خط أهوي-تنغتشونغ، وبُعدها عن المناطق الساحلية بجنوب شرق الصين المزدهرة اقتصاديًّا، ومناطق الاستخدام المركز للموارد واستهلاكها.

فطبقًا لحسابات الطاقة المائية، تبلغ كمية الطاقة المائية الخاصة بحوض نهر يانغتسي 53.4% من إجمالي كمية الطاقة المائية في البلاد، بينما تصل كمية الطاقة المائية بنهر براهمابوترا وغيره من الأنهار في التبت إلى نسبة 15.4% من إجمالي كمية الطاقة المائية في البلاد، وتمتلك الأنهار الدولية بالجنوب الغربي نسبة 10.9%، ويمتلك النهر الأصفر 6.1%، بينما يمتلك نهر اللؤلؤ نسبة 5.8% في حين تمتلك باقي الأنهار الأخرى نسبة 8.4%. أما عن ظروف توزيع الفحم، فهي بالطبع غير متوازنة على الإطلاق؛ فهو يتركز بشكل كبير في الشمال والغرب، بينما يقل في الجنوب والشرق.

وبنظرة إلى الوضع الإقليمي، يتضح أن شمال الصين يمتلك النصيب الأكبر من الفحم؛ حيث يشتمل على 49.25% من إجمالي كمية الاحتياطي الخاص بالفحم، ويليه منطقة الشمال الغربي التي تحتوي على 30.39% من إجمالي الاحتياطي بالبلاد، يليهما بعد ذلك على التوالي منطقة الجنوب الغربي بنسبة 8.64%، ومنطقة شرق الصين بنسبة 5.7%، ومنطقة جنوب وسط الصين بنسبة 3.06%، ومنطقة شمال شرق الصين بنسبة 2.97%. وبالتناقض مع هذه التقسيمة، يتركز عدد السكان والطاقات الإنتاجية والأسواق الاستهلاكية بالصين بالمناطق الساحلية بالجزء الشرقي.

ومن جانب آخر، يصل عدد سكان الصين إلى ما يقرب خمس عدد سكان العالم أجمع، وقد شهدت معيشة الأفراد ارتفاعًا في المستوى بالتزامن مع التطور الاجتماعي والاقتصادي السريع، الأمر الذي أدى إلى أن أصبحت الموارد البشرية، وموارد الأسواق الاستهلاكية هما أكبر الموارد الاقتصادية التي تمتلكها الصين، بجانب موارد الطاقة المائية وموارد الفحم وغيرها من الموارد الطبيعية.

فتعتبر السوق الاستهلاكية للصين والقدرة الاستهلاكية لشعبها محط تركيز اهتمام العالم؛ ففي عام 2012 وصل إجمالي مبيعات التجزئة للسلع الاستهلاكية بالمجتمع الصيني إلى 21 تريليونًا و30 مليارًا و700 مليون يوان. وتتركز موارد السوق وكذلك أكثر من 90% من عدد السكان في الجزء الجنوبي الشرقي بالصين؛ أي في شرق "خط آنهوي- تنغتشونغ"؛ حيث تتركز أساسًا على طول المناطق المجاورة للبحر في جنوب شرق الصين، كشنغهاي وبكين وقوانغتشو وتيانجين وغيرها من 20 مدينة تتصدر أوائل المدن في الصين؛ حيث تبلغ نسبة القدرة الاستهلاكية بها 35.6% من القدرة الاستهلاكية للبلاد بأكملها.

وبطبيعة الحال، أدى التناقض بين توزيع عدد السكان وتوزيع الموارد بالصين إلى خلق حالة خطيرة من عدم التوازن التي سادت التوزيع الاقتصادي، والتي كان نتيجتها وجود عمليات نقل الموارد، وتدفقها على نطاق واسع في الصين بأكملها، وتُعد عملية نقل الفحم من الغرب إلى الشرق، وعملية نقل الكهرباء من الغرب إلى الشرق، وعملية نقل الغاز الطبيعي من الغرب إلى الشرق، وعملية نقل المياه من الجنوب إلى الشمال، هي أكثر عمليات النقل أهمية وجذبًا للأنظار.

ففي عام 2012م وصل الناتج الإجمالي لكمية الفحم بالصين إلى 3 مليارات و660 مليون طن، من بينها نسبة 40% يتم إخراجها بالكامل من مناطق استخراجها ونقلها من مكانها. ومن المتوقع في عام 2015م، أن يصل الناتج الإجمالي لكمية الفحم في البلاد إلى 3 مليارات و900 مليون، ويصل صافي كمية الفحم التي يتم نقلها إلى مليار و660 مليون طن، ووصولاً إلى هذا الوقت سوف تصل كمية الفحم التي يتطلب نقلها عبر السكك الحديدية إلى مليارين و600 مليون طن.

وفي الوقت الذي يتم فيه نقل الفحم من الغرب إلى الشرق، كان يتم أيضًا نقل الكهرباء لمسافات طويلة لإمداد مناطق التطور الاقتصادي، وتركز الاستهلاك في الجزء الشرقي بالطاقة. ففي عام 2012م وصلت كمية استهلاك الطاقة التي تُنقل من الغرب إلى الشرق في شبكة الكهرباء الجنوبية فقط إلى 100 مليار و520 مليون كيلو وات ساعة. أما فيما يخص نقل المياه، ففي عام 2014م تم دخول الخط الشرقي والخط الوسطي لمشروع نقل المياه من الجنوب إلى الشمال في الفترة

التشغيلية، لنقل المياه من الجنوب لتغذية أرض الشمال. ومن المخطط أن ينقل مشروع نقل المياه من الجنوب إلى الشمال بشكل كلي حوالى 44 مليارًا و800 مليون متر مكعب، من بينها 14 مليارًا و800 مليون متر مكعب يتم نقلها عن طريق الخط الشرقي، و13 مليار متر مكعب يتم نقلها خلال الخط الوسطي، و17 مليار متر مكعب بالخط الغربي.

ويجب القول إنه من الضروري أن تجد الصين حلاً لمشكلة التوزيع غير المتكافئ لمواردها، إذا ما أرادت تنفيذ وتنمية التصنيع والتحديث والتحضر والعمران بها. وأن ظروف البلاد من عدم تكافؤ لتوزيع الموارد واحتياجات تطور المجتمع الصيني تتطلب ضرورة وجود نظام سياسي له القدرة على التخطيط الشامل لتوزيع الموارد، ونشرها على نطاق واسع في جميع أنحاء البلاد. وبهذا خلقت ظروف البلاد مساحة الإمكانية الخاصة باختيار النظام السياسي. كما قررت ظروف البلاد الأساسية أيضًا المهام الأساسية التي تواجه المجتمع الصيني المعاصر، وهما: تحقيق تطور البلاد، وتحقيق التحديث.

ويجب على النظام السياسي الصيني في ظل تلك القضايا الرئيسة المسيطرة على هذه الفترة، أن يكون قادرًا على تحريك جوانب الإيجابية والمبادرة والإبداع للشعب من أجل بناء البلاد، وتحقيق حياة سعيدة ثرية، كما يجب أن يكون قادرًا في الوقت نفسه على تركيز قوة الشعب وحكمته، فتلك الأمور من شأنها المساهمة في توزيع الموارد الفعال في كامل البلاد، وحماية الأراضي وسلامتها، وضمان استقرار المجتمع ووحدته.

فالنظام السياسي الصيني المعاصر سوف يصبح نظامًا قابلاً للاختيار وذا قوة حيوية يتفق مع احتياجات الشعب الصيني، ونظامًا ديمقراطيًّا حقيقيًّا فقط في حالة تمكنه من الوفاء بالعوامل الخاصة باحتياجات تطور الشعب والبلاد. وبهذا، فقد شكلت الصين المعاصرة نظامًا سياسيًّا ديمقراطيًّا، تتمثل أبرز خصائصه في التماسك والوحدة بين قيادة الحزب الشيوعي، والاعتراف بسيادة الشعب وإدارة شؤون البلاد وفقًا للقانون، ويمكن القول إن هذا النظام السياسي كان هو الخيار الواقعي الذي شكله الوضع الصيني المعاصر بشكل أساسي.

الباب الثاني

بناء الديمقراطية الصينية المعاصرة

تكمن القيمة الأساسية لنظرية الاشتراكية وممارستها في وجود مساواة اقتصادية بين أعضاء المجتمع وبناء ديمقراطية سياسية على أساس من المساواة الاقتصادية. وتُعد الديمقراطية هي النداء السياسي الأساسي لأعضاء الحزب الشيوعي القائم على تنفيذ الاشتراكية والشيوعية كمُثل عليا. وقد طرح كل من ماركس وإنجلز في "البيان الرسمي للحزب الشيوعي" ما يلي: "إن الخطوة الأولى في ثورة العمال هي جعل الطبقة العاملة ترتقي لمستوى الطبقة الحاكمة، وبذلك تتحقق الديمقراطية".[1] وبالإضافة إلى هذا يعتبر كل من تحرير المجتمع والديمقراطية الشعبية أيضًا من المساعي الأساسية للحزب الديمقراطي الصيني.

ولقد تم تأسيس جمهورية الصين الشعبية بعد تأسيس الحزب الشيوعي الصيني، ودخول فترة نضال مرير لفترة طويلة من الزمان مرورًا بالثورة الكبرى والحرب الثورية الزراعية وحرب مقاومة اليابان وحرب التحرير، ومنذ ذلك الحين تمركز الحزب الشيوعي في الحكم للمدي الطويل، وبدأ طريق بناء الديمقراطية الاشتراكية.

---

(1) ماركس وإنجلز: "البيان الرسمي للحزب الشيوعي"، "الأعمال المختارة لماركس وإنجلز"، المجلد الأول، دار الشعب للنشر، 1972م، ص 272.

الفصل الأول

بدء بناء الديمقراطية بعد تأسيس الصين الجديدة

أسست الصين العديد من القوانين بعد تأسيس الصين الحديثة: النظام القانوني الاشتراكي، ونظام مجالس نواب الشعب، ونظام التشاور السياسي، وتعاون الأحزاب المتعددة تحت قيادة الحزب الشيوعي الصيني، لتبدأ بذلك الشكل السياسي الديمقراطي الذي يجسد إدارة الشعب للبلاد.

(1) صياغة "الدستور" الأول

عُقد المؤتمر الاستشاري السياسي للشعب الصيني في سبتمبر عام 1949م، وخلاله تم التصديق على "المخطط العام للمؤتمر الاستشاري السياسي للشعب الصيني".

وقد نص هذا "المخطط العام" بوضوح على نظام دولة الصين الحديثة والنظام السياسي بها: "إن جمهورية الصين الشعبية هي بلد ديمقراطي جديد يعمل بالديمقراطية الشعبية، ويؤمن بتنفيذ قيادة طبقة العمال والدكتاتورية الديمقراطية الشعبية التي تتخذ من تحالف العمال والفلاحين أساسًا لها، وتوحد بين الطبقات الديمقراطية وجميع الجماعات العرقية بالبلاد".

"يملك الشعب الصيني سلطة إدارة الحكم بجمهورية الصين الشعبية، وتعتبر الحكومات الشعبية على مختلف المستويات ومجالس نواب الشعب المختلفة هي الأجهزة التي يمارس الشعب من خلالها إدارة حكم البلاد، ويتم تكوين مجالس نواب الشعب المختلفة من خلال الاقتراع الشعبي العام".

"تعتبر مجالس نواب الشعب هي أكبر جهاز لإدارة الحكم في البلاد، وفي حالة وقف مجالس نواب الشعب عن العمل لفترة ما، تمارس الحكومة الشعبية المركزية مهامها، وتصبح هي أكبر جهاز لإدارة الحكم في البلاد".[1]

ولقد لعب "المخطط العام" حينها دور الدستور المؤقت في البلاد؛ حيث كانت هناك قائمة كبيرة من الأشياء الواجب تنفيذها في المرحلة الأولى من تأسيس الصين الحديثة، ولم تكن تمتلك حينها دستورًا خاصًّا بها؛ ولذلك حظي هذا المخطط بقيمة تاريخية مهمة في تاريخ تطور الديمقراطية الصينية.

الدورة الأولى للمؤتمر الاستشاري السياسي للشعب الصيني

تم تحقيق استقلالية الدولة ووحدتها بعد تأسيس الصين الجديدة، واتحد الشعب الصيني معًا على أساس من المساواة والمشاعر الودية والمساعدة المتبادلة بينهم، وانتعش الاقتصاد الصيني من جديد، وبدأت أعمال بناء الاشتراكية والتحول الاشتراكي، وتم عقد مجلس نواب الشعب العام، وتوافرت الشروط الملائمة لصياغة الدستور.

وفي نوفمبر عام 1952م قررت اللجنة المركزية للحزب الشيوعي الصيني الاستعداد الفوري لعقد مجلس نواب الشعب وصياغة القانون. وفي يناير عام 1953م، أقرت لجنة الحكومة الشعبية المركزية في اجتماعها العشرين "القرار الخاص بعقد مجلس عام لنواب الشعب وغيره من مجالس نواب الشعب الإقليمية"، الذي قررت فيه تكوين لجنة وضع مسودة الدستور برئاسة السيد ماو تسي دونغ رئيس الحزب الشيوعي الصيني، واتخاذ الاستعدادات كافة اللازمة لعملية صياغة الدستور.

وفي فبراير عام 1953م أُصدر "قانون الانتخابات لجمهورية الصين الشعبية"، وفي ديسمبر من نفس العام بدأت أول انتخابات عامة في تاريخ الصين بأنحاء البلاد كافة، وشارك فيها حوالي 300 مليون شخص، واختار الشعب خلالها 5 ملايين و699 ألف ممثل أساسي و1226 ممثلاً على مستوى الدولة. هذا، وقد شرع السيد

---

(1) "المؤتمر الاستشاري السياسي للشعب الصيني"، "الأعمال المختارة من الوثائق المهمة بفترة بعد تأسيس الدولة"، الطبعة الأولى، دار نشر الوثائق المركزية، 1992م، ص 2.

ماو تسي دونغ وغيره من القادة في القراءة والبحث الموسع لكافة أنواع الدساتير في العالم الخاصة بالدول الرأسمالية والاشتراكية من أجل وضع مسودة الدستور.

وقد اتخذ ماو تسي دونغ من شكل وطريقة "البيان العام بشأن حقوق العاملين" الذي كتبه فلاديمير لينين عام 1918 بالدستور الروسي السوفيتي مرجعًا له، وقرر اتباع نهجه وكتابة مقدمة توضيحية أولاً قبل كتابة المبادئ العامة للدستور. وقد أصبحت "مقدمة" الدستور هذه هي واحدة من الخصائص المميزة لدستور جمهورية الصين الشعبية، وأُبقي عليها حتى الآن. وقد أصلح الرئيس ماو تسي دونغ نفسه "تفسير المسودة الأولية للدستور"، وركز فيها على عكس الأفكار التوجيهية لصياغة الدستور.

وفيما يتعلق بقضية أن مسودة الدستور تضمن بشكل قانوني وجود ديمقراطية وطنية، فقد أشار "التفسير" إلى ذلك بما يلي: "تضمن الاشتراكية الوطنية بشكل أساسي الديمقراطية الوطنية، وفي الوقت نفسه تتطلب الاشتراكية بالبلاد تَقَدُّم الديمقراطية الوطنية، وتتعهد جميع القرارات الموجودة بمسودة الدستور المتعلقة بأجهزة الدولة وحقوق الإنسان وتضمن بشكل قانوني العمل على تطوير الديمقراطية الوطنية".

ولكن أثارت مسودة الدستور هذه مجموعة كبيرة من الآراء والمناقشات على الصعيد الوطني التي أفادت بعد ذلك بضرورة إجراء تعديل جزئي. وفي 20 سبتمبر عام 1954م أقر وأصدر الاجتماع الأول للدورة الأولى لمجلس نواب الشعب "دستور جمهورية الصين الشعبية".

ولقد كان لأول دستور للصين الجديدة أهمية في تاريخ تطور الديمقراطية الصينية تعادل صنع عهد جديد في التاريخ. فهذا الدستور هو ملخص للخبرات التاريخية للشعب الصيني من النضال الخاص بتحرير المجتمع وتحقيق الاستقلال الذي استمر ما يقرب من مائة عام، فهو دستور يعكس إرادة الشعب الصيني. وأشارت مقدمة الدستور إلى أن: "جمهورية الصين الشعبية تعمل بنظام الديكتاتورية الديمقراطية الشعبية، هذا النظام الذي يضمن أن تقضي الصين على الاستغلال والفقر من خلال طريق المساواة، وتبني مجتمع اشتراكي غني ومزدهر".

وقد نص الدستور على الأنظمة الكبرى الثلاث الخاصة بالديمقراطية الصينية: نظام مجالس نواب الشعب، ونظام التشاور السياسي والتعاون بين الأحزاب المتعددة تحت قيادة الحزب الشيوعي الصيني، ونظام الحكم الذاتي الإقليمي القومي.

(2) تأسيس نظام مجالس نواب الشعب

تُعتبر مجالس نواب الشعب هي النظام السياسي الأساسي بالصين. وقد وضح ماو تسي دونغ في عام 1940م لأول مرة في كتابه "نظرية الديمقراطية الجديدة" مفهوم نظام مجالس نواب الشعب، قائلاً: "إن الصين حاليًا يمكنها تأسيس نظام مجالس نواب الشعب على المستوى الوطني والإقليمي، وحتى على مستوى البلدات؛ وبل ويمكنها أيضًا انتخاب الحكومة من خلال الاستعانة بكل مستويات مجالس نواب الشعب".[1] وفي الفترة قبل تأسيس الصين الجديدة، في 26 أغسطس عام 1949م، أصدرت اللجنة المركزية للحزب الشيوعي الصيني تعليماتها بعقد مجالس نواب الشعب في جميع المدن والمحافظات التي يزيد عدد سكانها عن 300 ألف مواطن.

وفي الأول من أكتوبر عام 1949م، وبعد تأسيس جمهورية الصين الشعبية، صدَّق ونشر كل من الحكومة الوطنية المركزية، واجتماع مجلس إدارة الحكومة على التوالي، المبادئ العامة لتنظيم مجالس نواب الشعب بمختلف مستوياتها، والتي نصت على نظام تشكيل مجالس نواب الشعب بمختلف أنواعها، ومدة ولايتهم وصلاحيات كل منهم وغيرها من الأمور.

وفي إبريل عام 1951م، أصدر مجلس الدولة "تعليمات العمل الخاص ببناء نظام الحكم الشعبي الديمقراطي"، الذي طالب فيه جميع الحكومات الشعبية بمختلف مستوياتها اتباع القوانين العامة لتنظيم مجالس نواب الشعب بمختلف مستوياتها، وعقد مجالس نواب الشعب في موعدها، وأن تقدم الحكومات الشعبية تقريرًا بأعمالها إلى مجالس النواب، وأن يتم القيام بالمناقشات والفحوص بمجالس

---

(1) ماو تسي دونغ: "نظرية الديمقراطية الحديثة"، "الأعمال المختارة لماو تسي دونغ"، المجلد الثاني، دار الشعب للنشر، 1991م، ص 677.

نواب الشعب، كما يجب حل جميع المشكلات الكبرى من خلال تلك مناقشات التي تدور بداخلها.

وفي الفترة بين عامي 1950م و1952م، تشكلت على المستوى الوطني ذروة البناء الديمقراطي، والتي كان من أهم مضامينها، عقد مجالس نواب الشعب بمختلف أنواعها. وبالوصول إلى نهاية عام 1952م تم عقد جميع مجالس نواب الشعب الإقليمية بمختلف مستوياتها، من بينهم مجلس نواب الشعب الخاص بالمقاطعات، ومجالس نواب الشعب في أكثر من ثلث عدد المحافظات، وفي أكثر من ثلثي (3/2) عدد المدن، بالإضافة إلى عدد كبير من مجالس نواب الشعب الخاصة بالقرى، التي امتلكت بالفعل صلاحيات منصب مجلس نواب الشعب الوطني.(1)

وخلال التقلبات المختلفة لعدة سنوات، حانت أخيرًا الفرصة الخاصة بمجلس نواب الشعب الوطني. وعُقد الاجتماع الأول للدورة الأولى من مجلس نواب الشعب الوطني في سبتمبر عام 1954م، الذي تم فيه التصديق على أول دستور للصين الجديدة، وقد كانت هذه علامة واضحة على أن نظام مجالس نواب الشعب الذي يعتبر النظام السياسي الأساسي بالبلاد قد أُسِّس رسميًّا.

ويشمل نظام مجالس نواب الشعب كلاً من الجوانب التالية:

طبيعة نظام مجالس نواب الشعب

ينص الدستور على أن: "يملك الشعب الصيني سلطة إدارة الحكم بجمهورية الصين الشعبية، وتعتبر الحكومات الشعبية على مختلف المستويات، ومجالس نواب الشعب المختلفة هي الأجهزة التي يمارس الشعب من خلالها إدارة الحكم البلاد"، ويعتبر هذا هو المبدأ الأساسي والمضمون الجوهري لنظام مجالس نواب الشعب، فتعتبر مجالس نواب الشعب هي أكبر جهاز لإدارة الحكم في الدولة، كما أن مجلس نواب الشعب الوطني هو الجهاز الوحيد في البلاد الذي يملك السلطة التشريعية.

---

(1) طبقًا لـ "ليوتشين": "الشكل الرئيس للبناء الديمقراطي في السنوات الأولى للدولة الجديدة"، "المؤتمر الشعبي الوطني"، 2002م، الإصدار التاسع.

النظام الانتخابي لنواب الشعب

ينص الدستور على المبادئ والطرق والتنظيمات والإجراءات الخاصة بانتخابات نواب الشعب، ومدة حكم نواب الشعب بمختلف مستوياتهم. ويُعد تحديد النظام الانتخابي بمثابة الضمانة في أن الشعب له الحق في التصويت، والحق في أن الانتخاب الذي نص عليه الدستور.

المبادئ التنظيمية ومبادئ العمل الخاصة بنظام مجالس نواب الشعب

ينص الدستور على العلاقة بين الشعب ونوابه، فجميع مجالس نواب الشعب بمختلف مستوياتها يتم تكوينها بناء على أساس الانتخاب الديمقراطي الشعبي، وتعتبر هذه المجالس مسؤولة أمام الشعب وتخضع لرقابته.

كما نص على العلاقة بين مجالس نواب الشعب والأجهزة الإدارية والسلطات القضائية والنيابة العامة، فالأجهزة الإدارية والقضائية والنيابة العامة يتم تشكيلها من خلال الانتخاب الذي يحدث عن طريق مجلس نواب الشعب الوطني، فهي مسؤولة أمام مجلس النواب الوطني وتخضع لرقابته، وفي الوقت ذاته حدد العلاقة بين أجهزة الدولة المركزية وأجهزة الدولة الإقليمية، وقسم الوظائف والصلاحيات بين مؤسسات الدولة الإقليمية والمركزية.

(3) تأسيس نظام الأحزاب السياسية ذات الخصائص الصينية

يُعد نظام التشاور السياسي والتعاون بين الأحزاب المتعددة تحت قيادة الحزب الشيوعي الصيني هو نظام الأحزاب السياسية ذات الخصائص الصينية، وواحدًا من النظم السياسية الأساسية بجمهورية الصين الشعبية. فالحزب الشيوعي الصيني هو الحزب الحاكم بالصين وجميع الأحزاب الديمقراطية الأخرى هي أطراف مشاركة.

ويضم نظام تعاون الأحزاب المتعددة الصيني ثمانية أحزاب وجماعات ديمقراطية، هي: اللجنة الثورية الصينية، وجمعية بناء الديمقراطية الوطنية، والجمعية الصينية لتنمية الديمقراطية، والحزب الديمقراطي للفلاحين والعمال الصينيين،

وحزب تشيقونغ الصيني، وجمعية جيوسان، ورابطة الحكم الذاتي الديمقراطية التايوانية.

وقد قدمت هذه الأحزاب السياسية الدعم الواضح للحزب الشيوعي الصيني في وقت الثورة الديمقراطية الجديدة، واستجابت بإيجابية للاقتراح الذي قدمه الحزب الشيوعي الصيني بعقد مؤتمر استشاري سياسي جديد، وتأسيس حكومة ديمقراطية موحدة، وكانت على أتم الاستعداد لخوض نضال مشترك من أجل بناء الصين تحت قيادة الحزب الشيوعي الصيني.

وفي سبتمبر عام 1949م كان عقد الاجتماع الكامل الأول للمؤتمر الاستشاري السياسي للشعب الصيني علامة على بناء وتأسيس هذا الهيكل العظيم، الذي يُحقق التشاور السياسي والتعاون بين الأحزاب المتعددة، وفي الوقت نفسه علامة على تأكيد وإرساء قانون التعاون المتعدد الأحزاب بالصين.

وفي مارس عام 1950م قامت دائرة العمل بالجبهة المتحدة الخاصة باللجنة المركزية للحزب الشيوعي بعقد أول مؤتمر عمل للجبهة الوطنية في بكين، وقد كتب السيد "لي وي هان" رئيس دائرة العمل تقريرًا بعنوان "المهام الجديدة والشكل الجديد للجبهة الديمقراطية المتحدة"، الذي شرح فيه طبيعة الأحزاب السياسية ودورها، والمبادئ والسياسات الأساسية للحزب الشيوعي الصيني الخاصة بالأحزاب الديمقراطية. وقد أشار السيد لي وي هان في مقاله إلى أن جميع الأحزاب السياسية ذات طبيعة تحالف طبقي وليست أحزابًا مكونة من طبقة واحدة فقط.

وتتلخص المبادئ الأساسية للعلاقة بين الحزب الشيوعي الصيني والأحزاب الديمقراطية فيما يلي: اتخاذ "المخطط العام" معيارًا فكريًّا وسياسيًّا، وتوحيد نضالهم المشترك، وفي الوقت نفسه احترام استقلالية كل منهم على المستوى التنظيمي، والجدال وتبادل الآراء والتشاور الودي معهم، وتقديم الانتقادات اللائقة إليهم عندما تقضي الحاجة بدلاً من السيطرة عليهم من ناحية التنظيم.

وخلال المؤتمر، حضر السيد تشو إن لاي، وقدَّم تقريرين أشار فيهما إلى أن الدكتاتورية الديمقراطية الشعبية الصينية هي السلطة السياسية للجبهة الديمقراطية

الموحدة التي يرأسها الحزب الشيوعي الصيني، وإلى أن جميع الأحزاب السياسية تلعب دورًا مهمًّا متساويًا في الجبهة الموحدة الديمقراطية، وكما رفعنا من قبل شعار "الوحدة والمقاومة والتقدم" شعارًا للأحزاب الديمقراطية وقت حرب اليابان يجب أن نرفع الآن شعار "الوحدة والبناء والتقدم".

وعند سماع ماو تسي دونغ للتقارير خلال المؤتمر أشار إلى: "أنه فقط في حال ما تحررت طبقة البروليتاريا ستتمكن البشرية جمعاء في النهاية من تحرير نفسها، فتحرير طبقة العمال فقط غير كافٍ، إنما يجب التحرير المشترك للطبقات الأربع (طبقة العمال وطبقة الفلاحين وطبقة صغار البرجوازيين والطبقة البرجوازية الوطنية -ملاحظة المؤلف)".[1] وفي ديسمبر عام 1954م تم الاجتماع الأول للمجلس الوطني بالدورة الثانية للمؤتمر الاستشاري السياسي للشعب الصيني في بكين؛ حيث رأس ماو تسي دونغ الحفل الافتتاحي، وشرح السيد تشو إن لاي في "التقرير السياسي" بشكل منظم المهام الخمس للمؤتمر الاستشاري السياسي للشعب الصيني:

1- التشاور في القضايا الدولية.
2- التشاور حول قائمة المرشحين لمجلس نواب الشعب الوطني وكافة مجالس نواب الشعب الإقليمية على المستوى نفسه، واختيار أعضاء كافة اللجان التابعة للمؤتمر الاستشاري السياسي للشعب الصيني.
3- تقديم المساعدة لأجهزة الدولة، ودفع القوة المجتمعية، وحل جميع مشكلات الخاصة بالعلاقة بين الطبقات في الحياة الاجتماعية، والاتصال بعامة الشعب وتقديم رأيهم واقتراحاتهم المتعلقة بالسلطات إلى الدولة.
4- التشاور في مشكلات التعاون التي من الممكن أن تتواجد بين المؤتمر والأحزاب والجماعات السياسية ومعالجتها.

---

(1) "الجبهة الموحدة في مرحلة بناء الصين الجديدة والفترة الانتقالية للاشتراكية (101949/ حتى 91956/)"، الموقع الإلكتروني لإدارة عمل الجبهة المتحدة التابعة للجزب الشيوعي الصيني:
http://www.zytzb.org.cn/publicfiles/business/htmlfiles/tzb2010/s1489/200911/575718.html

5- دراسة الماركسية اللينينية على أساس من الإرادة الحرة، وبذل الجهود من أجل تغيير الفكر العام.[1]

وقد كان هذا هو التفسير الشامل والرسمي لنظام التشاور السياسي ذات الخصائص الصينية.

لقد أكد ترابط الجيل الأول لقادة الحزب الشيوعي الصيني بقيادة ماو تسي دونغ مرارًا وتكرارًا المعنى المهم لنظام التشاور السياسي، وتعاون الأحزاب المتعددة. ففي مارس عام 1956م طرح ماو تسي دونغ لأول مرة في كتابه "مناقشة العلاقات العشر الكبرى" سياسة: "التعايش الطويل الأمد والإشراف المتبادل".[2] وفي إبريل عام 1957م، شرح السيد تشو إن لاي هذه السياسة في كلمته التي ألقاها في الاجتماع الموسع للجنة الحزب في تشيجيانغ قائلاً: "إن سياسة التعايش الطويل الأمد والإشراف المتبادل تشرح بشكل أساسي علاقة الحزب الشيوعي الصيني مع غيره من الأحزاب الديمقراطية".

"تُعد سياسة التعايش الطويل الأمد والإشراف المتبادل توسعًا ديمقراطيًا فعليًا. ونحن دولة ذات عدد سكان يبلغ 600 مليون شخص، وإذا ما أردنا تقديم حياة أفضل إلى الـ 600 مليون شخص هؤلاء فلن يفيدنا بناء الاشتراكية وعدم وجود الإشراف المتبادل، وعدم التوسع الديمقراطي".[3]

وفي إبريل عام 1957م شرح السيد دنغ شياو بينغ هذه السياسية بشكل أكثر تفصيلاً في تقرير له بعنوان "وجوب تقبل الحزب الشيوعي الإشراف" قائلاً: "إن وجود الإشراف بكل تأكيد أفضل من عدمه، وقرار الفرد الواحد يختلف عن قرار

(1) "الجبهة الموحدة في مرحلة بناء الصين الجديدة والفترة الانتقالية للاشتراكية (101949/ حتى 91956/)"، الموقع الإلكتروني لإدارة عمل الجبهة المتحدة التابعة للحزب الشيوعي الصيني:
http://www.zytzb.org.cn/publicfiles/business/htmlfiles/tzb2010/s1489/200911/575718.html

(2) ماو تسي دونغ: "مناقشة العلاقات العشر الكبرى"، "الأعمال الكاملة لماو تسي دونغ"، المجلد السابع، دار الشعب للنشر، 1999م، ص 36.

(3) تشو إن لاي: "التعايش الطويل المدى والإشراف المتبادل"، "الأعمال المختارة للجبهة المتحدة للسيد تشو إن لاي"، دار الشعب للنشر، 1984م، ص 350.

الجماعة. وإذا كان الحزب الشيوعي ينظر دائمًا للقضايا من زاوية واحدة، فيمكن للأحزاب السياسية النظر إلى هذه القضايا من زاوية أخرى، ليفكروا في حل لها معًا. وبهذه الطريقة سوف يتم عكس العديد من القضايا وسيتم معالجتها بشكل أكثر شمولية، الأمر الذي سوف يكون أكثر ملائمة لعملية اتخاذ القرار، ووضع سياسات تطوير مناسبة، وسيجعل عملية حل المشكلات سهلة وصحيحة".[1]

هذا، وقد اهتم الحزب الشيوعي الصيني بشكل كبير في الفترة الأولى بعد تأسيس الصين الحديثة بمعالجة علاقته مع الأحزاب السياسية على نحو جيد، وتفعيل الدور المهم لنظام التشاور السياسي، وتمت تسوية جميع التناقضات المتواجدة بين الحزب الشيوعي والأحزاب الديمقراطية. ومن ثم تم عقد أربع دورات للمؤتمر الاستشاري السياسي للشعب الصيني بها 12 اجتماعًا في الفترة من بداية تأسيس جمهورية الصين الشعبية وحتى الفترة التي سبقت اندلاع "الثورة الثقافية الكبرى"، تمت خلالها المشاورات وتقديم الآراء والانتقادات في كل ما يخص الأحزاب الديمقراطية السياسية، والمنظمات الجماهيرية وجميع الشخصيات والجماعات المشاركة في إدارة ومناقشة شؤون البلاد، وكذلك في القضايا المهمة التي تخص السياسات الأساسية الوطنية وحياة المواطنين، ليتم بذلك تحقيق الدور البالغ الأهمية للإشراف الديمقراطي.

ولكن للأسف بدأ الفكر "اليساري" في الفترة قبل اندلاع "الثورة الثقافية الكبرى" في الانتشار التدريجي وسط الأحزاب. وفي مايو عام 1964م، أقامت اللجنة المركزية للحزب الشيوعي الصيني مؤتمر عمل، طرح فيه ماو تسي دونغ قضية قدرة المجتمع الصيني على تنفيذ نظرية التحريفية من عدمها، كما انتقد بعض الشخصيات بالجبهة المتحدة للجنة المركزية للحزب الشيوعي الصيني، فقال: "بالرغم من أن مسؤولية الجبهة المتحدة هي الاتصال مع الطبقة البرجوازية بالبلاد، إلا أنه يوجد بها بعض الأشخاص الذين لا يتكلمون عن الصراع الطبقي"، "فتحويل الحزب السياسي للطبقة البرجوازية إلى حزب سياسي اشتراكي، أمر

(1) دنغ شياو بينغ: "وجوب تقبل الحزب الشيوعي الإشراف"، "الأعمال المختارة لدينغ شياو بينغ"، المجلد الأول، دار الشعب للنشر، 1989م، ص 272-273.

يتطلب وضع خطة خمسية، فالتساهل مع مثل هذا الأمر يعني الاستسلام والإذعان للطبقة البرجوازية".

وبعد ذلك تم عزل السيد لي ووهان رئيس الجبهة المتحدة من منصبه بعد أن وُجِّه له النقد أكثر من مرة. ولم يتم عقد أي جلسات للمؤتمر الاستشاري السياسي للشعب الصيني في الفترة من يناير عام 1965م وفبراير عام 1978م فظل في حالة من الركود لمدة 13 عامًا.

(4) تأسيس نظام الحكم الذاتي الإقليمي القومي

يُعد نظام الحكم الذاتي الإقليمي القومي نظامًا آخر من الأنظمة السياسية الأساسية بالصين، ويتمثل معناه في أن تقوم الأقليات القومية تحت القيادة الموحدة للحكومة المركزية بالحكم الذاتي الإقليمي للمناطق التي تسكنها، وتأسيس أجهزة حكم مستقلة بها، وممارسة الحق في الحكم الذاتي. فالمساواة بين القوميات وتعزيز الوحدة الوطنية هي أحد اقتراحات الحزب الشيوعي الصيني الذي ينادي بها.

ولقد تم بحث واستكشاف نظام الحكم الذاتي الإقليمي القومي خلال فترة الثورة الديمقراطية الجديدة. وفي مايو عام 1941م أصدرت حكومة المنطقة الحدودية شنشي- قانسو- نينغشيا "مخطط المنطقة الحدودية شنشي- قانسو- نينغشيا" الذي نص على: "طبقًا لمبدأ المساواة بين القوميات، وبتنفيذ حق المساواة الثقافية والاقتصادية والسياسية بين كل من قومية هان وقوية منغوليا وقومية هوي، يتم تأسيس المنطقة الذاتية الحكم لكل من قومية منغوليا وقومية هوي".

وفي أكتوبر عام 1945م أشارت اللجنة المركزية للحزب الشيوعي الصيني في تعليمات سياسة العمل الخاصة بمنغوليا الداخلية إلى ما يلي: "وفيما يتعلق بالسياسة الأساسية لمنغوليا الداخلية فتتمثل حاليًّا في تنفيذ نظام الحكم الذاتي الإقليمي الوطني".

وفي الأول من مايو عام 1947م؛ أي قبل تأسيس الصين الحديثة، تم بناء أول منطقة حكم ذاتي وطنية على مستوى المقاطعات- منطقة منغوليا الداخلية الذاتية الحكم.

وقد شرع الحزب الشيوعي في الفترة التي تسبق بناء الصين الحديثة وبعد بنائها في دراسة تأسيس نظام ديمقراطي خاص بمناطق الأقليات القومية.

وفي فترة الاستعداد للمؤتمر الاستشاري السياسي للشعب الصيني بعام 1949م، طلب ماو تسي دونغ رأي السيد لي ووهان في قضية تنفيذ الفيدرالية من عدمه، وكان رأي السيد لي ووهان بعد الدراسة والبحث أنه ليس من المناسب تنفيذ النظام الفيدرالي بالصين؛ فظروف الصين مختلفة تمامًا عن ظروف الاتحاد السوفيتي. وأن شكل هيكل الدولة الوحدوي يتناسب أكثر مع واقع البلاد، وأن تنفيذ نظام الحكم الذاتي الإقليمي داخل الدولة الموحدة سيساعد أكثر على تحقيق مبدأ المساواة بين القوميات، وقد كان أن تبنت اللجنة المركزية للحزب الشيوعي هذا الرأي.[1]

وفي سبتمبر عام 1949م، قدم السيد تشو إن لاي تقريرًا للمؤتمر الاستشاري السياسي بعنوان "بعض القضايا الخاصة بالمؤتمر الاستشاري السياسي للشعب الصيني" طرح فيه ما يلي: "اليوم يفكر المستعمرون من جديد في تقسيم التبت وتايوان وحتى شينجيانغ، وفي ظل هذه الظروف، نتمنى أن ترفض قومياتنا الاستماع، ولو بقدر قليل لتحريض هؤلاء الإمبرياليين، فدولتنا تُسمى جمهورية الصين الشعبية وليس جمهورية الصين الفيدرالية... فنحن وبالرغم من عدم كوننا نظامًا فيدراليًّا إلا أننا ندعو إلى وجود نظام حكم ذاتي إقليمي، وإلى ممارسة حق الحكم الذاتي للقوميات".[2]

وفي أغسطس عام 1952م صدقت لجنة الحكومة الشعبية المركزية في اجتماعها الثامن عشر على "مخطط تنفيذ الحكم الذاتي الإقليمي الوطني بجمهورية الصين الشعبية". وقد نص هذا المخطط على: "تخضع جميع أجهزة الحكم الذاتي إلى

---

(1) طبعة إدارة عمل الجبهة المتحدة للجنة المركزية للحزب الشيوعي الصيني: "مجموعة الوثائق الخاصة بقضايا القوميات"، دار نشر مدرسة الحزب للجنة المركزية للحزب الشيوعي الصيني، 1991م، ص 10.

(2) تشو إن لاي: "بعض القضايا الخاصة بالمؤتمر الاستشاري السياسي للشعب الصيني"، "الأعمال المختارة للجبهة المتحدة للسيد تشو إن لاي"، دار الشعب للنشر، 1984م، ص 140.

السلطة المحلية من الدرجة الأولى تحت القيادة الموحدة للحكومة الشعبية المركزية، كما تخضع لقيادة الحكومات الشعبية الأعلى منها. وتضع مناطق الحكم الذاتي الإقليمي نظمها ولوائحها المنفصلة طبقًا للقانون الخاص بتحديد سلطة الحكم الذاتي". كما نص المخطط أيضًا على حدود سلطات المنشآت الاقتصادية والنواحي المالية وغيرها من الجوانب، والمبادئ الخاصة بتطوير الثقافة والتعليم والفن والخدمات الصحية بالقوميات وغيرها من النواحي.

وقد أوضح دستور عام 1954م من ذروة القانون الأساسي الوطني الوضع القانوني للحكم الذاتي الإقليمي القومي. يُعد نظام الحكم الذاتي الإقليمي القومي عنصرًا من العناصر المكونة للنظام السياسي الصيني، وقد اتضح من خلال البحث والممارسة أنه يتناسب تمامًا مع الأحوال الفعلية للبلاد. فنظام الحكم الذاتي الإقليمي القومي يضمن المساواة بين القوميات ويغير بشكل كامل الفجوة الخطيرة التي تواجدت بين القوميات في الصين القديمة، وأحوال التمييز العنصري المتبادل التي تواجدت بينهم حينها. كما يعمل الحكم الذاتي الإقليمي القومي على تعزيز التطور الاقتصادي والإرث الثقافي بمناطق القوميات الأقلية، ويضمن بشكل كامل المصالح والحقوق المشروعة للأقليات.

أما فيما يتعلق بضمان وحدة الدولة، فتنفيذ الحكم الذاتي الإقليمي القومي بالفعل سوف يساعد على توحيد كل من مشاعر جميع القوميات تجاه البلاد وحبهم لوحدتها مع مشاعر حبهم لقومياتهم، الأمر الذي سيساهم بلا شك في ازدهار الأمة والحفاظ على وحدتها، ومقاومة أي عدوان وتخريب وتقسيم قد يأتي من الدول الخارجية.

وبعد مرور قرابة العامين فقط على تأسيس الصين الجديدة، كان مجموع عدد مناطق ومحافظات الحكم الذاتي ذات المستويات المختلفة بالصين 130 منطقة ومحافظة. وبعد إصدار الدستور، تم تأسيس منطقة شينجيانغ الويغورية الذاتية الحكم في أكتوبر عام 1955م وتأسيس منطقة نينغشيا الذاتية الحكم في أكتوبر عام 1958م، كما تم تأسيس منطقة قوانغشي ذاتية الحكم لقومية تشوانغ في ديسمبر عام 1958م ومنطقة التبت ذاتية الحكم في سبتمبر عام 1965م.

وبهذا يتضح أن المجتمع الصيني بذل الكثير من الجهود المختلفة في مجال تأسيس النظام الاشتراكي الديمقراطي الصيني في فترة ما بعد بناء الصين الجديدة: فوضع الدستور بعام 1954م الأساس القانوني للنظام الديمقراطي بالبلاد، ثم بدأ تدريجيًّا تأسيس النظم الثلاث الكبرى المكونة لإطار النظام الأساسي للسياسة الصينية الحديثة، وهي: نظام مجالس نواب الشعب، ونظام التشاور السياسي، وتعاون الأحزاب المتعددة تحت قيادة الحزب الشيوعي، ونظام الحكم الذاتي الإقليمي القومي. هذا، وقد قدم السيد ماو تسي دونغ العديد من الإسهامات في مرحلة بناء النظام الاشتراكي الديمقراطي في الصين الحديثة، فنتيجة لجهده المضني وتكريس حياته لقضايا الوطن تم تأسيس النظام الاشتراكي الديمقراطي، ووضع الدستور الأول في تاريخ الصين الجديدة.

ولكن كان الفكر الديمقراطي لماو تسي دونغ به نوع من التحيز والنقص؛ فقد أكد المركزية وأغفل الديمقراطية، فكان النظام القانوني غير سليم، وجاءت قرارات الحزب جميعها متجاهلة للقواعد القانونية. وخاصة في سنواته الأخيرة، التي تجاهل فيها قانون البلاد، ولم يلتزم بالانصياع إلى القانون مما أدى في النهاية إلى اندلاع "الثورة الثقافية الكبرى".

ولقد اندلعت "الثورة الثقافية الكبرى" نتيجة للعديد من الأسباب الكبرى، كان من أهمها تخريب الديمقراطية والنظام القانوني. ولقد أشار الحزب الديمقراطي الصيني في "قرارات متعلقة ببعض المسائل التاريخية الخاصة بالحزب بعد بناء الدولة" إلى: أن القائد الرئيس للحزب "يزداد مذهبه الذاتي وأسلوبه الدكتاتوري، وأصبح يهمين أكثر على سلطة الحزب يومًا بعد يوم، كما جعل مبدأ القيادة المركزية في الحزب والحياة السياسية للبلاد، وكذلك نظام تركيز الديمقراطية يضعف بشكل مستمر حتى تم تخريبها بالكامل".

"ولقد جعلتنا الأسباب التاريخية المختلفة أيضًا غير قادرين على إضفاء الطابع النظامي والصفة القانونية إلى الديمقراطية داخل الحزب أو ديمقراطية الحياة السياسية والاجتماعية بالبلاد، وحتى في ظل وجود قانون لم تكن لنا السلطة المستحقة لفعل ذلك". وقد كان هذا هو السبب في أن أصبحت سلطة الحزب متمركزة في

شخص واحد، وأخذت ظاهرة الديكتاتورية وحب الذات تنمو بداخل الحــزب، كما أنه كان السبب أيضًا في عدم قدرة الحزب والبلاد على مقاومة ومنع اندلاع "الثورة الثقافية الكبرى" وتطورها". (1)

هذا، وقد دمرت "الثورة الثقافية الكبرى" النظام القانوني للبلاد، وفقد مجلس نواب الشعب الوطني ومجالس نواب الشعب المحلية وظيفتهم كأجهزة عليــا لإدارة الحكم بالبلاد، وتم وقف عمل أجهزة العمل الخاصة بالمؤتمر الاستشاري السياسي للشعب الصيني، كما اضطرت جميع الأحزاب الديمقراطية وجمعيــات الصــناعة والتجارة إلى وقف نشاطها، وأصبحت الحقوق المدنية بلا حمايــة، ممــا أدى إلى حدوث تراجع كبير للديمقراطية.

---

(1) "قرارات متعلقة ببعض المسائل التاريخية الخاصة بالحزب بعد بناء الدولة"، دار الشــعب للنشر، 1981م، ص 32 و33.

الفصل الثاني

نقطة التحول الكبرى في تاريخ الإصلاح والانفتاح

يعتقد الكثيرون أن الأهمية الكبرى للجلسة العامة الثالثة للجنة المركزية للحزب الشيوعي في دورتها الحادية عشرة تكمن في إعادة هيكلة النظام الاقتصادي الصيني، ولكن في الواقع قد بدأ الإصلاح السياسي بالتزامن مع إعادة هيكلة النظام الاقتصادي الصيني.

(1) القضاء على الفوضى وتعيين الأمور في نصابها الصحيح، ووضع مخطط إصلاح النظام السياسي:

تم إزاحة الستار في عام 1978م عن الإصلاح الشامل الذي غيَّر تاريخ الصين. فقد أدرك السيد دنغ شياو بينغ الذي يُعد العقل المدبر لحركة الإصلاح والانفتاح بالصين أن تحقيق التحديث لا يمكن أن يتحقق بإعادة الهيكلة الاقتصادية فقط؛ بل يتطلب أيضًا إصلاح النظام السياسي، ولما كان إصلاح النظام السياسي عملية معقدة للغاية فيجب أن يتم المضي قدمًا فيها بشكل تدريجي مدروس. وصاح دنغ شياو بينغ مرددًا أنه بدون الإصلاح: "سوف يتم تدمير أعمال التحديث والاشتراكية ببلادنا".[1]

وفي الوقت ذاته، أكد أن الإصلاح يجب أن يكون تدريجيًّا، "إن عملية إصلاح النظام السياسي عملية معقدة للغاية، وكل إجراء يُتخذ خلالها يحمل

(1) دنغ شياو بينغ: "تحرر الفكر، البحث عن الحقيقة، الحفاظ على الوحدة، التطلع إلى الأمام"، "الأعمال المختارة لدينغ شياو بينغ"، المجلد الثاني، دار الشعب للنشر، 1994م، ص 150.

مصلحة الملايين من الناس؛ ولذلك يجب أن يتم إصلاح النظام السياسي خطوة بخطوة بشكل منظم وفي ظل وجود قيادة". (1)

وفي أكتوبر عام 1978م، أشار دنغ شياو بينغ في كلمته التي ألقاها في المؤتمر الوطني التاسع لنقابات العمال الصينية إلى أن: تنفيذ التحديثات الأربعة يعتبر ثورة، "إن هذه الثورة تتطلب التغيير الجذري للوضع الحالي غير المرضي لقوى الإنتاج، فيتحتم تغيير علاقات الإنتاج والبنية العلوية من عدة اتجاهات، وتغيير شكل الإدارة بالشركات الزراعية والصناعية، وشكل إدارة البلاد للشركات الصناعية والزراعية، بالشكل الذي يتلاءم مع المتطلبات الاقتصادية الكبرى للتحديث". (2)

وفي 13 ديسمبر عام 1978م أكد دنغ شياو بينغ كلامه مرة أخرى في كتابه "تحرر الفكر، البحث عن الحقيقة، الحفاظ على الوحدة، التطلع إلى الأمام" قائلاً: "يجب أن يتم التغيير الصحيح للبنية العلوية وعلاقات الإنتاج التي لا تتناسب مع التطور السريع للقوة الإنتاجية". (3)

كما أكدت الجلسة العامة الثالثة للجنة المركزية للحزب الشيوعي في دورتها الحادية عشرة ضرورة الإصلاح. وأشارت الجلسة في بيانها الرسمي إلى: "إن تحقيق التحديثات الأربعة يتطلب بكل تأكيد تحسين قوى الإنتاج ورفع كفاءتها، كما يتطلب أيضًا تغييرًا متعدد النواحي للبنية العلوية وعلاقات الإنتاج التي لا تتناسب مع تطور قوى الإنتاج، بالإضافة إلى تغيير شكل الإدارة ونوع النشاط وطريقة الفكر الخاصة غير الملائمين، ومن ثم تتحقق ثورة عظمى ذات نطاق واسع". (4)

---

(1) دنغ شياو بينغ: "انطلاق كل الأعمال تحت الظروف الواقعية للمرحلة الأولية للاشتراكية"، "الأعمال المختارة لدينغ شياو بينغ"، المجلد الثالث، دار الشعب للنشر، 1993م، ص 252.

(2) دنغ شياو بينغ: "ضرورة تقديم الطبقة العاملة للمساهمات البارزة لتحقيق عمليات التحديث الأربع"، "الأعمال المختارة لدينغ شياو بينغ"، المجلد الثاني، دار الشعب للنشر، 1994م، ص 135 و136.

(3) دنغ شياو بينغ: "تحرر الفكر، البحث عن الحقيقة، الحفاظ على الوحدة، التطلع إلى الأمام"، المجلد الثاني، دار الشعب للنشر، 1994م، ص 141.

(4) "البيان الرسمي للجلسة العامة الثالثة للجنة المركزية للحزب الشيوعي في دورتها الحادية عشرة"، "جريدة الشعب"، 1978/12/24م.

وفي أغسطس عام 1980 ألقى دنغ شياو بينغ في الاجتماع الموسع للمكتب السياسي التابع للجنة المركزية للحزب الشيوعي الصيني، الذي تم عقده في قاعة المؤتمرات الخاصة بالجلسة العامة الثالثة للجنة المركزية للحزب الشيوعي في دورتها الحادية عشرة كلمة بعنوان "إصلاح نظام قيادة الحزب والدولة"، لخص فيها الدروس المستفادة من "الثورة الثقافية الكبرى"، وحلل فيها جميع الممارسات الخاطئة الموجودة بالنظام السياسي الحالي، والأسباب التي أدت إلى وجودها، كما فسر أيضًا ضرورة إصلاح النظام السياسي.

كما أشار دنغ شياو بينغ إلى أن: إذا ما أردنا إفساح المجال بشكل كامل لتفوق النظام الاشتراكي يجب علينا بذل الجهود من أجل تحقيق متطلبات ثلاثة جوانب: "(1) الجانب الاقتصادي: الذي يتطلب التطوير السريع للقوة الإنتاجية المجتمعية والتحسين التدريجي لحياة الشعب المادية والثقافية. (2) الجانب السياسي: الذي يتطلب التعزيز الكامل للديمقراطية الشعبية وضمان تمتع جميع أفراد الشعب بحق إدارة البلاد من خلال جميع الطرق الفعالة لإدارة الدولة، وبصفة خاصة إدارة الحكومات المحلية الأساسية والمؤسسات الوطنية وتمتعهم بكافة حقوقهم المدنية، وتأسيس نظام قانوني ثوري مثالي والمعالجة الصحيحة لكافة التناقضات الموجودة بين المواطنين، والقضاء على جميع القوات العدائية والأنشطة الإجرامية، وتحفيز إيجابية الجماهير، وتعزيز وتطوير الوضع السياسي الذي يتميز بالوحدة والاستقرار والحيوية. (3) من أجل تحقيق متطلبات الجانبين الوارد ذكرهما بالأعلى، هناك حاجة ماسة لتدريب واكتشاف وتعزيز واستخدام المواهب والقدرات الشابة المتمسكة بالمبادئ الأربعة الأساسية أصحاب المعرفة المهنية في بناء الاشتراكية والتحديث".

"فالنقطة الرئيسة هي تحقيق التغيير وتحسين نظام الدولة والحزب، وبذلك يتمكن النظام من ضمان ديمقراطية الحياة السياسية للبلاد والحزب، وديمقراطية الإدارة الاقتصادية، وإضفاء الطابع الديمقراطي على الحياة الاجتماعية برمتها، وتعزيز التطور السلس لكافة أعمال بناء التحديث". [1]

---

(1) دنغ شياو بينغ: "إصلاح نظام قيادة الحزب والدولة"، "الأعمال المختارة لدينغ شياو بينغ"، المجلد الثاني، دار الشعب للنشر، 1994م، ص 322-336.

هذا، وقد قامت اللجنة المركزية للحزب الشيوعي الصيني في المؤتمر الوطني الثاني عشر للحزب الشيوعي الصيني بالبحث والتحقيق الشامل الموسع الخاص بإصلاح النظام السياسي. وفي أكتوبر عام 1986م، أسست اللجنة المركزية للحزب الشيوعي لجنة مناقشة إصلاح النظام السياسي لإجراء البحوث المتكررة والمناقشات المتعلقة بمزايا وعيوب إصلاح النظام السياسي الصيني، وأغراض هذا الإصلاح وأهدافه ومحتواه وخطواته ومبادئه الأساسية، وتكوين فكرة عامة في النهاية عن إصلاح النظام السياسي. والجدير بالذكر أنه خلال بحث عملية إصلاح النظام السياسي ظهر في المجتمع صوت ينادي بتنفيذ الديمقراطية الاشتراكية ويعارض النظام الاشتراكي.

وفي عام 1979م ألقى دنغ شياو بينغ كلمة مهمة بعنوان "التمسك بالمبادئ الأساسية الأربعة" التي قدم فيها في ضوء الدروس المستفادة من "الثورة الثقافية" شرحًا وافيًا لقوة ارتباط الاشتراكية الديمقراطية بنجاح وفشل أعمال الاشتراكية، موضحًا أن الديمقراطية الاشتراكية هي المطلب الأساسي للاشتراكية، مفسرًا العلاقة بين بناء الديمقراطية وتحقيق التحديث الاشتراكي.

فأشار دنغ شياو بينغ: "أنه في حالة ما إن تخلينا عن المبادئ الأربعة وتحدثنا بشكل مجازي فارغ عن الديمقراطية، فسوف يؤدي ذلك إلى ظهور فيضان عارم من الديمقراطية المتطرفة والفوضوية، وسوف يضر بشكل كامل باستقرار ووحدة الوضع السياسي والفشل التام للتحديثات الأربع".(1)

"إن نظامنا هو نظام مجالس نواب الشعب والنظام الديمقراطي الشعبي تحت قيادة الحزب الشيوعي، ولا يمكن الانخراط في ممارسة نظام الغرب".(2) وبهذا، تناولت سلسلة كلمات دنغ شياو بينغ بمنهجية شرح أهداف إصلاح النظام السياسي ومعناه ومحتواه الرئيس، ومبادئه الواجب اتباعها، مكونًا بذلك الفكر الأساسي الكامل نسبيًّا لإصلاح النظام السياسي.

---

(1) دنغ شياو بينغ: "التمسك بالمبادئ الأساسية الأربعة"، "الأعمال المختارة لدينغ شياو بينغ"، المجلد الثاني، دار الشعب للنشر، 1994م، ص 176.

(2) دنغ شياو بينغ: "تسريع وتيرة الإصلاح"، "الأعمال المختارة لدينغ شياو بينغ"، المجلد الثالث، دار الشعب للنشر، 1993م، ص 240.

ويتلخص فكر دنغ شياو بينغ حول إصلاح النظام السياسي في ثلاث نقاط أساسية: إن تحقيق التحديث يحتاج إلى تطوير الديمقراطية بشكل كامل وتحفيز حماس الجماهير، وضرورة ضمان النظام لديمقراطية الحياة السياسية للبلاد والحزب، وديمقراطية الإدارة الاقتصادية، وإضفاء الطابع الديمقراطي على الحياة الاجتماعية برمتها، والتمسك بالمبادئ الأساسية الأربعة بشكل واضح وعدم الانسياق للشكل الغربي للديمقراطية.

(2) الإصلاحات الأربعة الكبرى في الثمانينيات

برز العديد من المشكلات الموروثة من النظام القديم في بداية الإصلاح والانفتاح بشكل كبير، وقد كان أولها هو عدم قدرة صفوف الكوادر على التأقلم مع النظام الجديد للإصلاح والانفتاح، وثانيها أن النظام الإداري القديم غير صالح لتعبئة حماس الجماهير، وفشل الديمقراطية العظمى المتراكمة على مر السنين في تشكيل وحدة الوضع السياسي واستقراره. وقد تحتم حل هذه المشكلات أولاً من أجل التمكن من تحقيق الإصلاح.

أولًا: إلغاء نظام حيازة كوادر القيادات لمناصبهم مدى الحياة

إن تنفيذ التحديثات الأربعة في حاجة ماسة لعدد كبير من الكفاءات؛ ولذلك أصبح نظام حيازة كوادر القيادات لمناصبهم مدى الحياة مشكلة واقعية تؤثر على تدريب واستخدام جيل جديد من الكوادر. وطالما كان نظام حيازة كوادر القيادات لمناصبهم مدى الحياة مشكلة تربك الحركة الشيوعية الدولية؛ فهو نظام يتعارض مع قانون التطور الفسيولوجي والأيديولوجي الإنساني، ولا يسمح بالاستبدال الطبيعي لكوادر القيادات، كما أنه لا يساعد على مواكبة وعي الحزب الحاكم للعصر.

وقد تمكن الحزب الشيوعي الصيني بعد الجلسة العامة الثالثة للجنة المركزية للحزب الشيوعي الصيني في دورتها الحادية عشرة من حل هذه المشكلة بنجاح، وذلك بمساعدة الجيل الثاني من قادة الحزب الشيوعي الذي يُعد السيد دنغ شياو بينغ محوره الأساسي.

وفي الوقت الذي تم فيه إلغاء نظام حيازة كوادر القيادات لمناصبهم مدى الحياة تم التطوير السريع أيضًا لإصلاح نظام الكوادر والعاملين، الذي ظهر بشكل رئيس في: تنفيذ نظام التقاعد للكوادر، وإلغاء الوضع الفعلي حينها "نظام حيازة المناصب مدى الحياة"، وفي الوقت نفسه تعزيز "التحديثات الأربعة" للكوادر؛ أي ما يُسمى بـ "الثورية ومتوسط العمر والمعرفة والتخصص"؛ وذلك من أجل استخدام دفعة جديدة منهم في دعم مسار الإصلاح والانفتاح، فتفضيل تعيين الكوادر الشابة المليئة بالحيوية لشغل مناصب قيادية على جميع المستويات يقدم ضمانة مهمة لتنفيذ المسار الجديد للحزب الشيوعي الصيني.

ثانيًا: إلغاء نظام البلديات الشعبية

أقرت اللجنة المركزية للحزب الشيوعي الصيني في الأول من يناير عام 1982م "ملخص المؤتمر الوطني المعني بالعمل الريفي"، الذي أكد تأكيدًا كاملاً نظام المسؤولية التعاقدية لربط الأجر بالإنتاج، ذلك النظام الذي عكس الرغبة القوية لمئات الملايين من الفلاحين في تحقيق تطور زراعي طبقًا لظروف الريف الصيني الفعلية.

وقد أوضح النشر العام لنظام المسؤولية التعاقدية لربط الأجر بالإنتاج أن نظام دمج الإدارة الاقتصادية بالإدارة الحكومية الخاص بالبلديات الشعبية الساري منذ 20 عامًا لم يعد يلبي متطلبات تطوير القوة الإنتاجية الزراعية. فنظام دمج الإدارة الاقتصادية بالإدارة الحكومية ظهر مبكرًا في مرحلة التعاون الزراعي، وكان ظهوره الأول بشكل عفوي؛ فقد ظهر في الأساس من أجل تنفيذ هدف تبسيط الأجهزة الحكومية. ولكن عندما بدأت حركة البلديات الشعبية التي أطلقها ماو تسي جونغ بصفته ممثلاً لتجمع قادة الحزب الشيوعي الصيني، حملت هذه الحركة في طياتها معنى تعزيز زوال الدولة والانتقال إلى الشيوعية. وقد خضعت البلديات الشعبية لأوامر الإدارات الحكومية العليا باعتبارها أحد أجهزة إدارة الحكم في الدولة، كما تمتعت البلديات الشعبية بالسلطة في تحريك وإدارة القوة العاملة داخل نطاق البلدية باعتبارها إحدى المؤسسات الاقتصادية.

وبهذا امتلكت هذه البلديات نظامًا يجمع بين المهام التنفيذية للإدارات الحكومية والوظيفة الاقتصادية، وقد كان هذا هو ما سُمي بـ "نظام دمج الإدارة الاقتصادية بالإدارة الحكومية"، وكَمُن العيب الرئيس لهذا النظام في سماحه بتدخل السياسة في الاقتصاد.

وقد حدث أنه بعد تنفيذ نظام المسؤولية التعاقدية لربط الأجر بالإنتاج، وتقليص الدولة لنطاق احتكار شراء وتسويق المنتجات الزراعية والجانبية، طورت الدولة الفائض الزراعي المستخرج ليصبح في شكل حصص مستخرجة، وتقليل الدولة الاعتمادات غير المدفوعة للعمال الزراعيين يومًا بعد يوم حتى تم إلغاؤها بالكامل، لم تعد الوظيفة الضامنة لنظام دمج الإدارة الاقتصادية بالإدارة الحكومية تؤدي دورًا. وبالطبع أصبح انهيار نظام دمج الإدارة الاقتصادية بالإدارة الحكومية في ظل هذه الظروف أمرًا لا مفر منه.

وفي إبريل عام 1980م اتخذت بلدة شيانغ يانغ بمحافظة قوانغ هان التابعة لمقاطعة سيتشوان زمام المبادرة وأزالت العلامة الخاصة بالبلدية الشعبية، وقسمتها إلى حكومة البلدة، والمكتب الرئيس للزراعة والصناعة والتجارة. وفي أكتوبر عام 1983م أعلن كل من اللجنة المركزية للحزب الشيوعي ومجلس الدولة "الإعلان الخاص بتنفيذ الفصل بين الإدارة الاقتصادية والإدارة الحكومية وبناء حكومات البلديات"، وبذلك تم إحياء حكومات البلديات في جميع أنحاء البلاد، وإعادة نظام بناء السلطة الريفية، وتنفيذ فصل الإدارة الاقتصادية عن الإدارة الحكومية.

وفي نوفمبر عام 1987م أقرت اللجنة التنفيذية لمؤتمر نواب الشعب الوطني في دورته السادسة في اجتماعها الـ 23 "القانون الأساسي للجان القري (نسخة تجريبية)"، الذي بدأ تطبيقه تطبيقًا فعليًّا في الأول من يونيو عام 1988م، فبُنيت لجان القرى في المناطق القروية الريفية في البلاد بأكملها. ومنذ هذا الوقت ظهر نمط سياسي جديد يندرج تحت المستوى الابتدائي في المناطق الريفية بداخل المحافظات، وهو نمط "حكومات البلديات تحكمها القرى". ومن هذا كله يمكن القول إن معنى إلغاء نظام البلديات الشعبية تمثل في تغيير نظام "الدمج بين الإدارة

الاقتصادية والإدارة الحكومية" إلى الفصل بين الحكومة والاقتصاد، وبالتالي طُرح طريق سياسي جديد من أجل إصلاح النظام الاجتماعي والاقتصادي بالصين.

ثالثًا: تبسيط الإدارة وإرساء اللامركزية

لقد كان وجود نظام اقتصادي وإداري ذي درجة كبيرة من المركزية، هي خطوة اتُّخذت نتيجة للتقليد الأعمى لخبرة الاتحاد السوفيتي في فترة "الخطة الخمسية الأولى" خلال عملية تطوير بناء الاقتصاد على نطاق واسع. ولقد لعب هذا النظام دورًا لا يمكن الاستغناء عنه في التركيز على الموارد المحدودة في البناء الرئيس، وبناء نظام اقتصادي وطني ونظام صناعي كامل مستقل استقلالاً نسبيًّا في فترة قصيرة، ولكن بالرغم من ذلك كانت عيوبه واضحة وضوحًا كبيرًا، ولعل أبرزها كان هو عدم قدرة هذا النظام على تحفيز جوانب الإبداع والمبادرة والإيجابية بالوحدات القاعدية والمحلية، وكبح دورها المهم في تخصيص الموارد وتنسيق المصالح.

هذا، وقد تغيرت الأهداف الاستراتيجية للتنمية الاقتصادية في الصين بعد حركة الإصلاح والانفتاح، فتحولت من استخدام المركزية في بناء النظام الصناعي المستقل المتكامل والنظام الاقتصادي الوطني لتصبح متمثلة تمثيلاً أساسيًّا في رفع مستوى معيشة المواطنين، وزيادة القوة الوطنية الشاملة، وبهذا الشكل أصبح النظام المركزي للاقتصاد والإدارة تدريجيًّا غير صالح لمتطلبات تطوير القوة الإنتاجية، وأصبح لا مفر من وجود نظام تبسيط الإدارة وإرساء اللامركزية.

وفي ديسمبر عام 1978م أكد دنغ شياو بينغ في مؤتمر عمل اللجنة المركزية للحزب الشيوعي الصيني، الذي سبق الجلسة العامة الثالثة للجنة المركزية للحزب الشيوعي في دورتها الحادية عشرة، أكد ضرورة تطوير الديمقراطية الاقتصادية، وبصفة خاصة توسيع استقلالية المؤسسات الصناعية للتعدين وفِرق الإنتاج من أجل تحفيز حماس وإيجابية الدولة والمحليات والمؤسسات والعمال. هذا، وقد أشار دنغ شياو بينغ أيضًا في كلمة له بعنوان "إصلاح نظام قيادة الحزب والدولة" إلى أن أكبر العيوب الموجودة بنظام الدولة هي مركزية السلطة الزائدة، وأكد مرة أخرى خلال كلمته على مسألة تبسيط الإدارة وإرساء اللامركزية.

ويكمن معنى تبسيط الإدارة وإرساء اللامركزية في تغيير شكل المركزية المفرطة المسيطرة على الظروف الاقتصادية، والتي تعمل على كبح حماس وإيجابية كل من الوحدات المحلية والإنتاجية والمنتجين، فمن ناحية يتم فتح الأسواق؛ الأمر الذي أصبح بداية تنفيذ الصين لاقتصاد السوق، ومن ناحية أخرى، تخفيف القيود التي تفرضها اللجنة المركزية للحزب الشيوعي على الحكومات المحلية، وتحفيز إيجابية الحكومات المحلية من أجل تعزيز التنمية الاقتصادية، وتشكيل واحدة من أهم الظواهر الخاصة الفريدة للتطور الاقتصادي ولسياسة الإصلاح والانفتاح- التنافس ما بين الحكومات، وذلك بهدف أن تبذل جميع الحكومات بالبلاد بمستوياتها المختلفة قصارى جهودها من أجل دفع التنمية الاقتصادية المحلية، وبهذا يتم تشكيل مصدر طاقة آخر يعمل بمثابة قوة دافعة رئيسة وراء التنمية الاقتصادية بالصين.

رابعًا: إلغاء "الحريات الأربع الكبرى" وإعادة النظام القانوني

أشار دنغ شياو بينغ في حديثة أثناء المؤتمر التحضيري المهم الذي عُقد قبل الجلسة العامة الثالثة للجنة المركزية للحزب الشيوعي في دورتها الحادية عشرة -مؤتمر عمل اللجنة المركزية للحزب الشيوعي الصيني- إلى قضية الديمقراطية قائلاً: "إن الديمقراطية شرط مهم للتحرر الأيديولوجي". ولكن كيف يتم تحقيق الديمقراطية؟ وفي إجابة لهذا السؤال قال دنغ شياو بينغ: "يجب تعزيز النظام القانوني من أجل ضمان تحقيق الديمقراطية الشعبية. ويجب إضفاء الصفة النظامية والقانونية على الديمقراطية، وجعل هذا النوع من الأنظمة والقوانين الديمقراطية لا يتغير أبدًا وفقًا لأهواء القادة أو طبقًا لآرائهم واهتماماتهم. فالمشكلة الحقيقة الحالية تكمن في أن القانون غير مكتمل بعد؛ فهناك الكثير من القوانين التي لم يتم صياغتها وإقرارها حتى الآن. فأصبح كلام القادة شيئًا فشيئًا بمثابة "القانون"، ومَن يعارض كلامهم أصبح يُسمى "منتهكًا للقانون"، وبالتالي عندما يتغير كلام القادة يتغير معه "القانون"".[1] وبذلك اعتبر دنغ شياو بينغ تأسيس القانون هو الضمانة والمقدمة الخاصة ببناء الديمقراطية.

---

(1) دنغ شياو بينغ: "تحرر الفكر، البحث عن الحقيقة، الحفاظ على الوحدة، التطلع إلى الأمام"، "الأعمال المختارة لدينغ شياو بينغ"، المجلد الثاني، دار الشعب للنشر، 1994م، ص 146.

وفي سياق آخر، ظهر خلال حملة مكافحة اليمينية في عام 1957م ما يُسمى بـ "الحريات الأربع الكبرى": حرية التعبير، وحرية الفكر، وحرية الكتابة، وحرية النقاش، تلك الحريات التي طالما اعتبرها ماو تسي شكلاً مهمًّا من أشكال الديمقراطية الاشتراكية، وقد كان اللجوء إلى استخدامها الحركات السياسية لازمًا في مناسبات مختلفة من التاريخ، ووصلت تلك الحركات إلى ذروتها أثناء فترة "الثورة الثقافية الكبرى". وقد اعترف دستور عام 1975م بصفته القانون الأساسي للبلاد لأول مرة بـ "الحريات الأربع الكبرى"، وورث دستور عام 1978م عنه هذه النقطة المهمة.

أما عن بناء الديمقراطية الذي تلا حركة الإصلاح والانفتاح فبدأ من خلال تمعن الفكر في "الثورة الثقافية الكبرى"، وتدارك الأخطاء التي حدثت خلالها، وقد تمثل أهم مشكلات "الثورة الثقافية الكبرى" وفشلها الأعظم في تخريب النظام القانوني، ولا شك في أن دنغ شياو بينغ كان له أكثر حق للكلام في هذا الأمر.

فذكر في خطاب له من قبل: "لقد رُفع شعار "الديمقراطية الكبرى" خلال "الثورة الثقافية الكبرى"، معتقدين أن جمهرة المواطنين هي الديمقراطية، وهي القادرة على حل المشكلة. لكن في الواقع تبدأ الحرب الأهلية ما إن يحدث تجمع وصياح الجماهير هذا. ونحن مستوعبون جيدًا الدروس المستفادة من الخبرات التاريخية".[1]

(3) إنشاء نظام الحكم الذاتي الجماهيري

يحتوي النظام الصيني الحالي على أربعة نظم سياسية أساسية كبرى، من بينها تم تشكيل وبناء نظام الحكم الذاتي الجماهيري بعد تحقيق الإصلاح والانفتاح في الصين، فينبغي القول إن هذا النظام كان نتاجًا لعملية الإصلاح والانفتاح. ويعني نظام الحكم الذاتي الجماهيري تمتع سكان الحضر والريف بحق الإدارة المشتركة

(1) دنغ شياو بينغ: "تعزيز تدريس المبادئ الأربعة الرئيسة، والتمسك بسياسة الإصلاح والانفتاح"، "الأعمال المختارة لدنغ شياو بينغ"، المجلد الثالث، دار الشعب للنشر، 1993م، ص 200.

لشؤونهم داخل نطاق ما ينصه دستور جمهورية الصين الشعبية، وتحت قيادة الحزب الشيوعي الصيني ومنظماته الأساسية كافة. ويتم تكوين منظمات الحكم الذاتي الجماهيري من خلال الانتخابات الديمقراطية التي يقوم بها سكان الريف والحضر، لتقوم بمهام تحقيق القرارات الديمقراطية والإدارة الديمقراطية، والإشراف الديمقراطي والممارسة المباشرة لكافة الحقوق السياسية ذات الصلة. وبذلك يعتبر تنفيذ نظام الحكم الذاتي الجماهيري وتوسيع الديمقراطية الشعبية من أهم الإنجازات التي جنتها الديمقراطية بعد عملية الإصلاح والانفتاح.

وقد ظهرت منظمات الحكم الذاتي لسكان الحضر في المرحلة الأولى لتأسيس الصين الجديدة، فبدأ مواطنو بعض المدن من تلقاء أنفسهم تكوين فرق الحماية وفرق الحراسة ضد السرقة ومجموعات السكان، وغيرها من منظمات الحكم الذاتي الجماهيري ذات الأسماء المختلفة.

وفي ديسمبر عام 1954م تم صياغة وإصدار "اللوائح التنظيمية الخاصة باللجان السكانية الحضرية" في الاجتماع الرابع للجنة الدائمة للمجلس الوطني لنواب الشعب بدورته الأولى، ليتم التأكيد قانونيًّا على طبيعة اللجان السكانية الحضرية ودورها ومكانتها. وبالوصول إلى نهاية عام 1956م، تم تأسيس اللجان السكانية الحضرية تأسيسًا عامًّا في جميع مدن البلاد. وبعد الإصلاح والانفتاح ظهر شكل منظمات الحكم الذاتي الجماهيري، الذي يُعتبر إحياءً وتطويرًا لشكل اللجان السكانية الحضرية. وفي يناير عام 1980م نشرت اللجنة الدائمة للمجلس الوطني لنواب الشعب من جديد "اللوائح التنظيمية الخاصة باللجان السكانية" و"القواعد المؤقتة الخاصة بلجان الوساطة الشعبية"، و"القواعد المؤقتة الخاصة بلجان الأمن العام".

وأوضح دستور عام 1982م قانونيًّا لأول مرة طبيعة اللجان السكانية ووظيفتها ودورها كما يلي: "تُعتبر لجان السكان أو لجان القرويين التي يؤسسها المواطنون المحليون بالمدن والريف منظمات حكم ذاتي جماهيري. ويُنتخب رؤساء لجان السكان ولجان القرويين ونواب رؤسائها، وأعضاؤها من قبل السكان أنفسهم. ويحدد القانون العلاقة المتبادلة بين لجان السكان ولجان القرويين، وبين

أجهزة السلطة السياسية الأساسية. وتدير لجان الوساطة الشعبية ولجان الأمن العام، ولجان الصحة العامة التي تؤسسها لجان السكان ولجان القرويين كافة الشؤون العامة، وأعمال النفع العام الخاصة بمواطني المنطقة، وتعمل على حل المنازعات المدنية، والمساعدة في حفظ الأمن العام، وتقديم مقترحات المواطنين وآرائهم وطلباتهم إلى الحكومات الشعبية".

وفي 26 ديسمبر عام 1989م صَدَّق الاجتماع الحادي عشر للجنة الدائمة للمجلس الوطني لنواب الشعب على "قانون تنظيم اللجان السكانية بالحضر"، الذي وُضع على أساس البحث والاستقصاء الذي دام سنوات، والتلخيص للدروس المستفادة من خبرات ممارسة "اللوائح التنظيمية الخاصة باللجان السكانية"، وذلك من أجل الضمان الكامل للحكم الذاتي لسكان الحضر، وحقوقهم الديمقراطية كافة.

أما عن منظمات الحكم الذاتي الحضرية والريفية، فقد ظهرت بعد تنفيذ نظام المسؤولية التعاقدية لربط الأجر بالإنتاج. فبعد أن أُلغي نظام دمج الإدارة الاقتصادية بالإدارة الحكومية، وتنفيذ نظام المسؤولية التعاقدية لربط الأجر بالإنتاج، حلت حكومات البلديات محل البلديات الشعبية، وأصبح كيفية تنفيذ نظام إدارة أساسية للريف يمكنه أن يتناسب مع الشكل الجديد لمنظمات الإنتاج الزراعي مشكلة مهمة.

وفي الوقت نفسه تراخت هذه المنظمات في كثير من مناطق الريف، وأصبحت الشؤون العامة بلا مسؤول، وتكاثرت وانتشرت المشكلات كافة؛ فبدأ المزارعون في بعض الأماكن تكوين منظمات من تلقاء أنفسهم، وبهذا نُفِّذت الإدارة الذاتية من خلال بناء منظمات حكم ذاتي.

وفي الـ 25 من فبراير عام 1980م، قامت 85 عائلة من المزارعين من فريق إنتاج الفاكهة، التابع لقرية خيتشا ببلدية إيشان سان تشا التابعة لمنطقة قوانغشي ذاتية الحكم لقومية تشوانغ، باختيار ممثلين عنهم، واجتمعوا تحت ظلال شجرة كافور سميكة، وانتخبوا عن طريق الاقتراع السري، وكونوا منظمة إدارية جديدة للقرية بأكملها- لجنة القرويين. هذا، وقد صاغت لجنة القرويين هذه قوانين القرية

ولوائحها، وتولت مسؤولية جميع الشؤون العامة بها. وتلا ذلك تأسيس محافظة لوهتشينغ التابعة لمنطقة قوانغشي ذاتية الحكم لقومية تشوانغ منظمات إدارية ذاتية للمزارعين، منها ما سُمي بـ "فريق قيادة الأمن العام بالقرية"، ومنها ما سُمي بـ "المجلس القروي". وابتداء من فصل الربيع عام 1981م، بدأ تغيير أسماء هذه المنظمات وتوحيدها لتصبح لجان القرويين. وسرعان ما تردد صدى هذه التجربة وشرع العديد من الأماكن في تقليدها.

وبهذا جاء دستور عام 1982م موضحًا الوضع القانوني للجان القرويين، ناصًّا على طبيعة هذه اللجان ومهمتها ومبادئ تنظيمها. وبعد إصدار هذا الدستور نُشرت حركة تأسيس لجان القرويين في جميع أنحاء البلاد. وكان عادة ما يتم تشكيل لجان القرويين على أساس الطريقة التي قام بها فريق الإنتاج الأول، كما تم اتباعهم أيضًا في تكوين مجموعات صغيرة من القرويين.

وفي عام 1983م، في وقت تأسيس حكومات البلدات، بدأ التأسيس العام في سائر البلاد لمنظمات لجان القرويين. وفي عام 1987م أصدر الاجتماع الـ 23 للجنة الدائمة للمجلس الوطني لنواب الشعب في الدورة السادسة "قانون منظمات لجان القرويين بجمهورية الصين الشعبية (نسخة تجريبية)"، الذي أعقب صدوره تشكيل انتخابات ديمقراطية طبقًا للقانون في جميع المناطق، والتي ظهر خلالها الكثير من الإبداعات والابتكارات الجديدة، فغُيِّرت طريقة الانتخاب من التصويت العلني إلى الاقتراع السري، ومن الأسلوب غير المباشر إلى الأسلوب المباشر، ومن تساوي عدد الأصوات إلى ضرورة اختلاف عدد الأصوات، معيارًا للمقارنة.

وفي ثمانينيات القرن العشرين وصلت نسبة عدد سكان الريف أكثر من 80% من إجمالي عدد سكان الصين، وقد ساعد تأسيس قانون نظام الحكم الذاتي للقرويين في تحقيق الممارسة الكاملة لأهل الريف لحقوقهم الذاتية، كالإدارة الذاتية والتعليم الذاتي والخدمة الذاتية والرقابة الذاتية، الأمر الذي أدى إلى دفع التنمية الاقتصادية بالريف وتنمية أعمال النفع العام، وتعزيز استقرار المجتمع. ففي حالة استقرار التنمية الريفية فقط يمكن تحقيق استقرار التنمية الاجتماعية والاقتصادية بالصين. ولقد وضح دنغ شياو بينغ في العديد من كلماته: أن الديمقراطية تحتاج إلى

تحفيز إيجابية القاعدة الجماهيرية الشعبية وكافة المواطنين. وأشار في عام 1987م عند استقباله الضيوف الأجانب إلى: "أن تحفيز الإيجابية هي الديمقراطية العظمى. أما الأشكال الديمقراطية فيجب أن تنظر للأحوال الفعلية".[1]

"إن الديمقراطية العظمى هي تفويض السلطة إلى مواطني القاعدة الأساسية، وتفويضها في الريف إلى الفلاحين أنفسهم".[2]

---

(1) دنغ شياو بينغ: "تسريع وتيرة الإصلاح"، "الأعمال المختارة لدينغ شياو بينغ"، المجلد الثالث، دار الشعب للنشر، 1993م، ص 242.

(2) دنغ شياو بينغ: "انطلاق كل الأعمال تحت الظروف الواقعية للمرحلة الأولية للاشتراكية"، "الأعمال المختارة لدينغ شياو بينغ"، المجلد الثالث، دار الشعب للنشر، 1993م، ص 252.

الباب الثالث

خصائص الديمقراطية الصينية
التوحيد المشترك بين ضمان الحقوق المدنية والسلطة المركزية

إن الديمقراطية هي عملية اجتماعية تحتاج إلى البناء والتطوير المتواصل. وقد تم التوصل أخيرًا من خلال الممارسات والاستكشافات المتكررة، وفي ضوء الدروس المستفادة من خبرات الدول الأخرى والتلخيص المستمر للدروس المستفادة من خبرة الصين ذاتها إلى إجابة وحل مسألة كيفية تأسيس وتنمية الديمقراطية بالصين المعاصرة.

وقد تمثل هذا الحل في أن يتم التنسيق بين جميع الأنظمة السياسية الصينية وكافة الممارسات السياسية الديمقراطية من أجل التوحيد بين ضمان الحقوق المدنية والسلطة المركزية. فالتوحيد بين ضمان الحقوق المدنية والسلطة المركزية هو إحدى الخصائص الأساسية المميزة للديمقراطية الصينية المعاصرة، وهي أيضًا واحدة من أهم التجارب التي حققتها الممارسات الديمقراطية بالصين.

الفصل الأول

اكتشاف القوانين الأساسية لبناء الديمقراطية الصينية

يمكن القول إن "الديمقراطية" هي الفكر الأعلى والهدف الأسمى للمجتمع الصيني منذ مئات السنين؛ ففي سبيل تحقيقها بُذل عدد لا يُعد ولا يُحصى من مجهودات الرجال والنساء أصحاب الأفكار والمُثل العليا. كما اتخذ الحزب الشيوعي الصيني بناء وتنمية الديمقراطية مهمته الأساسية. ولكن طريق اكتشاف الصينيين للديمقراطية كان طريقًا طويلاً وعرًا مملوءًا بالصعوبات، ويمكن وصف ممارسات الحزب الشيوعي الصيني لها بأنها كانت صعبة ومتكررة.

وبتناول المسألة من ناحية الممارسة السياسية وتأسيس النظام، نجد أنه إذا ما نظرنا إلى طريق سعي الصين نحو الديمقراطية لمئات السنين، ولطريق اكتشاف الحزب الشيوعي الصيني للديمقراطية، سيتضح لنا أن المشكلة الأساسية خلالهما لم تكن أبدًا في قيمة الديمقراطية نفسها؛ بل تمثلت في البحث عن شكل أساسي يتمكن من تحقيق قيمة الديمقراطية، وفي القدرة على تأسيس الدرجات العليا لتجسيد القيمة الديمقراطية من عدمها- الشكل السياسي للسيادة الشعبية والترتيبات المؤسسية الخاصة به.

وبالنسبة للمستوى المعرفي للعلوم السياسية المعاصرة يمكن القول، إننا تمكنا من إدراك التناقضات الداخلية للديمقراطية- التعارض بين القيمة والشكل. وبهذا أدركنا أيضًا بكل وضوح: أن الجوهر الحقيقي لبناء الديمقراطية يتمثل في البحث عن الشكل السياسي الذي يحقق أعلى درجات قيمة الديمقراطية، ومكافحة وإزالة التناقضات بين قيمة الديمقراطية وشكلها إلى أبعد حد. فقانون بناء الديمقراطية يتمثل في توحيد القيمة الديمقراطية والشكل الملموس.

(1) الحيرة بين تطبيق: "الديمقراطية" أم "المركزية"

لم تكن أبدًا المشكلات التي واجهت ممارسي الديمقراطية، التي تمثلت في كيفية بناء سلطة الدولة، وتأسيس النظام الاشتراكي، وتعزيز السياسة الديمقراطية في ظل ظروف الحكم، ببساطة سياسة "الجميع مسؤول" نفسها، التي تكونت خلال الحرب الثورية في وقت غياب السلطة. ولكن هل يُقصد بمعنى سياسة "الجميع مسؤول" الديمقراطية المباشرة أم لا؟

وإذا كانت لا تعني شكلاً سياسيًّا يمكن تنفيذه، بل هي مجرد نوع من المبادئ السياسية والنظريات الديمقراطية، فكيف يمكن أن يتم خلال ممارستها تشكيل وبناء مجموعة كاملة من النظم السياسية الديمقراطية؛ فتلك هي المشكلة الأكبر التي واجهت مؤسسي وبناة الصين الحديثة، وتطلبت حلاً جذريًّا على وجه السرعة.

غيَّر الحزب الشيوعي الصيني، متمثلاً في السيد ماو تسي دونغ، مفهوم السيادة الشعبية، ذلك المفهوم الغربي ذا الطابع الأكاديمي القوي، إلى التعبير الشعبي ذي الطابع الصيني: الشعب هو سيد البلاد. ففي المرحلة الأولى من تأسيس الصين الجديدة كانت مصطلحات "التحرير" و"التغيير" من أكثر المصطلحات السياسية الرمزية المستخدمة استخدامًا كبيرًا في ذلك الوقت. وسرعان ما تغير هدف قيمة الديمقراطية بالتزامن مع بناء جمهورية الصين الحديثة، من مجرد التوق والسعي من أجل السياسة الديمقراطية، ليصبح السلوك السياسي الأساسي، وإضافة إلى ذلك ظهر شكل قضية الترتيبات المؤسسية لها. وبمجرد أن أصبحت الديمقراطية واقعًا ملموسًا برزت مشكلة الصراع والاختلاف بين مبادئها وشكل تنفيذها، تلك المشكلة التي أصبحت تدريجيًّا قضية ملحة تحتاج إلى حل، وبالإضافة إلى ذلك ظهرت زوجًا من التناقضات المتضاربة.

وفي 24 أكتوبر عام 1949م قال ماو تسي دونغ في كلمة له: "إن الصين تنتمي إلى الشعب، وكل شجرة وكل ورقة عشب على أرض البلاد هي للشعب، ونحن جميعًا مسؤولون عن البلاد وإدارتها".[1] وفي هذا الوقت كان قد مضى على

---

(1) ماو تسي دونغ: "محادثات مع مسؤولي سوييوان"، "الأعمال المختارة لماو تسي دونغ"، المجلد السادس، دار الشعب للنشر، 1999م، ص 14.

حفل تأسيس الدولة ثلاثة أسابيع فقط، ولكن ماو تسي دونغ قد شعر بمسؤولية كونه حاكم البلاد، فنعم قال إن مبدأ البلاد هو "الشعب سيد البلاد"، ولكن الوضع الفعلي كان "ونحن جميعًا مسؤولون عن البلاد وإدارتها".

هذا، وقد شعر رئيس الحزب الشيوعي في "الفترة الأولى" بعد أن أصبح الحزب الشيوعي الصيني هو الحزب الحاكم بالتناقضات المتأصلة في السياسة الديمقراطية- التناقض بين القيمة والشكل، التي ظهرت واضحة في التناقض بين النظام التمثيلي بأن "السيادة" في يد الشعب، و"الإدارة الفعلية" التي يملكها النائب عن الشعب.

ولقد عُبِّر عن التناقضات الداخلية الموجودة بين قيمة الديمقراطية وشكلها في جميع الحركات الشيوعية الدولية ونظم الخطابات الماركسية بالشكل الآتي: التناقض بين الديمقراطية والمركزية. فشعر قادة البلاد في الفترة الأولى بعد تأسيس جمهورية الصين الشعبية بمشكلة في الموازنة بين الديمقراطية والمركزية. وفي بداية عام 1956م أشار ماو تسي دونغ في "مناقشة العلاقات العشر الكبرى"، الذي اعتُبر "العمل الافتتاحي" لاستكشاف طريق بناء الاشتراكية الذي يتناسب مع ظروف الصين الفعلية إلى ما يلي: "يجب أن يكون لدينا قيادة مركزية موحدة ذات قوة جبارة من أجل بناء دولة اشتراكية قوية، ويجب أن تكون هناك خطة وطنية موحدة وانضباط موحد بالبلاد بأكملها، ولن يُسمح أبدًا بالإضرار بهذه الوحدة اللازمة".(1)

ويشير ذلك إلى أن ماو تسي دونغ وغيره من القادة مالوا في السنوات الأولى لبناء الدولة إلى "المركزية" في بناء النظام الديمقراطي والسياسة الديمقراطية؛ بل وأكدوا نظام تركيز السلطة في الحكومة المركزية وجميع مستويات إدارة الحكم. ولكن هذا الوضع سرعان ما تغير بعد عام 1956م، ذلك العام الذي سماه ماو تسي دونغ بـ "عام المتاعب". ففي هذا العام حدث الكثير من الأحداث الكبرى في الاتحاد السوفيتي ودول أوروبا الشرقية الاشتراكية على التوالي.

---

(1) ماو تسي دونغ: "مناقشة العلاقات العشر الكبرى"، "الجزء الثاني"، دار الشعب للنشر، 1986م، ص 730 و731.

ففي النصف الأول لعام 1956م عُقد المؤتمر الوطني الــ 20 للحزب الشيوعي السوفيتي، وحدث بعد انتهاء المؤتمر أن عقد نيكيتا خروتشوف[1] اجتماعًا سريًّا فضح فيه جوزيف ستالين[2] فضيحة مدوية، ووجه إليه اللوم والنقد. وفي النصف الثاني لعام 1956م وقعت حادثة بوزنان في بولندا والحادثة الهنغارية واحدة تلو الأخرى. وقد أسهمت سلسلة أحداث الاتحاد السوفيتي وأوروبا الشرقية في إيقاظ وعي الجانب الصيني، فلم يقتصر ماو تسي دونغ على الاعتماد على الحقائق في معالجة أحداث الاتحاد السوفيتي وأوروبا الشرقية؛ بل إنه طرح نظرياته الخاصة في تفسير ما حدث. فاعتقد ماو تسي دونغ: "أن المشكلة الأساسية في دول أوروبا الشرقية أنه لم يتم التعامل الصحيح مع الصراع الطبقي، ولم يتم التخلص من الثورات المضادة، ولم تُدرَّب البروليتاريا خلال الصراع الطبقي والتمييز بين الصديق والعدو، وبين الصواب والخطأ، وبين المثالية والمادية".

أما عنما يتعلق بأسباب الحادثة الهنغارية فقد لخصها ماو تسي دونغ قائلاً: "البيروقراطية والانفصال عن الجماهير، أخطاء السياسات الصناعية، وتخفيض أجور العمال، والإطاحة بالرأسماليين بكل بساطة، وعدم تغير المثقفين، وعدم قمع العناصر المعادية للثورة".[3]

وفي النصف الثاني من عام 1956م، شهدت الصين أيضًا تقلبات اقتصادية واضطرابات اجتماعية، التي اعتقد ماو تسي دونغ أن أهم الأسباب المؤدية لها هي الكوادر البيروقراطيون والانفصال عن الجماهير، كما رأى أيضًا أن الشعب لديه أسبابه التي تبرر "إسقاط" الكوادر البيروقراطية.

---

(1) زعيم شيوعي ورجل دولة سوفيتي، حكم الاتحاد السوفيتي من 1955 إلى 1964، وتميز حكمه بالمعاداة الشديدة للستالينية، وبإرساء الدعائم الأولى لسياسة الانفراج الدولي والتعايش السلمي.

(2) القائد الثاني للاتحاد السوفييتي ورئيس الوزراء، عُرف بقسوته وقوته، وأنه نقل الاتحاد السوفيتي من مجتمع زراعي إلى مجتمع صناعي.

(3) نقلاً عن "السيرة الذاتية لماو تسي دونغ (1949-1976)"، "الجزء الأول"، دار نشر وثائق الحكومة المركزية، 2003م، ص 606 و607.

وفي فبراير عام 1957م، ألقى ماو تسي دونغ كلمة له بعنوان "التعامل الصحيح مع مسألة التناقضات الداخلية بين المواطنين". وقد كانت هذه الكلمة المهمة ملخصًا نظريًّا لسلسلة الأحداث التي وقعت بداخل وخارج البلاد بعام 1956م، فطرح خلالها التمييز بين نوعين من التناقض مختلفين في الطبيعة ونظرية التعامل الصحيح مع التناقضات الداخلية الموجودة بين المواطنين. ومنذ هذا الوقت تحول موقف ماو تسي دونغ فيما يخص قضية الديمقراطية من التأكيد النسبي على "المركزية" إلى اتجاه التأكيد على "الديمقراطية".

وتمثَّل الفكر الأساسي لماو تسي دونغ في: استخدام الطرق الديمقراطية في حل التناقضات الداخلية بين الناس. فطرح في هذا الوقت مسألة "الديمقراطية الكبرى" و"الديمقراطية الصغرى". فـ "الديمقراطية الصغرى" هي تصحيح الأساليب الخاطئة، واستخدام طريقة النقد والنقد الذاتي في حل التناقضات الداخلية بين الناس. أما ما يُسمى بـ "الديمقراطية الكبرى" فهي أنشطة المطالبة بالحقوق التي تتخطى النظام الطبيعي، مثل المظاهرات وإضراب الطلاب وإضراب العمال وغيرهم. وقد اتخذ ماو تسي دونغ موقفًا متساهلاً ومؤكدًا تجاه "الديمقراطية الكبرى". فأشار إلى أن: "الديمقراطية الكبرى" هي مقاومة التناقضات الداخلية بين المواطنين والطريقة المكملة لضبط النظام المجتمعي.

كما أكد ماو تسي دونغ بحماس ما سُمي بـ "الحريات الأربع الكبرى" التي ظهرت في عام 1957م، التي تتمثل في: حرية التعبير وحرية الفكر وحرية النقاش وحرية الكتابة، أما عن ما يُسمى بالشكل الثوري وشكل الصراع الجماهيري اللذين شكَّلتهما الجماهير، فاعتقد ماو تسي دونغ أن هذه الأشكال تفسح المجال إفساحًا كاملاً للديمقراطية الاشتراكية.

وبهذا يتضح أنه منذ عام 1957م، بدأ الفكر الديمقراطي لماو تسي دونغ يتحول من نظام المركزية الديمقراطية، الذي ظهر في بداية تأسيس الصين الجديدة، والذي يتمثل في التوازن النسبي بين "المركزية" و"الديمقراطية"، إلى الاتجاه نحو "المركزية"، ثم الانحراف التدريجي نحو "الديمقراطية" حتى وصل في النهاية في أثناء "الثورة الثقافية الكبرى" إلى "الديمقراطية الكبرى".

وقد ظل ماو تسي دونغ يميل يومًا بعد يوم إلى "الديمقراطية" التي ارتبطت ارتباطًا وثيقًا بالتطوير المستمر لنظريته الاشتراكية، تلك النظرية التي تطورت في النهاية إلى "نظرية الثورة المستمرة في ظل ديكتاتورية البروليتاريا". وأكد ماو تسي دونغ في الجلسة العامة الثالثة للجنة المركزية للحزب الشيوعي الصيني بالدورة الثامنة، التي عُقدت في وقت مبكر من عام 1957م قائلاً: "إن التناقضات الأساسية التي تشهدها البلاد حاليًّا تتمثل في التناقض بين البروليتاريا والبورجوازية، والتناقض بين الطريق الاشتراكي والطريق الرأسمالي". وقد أثَّر في فكر ماو تسي دونغ ما حدث بعد المؤتمر الـ 20 للحزب الشيوعي للاتحاد السوفيتي عندما تنصل نيكيتا خروتشوف تمامًا من جوزيف ستالين، وقُطعت العلاقات الصينية السوفيتية، وجعله ذلك أكثر ثقة في أن التحريفية هي التهديد الرئيس الذي يواجه أعمال الاشتراكية الصينية، وأن الخطر الأساسي للتحريفية يكمن في "التحريفية المركزية".

ومع مرور الوقت أصبحت مهمة "مكافحة ومنع الحياد عن الشيوعية" تشكل ضغطًا أساسيًّا على فكر ماو تسي دونغ، وبالتزامن مع هذا ظهرت بعض الخلافات الواضحة بينه وبين قادة الحزب الآخرين، وطبقًا للبيانات التاريخية التي كُشف عنها في السنوات الأخيرة، اتضح أن الخلافات بين ماو تسي دونغ وقادة الحزب الآخرين، على رأسهم ليو شاو تشي، ظهرت واضحة في وجهات نظرهم حول طبيعة حركة "التطهيرات الأربع".

فاعتقد ليو شاو تشي المسؤول عن عمل "السلك الأول" أن طبيعة التناقضات الاجتماعية التي عكستها حركة "التطهيرات الأربع" تتمثل في مسألة "التطهيرات الأربع" و"مانع التطهيرات الأربع"، بينما اعتقد ماو تسي دونغ أنها تتمثل في قضية "الطريقين"، وفي الصراع الطبقي الموجود بين طبقة الرأسمالية وطبقة البروليتاريا. وفي النهاية استخدم ماو تسي دونغ سلاح "الديمقراطية الكبرى" وبدأ "الثورة الثقافية الكبرى" التي لم يسبق لها مثيل في التاريخ.

وقد كانت "الديمقراطية الكبرى" خلال فترة "الثورة الثقافية الكبرى" هي نوع من السياسات الشعبوية، التي تتميز ببعض الخصائص الواضحة:

أولها: السعي وراء القيمة المدنية البحتة؛ وجعل مصالح الطبقات الأساسية للمجتمع هي القيمة الأعلى؛ بل والقيمة الوحيدة أيضًا، حتى إن ماو تسي دونغ قال من قبل: النبلاء هم الأكثر حماقة، والمتواضعون هم الأكثر ذكاء.

وثانيهما: تدمير جميع القوانين والقواعد؛ فكان الشعار الرنّان الذي ارتفع خلال "الثورة الثقافية الكبرى" هو "التمرد له ما يبرره". فما كان مبرر التمرد؟ إنه يجب "السحق" الشامل لجميع أنواع وأشكال القوانين والأغلال التي تقيد المواطنين وتحمي "الرأسمالية" و"التحريفية".

وثالثهما: الاتجاه المتطرف؛ فيُظهر علم النفس الاجتماعي السياسة الشعبوية بأنها حركة سياسية تعمل على تحفيز مشاعر الجماهير الحماسية، فكلما زادت الاقتراحات الحماسية والشعارات المتطرفة زاد جذب الجماهير ودخولهم في التيار. وبهذا الشكل تسببت "الديمقراطية الكبرى" خلال "الثورة الثقافية الكبرى" في تدمير النظام المجتمعي بأكمله، ثم سلكت طريقها إلى الفشل.

وبالإشارة إلى جملة السيد ونستون تشرشل[1] التي غالبًا ما نسمع الكثير يرددها، والتي تقول: إن السياسة الديمقراطية ليست هي حقًّا السياسة الأفضل، ولكنها السياسة التي من الممكن أن تتجنب أسوأ النتائج، يجب القول إن هذا الحكم في واقع الأمر غير صحيح على الإطلاق، وإنه لا يتفق مع الخبرات التاريخية؛ فقد أدت "الديمقراطية الكبرى" أثناء "الثورة الثقافية الكبرى" إلى أسوأ النتائج، واتجهت إلى الجهة الخاطئة، ومارست إنكار الذات، في ظاهرة نادرة الحدوث في التاريخ العالمي.

وقد قام الباحث الأمريكي ستيوارت شرام بتقييم لا يخلو من الحدة لـ "الثورة الثقافية الكبرى"، قال فيه: "إن ما يثير السخرية هو: أن "الثورة الثقافية الكبرى" بدأت بإعلانها التأييد للديمقراطية الشعبية الخاصة ببلديات باريس، وانتهت بتأييد مركزية السلطة للإمبراطور تشين شيه الطاغية المستبد".[2]

---

(1) رئيس وزراء المملكة المتحدة من عام 1940 وحتى 1945.

(2) ستيوارت شرام: "فكر ماو تسي دونغ"، دار نشر جامعة الشعب الصينية، 2005م، ص 203.

(2) إعادة التفكير في "الثورة الثقافية": التوازن بين "الديمقراطية" و"النظام القانوني"

تمكّن بناء الديمقراطية الصينية من البدء من جديد بصعوبة شديدة، وذلك من خلال نكسة "الثورة الثقافية الكبرى"، وقد بدأ الاستكشاف الجديد على أساس ملخص الدروس المستفادة من "الثورة الثقافية الكبرى"، وفي ظل الظروف التاريخية الجديدة، من تحقيق الإصلاح والانفتاح، ولكن تحت قيادة دنغ شياو بينغ.

هذا، وقد بدأ تصحيح أخطاء "الثورة الثقافية الكبرى" في الجلسة العامة الثالثة للجنة المركزية للحزب الشيوعي في دورتها الحادية عشرة -الاسم المختصر "الجلسة العامة الثالثة في الدورة الحادية عشرة"- التي عُقدت في الفترة من أواخر عام 1978م وحتى بداية عام 1979م، وأُعيد استكشاف طريق الاشتراكية الخاص بفترة الإصلاح والانفتاح الجديدة. ويمكن القول إنه قد بدأ استكشاف السياسة الديمقراطية بالفترة الجديدة من خلال إعادة التفكير في "الثورة الثقافية الكبرى".

ولقد ساعدت "الثورة الثقافية الكبرى"، "الكوادر القديمة" التي عانت خلالها الاضطهاد السياسي، وعرفت في نهايتها معنى السلطة السياسية، على استيعاب أن أكبر مشكلات "الثورة الثقافية الكبرى" التي يجب التعلم منها فيما بعدُ، تمثلت في الإطاحة بالقانون.

وفي هذا السياق قال دنغ شياو بينغ من قبل: "لقد رُفع شعار "الديمقراطية الكبرى" خلال "الثورة الثقافية الكبرى"، معتقدين أن جمهرة المواطنين هي الديمقراطية، وهي القادرة على حل المشكلة. ولكن في الواقع إن الحرب الأهلية تبدأ ما إن يحدث تجمع وصياح الجماهير هذا. ونحن مستوعبون جيدًا الدروس المستفادة من الخبرات التاريخية".

وأشار دنغ شياو بينغ في حديثة أثناء المؤتمر التحضيري المهم، الذي عُقد قبل الجلسة العامة الثالثة للجنة المركزية للحزب الشيوعي في دورتها الحادية عشرة - مؤتمر عمل اللجنة المركزية للحزب الشيوعي الصيني- إلى قضية الديمقراطية، وقد كانت القضية السياسية المحورية حينها هي "التحرر الأيديولوجي"، الذي كان نوعًا من التحضير الذهني من أجل تنفيذ المسار الجديد للإصلاح والانفتاح.

فصرَّح دنغ شياو بينغ خلال المؤتمر قائلاً: "إن الديمقراطية شرط مهم للتحرر الأيديولوجي". ولكن كيف يتم تحقيق الديمقراطية؟ وفي إجابة لهذا السؤال قال دنغ شياو بينغ: "يجب تعزيز النظام القانوني من أجل ضمان تحقيق الديمقراطية الشعبية. كما يجب إضفاء الصفة النظامية والقانونية على الديمقراطية، وجعل هذا النوع من الأنظمة والقوانين الديمقراطية لا يتغير أبدًا وفقًا لأهواء القادة، أو طبقًا لآرائهم واهتماماتهم. فالمشكلة الحقيقة الحالية تكمن في أن القانون غير مكتمل بعد؛ فهناك الكثير من القوانين التي لم يتم صياغتها وإقرارها حتى الآن. فأصبح كلام القادة شيئًا فشيئًا بمثابة "القانون"، ومَن يعارض كلامهم أصبح يُسمى "منتهكًا للقانون"، وبالتالي عندما يتغير كلام القادة يتغير معه «القانون»". [1] وبهذا أصبح إحياء وتطوير النظام القانوني الاشتراكي في نظر قادة الحزب الشيوعي الصيني، الذي يمثله دنغ شياو بينغ، هو نقطة البداية والاستكشاف الجديدة للديمقراطية.

(3) البحث والاستكشاف خلال مرحلة الإصلاح: المركزية أم اللامركزية

تركز الاستكشاف الخاص ببناء الديمقراطية في السنوات العشر الأولى للإصلاح والانفتاح بالصين، في تبسيط الإدارة، وإرساء اللامركزية وتقليل درجة مركزية السلطة، ورفع المكانة السياسية للمواطنين، وجعل المجتمع يمتلك سلطة وقوة أكبر وأعظم.

ولقد كان الشرح الموجود في وثيقة "إصلاح نظام قيادة الحزب والدولة" التي تعتبر المخطط العام لإصلاح النظام السياسي الصيني وبناء الديمقراطية والتي طرحها دنغ شياو بينغ في أواخر صيف عام 1980م هو الشرح الأكثر نموذجية، والأكثر قدرة على عكس حال المرحلة الأولى للإصلاح والانفتاح فيما يتعلق بالمستوى المعرفي للبناء الديمقراطي.

---

(1) دنغ شياو بينغ: "تحرر الفكر، البحث عن الحقيقة، الحفاظ على الوحدة، التطلع إلى الأمام"، "الأعمال المختارة لدينغ شياو بينغ"، المجلد الثاني، دار الشعب للنشر، 1994م، الطبعة الثانية، ص 146.

فقال دنغ شياو بينغ خلالها: "يمكن القول إن أكثر ما يُعيب نظام قيادة الحزب والدولة ونظام الكوادر هي ظاهرة البيروقراطية، وظاهرة المركزية الزائدة للسلطة، وظاهرة النظام الأبوي، وظاهرة حيازة الكوادر لمناصبهم مدى الحياة، وغير ذلك من أشكال ظواهر الامتياز كافة".(1)

وقد عكس هذا الشرح لدنغ شياو بينغ الفترة الأولى للإصلاح والانفتاح، فكان بمثابة إعادة اكتشاف لأهداف الإصلاح ولضرورة إصلاح النظام السياسي، وهكذا تمثل الفكر الأساسي لدنغ شياو بينغ في تقسيم السلطة وإرساء اللامركزية، وجعل سلطة الحكم تقترب من أيدي "الشعب". وبعد فترة من الاستكشاف، وأثناء المؤتمر الوطني الثالث عشر للحزب الشيوعي الصيني، تحولت الأهداف التي طرحها دنغ شياو بينغ منذ سبع سنوات مضت لتصبح هي إجراءات التغيير الأساسية والترتيبات النظامية الرئيسة- توزيع سلطة الحكم، وتأسيس نظام التشاور والتحاور الاجتماعي.

ولكن سرعان ما أظهرت الممارسة بعض المشكلات في استراتيجية بناء الديمقراطية وإصلاح النظام السياسي بالثمانينيات. فبالرغم من أن "تعزيز قيادة الحزب" كان هو الهدف من الفصل بين مهام الحزب والحكومة، الذي ذُكر مرات عديدة خلال وضع خطة النظام وممارسته، إلا أنه بمجرد فصل السلطة الإدارية عن الإدارة المجتمعية والمرحلة الفعلية لبناء الاقتصاد، أصبحت قيادة الحزب جوفاء بلا حول ولا قوة، وبالإضافة إلى أن النظام الذي شُكِّل على المدى الطويل يقوم أساسًا على الدمج بين الحكومة والحزب فيما يخص وضع الموظفين. ولهذا واجه الفصل بين مهام الحزب والحكومة في البداية بعض المشكلات التقنية في عملية التشغيل.

وتسبب إهمال الممارسة واستمرار الإعلانات السياسية في تكوين درجة معينة من التضليل الاجتماعي؛ فمن ناحية فشلت التوقعات الاجتماعية، ومن ناحية أخرى أصبحت قوة "التحرير" عرضة للقيل والقال. ونضيف إلى ذلك أن

---

(1) دنغ شياو بينغ: "إصلاح نظام قيادة الحزب والدولة"، "الأعمال المختارة لدنغ شياو بينغ"، المجلد الثاني، دار الشعب للنشر، 1993م، ص 327.

الاضطرابات السياسية بعام 1989م غيَّرت الفكر الإصلاحي المتمثل في إرساء اللامركزية الذي ظهر منذ بداية الثمانينيات.

ولقد ساعد كل من الواقع الصيني والدروس المستفادة من دول شرق أوروبا والاتحاد السوفيتي السابق، قادةَ الحزب الشيوعي الصيني على إدراك أن القضية المحورية اللازمة لبناء الديمقراطية وإصلاح النظام السياسي لا تتمثل في "إعادة السلطة إلى المجتمع، أو إلى الشعب؛ بل إن هذا التفكير في الواقع هو مجرد رومانسية زائدة، والقضية الفعلية لا تزيد على أن يمارس الحزب الحاكم السلطة ممارسة جيدة، ويستخدمها بشكل عادل من أجل الشعب، وتتمثل في تقسيم السلطة، واستخدام السلطة، وتقييد السلطة، والإشراف على السلطة. ومن ثم تحول الشعار الرنَّان في مجال التغيير السياسي منذ بداية التسعينيات، بكل أسف، من "فصل سلطة الحزب والحكومة" إلى "تقسيم مهام العمل بين الحزب والحكومة"، وانتهت بذلك رومانسية الثمانينيات، ولكن الأمر لم يتوقف عند هذا الحد، وسرعان ما أُثيرت القضية مرة أخرى.

ففي بداية التسعينيات، عاد الاستكشاف الخاص بقضية استراتيجية بناء الديمقراطية إلى نقطة بدايته منذ عشر سنوات مضت، ولكن بالطبع أصبحت القضية في هذا الوقت أكثر وضوحًا مما مضى، واتضح جليًّا أن العلاقة بين الشعب والحزب، والعلاقة بين السلطة والحقوق، هي المشكلة الجوهرية التي يجب حلها من أجل بناء الديمقراطية، وهي أيضًا المشكلة التي سوف تُواجه في المستقبل.

ولقد عنى رجوع استكشاف استراتيجية بناء الديمقراطية إلى نقطة بدايته، أنه يجب أولاً تحديد المشكلات التي تواجه البناء والإصلاح. وفي هذا السياق، اجتمعت الآراء في هذا العام على أن: مركزية السلطة زائدة، وتتمركز تمركزًا مفرطًا في يد الحزب، وتتركز أكثر من اللازم في الأشخاص. ولذلك فإن هدف الإصلاح هو إرساء اللامركزية، وتفويض السلطة إلى المجتمع والمراتب الأدنى.

ولكن الممارسات أثبتت بعد ذلك أن الأمور كانت بعيدة كل البعد عن البساطة، فاتضح أنه ما زال هناك العديد من العناصر المقيِّدة والشروط المسبقة، والعوامل ذات الصلة بالديمقراطية، وأن أهداف واستراتيجية البناء والإصلاح

المستقبلية يجب أن تبدأ أولاً من الأمور السياسية كافة المتعلقة بالديمقراطية.

هذا، وقد ذكر السيد جيانغ تسي مين خلال تقريره السياسي الذي طرحه في المؤتمر الوطني الخامس عشر للحزب الشيوعي الصيني بشهر سبتمبر عام 1997م شرحًا خاصًا بأهداف بناء الديمقراطية وإصلاح النظام السياسي، وبعد مرور 10 سنوات على هذا المؤتمر، أكد الحزب الشيوعي مرة أخرى العوامل المتعلقة بالبناء الديمقراطي والإصلاح السياسي، التي ذكرها جيانغ تسي مين في تقريره هذا، وشكّل مجموعة من البيانات والمعايير الخاصة بالإصلاح.

وقد أشار جيانغ تسي مين خلال تقريره إلى: "أن دفع عملية إصلاح النظام السياسي سوف يساعد بالتأكيد في زيادة قوة الحزب والدولة، وحماية وتفعيل مميزات وخصائص النظام الاشتراكي، والحفاظ على وحدة أراضي البلاد وشعبها، وعلى استقرار المجتمع، وسيؤدي أيضًا إلى إفساح المجال كاملاً لإيجابية الجماهير، وتعزيز تقدم المجتمع وتنمية قوى الإنتاج".[1]

وبالرغم من أن الشرح الذي طُرح في المؤتمر الوطني الخامس عشر للحزب الشيوعي الصيني لم يكن واضحًا وضوحًا كافيًا، إلا أنه قد أكد مرة أخرى العوامل الأساسية المتعلقة ببناء الديمقراطية الصينية، تلك العوامل التي تمثلت في اثنين من المتطلبات الوظيفية وشرطٍ تقيدي واحد. فكانت المتطلبات الوظيفية هي: تحفيز إيجابية الجماهير، ودفع تقدم المجتمع وتنمية قوى الإنتاج، أما الشرط المقيّد فكان: الحفاظ على الاستقرار الاجتماعي، ووحدة أراضي البلاد، وترابط شعبها.

وبهذا كُوِّن الإطار الأساسي لبناء الديمقراطية الصينية، وبالطبع ضُبط الفكر الخاص ببناء الديمقراطية هذ المرة ضبطًا كبيرًا مقارنة بالثمانينيات؛ فقد تركز فكر الثمانينيات في المجال السياسي فقط، وفي فصل السلطة وإرساء اللامركزية، وقد كان المنطق الكامن في هذا النوع من الفكر هو: الاسترشاد بمفهوم السيادة الشعبية، في محاولة بناء نظام سياسي ديمقراطي مستقل، يحمل معنى الديمقراطية

(1) جيانغ تسي مين: "رفع الراية العظمى لنظرية دنغ شياو بينغ عاليًا، والدفع الكامل لأعمال الاشتراكية ذات الخصائص الصينية نحو القرن الحادي والعشرين"، "الأعمال المختارة لجيانغ تسي مين"، المجلد الثاني، دار الشعب للنشر، 2006م، ص 29.

المباشرة. وبالطبع أثبتت الحقائق أن مثل هذا النوع من التصورات الوهمية لا يمكن تحقيقه.

ولكن من خلال البحث المتكرر، تمكّن الشعب الصيني أخيرًا من تحقيق تطور هائل من خلال إدراكهم مسألة الأشكال العملية التي يجب أن تُستخدم لممارسة الديمقراطية. وقام بتقسيم السيادة الشعبية المجردة من الناحية النظرية إلى ثلاثة عناصر، هي: السلطة والحقوق والقانون، كما قسَّم مبادئ السيادة الشعبية تقسيمًا نظريًّا أيضًا إلى ثلاث قضايا واقعية: ضمان الحقوق المدنية، وممارسة الشعب للسلطة، وطرق ضمان الحقوق المدنية وممارسة الشعب للسلطة.

وبهذا أصبحت القواعد الثلاث للسيادة الشعبية، هي التوضيح النظري لتحويل مفهوم السيادة الشعبية من فلسفة سياسية مجردة إلى شكل عملي يمكن تنفيذه، وبالتالي لم تعُد السيادة الشعبية مبدأ مجردًا؛ بل تحولت لتصبح مسألة واقعية قابلة للتنفيذ والتطبيق.

وفي يوليو عام 1998م، ألقى جيانغ تسي مين كلمة له طرح خلالها طرحًا أوليًّا فكر "وحدة الثلاثة"، فأشار قائلاً: "إن دفع عملية بناء الديمقراطية الاشتراكية، سوف يساعد حتمًا في معالجة العلاقة بين قيادة الحزب وتطور الديمقراطية والالتزام بالقانون؛ فقيادة الحزب هي المفتاح، وتطوير الديمقراطية هو الأساس، والالتزام بالقانون هو الضمان، ولا يمكن أبدًا تقسيم الثلاثة عن بعضهم أو أن يعارض أحدهم الآخر. ويجب أن يتم إصلاح النظام السياسي بخطوات وطريقة منظمة تحت قيادة الحزب، فعدم احتياج تطوير الديمقراطية وتعزيز القانون إلى قيادة الحزب اعتقاد خاطئ، وفي الوقت ذاته يجب أن تتعلم جميع لجان الحزب بمختلف مستوياتها تكثيف وتحسين قيادة الحزب في نطاق ما ينصه الدستور والقانون. كما يجب على القادة كافة أن يتحلوا بالجرأة في القيادة ويمارسوها ممارسة صحيحة، ويعملوا على تطوير الديمقراطية والالتزام الصارم بالقانون".[1]

---

(1) جيانغ تسي مين: "في دراسة الكلمة الخاصة بدنغ شياو بينغ في مؤتمر العمل"، "مناقشات جيانغ تسي مين للاشتراكية ذات الخصائص الصينية (مقتطفات خاصة)"، دار نشر وثائق اللجنة المركزية، 2002م، ص 301.

وطبقًا للوثائق الموجودة، يُعد هذا هو الشرح والإطار العام المبكر الخاص بـ "وحدة الثلاثة".

وفي عام 2002م طُرح التوضيح الرسمي لـ "وحدة الثلاثة" في التقرير السياسي الخاص بالمؤتمر الوطني السادس عشر للحزب الشيوعي الصيني كما يلي: "إن الوحدة العضوية لقيادة الحزب وسيادة الشعب للبلاد والالتزام بالقانون، هي أساس تطوير الديمقراطية الاشتراكية. فتُعد قيادة الحزب هي الضمانة الأساسية للالتزام بالقانون، ولأن يصبح الشعب سيد البلاد، كما أن سيادة الشعب للبلاد تعتبر هي المطلب الجوهري للديمقراطية الاشتراكية، في حين يعتبر الالتزام بسلطة القانون هو الاستراتيجية الأساسية الخاصة بقيادة الحزب وحكمه للبلاد".[1]

ويُعد طرح "وحدة الثلاثة" المتمثلة في الوحدة العضوية بين قيادة الحزب وسيادة الشعب للبلاد والالتزام بالقانون، هو معرفة واكتشاف قوانين بناء الديمقراطية الصينية الحديثة؛ حيث أوضحت العلاقات الداخلية الموجودة بين عناصر الديمقراطية في المرحلة الحالية لتطوير التحديث والتصنيع بالصين، وأسس القواعد العملية الخاصة بتنفيذ الديمقراطية. وبهذا بدأ التعزيز المستمر لـ "وحدة الثلاثة" منذ المؤتمر الوطني السادس عشر للحزب الشيوعي الصيني، واعتُبرت المحتوى الأساسي لطريق الديمقراطية الاشتراكية ذات الخصائص الصينية.[2]

---

(1) جيانغ تسي مين: "البناء الكامل للمجتمع الرغيد، وبدء الوضع الجديد للاشتراكية ذات الخصائص الصينية"، "الأعمال المختارة لجيانغ تسي مين"، المجلد الثالث، دار الشعب للنشر، 2006م، ص 553.
(2) هو جين تاو: "الكلمة الخاصة بمؤتمر الاحتفال بالذكرى السبعين لتأسيس الحزب الشيوعي الصيني"، شبكة أخبار الحزب الشيوعي الصيني الجديدة.
http://cpc.people.com.cn/90nian/GB/224164/15052968.html

الفصل الثاني

الوظيفة والمنطق الفكري لـ "ضمان الحقوق المدنية" و"السلطة المركزية"

حُقِّق التوحيد العضوي بين قيادة الحزب وسيادة الشعب للبلاد والالتزام بالقانون، خلال عملية بناء الديمقراطية الاشتراكية ذات الخصائص الصينية، وبهذا نُفِّذت الديمقراطية طبقًا لمتطلبات "وحدة الثلاثة"، وقد كانت هذه هي الخبرة الأساسية التي تمكنت عملية بناء الديمقراطية الصينية من الوصول إليها من خلال البحث والاستكشاف الطويل المدى؛ بل ويمكن القول إنها كانت أهم الخبرات الخاصة ببناء الديمقراطية على الإطلاق. وفي هذا السياق، يمكن شرح وتحليل ما سبق من جانبين هما: نظام الخطاب السياسي، ونظام الخطاب الأكاديمي.

(1) الشعب والحزب وجهان لعملة واحدة: المعنى السياسي لـ "وحدة الثلاثة"

أدرك المستوى القيادي بالحزب الشيوعي الصيني من خلال الممارسات المتكررة أن المشكلة الجوهرية التي يجب حلها أثناء تنفيذ الديمقراطية، تتمثل في العلاقة بين الشعب والحزب، والعلاقة بين السلطة والحقوق المدنية. ويعتبر الفكر الأساسي الذي تناقشه سياسة "وحدة الثلاثة" هو مشكلة العلاقة بين الشعب والحزب؛ فـ "وحدة الثلاثة" هو مصطلح سياسي تتمثل دلالته الأساسية في تلخيص العلاقة بين الحزب والشعب من ناحيتين: الشرط، والهدف.

أولًا: الحزب هو الشرط الضروري والفرضية الخاصة بسيادة الشعب للبلاد

فالشعب هو صاحب السيادة وهو الهيكل الرئيس للديمقراطية. ولكن من ناحية المعنى السياسي والمعنى الموضوعي الاجتماعي، توجد بعض الشروط اللازمة لوجود الشعب وبقائه. وبتعريف الشعب بوصفه مفهومًا سياسيًّا، يُعتبر الشعب: هو الكيان الأساسي العامل بالتاريخ، وأي كيان لديه القدرة على العمل يجب أن يكون لديه شكل تنظيمي ووعي ذاتي؛ لأنه إذ لم يكن الوضع كذلك فسوف يصبح الشعب مجرد وجود تصوري، شيء أشبه بما قاله كارل ماركس في كتابه "الثامن عشر من برومير- لويس بونابرت" عندما شبَّه المزارعين الفرنسيين بـ "البطاطا"، أو أشبه بالقول الشائع الذي استُخدم في التاريخ الصيني الحديث لوصف الشعب الصيني "كومة من الرمال المبعثرة".

وبما أن الحزب الشيوعي هو الذي يعطي الشعب الوعي والإدراك الذاتي، ويعمل على تنظيمهم، تصبح هناك حقيقة واحدة، هي أن الحزب الشيوعي هو مَن يجعل الشعب شعبًا؛ بل ونزيد على هذا، أنه بوجود تنظيم الحزب الشيوعي وتمثيله للشعب في إدارة وممارسة سلطة البلاد أصبحت السلطة ذات فاعلية حقيقية.

ثانيًا: سيادة الشعب للبلاد هي هدف الحزب

إن ممارسة الحزب للسلطة هي مجرد شكل تمثيلي ينوب عن ممارسة الشعب للسلطة، فالحزب الشيوعي هو ممثل الشعب، وليس لديه أي مصالح جماعية، ولا أهداف وأغراض ذاتية. ولذلك تُستخدم السلطات كافة التي يملكها الحزب من أجل "قيادة ودعم سيادة الشعب للبلاد"، ومن أجل خدمة الشعب.

فالحزب الشيوعي هو مجرد أداة لتنفيذ المصالح العامة والمصالح الطويلة الأجل والمصالح الأساسية للشعب، وبعبارة أخرى، إن الحزب الديمقراطي ينوب عن الشعب في ممارسة وإدارة السلطة من أجل أن تُحقق في النهاية مصالح الشعب وحقوقه وسيادته على البلاد. وبغير ذلك سوف يتم انحلال الديمقراطية وتدهورها. وباختصار يمكن القول، إنه بالنظر إلى "وحدة الثلاثة" من جانب الخطاب

السياسي، نجد أن هذا المصطلح يعطي النظام السياسي الصيني والديمقراطية الصينية تفسيرًا قانونيًّا صحيحًا خاصًّا بمفهوم العلاقة بين الحزب والشعب.

(2) ضمان الحقوق المدنية: تحفيز إيجابية الجماهير

ما قيمة الشكل السياسي الديمقراطي؟ يعتمد ذلك على النظر إلى الأداء الوظيفي له. وتظهر الوظيفة العملية لشكل الديمقراطية الاشتراكية ذات الخصائص الصينية أساسًا في جانبين اثنين، هما: "ضمان الحقوق المدنية"؛ ليتم تحفيز إيجابية الجماهير، ومد عملية التصنيع والتحديث بالقوة الدافعة الداخلية للمجتمع، و"مركزية السلطة" حتى يمكن تحقيق التنمية الاستراتيجية، وجعل بناء التحديث والتصنيع أكثر فاعلية.

ويُعد هذا هو الدليل على التنمية التاريخية العظمى الاقتصادية والاجتماعية التي حققها الإصلاح والانفتاح بالصين منذ أكثر من 30 عامًا، والطفرة التي حققها المجتمع الصيني. وبالفعل مدت حماية الحقوق المدنية وتحفيز الإيجابية والإبداع والمبادرة للجماهير، عملية التصنيع والتحديث بالصين بقوة دافعة هائلة.

وبالحديث عن اليابان، قامت اليابان قبل 140 عامًا بحركة "استعادة ميجي"، التي بدأت بها عملية التصنيع الأولى. وقد ورد في "التعهدات الخمسة" التي تُعتبر المخطط الأساسي لحركة "استعادة ميجي": "نقل الحكم إلى عامة الشعب، وتحقيق تطلعاتهم كافة، وتعبئة حماسهم".

فاستطاع إصلاح "استعادة ميجي" تغيير القيمة التقليدية للمجتمع الياباني من خلال تنفيذ "المساواة بين الطبقات الأربع" و"ازدهار الصناعة"، وغيرها من السياسات، وتغيير معايير قياس القيمة الاجتماعية للأفراد من النظر إلى سلالة الفرد وهويته، إلى النظر إلى مدى علمه وإنجازاته الشخصية. وبهذا فقد غيَّر هذا الإصلاح تغييرًا كبيرًا نظام القيمة الاجتماعية الخاص بالمجتمع الياباني، كما غيَّر نظام القوة المحركة للمجتمع، فجعل من المجتمع الياباني، وبصفة خاصة من المواطنين، قوة دفع هائلة تدفع اليابان إلى الأمام، وجعل اليابان قادرة خلال 20 عامًا تقريبًا من البناء المبدئي لنظام صناعي حديث، لترتفع عاليًا وسط دول الشرق.

أما بالحديث عن الإصلاح والانفتاح الصيني، فقد كان هو أيضًا مرحلة لتحرير قوة الدفع الكامنة داخل الشعب، وتشابهت آلية المجتمع تشابهًا كبيرًا مع آلية قوة الدفع الداخلية باليابان وغيرها من الدول التي نجحت في تحقيق التصنيع. ولكن كان الاختلاف في أن النطاق الصيني كان أكبر، وتنفيذ السياسات كان أشمل وأكمل، ودرجة التناسب بين الإجراءات السياسية والشكل الإيديولوجي أعلى وأفضل.

ولقد شهد الاقتصاد الصيني تطورًا كبيرًا أيضًا في عصر الاقتصاد المخطط الذي سبق تنفيذ سياسة الإصلاح والانفتاح، وتمكنت الصين خلال جهود استمرت ما يقرب الـ 30 عامًا من البناء الأولي لنظام التصنيع الوطني. ولكن بالطبع لا يمكن مقارنة جودة وسرعة التنمية الاجتماعية والاقتصادية التي شهدتها الصين بعد الإصلاح والانفتاح بأي فترة سابقة. ومن خلال الدراسات الاستقصائية الخاصة بالقوة الدافعة للتنمية الاجتماعية، يتضح أن السبب الأساسي لها هو: أن الصين خلال عصر الاقتصاد المخطط السابق للإصلاح والانفتاح امتلكت أساسًا نوعًا من "الإيجابية"، ألا وهو إيجابية السلطات المُخططة، ولكن قيود هذا التخطيط عملت على كبح وتقييد إيجابية المجتمع والطبقات الدنيا، وضُيِّق الخناق، خاصة على الإبداع والإيجابية للمؤسسات التي تُعتبر الوحدات الاقتصادية الأساسية. وبهذا فقد كان التغيير الجذري الذي أتى به الإصلاح والانفتاح هو تغيير القيمة الأساسية للمجتمع الصيني، وبالتالي تعديل نظام القوة الدافعة للتنمية الاجتماعية بالصين.

وبعد فترة الثمانينيات، وخاصة في فترة التسعينيات، تمثلت الأهمية الاجتماعية الجوهرية لتنفيذ الإصلاح والانفتاح وتنفيذ اقتصاد السوق الاشتراكي، في تحطيم القيود الاجتماعية والاقتصادية والسياسية كافة، وغيرها من القيود التي تُقيد الشعب، فغُيِّر نظام القيمة الاجتماعية القديم المتمثل في النظر إلى الخلفية العائلية والوضع السياسي لتحديد القيمة الاجتماعية الخاصة بالأفراد، وتكوين نظام تعليم اختياري يعتمد على المنافسة العادلة أساسًا له، ونظام وصول اقتصادي قائم على تساوي الفرص.

ولكن بالطبع لا يمكن إنكار أن الوعي والتفكير كان لهما تأثير مؤكد على التنمية السياسية، ولكن كان صاحب التأثير الحقيقي على النظام السياسي، وتعزيز التنمية السياسة، هو عامل واقعي، ألا وهو الحاجة الفعلية لحماية التطور والوجود القادمة من النظام السياسي.

وعلى وجه التحديد، يتمثل أكثر العوامل الموضوعية أهمية لتنمية الديمقراطية وإصلاح النظام السياسي الصيني في ظل خلفية تحقيق نظام اقتصاد السوق الاشتراكي، وزيادة الوعي العام بالحقوق في الحاجة الفعلية إلى ضبط وتوازن السلطة السياسية، ورفع القدرة على إدارة الحكم، والحفاظ على نزاهة الحكم، فهذه الحاجات الثلاث هي القوة الدافعة الحقيقية لتنمية الديمقراطية، وإصلاح النظام السياسي في الصين المعاصرة، كما أنها أساس فهم وتوقع الاتجاه المستقبلي لبناء الديمقراطية وإصلاح النظام السياسي بالصين.

الفصل الثاني

الاستراتيجيات الثلاث لدفع بناء الديمقراطية

إن الاستمرار في تنمية الديمقراطية هو الحاجة الداخلية لتحقيق التحديث والتصنيع بالصين، ولهذا لم تتوقف الصين عن استكشاف وتطوير الأنظمة الديمقراطية ذات الخصائص الصينية. وبالنظر إلى الخبرات الدولية، نجد أن الأحزاب السياسية والسياسات البرلمانية القائمة على الانتخابات التنافسية، لم تكن أبدًا أنظمة سياسية فعالة وملائمة للاستخدام في فترة تحقيق التحديث والتطوير والتحول التاريخي للهيكل الاجتماعي.

وبدراسة تاريخ الصين وظروفها الأساسية، ومراحل التنمية الاجتماعية بها، والمهام الفعلية التي واجهتها، يمكن التنبؤ بأن الطرق والاتجاهات التي ستختارها التنمية الديمقراطية المستقبلية بالصين لا يمكن أن تكون تنمية وتوسيع نظام التنافسية، الذي يتضمن تنفيذ الانتخابات التنافسية، وتعزيز وتوسيع الانتخابات الشعبية التي نُفِّذت منذ أعوام عديدة. ففي المرحلة الحالية، لا تمتلك الصين الظروف الاجتماعية لتنمية شكل الديمقراطية التنافسية، ولا تزال المهمة الرئيسة التي تواجهها الدولة والمجتمع تتمثل في التنمية الاقتصادية، أما بالنسبة لمهام ووظائف البناء السياسي التي تتوافق مع التنمية الاقتصادية فما زالت تتمثل بشكل رئيس في تكثيف التوافق الاجتماعي، وتحفيز إيجابية الشعب على البناء والإنتاج.

ويمكن القول، إن تعزيز بناء الديمقراطية وإصلاح النظام السياسي يحتاج إلى ثلاث استراتيجيات أساسية، هي: نشر المشاركة السياسية المنظمة بمختلف المستويات، وتوسيع نطاق الديمقراطية التشاورية ورفع جودتها، وتأسيس نظام تقييد السلطة وتطوير الإشراف الديمقراطي.

(1) نشر المشاركة السياسة المنظمة بمختلف المستويات

تُعد المشاركة السياسية واحدة من المضامين المهمة للديمقراطية. وتحتل المشاركة السياسية مكانة مهمة في الممارسات الخاصة بالديمقراطية في الصين؛ فهي الطريقة المهمة التي يمارس الناس من خلالها تنفيذ حق السيادة الشعبية الديمقراطي تحت قيادة الحزب الشيوعي الصيني. وتمتلك المشاركة السياسية العديد من الأشكال والمسارات، تُعد الانتخابات الديمقراطية إحداها، وفضلاً على ذلك، المشاركة في وضع السياسات التي تعني تأسيس أشكال السياسات والقوانين على أساس يعكس الرأي العام للشعب، من خلال استخدام النظام الاستشاري للرأي العام، وبفضل استشارة الرأي العام أصبحت جميع استراتيجيات حكم الحزب الحاكم والقوانين والقواعد الخاصة بنظام الحكم، وغيرها من السياسات، تعكس وتمثل بشكل صحيح المصالح الأساسية للشعب.

فمنذ عصر الإصلاح والانفتاح، أسست الصين مجموعة من نظم استشارة وعكس الرأي العام الكاملة نسبيًّا، والتي تتضمن أساسًا اتخاذ القرارات الديمقراطية، وإعلان الشؤون الحكومية على العلن، وتقييم السياسات وغيرها من الروابط الأساسية، بالإضافة إلى تنفيذ كل من العرض العام وجلسات الاستماع العامة، وطلب حجج الخبراء، والتماس الاستشارات الفنية، والاستطلاع العام للرأي، وغيرها من النظم الخاصة المختلفة خلال عملية اتخاذ القرارات المهمة ووضع القوانين.

وحاليًّا تُجري الصين عملية التطبيع، وإضفاء الطابع المؤسسي تدريجيًّا إلى النظام الاستشاري للرأي العام، ومثال ذلك: "مخطط الدفع الشامل لتنفيذ الإدارة الحكومية بما يتفق مع القانون" الذي وضعه مجلس الدولة، الذي نص على الآلية القانونية لاتخاذ القرارات الإدارية الخاصة بالحكومات الصينية، التي تتمثل في "ارتباط كل من المشاركة الشعبية والقرارات الحكومية، ومناقشات الخبراء وآرائهم".

وفي ظل الظروف الاجتماعية الفعلية بالصين، يُعد الحفاظ على نظامية المشاركة السياسية هو الشرط الضامن المهم لتنفيذ المشاركة السياسية. فلقد تركت

فوضوية المشاركة السياسية درسًا خطيرًا في تاريخ ممارسة الديمقراطية الصينية، فخلال "الثورة الثقافية الكبرى" أطلق ماو تسي دونغ دعوته إلى العدد الكبير من الطلاب الشباب قائلاً: "إن كنتم قلقين بشأن أمور البلاد، يجب أن تُكملوا مسيرة «الثورة الثقافية الكبرى» لطبقة البروليتاريا حتى النهاية"، وتم تنفيذ "الديمقراطية الكبرى"، الأمر الذي أدى في النهاية إلى إحداث حالة من الفوضى المجتمعية.

وبدراسة "الثورة الثقافية الكبرى" من زاوية المشاركة السياسية، يتضح أن خطأها لم يتمثل في قيام عامة الشعب "بالقلق حول شؤون البلاد"، ولكن تمثل خطؤها في عدم نظامية المشاركة السياسية. وقد ظهرت فوضوية المشاركة السياسية خلال "الثورة الثقافية الكبرى" في جانبين: أولهما: غياب الإجراءات الصحيحة، والشكل الصحيح للمشاركة السياسة. وثانيهما: افتقرت المشاركة السياسة لاشتمالها على مختلف المستويات. فخلال "الثورة الثقافية الكبرى" تم تحريك واستدعاء عدد كبير من عامة الشعب، وبصفة خاصة الطلاب الشباب، للمشاركة في الحياة السياسة، وكانت الطريقة الرئيسة لهذه المشاركة هي "حرية التعبير، وحرية الفكر، وحرية الكتابة، وحرية النقاش"، وسرعان ما تطور هذا الشكل من المشاركة ليصبح نوعًا من النقاش والخلاف بين مختلف آراء الجماهير، فتحول إلى المشاركة السياسية الشعبوية.

وقد أثبتت الحقيقة، عدم فاعلية المشاركة السياسية ذات الطابع الشعوبي على الإطلاق؛ فهي تعمل على تفريق الشعب، وخلق التناقضات فقط. أيضًا كان افتقار المشاركة السياسة للتدرج والتمييز بين المستويات، هو المشكلة البارزة الأخرى للمشاركة السياسية خلال "الثورة الثقافية الكبرى". ففي السياسة الشعبوية، تتمثل الحقيقة المعطاة للحركات الشعبية في أن عامة الشعب لهم حق المشاركة في مختلف مستويات الحياة السياسية. ولكن خلال "الثورة الثقافية الكبرى" تمثلت المشاركة السياسية في النهاية في "احتلال الطبقة العاملة للبنية العلوية"، وبهذا أخبرت المشاركة السياسية الشعبوية في "الثورة الثقافية الكبرى" الشعب بشكل سلبي: أن المشاركة السياسية المنظمة الفعالة يجب أن يتم فيها التمييز بين المستويات، وقد كانت هذه خبرة مهمة للغاية.

ففي ظل الظروف الحالية للصين، يُعد تنفيذ المشاركة السياسية على المستويات المختلفة هو المفتاح الرئيس لضمان نظامية المشاركة السياسية. وقد أوضح الشكل الديمقراطي المعاصر بشكل جلي أن العلاقة بين طبقة "النخبة" وطبقة "عامة الشعب" هي المشكلة الأكثر أهمية، التي يجب معالجتها خلال الممارسة غير المباشرة للديمقراطية.

فالديمقراطية تحتاج إلى المشاركة السياسية للجماهير، وبصفة خاصة تتطلب امتلاك كافة الجماهير حق المشاركة، ولكن المشكلة تكمن دومًا في كيفية تنفيذ هذا الشكل من المشاركة. ومن ثم أصبحت مسألة تقييد كل من "عدم التكافؤ في المعلومات، والخبرات والقيود التي تفرضها المصالح" بشكل موضوعي لنطاق وقدرة عامة الشعب في ممارسة المشاركة السياسية، هي القضية المهمة التي يجب النظر فيها خلال مناقشة القضايا الديمقراطية وقضايا المشاركة السياسية.

فتنفيذ المشاركة السياسية على المستويات المختلفة هو الطريقة الصحيحة لحل المشاركة السياسية الشعبية للجماهير والجمهور العام. ويجب أن تكون مبادئ المشاركة السياسية على المستويات المختلفة هي: ارتباط المصالح، وكفاية المعلومات، والاشتراك في المسؤولية. فيجب التفريق بين المستويات المختلفة للمشاركة السياسية طبقًا للوجود الموضوعي الخاص بعدم التكافؤ في المعلومات والخبرات والقيود التي تفرضها المصالح.

كما يمكن القول أيضًا: إن التفريق بين الشؤون السياسية المختلفة طبقًا لدرجة الارتباط المباشر للمصالح، ودرجة استيعاب المعلومات، وكذلك درجة الاشتراك في المسؤولية، يؤدي إلى وجود كيان شعبي قوي متماسك، ويعبر عن تحقيق مشاركة سياسية على مختلف المستويات. ومنع المشاركة السياسية مبدئيًّا للفئة التي كانت علاقة مصالحها غير مباشرة، والتي لا تعرف الأحوال جيدًا، والتي كانت نتيجة مشاركتها غير ملموسة.

فاستيعاب مبدأ ارتباط المصالح، وكفاية المعلومات، والاشتراك في المسؤولية، يضمن حق الشعب في المشاركة في الحياة السياسية للبلاد، ويمنع المشاركة الفوضوية غير الفعالة. فالمشاركة السياسية المنظمة الموسعة هي نقطة تركيز إصلاح

النظام السياسي، وبناء الديمقراطية الصينية في الحاضر والمستقبل، وهي ايضًا المجال الذي يحتاج إلى الاستكشاف والبحث الموسع. وتسهم المشاركة السياسية المنظمة الموسعة في تحفيز إيجابية الجماهير العريضة، وعكس إرادة الشعب، واتخاذ القرارات الديمقراطية.

ولكن في فترة الصراعات المتعددة يمكن أن تنطوي المشاركة السياسية على مخاطر محتملة، وتثير التناقضات الاجتماعية، وبهذا يتضح أنه في الوقت الذي تقدم فيه المشاركة السياسية الدعم إلى النظام السياسي يمكنها أيضًا أن تُزيد عوامل عدم الاستقرار. ويمكن أن يتم حل كل هذا من خلال الاستكشاف والممارسة المستمرين.

وسواء في الوقت الحالي أو في المستقبل، ما زالت هناك مساحة كبيرة للتطوير في عملية تأسيس وتحسين شكل المشاركة السياسية، الذي يتفق مع ظروف الصين الفعلية، والخبرات المتراكمة في جانب المشاركة السياسية على مختلف المستويات.

(2) توسيع نطاق الديمقراطية التشاورية ورفع جودتها

طرح الحزب الشيوعي الصيني في المؤتمر الوطني الثامن للحزب الحاكم المفهوم العام للشكل الصيني للديمقراطية التشاورية؛ حيث قُدِّمت فكرة تحسين نظام الديمقراطية التشاورية، وآلية العمل بها، وجعل العمل على تنمية الديمقراطية التشاورية ونشرها على نطاق واسع، وتعدد مستوياتها، وإضفاء الطابع المؤسسي عليها، هي المحاور الأساسية لمستقبل بناء الديمقراطية في الصين. وتُعد الديمقراطية التشاورية تقليدًا وميزة للسياسة الصينية المعاصرة. وبمقارنتها مع الانتخابات التنافسية، يتضح أن الديمقراطية التشاورية تسهم في تنسيق وضبط مصالح الخاصة بجماعات المصالح المختلفة، ولها القدرة على حل التعارضات والخلافات بين جماعات المصالح، وتنفيذ وتشكيل المصالح الاجتماعية الشاملة.

فتُعد الديمقراطية التشاورية هي الشكل الديمقراطي الأكثر ملائمة وفاعلية، وبصفة خاصة في الدول التي تشهد عملية التحديث والتصنيع، التي تتغير فيها علاقات المصالح بسرعة كبيرة، وتكثر فيها تغيرات الهيكل الاجتماعي والاقتصادي دون استقرار.

ويُعد نظام التشاور السياسي، وتعاون الأحزاب المتعددة تحت قيادة الحزب الشيوعي الصيني، هو نظام الأحزاب السياسية في الصين. فيُعد نظام التشاور السياسي، وتعاون الأحزاب المتعددة تحت قيادة الحزب الشيوعي الصيني، وبصفة خاصة المؤتمر الاستشاري والسياسي للشعب الصيني، هو نتاج الثورة الديمقراطية الصينية الجديدة، وفي الوقت ذاته هو نظام استوعب العناصر المفيدة من إرث الحضارة السياسية الصينية التقليدية، وبذلك يصبح أحد الابتكارات التي كونها النظام الديمقراطي الاشتراكي ذو الخصائص الصينية. وقد أثبتت الممارسات، أن نظام التشاور السياسي، وتعاون الأحزاب المتعددة تحت قيادة الحزب الشيوعي الصيني نظام ناجح، ويجب الاستمرار في دعمه وتطويره. ولكن آلية التشاور السياسي في الديمقراطية الصينية لا تقتصر فقط على نطاق نظام التشاور السياسي، وتعاون الأحزاب المتعددة تحت قيادة الحزب الشيوعي الصيني. فالتشاور السياسي هو شكل رئيس يُستخدم على نطاق واسع خلال الممارسات الديمقراطية الصينية، ولا يقتصر وجود التشاور السياسي على مستوى الدولة فقط؛ بل إنه يوجد أيضًا في الحكم الذاتي الديمقراطي على مستوى القاعدة الشعبية، ومثال ذلك: "المداولات الديمقراطية" في منطقة وينلينغ بمقاطعة تشجيانغ، التي تُعد نموذجًا جيدًا للتشاور الديمقراطي، كُوِّن بواسطة الجماهير خلال ممارسة الديمقراطية على المستوى الشعبي.

ويحتاج اعتبار الديمقراطية التشاورية هي الاستراتيجية الأساسية للتنمية المستقبلية للديمقراطية الصينية والاتجاه الرئيس لها، إلى توسيع نطاق الديمقراطية التشاورية، وإضفاء الطابع المؤسسي والقانوني على نظام التشاور الديمقراطي ففيما يتعلق بالنظام الديمقراطي الغربي، تُعد آلية فصل السلطة وتقييدها هي مبدأ السياسة الديمقراطية، الذي وُضع في جميع جوانب النظام السياسي الغربي، وفي هذا السياق نذكر الأمثلة التالية: تقييد وفصل السلطات بين أجهزة الحكم، الذي يتضح في الفصل بين السلطة التشريعية والسلطة الإدارية والسلطة القضائية بين أجهزة الحكم على مستوى الدولة، والذي يُسمى "الفصل بين السلطات الثلاث"، والتقييدات الموجودة بين أصحاب السلطة.

وكذلك ما يُسمى بتقييد السلطة وفصل العمل بين "البيروقراطيين" و"السياسيين"، الذي يتم بين السياسيين المنتخبين من بين الحكام والمديرين الفنيين، بالإضافة إلى تقسيم المهام والسلطات بين الدولة والمحليات في النظام الفيدرالي، وما يُسمى في مجال الإدارة المجتمعية بـ "الدولة" و"المجتمع"، الذي يتمثل جوهره في الفصل بين مهام وسلطات منظمات الحكم الذاتي والحكومة، وغيرها من الأمثلة.

كما يجب أن يُتوسَّع في الديمقراطية التشاورية حتى تصل إلى كافة مجالات الحياة السياسية والاجتماعية، وأن يُعد التشاور السياسي آلية الضبط والتشكيل الخاصة بالقوانين، وتكوين السياسات وتنفيذ الأنظمة العامة، ليصبح بذلك المبدأ الجوهري للديمقراطية الصينية. وحاليًّا ما زالت الإجراءات والنظم الملائمة لتنفيذ الديمقراطية التشاورية تحتاج إلى البناء والتحسين المستمر. وعند الحديث عن مستقبل تطوير الشكل الصيني للديمقراطية التشاورية يتضح أمامنا بعض من النظم المهمة الخاصة بتطوير الديمقراطية التشاورية ورفع جودتها، التي يجب إدراجها في جدول الأعمال الخاص بخطة بناء الديمقراطية الصينية، وهي: الاكتشاف الشامل الدقيق الموضوعي للظروف الاجتماعية والرأي العام، وآلية رد فعل الشعب. وبمقارنة الديمقراطية التشاورية بالديمقراطية الانتخابية نجد أن آلية التعبير الخاصة بها أضعف نسبيًّا من نظيرتها؛ ولذلك اتضح جليًّا في خلفية التنمية الرئيسة للديمقراطية التشاورية، أنه من المهم جدًّا تسريع عملية بناء نظام لاستطلاع الرأي العام الصيني.

وبالنظر إلى الوضع الحالي نجد أن الديمقراطية التشاورية ليس لها قاعدة وأساس ثابت متين بالصين، وذلك بسبب أن العمل الخاص باستقصاء الرأي العام هناك ما زال يحتوي على العديد من العيوب وأوجه القصور، التي لا تساعد بعدُ على بناء نظام استقصاء مهني منظم شامل للرأي العام. وفيما يتعلق بهذا الشأن، نجد أنه أصبح لزامًا على الصين دراسة خبرات الدول الأجنبية الأخرى الخاصة بهذا الصدد والتعلم منها، والجمع بين الظروف الوطنية والاحتياجات الفعلية للبلاد، وتسريع عملية بناء المؤسسات والنظم المتخصصة الاستقصائية للرأي العام، والتركيز بشكل

خاص على بناء منظومة مهنية متخصصة مستقلة نسبيًّا خاصة باستقصاء الرأي العام.

(3) تأسيس نظام تقييد السلطة وتطوير الإشراف الديمقراطي

أصبح كل من تقييد السلطة والإشراف الديمقراطي يشغلان حاليًّا دورًا ومكانة أهم من قبل، وذلك في ظل حقيقة التخلي عن وضع الانتخابات التنافسية خيارًا سياسيًّا لبناء الديمقراطية. ويُعد تقييد السلطة أحد المضامين الجوهرية للنظم والنظريات السياسية الغربية. ولقد أثبتت الممارسات الطويلة المدى، أن تقييد السلطة هو أمر فعال وموثوق، باعتباره إجراءً أساسيًّا لمنع تدهور السلطة، وضمان الحفاظ على طبيعتها. فتقييد السلطة يُعد من الإنجازات البارزة للحضارة السياسية الإنسانية، وأحد المبادئ القابلة للتطبيق عالميًّا في ظل وجود نظام سياسي ديمقراطي. وفي تعريف لكل منها يمكن القول إن تقييد السلطة يقوم على مبدأ أساسي، مفاده الإشراف والتقييد المتبادل بين عناصر السلطة المتشابهة أو المتماثلة، بينما يقوم الإشراف الديمقراطي على أساس مفاده إشراف صاحب الحق أو ممثل الكيان الأساسي على المُكلف بالأعمال أو النائب بتنفيذ الأعمال، ومن هنا يتضح أن تقييد السلطة والإشراف الديمقراطي هما آليتان للتقييد والإشراف على السلطة السياسية، يختلفان في الطبيعة ويتقاربان ويتفقان في الدور والوظيفة في ذات الوقت. ولكن في ظل الغموض الذي أحاط بقضية تقييد السلطة والإشراف الديمقراطي والعلاقة بينهما خلال عملية بناء الديمقراطية وممارسة الاشتراكية الطويلة المدى، أصبح من الناحية النظرية لا يوجد فهم ومعرفة واضحة بها، وبالتالي لم تُنفَّذ وتُعزَّز بوعي خلال عملية الممارسة.

وخلال الممارسات السياسية المبكرة للاشتراكية بالاتحاد السوفيتي، اقترح لينين أن تُنفذ أنظمة البلاد الاشتراكية "الجمع بين السلطتين التشريعية والتنفيذية"، وخلال المؤلف النظري المهم "الدولة والثورة"، الذي ألَّفه لينين قبل ثورة أكتوبر، أثنى لينين على فكرة إلغاء البلديات التي طرحها ماركس عند قيامه بتلخيص تجربة ثورة بلديات باريس عام 1871م، وتنفيذه لاقتراح الجمع بين

السلطتين: التشريعية والتنفيذية. واقتبس بالتحديد كلام ماركس، فجاء في الكتاب ما يلي: "وقد كتب ماركس: أنه ليس من الضرورة أن تكون البلديات ذات شكل برلماني؛ بل يجب أن تكون أجهزة عمل، أجهزة مسؤولة عن السلطة التشريعية والتنفيذية".[1]

ولقد عنى إلغاء البرلمان والجمع بين السلطتين التشريعية والتنفيذية تغيير التقييدات، وتقسيمات السلطة الموجودة بين السلطة التشريعية والسلطة التنفيذية خلال ممارسة الديمقراطية الرأسمالية، وينبغي القول، إن هذا كان هو المفهوم المهم للكتاب الكلاسيكيين الماركسيين فيما يتعلق بالنظام السياسي الاشتراكي.

وقد حاولت الصين والاتحاد السوفيتي وغيرهما من الدول الاشتراكية في بداية تأسيسها، تأسيس وتنفيذ النظام السياسي، الذي يجمع بين السلطة التشريعية والسلطة التنفيذية طبقًا للتصور الذي طرحه ماركس، ولكن أظهرت نتائج الممارسات أن التنفيذ العملي للجمع بين السلطة التشريعية والسلطة التنفيذية صعب للغاية؛ أولاً: من الصعب أن يتولى جهاز واحد السلطة التشريعية والتنفيذية؛ نظرًا لاختلاف الصلاحيات والمهام الخاصة بكل منهما. وثانيًا: أن الجمع بين السلطة التشريعية والسلطة التنفيذية يلغي بالطبع التقييدات الموجودة بينهما، فيصبح من الصعب الإشراف على جهاز السلطة الضخم هذا.

وبعد ثورة أكتوبر بفترة قليلة، أدرك لينين من خلال ممارسات الحكم بالفترة الأولى أنه من الصعب تنفيذ الجمع بين السلطتين التشريعية والتنفيذية فعليًّا، وأن أجهزة السلطة العليا المسؤولة عن وضع القوانين والسياسات والاستراتيجيات وأجهزة الحكم المسؤولة عن التنفيذ تمتلك اتجاه الانفصال الطبيعي.

هذا، وقد أشار لينين في مقاله "كيف يمكننا تغير هيئات التفتيش الخاصة بالفلاحين والعمال"، إلى أن المؤتمر الوطني للجنة المركزية للحزب الشيوعي امتلك اتجاه التطور ليصبح أعلى مجلس نواب للحزب، وسيقوم المكتب السياسي والأمانة العامة بتنفيذ الأعمال اليومية.

---

(1) لينين: "الدولة والثورة"، "الأعمال المختارة لـ«لينين»"، المجلد الثالث، دار الشعب للنشر، 1995م، ص 149.

أما فيما يخص مسألة كيفية التقييد والإشراف على الحزب والأجهزة الحكومية، فقد تمثل الإجراء المهم الذي اتخذه كل من لينين والحزب الشيوعي الروسي بعد ثورة أكتوبر، في تأسيس أجهزة الإشراف المتمثلة في هيئات التفتيش الخاصة بالعمال والفلاحيين التي يتكون أعضاؤها من الفلاحين والعمال المتميزين على مستوى القاعدة الشعبية؛ للقيام بالإشراف على الحكومة والأحزاب. ولكن كانت نتائج هذا النوع من الإشراف المباشر سيئة للغاية، أو كما وصفها لينين: مشكلة كبيرة.(1)

وقد أوضحت الدراسات، أن الإشراف الديمقراطي وتقييد السلطة يتنميان إلى فئتين مختلفتين، فهناك العديد من الاختلاف بينهم، سواء الجسم الرئيس، والموضوع الرئيس، وغيرها من الجوانب.

فيكمن تقييد السلطة في الإشراف والتقييد الداخلي لنظام الحكم، ويتمثل في تشكيل وظيفة وتأثير الإشراف المتبادل، والتقييد المتبادل من خلال الفصل العقلاني للسلطة. ويترسخ هذا النوع من التقييد والإشراف في داخل نظام السلطة، ومن الممكن أن يلعب دورًا فعالاً نسبيًّا في عملية صياغة السياسات والقوانين، ومنع اغتراب السلطة وإساءة استخدامها. ولأنه هو التقييد والإشراف الداخلي لنظام السلطة؛ لذلك فهو أكثر طرق الإشراف والتقييد مهنية.

بينما يتمثل الإشراف الديمقراطي في التقييد والإشراف الخارجي لنظام السلطة، فهو التقييد والإشراف القادم من أصحاب الحقوق الأساسيين بدرجات مختلفة وطرق مختلفة، ومثل: ما يُسمى غالبًا في الصين بـ "الإشراف المجتمعي" أو "الإشراف من قِبل الجماهير" أو "الإشراف من قِبل الرأي العام"، وغيرها. وفي ذلك العام استخدم الاتحاد السوفيتي الإشراف المباشر، الذي مثّلته هيئات التفتيش الخاصة بالعمال والفلاحين.

إن الإشراف الديمقراطي يأتي من خارج نظام السلطة؛ لذلك فنوع الإشراف الخاص به يختلف عن الإشراف الداخلي لنظام السلطة. وبسبب اختلاف الجسم

(1) طبقًا لما ورد في: لينين "كيف يمكننا تغير هيئات التفتيش الخاصة بالفلاحين والعمال"، "الأعمال المختارة لـ«لينين»"، دار الشعب للنشر، 1995م، ص 779-783.

الرئيس للإشراف الديمقراطي تختلف أيضًا مكانته، وقد أثبتت الممارسات أنه بسبب مشكلة تماثل المعلومات، واتجاه مطالب المصالح إلى جوانب مختلفة، فليس من الملائم إجراء الإشراف والتقييد على عملية تنفيذ السلطة؛ بل إن الأمر المناسب أكثر هو إجراء التقييد والإشراف على نتائج تنفيذ السلطة، وعلى سلوك وأخلاقيات أجهزة السلطة والقادة المتحكمين بالسلطة. ليتم بذلك ما يقوله القول الشائع عن تنفيذ تقييد السلطة: دخول السلطة إلى قفص النظام.

ولقد جعلتنا ممارسات بناء الديمقراطية والتنمية السياسية في الصين على المدى الطويل ندرك في النهاية الفرق الكبير بين الإشراف الديمقراطي وتقييد السلطة، وعلى وجه الخصوص، ندرك قيمة تقييد السلطة، الأمر الذي له دلالة مهمة وكبيرة. فيُعد التفريق بين تقييد السلطة والإشراف الديمقراطي هو الأساس المهم والفرضية المسبقة لتعزيز إصلاح النظام السياسي، وبناء الديمقراطية الصينية في المستقبل، والتفريق بين الإشراف الديمقراطي وتقييد السلطة من الممكن أن يساعد على الإشراف على السلطة وتقييدها بشكل أكثر عملية وفاعلية.

إن تشكيل واختيار النظم السياسية التي تتضمن تقييد السلطة والإشراف الديمقراطي في داخلها، يجب أن يتم طبقًا للخصائص المرحلية للتنمية الاقتصادية والاجتماعية واحتياجات التنمية، كما يجب أن تتلاءم مع الظروف الفعلية للبلاد، وأن تبدأ بالانطلاق من الواقع. وتمر الصين حاليًّا ومنذ فترة طويلة بالمرحلة الأولى من الاشتراكية، فهذا هو العامل الأساسي في ظروف الصين الأساسية.

وخلال المرحلة الأولى من الاشتراكية، تكون المهمة الأساسية للدولة والمجتمع هي تنمية قوى الإنتاج، وبصفتنا دولة كبرى يتحتم علينا اللحاق بمستوى تنمية متقدم في العالم؛ لأن حينها فقط سيمكننا امتلاك القدرة والمكانة التي تسمح لنا بالاستقلال وسط العالم.

ولذلك من أجل ضمان المصالح الجوهرية والمهام الرئيسة لتنمية البلاد، سيكون نظام السلطة السياسية في الصين في المستقبل المنظور نظامًا سياسيًّا ذا درجة عالية من المركزية، ويجب القول، إن الصين لا يمكنها أن تستخدم الانتخابات التنافسية كشكل أساسي لاستراتيجية تنمية الديمقراطية في هذا المستقبل المنظور.

ولهذا لا يمكن أن يصبح نظام تقييد السلطة بالصين مثل نظام تقييد وفصل السلطة الغربي، الذي يُسمى بـ "فصل السلطات الثلاث"، سواء في الوقت الحاضر أو في المستقبل؛ ولهذا حددت قيادة الحزب الشيوعي الصيني المركزية والتوحيد كأعلى سلطة لصنع القرار في الصين. ولكن في ظل فرضية ضمان مكانة قيادة الحزب الشيوعي الصيني، ما زال يمكن تطوير آلية تقييد السلطة داخل نظام السلطة السياسية بالصين، وفي الواقع، تمتلك الأعمال الداخلية لنظام السلطة السياسية الصيني حاليًّا بالفعل آلية تقييد السلطة.

ولقد كان نظام الاستماع للشعب، الذي بدأت تنفيذه مدينة يويهتشينغ في وينتشو بمقاطعة تشجيانغ ابتداءً من عام 2007م، هو نوع من أنظمة الإشراف الحكومي، وتقييد السلطات على مستوى المحليات والقاعدة الشعبية. ففي إبريل لعام 2007م، قامت اللجنة الدائمة للمجلس الوطني بمدينة يويهتشينغ لأول مرة بتجريب شكل الجلسات الخاصة خلال فترة اللجنة الدائمة، التي تتكون من نواب عن مواطني المدينة، وبعض المواطنين للاستماع، وموظفين من أجهزة الدولة وأعضاء مجالس البلديات والقرى، يتم خلالها الاستماع إلى تقارير كافة نواب رؤساء البلديات في بداية العام، ووسط العام، ونهاية العام، عن أحوال التعليم والحفاظ على البيئة، والتعمير والمواصلات، والأمن الاجتماعي، وغيرها من الأعمال ذات الصلة بـ "الحكومة والمحكمتين". ويبدي نواب الشعب والمواطنون الحاضرون آراءهم في التقارير.

ثم يقدِّم مجلس الشعب من جانبه رأيًا مكتوبًا في مضمون ما قاله المتحدثون أثناء جلسة الاستماع بعد فهمه وتلخيصه، وتُبلَّغ حكومة البلدية به بعد انتهاء اجتماع المديرين من مناقشته. وتذيع وسائل الإعلام التلفزيونية، وشبكات الإنترنت، بثًّا مباشرًا لجلسة الاستماع كاملة.

وفي أغسطس لعام 2008م أصدر مجلس الشعب بمدينة يويهتشينغ بعض القوانين المؤقتة الخاصة بشكل عمل جلسات الاستماع للشعب، ومنذ ذلك الوقت أصبح نظام "جلسات الاستماع للشعب" هو النظام التقليدي للجنة الدائمة لمجلس الشعب بمدينة يويهتشينغ. ولقد ساعد الجمع بين الاستماع للشعب وإشراف

مجلس الشعب على تعزيز تقييد السلطة التنفيذية، وبالإضافة إلى ذلك أسهم في تحسين إشراف مجلس الشعب، بصفته إحدى الهيئات التابعة للسلطة، على أجهزة الحكومة والحزب وموظفيها، وتعزيز الإدارة الحكومية القائمة على القانون وتوسيع المشاركة السياسية الشعبية المنظمة. وحاليًّا، يعمل الكثير من الأماكن بالصين على تعزيز إجراءات الإشراف الديمقراطي بمختلف أنواعها وأشكالها، ويُعد هذا إحدى جوانب التنمية السياسية المستقبلية بالصين؛ فهو يعمل على تعزيز الإشراف السياسي وتقييد السلطة بالنظام السياسي الصيني في المستقبل؛ لهذا فهو نقطة نمو مهمة في السياسة الديمقراطية في الصين.

ويجب أن تطوِّر الصين خلال إصلاح النظام السياسي الخاص بتطوير آليات تقييد السلطة، تعزيز بناء النظام الخاص بتقييد السلطة، من خلال تصنيف وتسلسل وتدرُّج الشكل الخاص بآلية بناء تقييد السلطة.

ويُقصد بما يُسمى بـ "التصنيف": الترتيب المتوالي لأجهزة السلطة الأساسية في الدولة، كلجنة الحزب والحكومة، ومجلس المؤتمر الشعبي الوطني، والقضاء وغيرها، بناء على أولية بناء آلية داخلية سليمة لتقييد السلطة بها. ويُعَرف ما يُسمى بـ "التسلسل" بـ: التفريق بين السلطات المركزية والسلطات المحلية والإدارات؛ اعتمادًا على آليات توازن السلطة المميزة بكل منها، والتي بُنيت طبقًا للظروف والاحتياجات المختلفة.

أما بالحديث عن ما يُسمى بـ "التدريج" فيمكن القول إن السلطة السياسية في الصين اتخذت شكلاً مركزًا نسبيًّا لفترة طويلة من الزمان، وذلك بسبب ظروف المرحلة الحالية للتنمية في الصين، والقيود التي فرضها تاريخ النظام السياسي على تلك المرحلة، وبالتالي أصبحت آلية توازن السلطة بالنظام السياسي الصيني غير متوازنة ومتجانسة على الإطلاق، وأصبحت هناك فروق بين آليات التوازن الخاصة بطبقات السلطة المختلفة، كما أصبحت هناك فروق بين آليات تقييد السلطة الخاصة بالسلطات العليا والسلطة المركزية، وسلطات باقي المستويات ودرجاتها.

هذا، وقد برز دور ومكانة الإشراف الديمقراطي بشكل أكثر وضوحًا في ظل غياب الشكل الديمقراطي الخاص بالانتخابات التنافسية. وأصبح الإشراف

الديمقراطي شكلاً سياسيًا ديمقراطيًا مهمًا لا يمكن الاستغناء عنه، خاصة في أعمال الصين الخاصة باقتصاد السوق الاشتراكي.

فيُعد الإشراف الديمقراطي الضمانة الخاصة بثبات كافة السلطات التي يمنحها الشعب إلى الحزب الحاكم، وأجهزة السلطة بالدولة، والأجهزة الحكومية، وبتنفيذ النهج الأساسي، الذي مفاده أن السلطة تُستخدم من أجل الشعب، وأن العمل لا يكون إلا لتنفيذ مصالح الشعب. وبمعنى مؤكد يمكن القول إن الإشراف الديمقراطي هو واحد من العوامل الرئيسة التي تضمن المسار الصحيح لتطور الديمقراطية خلال المرحلة الحالية، فبتحقيق إشراف ديمقراطي فعال فقط، يمكن أن تلعب جميع أشكال الديمقراطية الأخرى دورها بشكل صحيح. وبعبارة أخرى، أنه فقط في حالة تنفيذ وتعزيز نظام إشراف ديمقراطي فعال يمكن أن يتم التجسيد الحقيقي لسياسة الديمقراطية الاشتراكية الصينية؛ ولذلك يُعد الإشراف الديمقراطي مجالاً مهمًا يحتاج إلى التعزيز والتطوير من أجل بناء السياسة الديمقراطية الاشتراكية ذات الخصائص الصينية.

وبهذا أصبح تغيير القيمة الاجتماعية، وتشكيل توقعات النظام الاقتصادي بمثابة الدافع الاجتماعي العام، وقوة دفع داخلية هائلة للإنتاج، وأصبح هدف الملايين من المواطنين هو السعي وراء تحقيق حياة رغدة، ومن هنا بدأت أكبر وأعظم النشاطات لتطوير الإنتاج التي عرفها التاريخ. وبالتالي يمكن القول إن أكبر التغيرات التي شهدها المجتمع الصيني بعد الإصلاح والانفتاح هو زيادة الحيوية الاجتماعية، وتغير ملامح الروح الوطنية بالصين.

وبهذا شارك مئات الملايين من الشعب الصيني بإيجابية ومبادرة في العملية التاريخية للتحديث والتحضير والتصنيع بالصين. ويرجع هذا التغير التاريخي بالطبع إلى كل من إصلاح القيمة الاجتماعية وتغيير التوقعات الاجتماعية؛ فقبل تأسيس الصين الجديدة، خضع أغلبية الشعب الصيني إلى قمع وتقييد النظام الرأسمالي البيروقراطي ونظام الأراضي الإقطاعي. وفي الفترة بعد تأسيس الصين الجديدة قبل تحقيق الإصلاح والانفتاح، ظلت أغلبية الشعب تعاني قيود الاقتصاد المخطط في الناحية الاقتصادية، والهوية الاجتماعية، بالرغم من حصولهم حينها على مكانة متساوية قانونيًّا وسياسيًّا، وقلَّت الفرص الشخصية للتنمية الاجتماعية والاقتصادية، وكان من الصعب إطلاق العنان للقوة الدافعة الداخلية.

ولقد تجلت الأهمية الاجتماعية للإصلاح والانفتاح بوضوح في البدء في تحطيم الحواجز كافة المحيطة بهوية الأشخاص، وبصفة خاصة إزالة القيود المفروضة على هويات المزارعين الذين كانوا يمثلون أغلبية الشعب الصيني فيما مضى، وذلك من خلال توسيع حرية الأفراد الاجتماعية والاقتصادية وضمان الحقوق المدنية، كما ساعدت الشعب الصيني على تشكيل توقعات اجتماعية جديدة- يمكن للفرد أن يحصل على الانتقال الاجتماعي أو تغيير هويته أو فرصة الثراء من خلال جهوده الشخصية فقط. ومن ثم أصبحت الإيجابية والمبادرة للتنمية الاجتماعية هي محرك مئات الملايين من الشعب، وبمجرد أن بدأت تنمية المجتمع الصيني سرعان ما انطلقت بلا توقف، وجرى فيضان التطور الاقتصادي متدفقًا بسرعة هائلة. فبعد الإصلاح والانفتاح أعطى المجتمع الصيني الحرية الاقتصادية للمواطنين، وبصفة خاصة للمناطق الريفية الشاسعة والمزارعين، وحقق ضمان الحقوق والمصالح

الاقتصادية للأفراد، وبالتالي أدى هذا إلى التغير الشامل للحالة المعنوية للشعب، بالإضافة إلى تغيير المظهر الاقتصادي للمجتمع.

ففي الفترة قبل عام 1978م كانت المؤسسات الخاصة بالصين تكاد تكون منعدمة، وعدد الأعمال التجارية المملوكة للأفراد قليلاً جدًّا، وكان النشاط التجاري يخضع خضوعًا كاملاً نسبيًّا إلى سيطرة المؤسسات التابعة للدولة. ولكن خلال 30 عامًا من الإصلاح والانفتاح، زادت روح الإبداع للشعب الصيني زيادة لا مثيل لها، فبالوصول إلى شهر سبتمبر عام 2012م تخطى عدد المؤسسات الخاصة المسجلة بالصين حاجز الملايين، فوصل إلى 10 ملايين و598 ألف مؤسسة، بإجمالي رأس مال يبلغ 29 تريليونًا و800 مليار يوان، ووصل متوسط نصيب الفرد من رأس المال مليونين و813 ألف يوان، وفي الوقت نفسه اقترب العدد الإجمالي للأعمال التجارية المملوكة للأفراد بالصين من 40 مليون مشروع، فوصل إلى 39 مليونًا و847 ألف مشروع، بإجمالي رأس مال يبلغ تريليونًا و880 مليار يوان. وفي عام 2012م احتلت نسبة اقتصاد المؤسسات الخاصة في الصين ما يزيد على 60% من إجمالي الناتج المحلي.[1]

وبهذا فقد حقق الإصلاح والانفتاح بالصين نشاط تنظيم المشروعات الأوسع نطاقًا في تاريخ التصنيع بأكمله، ويرجع تحقيق هذا كله في الأساس إلى انفتاح الحرية الاقتصادية وضمان الحقوق المدنية.

ويعتبر ازدهار ييوو بمقاطعة تشجيانغ الحالة الأكثر مثالية، والنموذج الأكثر خصوصية وحيوية في خلال الـ 30 عامًا لتاريخ الإصلاح والانفتاح. فقد حقق الإصلاح والانفتاح بالصين خلال 30 عامًا قفزة عظيمة تجاه التنمية، وأصبحت الصين ثاني أكبر كيان اقتصادي في العالم المعاصر. وصارت الصناعات التحويلية هي أكثر ما يميز الاقتصاد الصيني في المرحلة الحالية، فيُطلق على الصين حاليًّا لقب "مصنع العالم".

---

(1) "عدد الشركات الخاصة بالصين يتخطى حاجز الملايين"، شبكة أخبار الصين الجديدة، 2013/2/1م.

http://news.xinhuanet.com/fortune/2013-02/01/c_114587467.htm

ويمكن القول إن الكيانات الاقتصادية الغربية المتقدمة، كأمريكا وإنجلترا وغيرهما من القوى الاقتصادية تستخدم الأعمال المصرفية لقيادة الاتجاهات الاقتصادية العالمية، والسيطرة على الحركة الاقتصادية بالعالم. وأصبحت جميع أنواع "المؤشرات" المهمة الخاصة بقياس أداء العملية المالية والاقتصادية، كـ "مؤشر داو جونز لمتوسط سعر 30 نوعًا من أسهم الشركات الصناعية" بنيويورك و"مؤشر ناسداك" و"مؤشر شيكاغو للسلع المستقبلية" وغيرها، رموزًا وعلامات تمثل الكيانات الاقتصادية الغربية المتقدمة.

ولكن بالرغم من أن الاقتصاد الصيني ارتفع حاليًّا وأصبح في طليعة العالم، فإن الصين لا تملك في الوقت الحاضر سوى مؤشر اقتصادي واحد ذي أهمية عالمية، وهو "مؤشر السلع الصغيرة الصينية" التابع لوزارة التجارة الصينية، والمعروف باسم "مؤشر ييوو". ويعمل هذا المؤشر الاقتصادي على جمع البيانات يوميًّا من سوق السلع الصغيرة بـ "ييوو" بواسطة وزارة التجارة الصينية، ويعكس "مؤشر ييوو" بدرجة معينة مستوى أسعار السلع اليومية بجميع الأسواق الرئيسة في العالم.

وهنا تجدر الإشارة إلى أن ييوو تلك المدينة الشهيرة التي تُعد رمزًا للاقتصاد الصيني في الفترة الحالية، كانت منذ 30 عامًا مضت على غير المتوقع، مجرد قطعة أرض مقفرة معروفة بفقرها المدقع، تقع في وسط مقاطعة تشجيانغ. ففي عام 1982م، كانت ييوو ما زالت مجرد مدينة تبلغ مساحتها 2.8 كيلومتر مربع فقط، ولا يصل نصيب الفرد فيها من الأراضي المزروعة إلى 0.5 مو، ولم يكن تم حل مشكلات التربة المستنزفة ومشكلات الغذاء والملابس الخاصة بسكانها. وكان معدل الحضر فيها لا يتخطى الـ 10%.

ولكن خلال أقل من 30 عامًا شهدت ييوو تغييرًا جذريًّا، وتحولت من مجرد مدينة صغيرة متخلفة إلى "أكبر سوق جملة للسلع الصغيرة بالعالم" بشهادة من الأمم المتحدة والبنك العالمي ومؤسسة مورغان ستانلي وغيرها من شركات الاستضافة الموثوقة، فحاليًّا أصبحت ييوو تمتلك سوقًا تجارية بمساحة 4 ملايين و700 ألف متر مربع، يتاجر في مليون و700 ألف نوع من السلع، وتضاعف

إجمالي التجارة بالسوق خلال أقل من 24 عامًا مضاعفة لا تُصدق؛ فوصلت الزيادة إلى 1100 ضعف. وفي عام 2012م، بلغ الناتج المحلي الإجمالي الذي حققته ييوو 80 مليارًا و300 مليون يوان، ووصل مجموع العائدات المالية العامة 10 مليارات و150 مليون يوان، وإجمالي حجم الصادرات والواردات 9 مليارات و350 مليون يوان، كما وصل نصيب الفرد من الدخل القابل للصرف الخاص بسكان الحضر 44,509 يوان، بينما وصل نصيب الفرد من الدخل القابل للصرف الخاص بسكان الريف 19,147 يوان، وإلى جانب هذا كله وصلت نسبة الحضر في مدينة ييوو حاليًّا 65%. وبهذا أصبحت معجزة ييوو التي كان من الصعب حتى تخيلها حقيقة واقعة، وهنا تجدر الإشارة إلى أن هذا كله يرجع في المقام الأول إلى تعديل السياسات الذي حدث قبل 30 عامًا.

ففي سبتمبر عام 1982م، اتخذت لجنة الحزب بييوو وحكومتها قرار فتح التجارة بالأسواق المجمعة بالمدينة، بناء على الطلب المُلح للسكان المحليين الذين أتعبهم الفقر، وأُصدر القرار الشهير الذي عُرف بعد ذلك تمجيدًا له باسم "التصريحات الأربعة": التصريح بدخول العمال الريفيين إلى المدن لممارسة التجارة، والتصريح بمشاركة الريفيين في أعمال النقل للبيع في أماكن بعيدة، والتصريح بفتح أسواق المدن والقرى، والتصريح بوجود المنافسة المتعددة القنوات.(1)

وبنظرة حالية، نجد أن هذا القرار الذي ما زال البعض متحيرًا بشأنه حتى الآن، كان قادرًا على تحقيق أكبر معجزة في التنمية التجارية بالعالم أجمع، وبهذا سُمي قرار "التصريحات الأربعة" بـ "التعهدات الخمسة" الصينية. فكما أثارت "التعهدات الخمسة" في فترة استعادة ميجي باليابان روح الجماهير، ساعدت "التصريحات الأربعة" على إخراج فيضان غير محدود من الإبداع والإيجابية من مواطني ييوو، محققة بذلك تلك المعجزة البشرية.

وبهذا فقد أكد الانتقال الذي شهدته ييوو من الجيل الأول لأسواق السلع الصغيرة بثمانينيات القرن العشرين إلى الجيل الخامس لأسواق السلع الصغيرة بعد

(1) طبقًا لما ورد في مجموعة أبحاث "بحث الأسباب الثقافية لتطور ييوو" الخاصة بالأكاديمية الصينية للعلوم الاجتماعية، دار نشر وثائق العلوم الاجتماعية، 2007م، ص 5-10.

20 عامًا، بالإضافة إلى العملية الاجتماعية بأكملها، على الحقيقة البسيطة لعصر التصنيع- بإعطاء المواطنين ضمان حقوقهم المدنية يمكن أن تُحقَّق تنمية اقتصادية لا حدود لها.

(3) مركزية السلطة: تحقيق التطور الاستراتيجي

إذا ما كانت الدول النامية تمتلك ميزة التخلف، فيمكن القول إن هذه لا تعتبر مشكلة اقتصادية مجردة؛ بل إنها مسألة تحتاج إلى امتلاك العوامل السياسية الملائمة.

وبالحديث عن العوامل السياسية، نجد أن الحكومة تلعب الدور الأهم، فتدور النقطة الرئيسة حول تحديد قدرة الحكومة من عدمها على لعب دور التخطيط والتنظيم، وتقديم الخدمات العامة خلال التنمية الاقتصادية من أجل دفع التنمية الاقتصادية المكثفة، ورفع كفاءة التنمية الاقتصادية. وإذا ما تمكنت حكومة دولة ما من لعب هذا الدور فيصبح من الواجب تقرير هل يا تُرى سوف يكون هذا بالاعتماد على النظام السياسي في هذه الدولة، أم بالاعتماد على قدرة هذه الحكومة على تركيز وتخصيص الموارد في ظل هذا النظام السياسي، تلك القدرة التي تكلم عنها دنغ شياو بينغ قائلاً: قدرة "تركيز القوة في القيام بالأعمال الكبرى".

لقد منح النظامُ السياسي الصيني الحكومةَ القدرةَ على تركيز الموارد، ودفع التنمية ولعب دور التخطيط والتنظيم فيما يخص التنمية الاجتماعية والاقتصادية، وكان هذا لحسن الحظ هو الجانب الآخر الملائم للدور الذي يلعبه النظام السياسي في تعزيز تقدم التنمية الاجتماعية والاقتصادية.

ويتحتم القول، إن تركيز مهارة الشعب وقوته له أهمية ونفع في التنمية الاستراتيجية للاقتصاد الوطني، شأنه شأن ضمان الحقوق المدنية وتحريك إيجابية الجماهير، ويمكن تعريف ما يُسمى بالتنمية الاستراتيجية بأنها مرحلة التصنيع التي تتمتع بكفاءة عالية مكثفة في ظل التعزيز والتخطيط والتنظيم الحكومي.

فبالطبع لا تعني مركزية السلطة أن تستحوذ الحكومة على كل شيء لنفسها. فقبل عملية الإصلاح والانفتاح، وفي ظل نظام الاقتصاد المخطط العالي المركزية،

كانت الحكومة مسيطرة على جميع الجوانب، وتغطى سلطتها الأمور الاجتماعية والاقتصادية كافة، وقد كان هذا النمط من الإدارة الاقتصادية الموثوقة العالية المركزية على وجه التحديد هو العامل الأولي لإصلاح النظام الاقتصادي.

ولكن تغير نظام إدارة الحكومة للاقتصاد بعد ذلك عندما أنهى إصلاح النظام السياسي نظام الاقتصاد المخطط العالي المركزية، فكانت ضرورة امتلاك الحكومة لمهام إدارة الاقتصاد الكلي هي أكبر المشكلات التي واجهت الصين في المرحلة الأولية للإصلاح والانفتاح.

ولكن تلك المشكلة سرعان ما وُجِد حل لها، فخلال المراحل الثلاث التي مرت بها، ابتداءً من عام 1982م أُجري إصلاح للهيكل الحكومي 6 مرات، الأمر الذي ساعد الصين على اكتشاف ومعرفة المهام التي يجب أن تتخلى عنها الحكومة، والمهام التي يجب أن تهتم بها، ومن ثم نفذت من خلالها التحول التاريخي التدريجي للمهام الاقتصادية للحكومة.

فمن خلال البحث والإصلاح المستمر أصبحت معرفة المهام الاقتصادية للحكومة تتضح شيئًا فشيئًا. وحُددت المهام الاقتصادية للحكومة الصينية بتركزها أساسًا في عدة مجالات: التنظيم والمراقبة الكلية للاقتصاد، ووضع خطط التنمية واستراتيجياتها، وتنسيق التنمية الإقليمية، وبناء البنية التحتية، وتقديم الخدمات العامة.

أولًا: التنظيم والمراقبة الكلية للحركة الاقتصادية بالأسواق

يتمثل تعريف التنظيم والمراقبة الكلية في قيام الحكومة باستخدام السياسات والقوانين الاقتصادية، وخطط التنمية الاجتماعية والاقتصادية إلى جانب التنظيم الإداري اللازم من أجل تنفيذ التنظيم والمراقبة على اقتصاد السوق. أما عن أهداف التنظيم والمراقبة الكلية فهي تعزيز النمو الاقتصادي، وزيادة نسبة التوظيف، واستقرار أسعار السلع والحفاظ على التوازن الخاص بميزان المدفوعات الدولية.

فمن بين المهام الاقتصادية للحكومة تعتبر مهمة التنظيم والمراقبة الكلية هي المهمة الأكثر أهمية وأساسية. ويرجع اختراع مفهوم التنظيم والمراقبة الكلية إلى

الاقتصادي الإنجليزي جون ماينارد كينز. وقد مر تكوين مفهوم التنظيم والمراقبة الكلية بالصين بعملية تدريجية: "التنظيم الكلي، ثم المراقبة الكلية، ثم التنظيم والمراقبة الكلية". وقد ظهرت أولى ممارسات الصين الموسعة للتنظيم والمراقبة الكلية منذ عصر الإصلاح والانفتاح في تسعينيات القرن العشرين.

ففي عام 1992م، كان لكل من الكلمة المهمة التي ألقاها دنغ شياو بينغ عند استكشاف المنطقة الجنوبية، ولروح المؤتمر الوطني الـ 14 للحزب الشيوعي الصيني، دور كبير في تشجيع الإيجابية والمبادرة عند الجماهير والكوادر العامة والمناطق والمؤسسات كافة، وشهدت البلاد تنمية وازدهارًا لم يسبق له مثيل، وساهم الأمر في تعزيز النمو السريع للاقتصاد الوطني.

ولكن من ناحية أخرى، أدى الاحتكاك بين النظام الجديد والقديم، وبصفة خاصة في ظل الفشل التدريجي لآلية التنظيم والمراقبة القديمة، وعدم اكتمال آلية التنظيم والمراقبة الكلية الجديدة، إلى ظهور ظاهرة "الحمى" بالتزامن مع التنمية الاقتصادية، فحدث تضخم في الاستهلاك والإنفاق، وخرجت عملية جمع الأموال من قطاعات المجتمع وتأسيس المؤسسات المالية خارج نطاق السيطرة، وارتفعت تكاليف المعيشة لسكان الحضر إلى أكثر من 10% في أكثر من 35 مدينة كبرى ومتوسطة.

وفي يونيو عام 1993م، أصدرت اللجنة المركزية للحزب الشيوعي الصيني 16 إجراء لتعزيز التنظيم والمراقبة الكلية، تضمنت أساسًا تنفيذ سياسات نقدية ومالية مُحكمة إحكامًا مناسبًا، وتعديل النظام المالي وحلقات التداول، والسيطرة على نطاق الاستثمار، وتعزيز الإشراف على الأسعار وغيرها.

وبالوصول إلى النصف الثاني من عام 1996م، حققت عملية التنظيم والمراقبة الشاملة نتائج واضحة، فتحسن النظام المالي تحسنًا سريعًا، وانخفض مقدار زيادة أسعار السلع، وتمت السيطرة على تضخم العملة، وبهذا حافظ الاقتصاد في ظل السياسات الشاملة المحكمة إحكامًا مناسبًا على سرعة عالية، وحُقِّق "الهبوط الناعم" للاقتصاد.

وبعد اندلاع الأزمة المالية في قارة آسيا بعام 1997م، كان هناك ضغط كبير على الحكومة الصينية التي تعهدت بعدم انخفاض قيمة الرينمنبي، والضبط

المناسب لسياسة التنظيم والمراقبة الكلية، وبذل الجهود من أجل توسيع الطلب المحلي، وتحفيز سياسيات نمو الاقتصاد. فاتُّخذت سلسلة من الإجراءات ابتداء من عام 1998م، وهي: الاستمرار في إصدار السندات المالية على نطاق كبير، وزيادة الاستثمارات الحكومية، والتوسع في بناء البنية التحتية، وتعزيز الطلب الاجتماعي الإجمالي، وزيادة نسبة الالتحاق بالكليات، وتطوير اقتصاد العطلات لتحفيز الطلب على الاستهلاك. وبهذا تمكَّن الاقتصاد الصيني من خلال دمج سياسية التنظيم والمراقبة الكلية في النواحي كافة من الارتفاع مرة أخرى بخطوات ثابتة، وظهوره في حالة زخم قوي.

أما بعد اندلاع الأزمة المالية العالمية في عام 2008م، فظهرت حالة من التباطؤ الواضح لنمو الاقتصاد العالمي، وقلَّ الطلب الخارجي قلة ملحوظة، وأخذت الميزة التنافسية التقليدية في الصين في الضعف التدريجي- وواجه الاقتصاد الصيني محنة مؤلمة. فأجرت الصين تعديلاً لسياسية التنظيم والمراقبة الكلية على أساس تحليلها للوضع الاقتصادي الداخلي للبلاد، وحولت نقطة القوة لسياسة التنظيم والمراقبة الكلية إلى منع التراجع السريع للاقتصاد، وتنفيذ السياسيات المالية الإيجابية، والسياسات النقدية المتساهلة نسبيًّا. ووُسِّع الطلب المحلي بقوة، خاصة الطلب على الاستهلاك، والحفاظ على الاستقرار الاقتصادي والمالي، واستقرار سوق رأس المال والوضع الاجتماعي العام.

وفي هذا السياق، أطلق المجتمع الدولي على الإجراءات الـ 10 التي أقرها الاجتماع التنفيذي لمجلس الدولة في بداية سبتمبر عام 2008م المتعلقة بزيادة الطلب المحلي، وتعزيز النمو الاقتصادي، اسمَ "خطة تحفيز اقتصاد الـ 4 تريليونات الصينية".

وتضمنت الإجراءات العشرة: تسريع بناء مشروعات الإسكان ذات الأسعار المعقولة، وبناء البنية التحتية الريفية، وتسريع عمل السكك الحديدية والمواصلات العامة والمطارات، وغيرها من الأعمال الخاصة ببناء البنية التحتية، وتعجيل تطوير أعمال التعليم والثقافة والصحة العامة، والاهتمام ببناء البيئة الطبيعية والتنمية السريعة للابتكار الذاتي، وإعادة الهيكلة، بالإضافة إلى زيادة سرعة أعمال إعادة

الإعمار بعد الكوارث للمناطق المتضررة، ورفع دخول سكان الريف والحضر، والإصلاح الكامل لضريبة القيمة المضافة، وتشجيع التحديث التكنولوجي للمؤسسات، وتخفيف الأعباء عليها، إلى جانب زيادة قوة الدعم المالي لنمو الاقتصاد وغيرها.[1]

ثانيًا: وضع خطط التنمية الاقتصادية واستراتيجياتها

تُعد الخطط المتوسطة الأجل والطويلة الأجل هي أهم خطط التنمية الاجتماعية والاقتصادية واستراتيجياتهما بالصين، وبصفة خاصة "الخطة الخمسية". بدأت صياغة "الخطة الخمسية" الأولى عام 1953م، وحتى الآن نُفِّذت 12 "خطة خمسية". وتجدر الإشارة إلى أنه منذ تنفيذ "الخطة الخمسية" السادسة في عام 1981م، أصبحت "الخطة الخمسية" إضافة إلى محتوى التنمية الاجتماعية إلى جانب كونها خطة تنمية اقتصادية وطنية، وبذلك تحولت إلى "خطة تنمية اجتماعية واقتصادية وطنية". وفيما يتعلق باقتصاد السوق الاشتراكي، تعتبر خطط التنمية الاقتصادية والاجتماعية واحدة من أهم وسائل سياسة التنظيم والمراقبة الكلية.

وتجدر الإشارة إلى أنه قد نُفِّذ نظام الاقتصاد المخطط العالي المركزية في الفترة بعد تأسيس الصين الجديدة وقبل تحقيق الإصلاح والانفتاح؛ حيث استُخدمت الخطط الإلزامية في الإدارة الشاملة للإنتاج وتخصيص الموارد واستهلاك المنتجات. وقد كان لهذا النظام دور كبير في تعبئة القوة البشرية والموارد المالية والموارد المادية، وبناء نظام اقتصادي وطني ونظام صناعي مستقل نسبيًّا في فترة قصيرة. ولكن عيوبه كانت واضحة أيضًا؛ ففي ظل نظام الاقتصاد المخطط تتحول المؤسسات في الواقع إلى أقسام إدارية تابعة، فلا يكون لها الحق في الإدارة المستقلة ولا تتحمل المسؤولية الكاملة عن أرباحها أو خسائرها.

---

(1) "إجراءات الاجتماع التنفيذي لمجلس الدولة لتعزيز النمو الاقتصادي وزيادة الطلب المحلي"، موقع البوابة الإلكترونية للحكومة المركزية.
http://www.gov.cn/ldhd/2008-11/09/content_1143689.htm

فأدى التدخل الزائد في أنشطة الاقتصاد الجزئي إلى حدوث حالة من الانفصال بين الطلب والإنتاج، وقلة آلية الحوافز الخاصة بالمؤسسات والعمال، ومن ثم انخفض معدل كفاءة العمل، وبالطبع فعند ابتعاد الخطة ابتعادًا كبيرًا عن الواقع يؤدي هذا إلى حدوث هدر هائل؛ ولهذا كان إصلاح نظام التخطيط هو الخطوة الأولى لإصلاح النظام الاقتصادي. وفي ديسمبر عام 1979م، أشار دينغ شياو بينغ قائلاً: "إن نظامنا الأساسي هو الاقتصاد المخطط، الذي يندمج معه اقتصاد السوق أيضًا، وبذلك يصبح نظامنا هو اقتصاد السوق الاشتراكي".[1]

وقد طلب مجلس الدولة من هيئة تخطيط الدولة للتنمية وضع خطة لإصلاح نظام التخطيط، وطلب منها أيضًا "تبسيط الإدارة وإرساء اللامركزية" و"الإدارة الجيدة للنشاطات الكبيرة، وتخفيف القيود على النشاطات الصغيرة".

وفي أكتوبر عام 1984م، أقر مجلس الدولة "بعض الأحكام المؤقتة الخاصة بإصلاح نظام التخطيط" التي طرحتها هيئة تخطيط الدولة للتنمية، وتدريجيًّا أصبحت الخطط الخمسية هي الشكل الأساسي الخاص بتخطيط التنمية الاقتصادية والاجتماعية بالبلاد، وبُسِّطت الخطط السنوية، ووُضِعت الخطط الطويلة المدى، وفي الوقت نفسه وُضِعت أطر التخطيط الإقطاعي وتخطيط المناطق وتخطيط الأراضي، وبعض الخطط الخاصة.

وفي عام 1987م طرح المؤتمر الوطني الثالث عشر للحزب الشيوعي الصيني "النظام الداخلي الموحد للتخطيط والسوق"، الذي أفاد بأن نطاق دور السوق والتخطيط يغطي جوانب المجتمع كافة، فيجب تأسيس آلية "الدولة تنظِّم الأسواق والأسواق تقود المؤسسات". وأوضح أن نقاط الدعم والتقييد الموجودة بجميع مجالات الاقتصاد الوطني هي أساس مهم لضبط الهيكل الصناعي، وتنفيذ التنظيم والمراقبة الكلية.

وفي أكتوبر عام 1992م طرح المؤتمر الوطني الرابع عشر للحزب الشيوعي الصيني ما يلي: "تُعد سياسة التنظيم والمراقبة الكلية واحدة من أهم وسائل تخطيط

---

(1) دنغ شياو بينغ: "الاشتراكية لها القدرة على إدارة اقتصاد السوق أيضًا"، "الأعمال المختارة لدنغ شياو بينغ"، المجلد الثاني، دار الشعب للنشر، 1994م، ص 236.

الدولة. ويمكن تحديد مفهوم التخطيط وإصلاح النظم الخاصة به من خلال التحديد الصحيح للأهداف الاستراتيجية للتنمية الاقتصادية والاجتماعية بالبلاد، والقيام بعمل جيد في توقعات التنمية الاقتصادية والتنظيم والمراقبة الكلية والبنية الرئيسة، وتخطيط تخصيص القوة الإنتاجية، وتركيز الموارد المالية والمادية اللازمة من أجل تنفيذ مشروعات البناء الرئيسة والاستخدام الشامل للنفوذ الاقتصادي، وتعزيز التنمية الكلية السريعة للاقتصاد".(1)

وخلال فترة الإصلاح، أُوضِح الدور والمهمة والمكانة الخاصة بتخطيط التنمية الاجتماعية والاقتصاد الوطني بالصين؛ فيُعد التخطيط الوطني وسيلة مهمة للحكومة في تعزيز التنظيم والمراقبة الشاملة. وتتميز الاستراتيجيات الكبرى والمهام الأساسية للتنمية والسياسات الصناعية التي يطرحها التخطيط الوطني، بأنها سياسات استراتيجية قانونية شاملة موجهة.

ويمتلك التخطيط الوطني أيضًا القدرة على تنظيم وتنسيق وتوجيه النشاطات الاقتصادية الكبرى، والمجالات المهمة المتعلقة بالوضع العام للاقتصاد الوطني، ويلعب دورًا توجيهيًّا للمعلومات الفائقة الأهمية الخاصة بجميع الأنشطة الاقتصادية بالمجتمع، وبالإضافة إلى ذلك يوجِّه الأنشطة الاقتصادية والاجتماعية كافة، ويعمل على تعزيز عملية التخصيص المناسب لموارد المجتمع.

ثالثًا: تنسيق التنمية الإقليمية

تُعتبر الصين دولة ذات توزيع غير متكافئ للموارد والسكان؛ فلا يُعد "خط تنغتشوانغ- آيهوي" خطًّا لتقسيم توزيع السكان فقط؛ بل هو خط فاصل للجغرافيا الطبيعية والمناخ وتوزيع الموارد أيضًا. ولقد كان ضروريًا حل مشكلات التنسيق الخاصة بالتنمية الإقليمية والقطاعية من أجل تحقيق التحديث والتصنيع بالصين؛ ففي عام 1957م صرح ماو تسي دونغ أثناء كلمته التي ألقاها في مؤتمر

(1) جيانغ تسي مين: "تسريع خطوات تنفيذ الإصلاح والانفتاح وبناء التحديث من أجل تحقيق الفوز الأكبر لأعمال الاشتراكية ذات الخصائص الصينية"، "منشورات مختارة من الوثائق المهمة في الفترة بعد المؤتمر الوطني الرابع عشر"، دار الشعب للنشر، 1996م، ص 20.

سكرتارية لجنة الحزب للمقاطعات والمناطق ذاتية الحكم قائلاً: "إن التنظيم والتخطيط الشامل، واتخاذ العوامل كافة في الاعتبار، ووضع كل واحد في مكانه الصحيح هي سياستنا الدائمة". (1)

وفي العام نفسه أشار ماو تسي دونغ في كلمة له بعنوان "التعامل الصحيح مع مسألة التناقضات الداخلية بين المواطنين" قائلاً: "إن سياستنا هي التخطيط الشامل والترتيب المناسب". (2) وصرَّح دنغ شياو بينغ من قبل قائلاً: "يجب علينا تنسيق كافة المصالح المتبادلة طبقًا لمبدأ التخطيط الشامل". (3) "إن مهمة بناء التحديث متعددة الجوانب، ويجب تحقيق التوازن العام بين جميع جوانبها، وعدم التركيز على شيء واحد فقط". (4) وبالإضافة إلى ذلك أشار جيانغ تسي مين قائلاً: "إن الإصلاح والانفتاح عملية ضخمة ومعقدة؛ لذلك يجب التنسيق بين الجوانب كافة والجمع بينها، دون التركيز على شيء وإهمال الآخر أو إعطاء أهمية لشيء وتقليل الآخر، وإلا فلن يُحقَّق النجاح في النهاية... فيجب أن تصل جهودنـا كافة إلى التخطيط الشامل". (5)

ولقد تعمقت المعرفة الخاصة بالتخطيط الشامل منذ المؤتمر الوطني السادس عشر للحزب الشيوعي الصيني؛ فجاء في "حل بعض المشكلات الخاصة بتحسـين اللجنة المركزية لنظام اقتصاد السوق الاشتراكي" الذي أقره المؤتمر الوطني السادس عشر للحزب الشيوعي الصيني في عام 2003م شرح مفهوم التنمية العلمية كالآتي: "دعم مبدأ أن الشعب هو الأساس، وتأسيس مفهوم تنموي مستمر منسق وشامل،

---

(1) ماو تسي دونغ: "كلمة مؤتمر سكرتارية لجنة الحزب للمقاطعات والمناطق ذاتية الحكم"، "الأعمال الكاملة لماو تسي دونغ"، المجلد السابع، دار الشعب للنشر، 1999م، ص 186.

(2) ماو تسي دونغ: "التعامل الصحيح مع مسألة التناقضات الداخليـة بـين المـواطنين"، "الأعمال الكاملة لماو تسي دونغ"، المجلد السابع، دار الشعب للنشر، 1999م، ص 228.

(3) دنغ شياو بينغ: "التمسك بالمبادئ الأربعة الأساسية"، "الأعمال المختارة لدنغ شـياو بينغ"، المجلد الثاني، دار الشعب للنشر، 1994م، ص 175.

(4) دنغ شياو بينغ: "الوضع والمهمة الحاليان)، "الأعمال المختارة لدنغ شياو بينغ"، المجلــد الثاني، دار الشعب للنشر، 1994م، ص 250.

(5) جيانغ تسي مين: "مناقشة تحسين التعلم وتعزيزه"، "الأعمال المختارة لجيانغ تسي مين"، المجلد الثاني، دار الشعب للنشر، 2006م، ص 307.

وتعزيز التنمية الاقتصادية والاجتماعية والبشرية الشاملة"، كما طُرحت المتطلبات الجديدة لـ "التخطيط الشامل للتنمية الحضرية والريفية، والتخطيط الشامل للتنمية الإقليمية، والتخطيط الشامل للتنمية الاقتصادية والاجتماعية، والتخطيط الشامل للتوفيق بين الإنسان والطبيعة، والتخطيط الشامل للتنمية الداخلية والانفتاح على العالم الخارجي" (الاسم المختصر «التخطيطات الخمسة الشاملة»). ولقد اعتُبر مفهوم التنمية العلمية واحدًا من فلسفات الحكم الخاصة بالحزب الشيوعي الصيني.

وفيما يتعلق بمجال التنمية الإقليمية المنسقة، أطلقت البلاد بعد المؤتمر الوطني السادس عشر للحزب الشيوعي الصيني على التوالي تنمية المنطقة الغربية، وإحياء القاعدة الصناعية القديمة بشمال شرقي البلاد، والنهوض بمنطقة وسط الصين، وغيرها من الاستراتيجيات الكبرى.

ففي نوفمبر عام 2002م، أقر المؤتمر الوطني السادس عشر للحزب الشيوعي الصيني "التعزيز الإيجابي لتنمية المنطقة الغربية، ودفع التنمية الإقليمية الاقتصادية المنسقة". ويشمل النطاق الذي تغطيه استراتيجية تنمية الأراضي الغربية كلاًّ من: تشونغ تشين وسيتشوان وقويتشو ويونان، ومنطقة التبت وشانشي وقانشو وتشينغهاي، ومنطقة نينغشيا ذاتية الحكم لقومية هوي، ومنطقة شينجيانغ الويغورية ذاتية الحكم، ومنطقة منغوليا الداخلية ذاتية الحكم، ومنطقة قوانغشي ذاتية الحكم لقومية تشوانغ، وغيرها من 12 منطقة حكم ذاتي وبلدية تابعة للحكومة.

وفي عام 2006م صدَّق مجلس الدولة على تنفيذ "«الخطة الخمسية الحادية عشرة» الخاصة بتنمية المنطقة الغربية". وبالفعل عُزِّزت القوة الاقتصادية الشاملة الخاصة بالمناطق الغربية تعزيزًا كبيرًا، ما إن انتُهي من تنفيذ "«الخطة الخمسية الحادية عشرة» الخاصة بتنمية المنطقة الغربية". ففي الفترة من عام 2000م حتى عام 2008م ارتفع الناتج المحلي الإجمالي الإقليمي للمنطقة الغربية من تريليون و665 مليارًا و500 مليون يوان إلى 5 تريليونات و825 مليارًا و700 مليون يوان، بمعدل نمو سنوي 11.7%. وارتفعت النسبة التي يحتلها الناتج المحلي الإجمالي الإقليمي لها من النسبة الكلية للبلاد من 17.5% بعام 1999م لتصل إلى 18.6% بعام 2010م،

وارتفع نصيب الفرد من الناتج المحلي الإجمالي من نسبة 58% من إجمالي المعدل الوطني إلى نسبة 68%، وبهذا أصبح معدل متوسط النمو السنوي للمؤشرات الاقتصادية الرئيسة بالمنطقة الغربية أعلى من المتوسط الوطني.

كما زادت القيمة المضافة الصناعية في الفترة من عام 2000م حتى عام 2008م من 594 مليارًا و600 مليون يوان إلى تريليونين و400 مليار يوان تقريبًا. وارتفعت استثمارات الأصول الثابتة من 611 مليارًا و100 مليون يوان إلى 3 تريليونات و583 مليارًا و900 مليون يوان، بمتوسط زيادة سنوية يبلغ 22.9%. كما زاد إجمالي مبيعات التجزئة للسلع الاستهلاكية من 595 مليارًا و400 مليون يوان إلى تريليون و923 مليارًا و900 مليون يوان، بمتوسط زيادة سنوية يصل إلى 14.9%. وارتفع إجمالي حجم الصادرات والواردات من 17 مليارًا و200 مليون دولار إلى 106 مليارات و800 مليون دولار، بمتوسط زيادة سنوي 25.6%.

هذا، وقد ارتفع مستوى معيشة الأفراد أيضًا، فزاد دخل سكان الحضر والريف في عام 2010م مقارنة بعام 2005م فكانت النسب الخاصة بهم 85.7% و80.0% على التوالي، وكذلك شهدت ملامح الحضر والريف تغيرًا تاريخيًّا. وفي الفترة من عام 2000م إلى عام 2012م وصل المجموع التراكمي للمشروعات الرئيسة الجديدة إلى 187 مشروعًا، بحجم استثمار كلي يصل إلى 3 تريليونات و680 مليار يوان. وأُحرز تقدم خارق في بناء البنية التحتية والبيئة الأيكولوجية بالمنطقة الغربية، وازدهرت الصناعات ذات المزايا المحلية ازدهارًا كبيرًا.

وفي تسعينيات القرن الـ 20، أدت المشكلات التي تعرض لها عدد كبير من المؤسسات والأعمال المملوكة للدولة في القاعدة الصناعية القديمة بشمال شرق البلاد من التحول والاحتكاك بين النظام القديم والجديد، وبعض المسائل التاريخية الباقية، إلى أن أعلن الكثير من المؤسسات المملوكة للدولة في المنطقة الشمالية الشرقية توقف الإنتاج أو شبه توقفه، وكانت نسبة المؤسسات التي تكبدت الخسائر ومبالغ هذه الخسائر عالية جدًّا، حتى إنه قد سُرِّح الكثير من العاملين، مما أدى إلى تفاقم الصعوبات والمشكلات في القاعدة الصناعية القديمة بشمال شرق البلاد، وقد أُطلق على هذا الحدث "ظاهرة المنطقة الشمالية الشرقية".

وفي أكتوبر عام 2003م، بدأ "بعض الآراء الخاصة بتنفيذ استراتيجية تطوير المنطقة الشمالية الشرقية وغيرها من القواعد الصناعية القديمة" الذي أصدره مجلس الدولة واللجنة المركزية للحزب الشيوعي، استراتيجية تطوير المنطقة الشمالية الشرقية وغيرها من القواعد الصناعية القديمة. وقد ظهر بالتزامن مع هذا القرار بعض الخطط الخاصة بتطوير كافة مدن ومقاطعات المنطقة الشمالية الشرقية بالتتابع.

وبالفعل حُقِّق العديد من النتائج المرحلية المهمة في المنطقة الشمالية الشرقية منذ تنفيذ استراتيجية تطوير المنطقة الشمالية الشرقية وغيرها من القواعد الصناعية القديمة. ففي عام 2010م وصل الناتج المحلي الإجمالي الإقليمي الذي حققته مقاطعات شمال شرق الصين الثلاث إلى 3 تريليونات و709 مليارات يوان؛ أي إنه قد حقق زيادة قدرها 13.6% مقارنة بالعام الفائت. وفي عام 2011م وصل مجموع الاقتصاد الكلي للمقاطعات الثلاث إلى 4 تريليونات و500 مليار يوان. وفي عام 2012م وصل الناتج المحلي الإجمالي للمقاطعات الثلاث إلى 5 تريليونات و40 مليار يوان، فأصبح بذلك معدل سرعة النمو الاقتصادي أعلى من المعدل الوطني. كما حُسِّنت بيئة الاستثمار في مقاطعات شمال شرق الصين الثلاث، وزادت قوة جذب الاستثمارات الأجنبية لها، وأصبح معدل سرعة نمو استثمارات الأصول الثابتة الخاص بها أعلى من المعدل الوطني.

وفي الفترة من عام 2004م حتى عام 2008م، حافظ المتوسط السنوي لاستثمارات الأصول الثابتة في مقاطعات شمال شرق الصين الثلاث على نسبة أعلى من 30%. وفي عام 2011م بلغت استثمارات الأصول الثابتة في مقاطعات شمال شرق الصين الثلاث 3 تريليونات و270 مليار يوان؛ أي زاد 30.4% مقارنة بالسنة الماضية. وفي عام 2012م وصل استثمار المنطقة الشمالية الشرقية 4 تريليونات و124 مليارًا و300 مليون يوان؛ أي زاد بنسبة 26.3%.

أما عن كمية إنتاج الحبوب فقد ارتفعت من 72 مليارًا و300 مليون كيلو في عام 2004م لتصل إلى 118 مليارًا في عام 2012م، وبهذا فقد قدمت إسهامًا مهمًّا في تحقيق "الزيادات خلال السنوات التسع المتتالية" الخاصة بالحبوب في البلاد

بأسرها. وفي الفترة بين عام 2003م وعام 2007م، ارتفعت الإيرادات المالية بمقاطعات شمال شرق الصين الثلاث ارتفاعًا مستقرًّا، ولكن معدل سرعة النمو كان أقل من المعدل الوطني، وفي الفترة من عام 2008م وعام 2012م، تخطى معدل نمو الإيرادات المالية بمقاطعات شمال شرق الصين الثلاث المعدل الوطني، فكان أعلى منه بعدة نقاط مئوية.

أما عن استراتيجية النهوض بمنطقة وسط الصين فيشمل النطاق الذي تغطيه 6 مقاطعات، هي: شانشي وأنهوي وخنان وخبي وخونان وجيانغشي. فبعد الإصلاح والانفتاح، تطور اقتصاد المناطق المتاخمة للبحر في الشرق والجنوب بسرعة كبيرة، وكان معدل التطور الاقتصادي في منطقة وسط الصين بعيدًا كل البعد عن المنطقة الشرقية.

وبعد تنفيذ استراتيجية تنمية المنطقة الغربية، شهد التطور الاقتصادي للمنطقة الغربية تقدمًا كبيرًا، وأصبحت منطقة وسط الصين متخلفة في سرعة التطور عن المنطقة الغربية. فمن ناحية مستوى التطور، كان لا يمكن مقارنة المنطقة الوسطى بالمنطقة الشرقية، وبالحديث عن سرعة التطور كانت المنطقة الوسطى لا تقارن بالمنطقة الغربية، وقد أُطلق على هذه الحال ظاهرة "انهيار المنطقة الوسطى".

ومن أجل تسريع تطوير منطقة وسط بالصين، تم في إبريل عام 2006م الإصدار الرسمي لـ "بعض آراء اللجنة المركزية ومجلس الدولة المتعلقة بنهوض وسط الصين". فقد حدث أن ذكر السيد ون جيا باو في مارس عام 2004م لأول مرة سياسة النهوض بوسط الصين في تقريره عن عمل الحكومة. وفي الـ 27 من مارس عام 2006م، نُوقشت الأعمال المتعلقة بالنهوض بوسط الصين خلال المؤتمر الذي عقده المكتب السياسي للجنة المركزية للحزب الشيوعي الصيني. وفي سبتمبر عام 2009م، اعتمد مجلس الدولة من حيث المبدأ "خطة تعزيز النهوض بمنطقة وسط الصين". وفي الـ 6 من سبتمبر عام 2010م، أُصدِرت رسميًّا "الآراء التوجيهية لمجلس الدولة الخاصة بعملية النقل الصناعية لمنطقة وسط الصين".

وبعد تنفيذ سياسة النهوض بوسط الصين، شهدت الأعمال كافة في منطقة وسط الصين تقدمًا سريعًا. ففي الفترة من عام 2005م وعام 2010م، ارتفع

المتوسط السنوي للناتج المحلي الإجمالي بمنطقة وسط الصين بمعدل 15.3%، وبهذا تخطى معدل مستوى المتوسط السنوي الوطني بـ 5 نقاط مئوية، كما زاد متوسط نصيب الفرد من الناتج المحلي الإجمالي السنوي بنسبة تتخطى الـ 13.5%، ليرتفع عن المستوى الوطني في الفترة نفسها بـ 1.1نقطة مئوية، واحتل الإجمالي الاقتصادي نسبة 18.8% في عام 2005م من الإجمالي الوطني، وارتفعت هذ النسبة لتصل إلى 19.7% في عام 2010م.

ومن جانب آخر، زاد إنتاج الحبوب زيادة متواصلة لمدة سبع سنوات، واحتلت الكمية المنتجة نسبة أعلى من 30% من إجمالي كميات الإنتاج الوطنية، وارتفع المتوسط السنوي لإجمالي سلع الصادرات والواردات بنسبة 31.5%، وفي الوقت نفسه ارتفعت سرعة المتوسط السنوي للتجارة الخارجية بالمقاطعات كافة عن سرعة القيمة الإجمالية للإنتاج في جميع المقاطعات. وفي عام 2010م، ارتفعت استثمارات الأصول الثابتة في منطقة وسط الصين عن منطقتي شرق الصين وغربها، وزادت قيمة مبيعات التجزئة للمواد الاستهلاكية لتحتل المركز الأول في البلاد. وفي عام 2011م انضمت جميع مقاطعات وسط الصين الست إلى "نادي التريليون".

وفي عام 2012م، زادت سرعة نمو الناتج المحلي الإجمالي لمقاطعات وسط الصين الست بنسبة 10.9%، ليصبح بذلك أعلى من المعدل الوطني بفارق 3 نقاط مئوية، أما عن الإجمالي الاقتصادي فقد ارتفعت نسبته من 18.8% عام 2005م إلى 20.2% عام 2012م.

رابعًا: تعزيز بناء البنية التحتية

تلاءم كل من النظام الاستثماري ونظام الاقتصاد المخطط عالي المركزية مع بعضهما في فترة قبل الإصلاح والانفتاح. فكانت الحكومة هي الكيان الأساسي للاستثمار، ويتركز اتخاذ القرارات الاستثمارية تركزًا كبيرًا في يدها، وكان مصدر التمويل هو صندوق مالي واحد، واستخدمت إدارة الاستثمار حينها التخصيص المباشر للمواد ونظام التوزيع الحر.

ولكن قد شهد نظام الاستثمار الصيني تغيرًا كبيرًا بعد الإصلاح والانفتاح. ففي عام 1993م صدَّقت الجلسة الكاملة الثالثة للجنة المركزية للحزب الشيوعي الصيني في الدورة الرابعة عشرة على "حل بعض المشكلات المتعلقة بتأسيس نظام اقتصاد السوق الاشتراكي"، الذي قُسِّمت فيه المشروعات الاستثمارية إلى ثلاثة أنواع: مشروعات مصلحة عامة، ومشروعات أساسية، ومشروعات تنافسية؛ تقوم الحكومة بتأسيس مشروعات المصلحة العامة، أما المشروعات الأساسية فيكون استثمار الحكومة هو الهيكل الأساسي لها، وتُجذَب المؤسسات والاستثمارات الخارجية للمشاركة في استثمارها، بينما تُنشأ المشروعات التنافسية عن طريق استثمار المؤسسات.

وأشار أيضًا إلى أن بناء المشروعات الكبرى بالبلاد يتم طبقًا لقوانين موحدة بواسطة بنك التنمية الصيني أو غيره من البنوك السياسية، من خلال الاستثمار المالي والقروض والسندات المالية وغيرها من قنوات التمويل، وتتخذ مجموعةً متنوعة من الأشكال: القابضة والأسهم المشتركة، والقروض السياسية الميسرة وغيرها. ويكون الشخص الاعتباري للمؤسسة هو المسؤول عن التخطيط والإعداد والتمويل ومتابعة مراحل المشروع من أول البناء حتى بداية التشغيل والإنتاج، وعن سداد القروض المصرفية أصل الدين والفائدة، وحتى عن زيادة قيمة الأصول.

وبالحديث عن بناء مشروعات المصلحة العامة، تقوم تلك المشروعات باستيعاب الأموال من جميع قطاعات المجتمع بشكل موسَّع، وتُقسَّم سلطاتها: إما مركزية وإما محلية، وتقوم الحكومة بالترتيب المالي الشامل الخاص بها. وقد نص "قرار مجلس الدولة بشأن إصلاح نظام الاستثمار" في عام 2004م، على أنه يتم استخدام الاستثمار الحكومي خاصة في المجالات الاجتماعية والاقتصادية المتعلقة بأمن البلاد، وعدم قدرة السوق على التخصيص الفعال للموارد، ويتضمن ذلك تعزيز بناء البنية التحتية العامة وتحسين البيئة والحفاظ عليها، ودفع التطور الاجتماعي والاقتصادي للمناطق الأقل نموًّا، وزيادة التقدم العلمي والتكنولوجي واستخدام التكنولوجيا الجديدة والعالية في جميع أنواع الإنتاج الصناعي.

ويمكن الاستفادة من المشروعات التي تُبنى عن طريق الاستثمار المجتمعي إلى أقصى حد ممكن في بناء رأس المال الاجتماعي. وتُقسَّم الصلاحيات الخاصة بها بين الحكومة المركزية والحكومات المحلية. فتقوم الحكومة المركزية بالترتيب للمشروعات العابرة للأقاليم ومشروعات النقل بين الأحواض، وغيرها من المشروعات ذات التأثير المهم في الوضع الاجتماعي والاقتصادي العام، إلى جانب استثماراتها في أعمال البناء الخاصة بأجهزة سلطتها.

وفي الفترة من عام 1954م وعام 2008م، وصل المجموع التراكمي للاستثمارات الخاصة بتأسيس مشروعات البنية التحتية الزراعية وقواعد إنتاج الحبوب والقطن وحماية الغابات إلى تريليونين و53 مليارًا و100 مليون يوان، بمتوسط زيادة سنوية 10.6%. وخلال "الخطة الخمسية الحادية عشرة"، ارتفع مستوى المعدات التقنية الزراعية ارتفاعًا مستقرًّا، ووصلت مساحة المناطق المروية بفاعلية بالريف في جميع أنحاء البلاد إلى 905 ملايين مو، بينما وصلت مساحات الري الموفرة للمياه إلى 410 ملايين مو. ووصل معدل مساهمة التقدم العلمي والتكنولوجي ومستوى المكينة الشاملة في زراعة المحاصيل الرئيسة في البلاد إلى 52%.

في خلال 5 سنوات حُلَّت مشكلة مياه الشرب الآمنة لـ 210 ملايين مواطن، ونُفِّذ توحيد الإدارة والخدمة في قواعد الكهرباء في معظم مناطق الريف ومساواتها مع مناطق الحضر. وتمت عملية الصيانة والبناء لقرابة مليون و86 ألف كيلو متر من الطرق العامة في المناطق الريفية، ووصل مستخدمو الغاز الحيوي في المناطق الريفية إلى 40 مليون مستخدم، وتقدمت مشروعات الإسكان الريفي تقدُّمًا سلسًا. كما انتُهي خلال السنوات الخمس من تشجير مساحة 25 مليونًا 270 ألف هكتار، ووصلت نسبة تغطية الغابات إلى 20.36%، وزيادة السيطرة على مساحة 230 ألف كيلو متر مربع من الأراضي ضد فقدان المياه وتآكل التربة، وزيادة السيطرة على مساحة 10 ملايين و810 آلاف هكتار من الأراضي المتصحرة، والسيطرة على مساحة 80 مليونًا و170 ألف هكتار من أراضي المراعي ذات "التدهورات الثلاث"[1]، وإعادة المروج الخضراء إلى مساحة 32 مليونًا و400

---

(1) يُقصد بها تدهور المراعي والتصحر والتملح.

ألف هكتار، وقارب مشروع نقل المياه من الجنوب إلى الشمال على الانتهاء.

وفيما يتعلق بهذا السياق، أشار "تقرير النقاط الأساسية لقوانين استخدام حوض نهر يانغتسي" الصادر في عام 1959م إلى أن التخطيط العام لنقل المياه من الجنوب إلى الشمال يتمثل في نقل المياه من الروافد العليا والوسطى والسفلى لنهر يانغتسي، كلاً على حدة. ومن خلال الجهود الشاقة المبذولة لعشرات السنين، وعلى أساس من الأدلة والتصميمات وخطط التطور المعمقة، كُوِّنت الخطة العامة لمشروع نقل المياه من الجنوب إلى الشمال، وتقرَّر نقل المياه عبر ثلاثة خطوط: خط شرقي، وخط وسطي، وخط غربي.

ويصل المجموع الكلي لكمية المياه المخطط نقلها إلى 44 مليارًا و800 مليون متر مكعب، وبعد إتمام عملية البناء سوف يتم تكوين تخطيط "الأربعة تقاطعات والثلاثة أعمدة" بين كل من نهر يانغتسي والنهر الأصفر ونهر هويخيه، وتحقيق نقل الموارد المائية من الجنوب لنشرها في الشمال، ومبدأ المعونة المتبادلة بين الشرق والغرب.

وفي عام 2002م، تم بالفعل الافتتاح الرسمي لمشروع نقل المياه من الجنوب إلى الشمال. وطبقًا لخطة بناء المشروع سوف تمر المياه من خلال المرحلة الأولى للخط الشرقي في عام 2013م ويتم الانتهاء من أعمال البناء الرئيسة في المرحلة الأولى للخط الوسطي في عام 2013م أيضًا، على أن يتم عبور المياه خلاله بعد الفيضان الموسمي في عام 2014م.

ومن جانب آخر، زادت خدمات السكك الحديدية، وتوسعت من 21,800 كم بعام 1949م إلى 98,000 كم في عام 2012م، لتحتل الصين بذلك المكانة الثانية عالميًا، كما وصلت خطوط السكك الحديدية السريعة إلى 9,356 كم لتحتل بذلك المرتبة الأولى عالميًا. وبالوصول إلى نهاية يونيو عام 2013م وصل المجموع التراكمي لعدد الكيلومترات المقطوعة لطرق السكك الحديدية السريعة إلى ما يقرب 12,060 كم.

كما زاد عدد كيلومترات الطرق العامة من 80,000 كيلو متر في عام 1949م إلى 4,237,500 كيلو متر، من بينها زادت مسافة الطرق السريعة من 100

كم في عام 1988م إلى 96,200 كم. وظهر الشكل الأولي للطرق العامة بمستوياتها كافة في الصين المتمثل أساسًا في "خمسة تعامدات وسبعة تقاطعات" تمثلاً واضحًا، وتحسنت حال الطرق، وتطورت صناعة السيارات. وعلى جانب آخر، تطور بناء الطيران المدني تطورًا كبيرًا.

فبالوصول إلى نهاية عام 2012م، كان عدد مطارات النقل المدني في الصين 183 مطارًا. وتغطي المطارات الحالية 77.7% من المدن والمحافظات وما فوقها، و76% من محافظات ومناطق الحكم الذاتي للأقليات والعواصم الإقليمية. فخلال "الخطة الخمسية الثانية عشرة"، بُني 82 مطارًا جديدًا وأُعيد بناء 26 مطارًا آخر، وأُعيد تنظيم وتوسيع 109 مطارات، وإجراء دراسات أولية حول تنفيذ 36 مطارًا.

ومن ناحية أخرى، زاد عدد مستخدمي الهواتف الثابتة زيادة صاروخية؛ فمن 220 ألف مستخدم في عام 1949م وصولاً إلى 274 مليون مستخدم في عام 2013م "ووصل عددها إلى 340 مليون مستخدم في عام 2008م". وطبقًا للإحصائيات التي نشرتها وزارة الصناعة والمعلومات الصينية، فإنه بالوصول إلى مارس عام 2013م ارتفع عدد مستخدمي الهواتف المتحركة من صفر حتى وصل عدد مستخدمي الاتصالات المتنقلة إلى مليار و146 مليون شخص، من بينهم 277 مليونًا و270 ألف مستخدم لتقنية الـ G3 وتمثل نسبتهم 24.20% من إجمالي عدد المستخدمين، و817 مليونًا و739 ألف مستخدم لشبكة الإنترنت عبر الهاتف النقال، وتمثل نسبتهم 71.34% من إجمالي عدد المستخدمين.

خامسًا: توفير الخدمات العامة الأساسية

حُدِّدت مهام الحكومة تجاه اقتصاد السوق الاشتراكي في تقرير المجلس الوطني السادس عشر للحزب الشيوعي الصيني في: "تنسيق الاقتصاد والإشراف على الأسواق والإدارة الاجتماعية والخدمة العامة". وفي عام 2010م أُصدرت "آراء اللجنة المركزية للحزب الشيوعي حول الخطة الخمسية الثانية عشرة لتخطيط التنمية الاقتصادية والاجتماعية بالبلاد"، التي أشارت إلى أهمية بذل الجهود من أجل الضمان والتحسين الشامل لمعيشة الشعب، وضرورة التحسين التدريجي لنظام

خدمات عامة أساسية يتناسب مع ظروف البلاد، ويغطي المدن والقرى كافة، ويكون ذا طابع استمراري وكامل نسبيًّا، إلى جانب رفع قدرة الحكومة على الحماية وتعزيز معادلة تقديم الخدمات العامة.

وفي عام 2008م أشارت "الآراء المتعلقة بتعميق إصلاح نظام الرقابة الإدارية" التي طرحتها الجلسة العامة الثانية للجنة المركزية للحزب الشيوعي الصيني بالدورة السابعة عشرة، إلى ضرورة الرقابة الصارمة على الأسواق، وتعزيز فرص الوصول المنصف إلى الأسواق وتنظيم الأسواق طبقًا للقانون، وتقوية الرقابة على المجالات المتعلقة بأمن الناس وسلامة الممتلكات. وتشديد الإدارة الاجتماعية وزيادة تعزيز الحكومة للتوظيف وقدرتها على تنسيق توزيع الدخول، وتحسين نظام الأمن المجتمعي ونظام الإدارة الاجتماعية الشعبية، والحفاظ على الاستقرار الاجتماعي. والاهتمام بالخدمات العامة اهتمامًا أكبر، وبذل الجهود في دفع تطوير التعليم والصحة والثقافة وغيرها من الأعمال المجتمعية، والبناء الكامل لنظام خدمة عامة يتميز بالعدل والإنصاف وخدمة مصالح الجماهير والتوازن والتطوير المستمر، وأخيرًا تعزيز معادلة تقديم الخدمات العامة الأساسية.

وبعد بناء الصين الحديثة، وبصفة خاصة بعد الإصلاح والانفتاح، ارتفع عدد وجودة الخدمات العامة التي تقدمها الحكومة ارتفاعًا كبيرًا. فبعد وقت قصير من تأسيس الصين الحديثة، كان أكثر من 80% من الشعب الصيني أميين، وكانت نسبة الأطفال التي تلتحق بالمدرسة الابتدائية عند بلوغهم السن المناسب للالتحاق لا تتعدى الـ 20%، ونسبة الملتحقين بالمدرسة الإعدادية 6% فقط. وفي الفترة الأولى من الإصلاح والانفتاح، وصل معدل الالتحاق الإجمالي بالمدرسة الابتدائية عام 1978م إلى 94%، في حين وصل معدل الالتحاق الإجمالي بالمدرسة الإعدادية 20%، بينما لم يصل معدل الالتحاق الإجمالي بالمدرسة الثانوية إلى 10%.

وفي عام 1986م أصدر المجلس الوطني لنواب الشعب "قانون التعليم الإلزامي"، وبالوصول إلى عام 2000م كان قد عُمِّم التعليم الإلزامي لمدة 9 سنوات. وفي عام 2012م وصل صافي معدل الالتحاق للمدارس الابتدائية من الأطفال أصحاب السن المناسب للالتحاق إلى 99.85%، من بينهم وصل معدل

التحاق البنات إلى 99.86%، بينما وصل معدل التحاق البنين إلى 99.84%. ووصلت نسبة الطلاب المتخرجين من المدرسة الإعدادية إلى 88.4% من إجمالي الطلاب الملتحقين، بينما وصل معدل الالتحاق الإجمالي بالمدرسة الثانوية إلى 85.0%.

وفي عام 2002م وصل معدل الالتحاق الإجمالي بالتعليم العالي إلى 15%، وفي عام 2012م زاد المعدل ليصل إلى 30%. وفي الفترة الأولية لتأسيس الصين الحديثة، كان ملخص حال الخدمات الصحية بالصين هو أنها فقيرة وفارغة، ولكن بعد الإصلاح والانفتاح تطورت الخدمات الصحية العامة في الصين بسرعة كبيرة. ففي عام 2012م، بلغ معدل الطبيب "المساعد" الممارس لكل ألف فرد من السكان 1.94 طبيب، ومعدل الممرضة الممارسة لكل ألف فرد من السكان 1.85 ممرضة، ومعدل عدد أسرَّة المستشفيات لكل ألف فرد من السكان 4.24 سرير. والتحق 98.3% من الفلاحين في سائر البلاد بالشكل الجديد للخدمات الطبية التعاونية الريفية، وأصبحوا يتمتعون بتأمين صحي، ووصل متوسط الأعمار في الصين إلى 76 عامًا.

أما عن تطور الاقتصاد الصيني، فقد جاء متأخرًا ولكنه تخطى من سبقه، ويرى عالم الاقتصاد الدولي أن "ميزة التحرك المتأخر" كانت هي أحد الأسباب في تطور الصين. وبالنظر إلى ظروف التطور الاقتصادي العالمي، نجد أن عدد الدول التي استطاعت تنفيذ ما يُسمى بميزة التحرك المتأخر ليس بكثير. ففي آسيا نجد فقط كوريا وسنغافورا ومنطقة تايوان بالصين وعددًا قليلاً غيرها من الكيانات الاقتصادية التي شهدت تطورًا سريعًا مستمرًّا بعد الحروب، فهذه هي الدول التي اتفقت أحوالها بدرجة مؤكدة مع مفهوم ميزة التحرك المتأخر، ولكن هناك العديد من الدول الأخرى، مثل الفلبين والهند وغيرها تحسنت ظروفها بعد الحرب، وكانت لها بداية موفقة، ولكن بعد ذلك تجمدوا في حالة من الركود الطويل المدى لأسباب متعددة. وفي الواقع فقد كانت الموارد الطبيعية في الفلبين في حالة جيدة جدًّا؛ ففي عام 1960م احتل متوسط دخل الفرد بها المرتبة الثانية في آسيا بأسرها بعد اليابان مباشرة، ولكنها بدأت بعد ذلك في طريقها إلى الهبوط، وحاليًّا تأتي في

مؤخرة دول منطقة شرق آسيا. وبهذا فإن الصين تُعد إحدى الدول القلائل في قارة آسيا؛ بل وفي العالم كله التي تستحق أن يُقال عليها الدولة النامية التي تمكنت من تحقيق ميزة التحرك المتأخر.

الباب الرابع

النقطة الرئيسة
لبناء الديمقراطية الصينية
تطوير الديمقراطية التشاورية

أقر نموذج تقرير مؤتمر الحزب خلال المؤتمر الوطني الـ 18 للحزب الشيوعي الصيني رسميًا مفهوم "الديمقراطية التشاورية"، وحدَّدها نقطة رئيسة واتجاهًا محدِّدًا لسياسة الديمقراطية الاشتراكية ذات الخصائص الصينية في المرحلة الحالية. كما قسَّم الديمقراطية من حيث الشكل إلى ديمقراطية تشاورية، وديمقراطية انتخابية، ذلك التقسيم الذي يُعد شكل تقسيم الديمقراطية ذات الطابع الصيني الكامل، الذي يعكس مفهوم الديمقراطية ذات الخصائص الصينية.

وبهذا، كان التفريق بين الديمقراطية التشاورية والديمقراطية الانتخابية، وطرح المفهوم الخاص بالديمقراطية التشاورية واعتبارها هي النقطة الرئيسة والاتجاه الخاص الحالي لسياسة الديمقراطية الاشتراكية ذات الخصائص الصينية هو أهم خصائص الديمقراطية الصينية، والخبرة الأهم التي توصل إليها بناء الديمقراطية الصينية من خلال البحث الطويل المدى.

الفصل الأول

أصل الديمقراطية التشاورية وتطورها في الصين

وفقًا للمنشورات العلنية المتاحة يتضح أن أول شرح قسَّم الشكل الأساسي للديمقراطية بين التشاورية والانتخابية، يرجع إلى ما نشره السيد جيانغ تسي مين في مارس عام 1991م، فأشار جيانغ تسي مين قائلاً: "يمارس الشعب حقوقه في إدارة البلاد من خلال الانتخاب والتصويت، أو من خلال التشاور الكامل بين الأفراد قبل الانتخاب والتصويت في أي مجال من المجالات من أجل الوصول إلى أقصى حد ممكن من توافق الآراء بشأن القضايا المشتركة، ويُعد هذان نوعي الديمقراطية الاشتراكية في بلادنا، التي لا يمكن مقارنتها بالديمقراطية الغربية، التي تُعد بالنسبة إليهم أمرًا مبهمًا لا يمكن فهمه. ويُعد وجود نوعين أمرًا أفضل من وجود نوع واحد؛ فذلك بإمكانه أن يعكس أكثر أن الشعب هو صاحب السيادة في المجتمع الاشتراكي".[1]

وقد ظهرت الديمقراطية التشاورية لأول مرة في الوثائق الرسمية للحزب والدولة في "آراء اللجنة المركزية الخاصة بتعزيز عمل المؤتمر الاستشاري" التي أُصدرت في عام 2006م، فذكرت الوثيقة: "يتم التشاور الموسع تحت قيادة الحزب الشيوعي الصيني فيما يخص كافة القضايا المهمة المتعلقة بالمصلحة الوطنية ومعيشة الشعب في بلادنا الاشتراكية ذات المساحة الشاسعة وعدد السكان الضخم، في شكل يجسد الوحدة بين الديمقراطية والمركزية. وتُعد ممارسة الشعب لحقوقه في

---

(1) طبقًا لـ "مناقشة جيانغ تسي مين للاشتراكية ذات الخصائص الصينية، طبعة خاصة"، دار النشر الخاصة بوثائق اللجنة المركزية للحزب الشيوعي، 2002م، ص 347.

إدارة البلاد من خلال الانتخاب والتصويت أو من خلال التشاور الكامل بين الأفراد قبل اتخاذ القرارات الكبرى في أي مجال من المجالات من أجل الوصول إلى أقصى حد ممكن من توافق الآراء بشأن القضايا المشتركة، هما نوعا الديمقراطية الاشتراكية في بلادنا".[1] وهكذا أُعلِن لأول مرة عن "الديمقراطية التشاورية" و"الديمقراطية الانتخابية" باعتبارهما نوعي الديمقراطية الاشتراكية ذات الخصائص الصينية.

وفي 15 نوفمبر عام 2007م، أصدر المكتب الإعلامي التابع لمجلس الدول ورقة بيضاء[2] بعنوان "نظام الأحزاب السياسية"، التي تم فيها التحديد الأول لمفهوم الديمقراطية التشاورية والديمقراطية الانتخابية؛ حيث أشار "نظام الأحزاب السياسية" إلى: "أن كلاً من الديمقراطية التشاورية والديمقراطية الانتخابية يشكلان معًا واحدة من الخصائص الكبرى للديمقراطية الاشتراكية الصينية. ويلعب كل من نظام مجالس نواب الشعب ونظام التشاور السياسي وتعاون الأحزاب المتعددة تحت قيادة الحزب الشيوعي الصيني في الصين، دورًا مكملاً لبعضهما البعض[3]".

وفي عام 2009م، أكد السيد هو جين تاو الأمين العام للحزب الشيوعي الصيني حينها مرة أخرى خلال كلمته التي ألقاها في الاحتفال بالذكرى الـ 60 لإنشاء المؤتمر الاستشاري، الشرحَ الخاص بنوعي الديمقراطية الذي ورد في "آراء اللجنة المركزية الخاصة بتعزيز عمل المؤتمر الاستشاري" المنشور عام 2006م، وأكد أن الالتزام بتعزيز التوافق وتكاثف القوى من خلال التشاور الكامل له أهمية بالغة تجاه التمسك بالوحدة العضوية بين كل من قيادة الحزب، وسيادة الشعب والالتزام بالقانون، وتجاه تطوير الديمقراطية الاشتراكية الصينية، والتحفيز الكامل للإيجابية والمبادرة بالمجالات كافة للمساهمة في تطوير الاشتراكية ذات الخصائص الصينية.

---

(1) طبعة المكتب العام للمجلس الوطني للمؤتمر الاستشاري، مركز أبحاث وثائق اللجنة المركزية للحزب الشيوعي: "المنشورات المختارة من الوثائق المهمة للمؤتمر الاستشاري"، "الجزء الثاني"، دار النشر الخاصة بوثائق اللجنة المركزية، 2009م، ص 762.

(2) هو تقرير حكومي رسمي حول قضية سياسية كبرى، نشأ هذا المصطلح في الحكومتين البريطانية والأمريكية، ويرجع سبب التسمية إلى لون غطاء التقرير الأبيض.

(3) المرجع السابق، ص 763.

وبنظرة شاملة يمكن القول إن الديمقراطية التشاورية تمكنت من خلال البحث والتلخيص التدريجي الذي مرت به خلال مرحلة تطوير الصين في أن تصل أخيرًا إلى مرحلة كونها مفهومًا نظريًا ومعيارًا مؤسسيًا، وقد مرت بين المرحلتين خلال عملية طويلة من البحث والتطوير.

(1) "نظام ثلاثة/ثلاثة" و"المؤتمر الاستشاري السياسي القديم"

أصدر ماو تسي دونغ في فترة حرب مكافحة اليابان قبل تأسيس الصين الجديدة عام 1940م مبدأ التنظيم السياسي "نظام ثلاثة- ثلاثة"، وذلك من أجل بناء وترسيخ جبهة صينية موحدة ضد العدوان الياباني.[1] وقد كان الهدف من تنفيذ "نظام ثلاثة- ثلاثة" هو الكفاح من أجل دعم القوى الوسطى. ويُعد ما يُسمى "بنظام ثلاثة- ثلاثة" هو استيعاب ممثلي الطبقة البرجوازية الصغرى، وطبقة البروليتاريا، وطبقة النبلاء المستنيرين داخل النظام الديمقراطي المناهض لليابان بقيادة الحزب الشيوعي.

وقد لخَّص تشو إن لاي ما سبق قائلاً: "لا يجب على أي حزب كبير استخدام الأغلبية المطلقة ليطغى على الشعب؛ بل يجب أن يستوعب الطرفَ الآخر، ويحقق الفوز لأفكارهم الخاصة. فتشاور الأطراف كافة، والاتفاق بالإجماع وتحقيق برنامج مشترك، يجب أن يكون هو سياسة الحكم".[2]

هذا، وقد وقَّع الحزب الشيوعي الصيني والحزب القومي الصيني (الكومينتانغ) بعد الفوز في حرب مكافحة اليابان على "اتفاقية العاشر من أكتوبر"، التي اتُّفق فيها على عقد المؤتمر الاستشاري السياسي الذي سيشارك فيه أطراف متعددة في يناير عام 1946م، والذي يُطلق عليه تاريخيًا اسم "المؤتمر السياسي الاستشاري القديم"، ويتحتم التفريق بينه وبين المؤتمر السياسي الاستشاري للشعب الصيني الذي عُقد في عام 1949م.

(1) للمزيد من التفاصيل الخاصة بهذا المحتوى يمكن الرجوع للباب الثالث من هذا الكتاب.

(2) تشو إن لاي: "عام من المفاوضات والآفاق المستقبلية"، "الأعمال المختارة لتشو إن لاي"، المجلد الأول، دار الشعب للنشر، 1987م، ص 253.

وقد دار خلال المؤتمر السياسي الاستشاري الذي عُقد عام 1946م جدال عنيف حول إعادة هيكلة الحكومة والبرنامج الإداري، وإعادة تنظيم الجيش، وحول المؤتمر الوطني ومسودة الدستور، وغيرها من القضايا، ولكن في النهاية وُضِع "الاتفاق الخاص بالقضايا العسكرية" إلى جانب خمسة قرارات أخرى.

وقد أقر المؤتمر "إعادة هيكلة حكومة الحزب القومي، بحيث يشغل نصف مقاعد اللجنة الخاصة به شخصيات عامة من خارج الحزب".[(1)] ولكن سرعان ما تم إلغاء ذلك الاتفاق الذي اتُّخذ في نوفمبر عام 1946م، وأعلن "المجلس السياسي الاستشاري القديم" قصير الأجل توقف عمله. وبالرغم من ذلك، فقد نُفِّذ "نظام ثلاثة- ثلاثة" و"المؤتمر السياسي الاستشاري القديم" خلال فترة الديمقراطية الجديدة؛ ولذلك يُعد كل منها محاولات واستكشافات أولية للشعب الصيني في تنفيذ الديمقراطية التشاورية. فبالفعل تمتعت هذه المحاولات ببعض من خصائص الديمقراطية التشاورية، وقدمت مرجعية لبناء نظام المؤتمر الاستشاري السياسي بعد تأسيس الصين الحديثة.

(2) المؤتمر الاستشاري الجديد يبدأ ممارسة الديمقراطية التشاورية

بدأ المؤتمر السياسي الاستشاري للشعب الصيني الذي عُقد في عام 1949م الممارسة الجديدة للديمقراطية التشاورية، التي بُنيت في الصين الحديثة. وقد قال الرئيس الصيني ماو تسي دونغ سابقًا: "إن الصين الجديدة هي دولة بناها التشاور".

وفي الـ 30 من إبريل عام 1948م، أطلق الحزب الشيوعي الصيني "شعار ذكرى عيد العمال بـ«الأول من مايو»"؛ وذلك من أجل تعبئة مواطني طبقات الشعب كافة لتحقيق المهمة المجيدة لبناء الصين الجديدة، والذي نادى بـ "سرعة عقد كافة الأحزاب الديمقراطية والجماعات الشعبية والنخبة الاجتماعية للمؤتمر الاستشاري السياسي، ومناقشة وتنفيذ عقد مجالس نواب الشعب وتأسيس حكومة ائتلافية".[(2)]

---

(1) رئيس التحرير هو شنغ: "70 عامًا للحزب الشيوعي الصيني"، دار نشر تاريخ الحزب الشيوعي، 1991م، ص 238.

(2) "الأعمال المختارة من ملفات اللجنة المركزية" (14)، دار نشر مدرسة الحزب للجنة المركزية للحزب الشيوعي، 1987م، ص 111.

ففي الفترة السابقة لبناء الصين الجديدة، رفع الحزب الشيوعي الصيني راية التشاور السياسي مرة أخرى. وقد لاقى إصدار "شعار الأول من مايو" استجابة حماسية من الأحزاب الديمقراطية والديمقراطيين اللاحزبيين، وأخذ المسؤولون الأساسيون بالأحزاب الديمقراطية والشخصيات العامة يرسلون واحدًا تلو الآخر، برقيات للحزب الشيوعي، وبرقيات عامة للأمة يؤيدون فيها عقد "المؤتمر الاستشاري السياسي الجديد"، ويوافقون على تأسيس حكومة ائتلافية ديمقراطية تشارك فيها الأحزاب الديمقراطية كافة.

وبالفعل عُقدت الجلسة الكاملة بالدورة الأولى للمؤتمر الاستشاري السياسي للشعب الصيني في الفترة من 21 سبتمبر عام 1949م حتى 30 سبتمبر عام 1949م. ويُعد هذا هو مؤتمر تأسيس الصين الجديدة، فقد تم خلال هذا المؤتمر إقرار ثلاث وثائق تاريخية متعلقة بإرساء الصين الجديدة: "المخطط العام للمؤتمر الاستشاري السياسي للشعب الصيني" و"قانون تنظيم المؤتمر الاستشاري السياسي للشعب الصيني" و"قانون تنظيم الحكومة المركزية الوطنية لجمهورية الصين الشعبية"، وذلك على أساس التشاور الموسع الذي شارك فيه 46 وحدة و662 ممثلاً. ولقد اعتُبر "المخطط العام للمؤتمر الاستشاري السياسي للشعب الصيني" دستورًا مؤقتًا للصين الجديدة، وأصبح "الميثاق الأعظم" الصيني الذي التزم الشعب في أنحاء البلاد كافة بالامتثال إليه.

هذا، وقد نص "قانون تنظيم المؤتمر الاستشاري السياسي للشعب الصيني" على أن التشاور السياسي هو أولاً وأخيرًا المهمة الخاصة بالمؤتمر الاستشاري، بالإضافة إلى ذلك تم التأكيد على القوانين والتنظيمات الخاصة بذلك، مما يدل على أن المؤتمر الاستشاري أصبح مؤسسة لتصميم القوانين، وأن التشاور السياسي قد تحول من نوع من الأفكار والتخطيط القانوني إلى كونه نظامًا تتم ممارسته، ويُسمى بنظام التشاور السياسي.

(3) التطور الجديد وإضفاء الطابع المؤسسي على الديمقراطية التشاورية في الفترة الجديدة

ابتداءً من عام 1957م أدى العديد من الأحكام الخاطئة والانحرافات الفكرية التي تشكلت داخل البلاد وخارجها، إلى جانب سلسلة الحركات السياسة الخاطئة التي قام بها قادة الحزب الشيوعي الصيني، واحدًا تلو الآخر، وعلى رأسهم ماو تسي دونغ، كحركة "مكافحة اليمنية"، وحركة "التطهيرات الأربعة"، و"الثورة الثقافية الكبرى" وغيرها، إلى جعل البلاد تنحرف عن المسار الصحيح وإعاقة التطور الطبيعي لبناء الديمقراطية الصينية. وبالتزامن مع هذا تضرر تضرُّرًا كبيرًا نظام التشاور السياسي الذي يُعد الناقل الرئيس للديمقراطية التشاورية، ومر بناء الديمقراطية التشاورية بفترة ركود كبيرة، لدرجة أن المؤتمر الاستشاري السياسي توقف عن الانعقاد بشكل طبيعي.

وفي عام 1979م بدأت الجلسة الكاملة الثالثة للحزب الشيوعي الصيني بالدورة الحادية عشرة فترة الإصلاح والانفتاح الجديدة. وشهدت الديمقراطية التشاورية الصينية تطورًا كبيرًا خلال الفترة التاريخية الجديدة، وفي النهاية تكونت مجموعة كاملة من النظم الديمقراطية التشاورية التي تتخذ من التشاور السياسي والتشاور الاجتماعي محتوى لها وخصائص تميزها.

هذا، وأشار دنغ شياو بينغ بعد فترة قليلة من الجلسة الكاملة الثالثة قائلاً: "إن تحقيق التعاون بين الأحزاب المتعددة تحت قيادة الحزب الشيوعي الصيني، هو القرار الذي اتخذته الظروف التاريخية والفعلية ببلادنا، وهو أيضًا واحد من المميزات الخاصة بالنظام السياسي الصيني".[1]

وفي سبتمبر عام 1982م، طوَّر المؤتمر الوطني الثاني عشر للحزب الشيوعي الصيني سياسة الـ 8 رموز (التعايش الطويل الأمد والإشراف المتبادل) لتصبح سياسية الـ 16 رمزًا (التعايش الطويل الأمد والإشراف المتبادل، والإخلاص

(1) دنغ شياو بينغ: "الأحزاب الديمقراطية والجمعيات الصناعية والتجارية هي القوة السياسية الخادمة للاشتراكية"، "الأعمال المختارة لدنغ شياو بينغ"، المجلد الثاني، دار الشعب للنشر، 1994م، ص 205.

والتعاطف المتبادل، وتقاسم السراء والضراء)، وبهذا تم التأسيس الرسمي لسياسة "الستة عشر رمزًا" الخاصة بعلاقة الأحزاب الديمقراطية والحزب الشيوعي الصيني[1]، والتي أصبحت السياسة الأساسية لتعاون الأحزاب المتعددة تحت قيادة الحزب الشيوعي الصيني في المرحلة الجديدة.

وفي أكتوبر عام 1987م، دمج المؤتمر الوطني الثالث عشر للحزب الشيوعي الصيني بين نظام التشاور السياسي ونظام تعاون الأحزاب المتعددة تحت قيادة الحزب الشيوعي الصيني ليصبحا "نظام التشاور السياسي وتعاون الأحزاب المتعددة تحت قيادة الحزب الشيوعي الصيني". وفي نهاية عام 1989م طُرحت "آراء اللجنة المركزية الخاصة بالالتزام وتحسين نظام التشاور السياسي، وتعاون الأحزاب المتعددة تحت قيادة الحزب الشيوعي الصيني"، التي أرست نظام التشاور السياسي وتعاون الأحزاب المتعددة تحت قيادة الحزب الشيوعي الصيني نظامًا سياسيًّا أساسيًّا.

وخلال المؤتمر الوطني الشعبي في بداية عام 1993م، أُدرِج محتوى "الوجود والتنمية الطويلة الأجل لنظام التشاور السياسي وتعاون الأحزاب المتعددة تحت قيادة الحزب الشيوعي الصيني" في الدستور، وبذلك حاز نظام التشاور السياسي وتعاون الأحزاب المتعددة تحت قيادة الحزب الشيوعي الصيني ضمانة أساسية من قانون البلاد الأكبر. وبالدخول إلى القرن الـ 21، وبالتزامن مع التطور السريع للتصنيع والتحضر في الصين ظهر الكثير من المشكلات والتناقضات الاجتماعية والظروف الاجتماعية الجديدة ظهورًا مستمرًّا، وعلى جانب آخر استمر تعزيز تنمية الديمقراطية التشاورية الصينية. وقد دخلت الديمقراطية التشاورية بعد المؤتمر الوطني السادس عشر للحزب الشيوعي الصيني، مرحلةَ التنظيم والتطبيع وإضفاء الطابع المؤسسي.

وظهرت الديمقراطية التشاورية أولاً على مستوى نظام التشاور السياسي وتعاون الأحزاب المتعددة تحت قيادة الحزب الشيوعي الصيني، ثم سارت بعد ذلك

---

(1) طبقًا لـ "الآراء الخاصة بالالتزام وتحسين نظام التشاور السياسي وتعاون الأحزاب المتعددة تحت قيادة الحزب الشيوعي الصيني" الذي أصدرته اللجنة المركزية عام 1989م.

نحو مسار الإجرائية والتطبيع، مكونة خطوات العمل المؤسسية للتشاور السياسي قبل اتخاذ القرار وخلال اتخاذ القرار.

وفي عام 2005م أصدرت اللجنة المركزية "الآراء الخاصة بتعزيز بناء نظام التشاور السياسي وتعاون الأحزاب المتعددة تحت قيادة الحزب الشيوعي الصيني"، الذي اتُّخذت فيه قرارات خاصة متعلقة بزيادة تحسين محتوى التشاور السياسي وشكله ونظامه: فتم تقرير تنفيذ التشاور قبل اتخاذ القرارات في القضايا الكبرى وخلال مرحلة تنفيذ هذه القرارات، وإدخال التشاور السياسي في خطوات عملية صنع القرار، كما تم توضيح الشكلين الأساسيين للتشاور السياسي، وهما "التشاور السياسي بين الحزب الشيوعي وكافة الأحزاب الديمقراطية" و"التشاور السياسي خلال المؤتمر الاستشاري السياسي بين الحزب الشيوعي وكافة الأحزاب الديمقراطية والشخصيات العامة الممثلين عن مختلف القطاعات"، وتحديد محتوى الحزب الشيوعي وبرنامجه، وكافة الأحزاب الديمقراطية والديمقراطيين اللاحزبيين، وبهذا أُضفي مزيد من الطابع المؤسسي على نظام التشاور السياسي.

وفي نوفمبر عام 2013م، جاء في تقرير المؤتمر الوطني الـ 18 للحزب الشيوعي الصيني شرح دقيق وشامل للديمقراطية التشاورية، فأشار التقرير إلى أن الديمقراطية التشاورية هي آلية عمل ونظام موسع ومتعدد المستويات، وتتمثل قنوات التشاور الرئيسة في كل من أجهزة السلطة السياسية، ومنظمات التشاور السياسي والأحزاب والجماعات السياسية، ومواطني الدرجة الأساسية، أما عن محتوى التشاور فهو كافة القضايا الكبرى الخاصة بالتطور الاجتماعي والاقتصادي، والقضايا الفعلية المتعلقة بمصالح المواطنين أنفسهم، كما أشار التقرير إلى أن الهدف من التشاور هو طلب المشورة وتركيز حكمة الشعب، وزيادة التوافق وتعزيز القوة، وإدخال التشاور السياسي ضمن عملية صنع القرار والالتزام بالتشاور مبدأ أساسيًّا قبل اتخاذ القرار وأثناء تنفيذه. وفي الوقت نفسه، تفعيل دور المؤتمر الاستشاري السياسي باعتباره قناة مهمة للديمقراطية التشاورية، والتعمق في تنفيذ التشاور المهني والتشاور بالمناظرات، والتشاور حسب الأوساط، والتشاور على الاقتراح المقدم، والتشاور على الاختلاف، وغيرها من أشكال التشاور.

وقد دل هذا الشرح والنشر المهم على التأسيس الرسمي لنظام ونظرية الديمقراطية التشاورية الاشتراكية، وهكذا عُرضت الحدود الجديدة لتطوير وبناء نظام الديمقراطية الصينية.

الفصل الثاني

القيمة التاريخية والملامح الرئيسة للديمقراطية التشاورية الصينية

ترتفع الصين إلى السماء يومًا بعد يوم، وتنمو تدريجيًّا لتصبح قوة عالمية. ولقد لعب التطور السياسي دورًا مهمًّا في ارتفاع الصين ونهوضها، كما جذب التطور السياسي الصيني انتباه العالم أجمع. فبالتزامن مع عملية تطوير التحديث والتصنيع بالصين تم تشكل وتطوير بناء السياسية الديمقراطية الاشتراكية ذات الخصائص الصينية، وأصبح التشاور السياسي هو الخاصية الرئيسة والشكل المهم للديمقراطية الصينية، وذلك من خلال التنمية والاستكشاف اللذين داما لمدة 60 عامًا بعد بناء الصين الجديدة، وبصفة خاصة من خلال التنمية والاستكشاف في الـ 30 عامًا التي مرت بعد الإصلاح والانفتاح.

(1) القيمة التاريخية للديمقراطية التشاورية الصينية المعاصرة

بالطبع لا يمكن فصل الأسباب التي يسرت إمكانية ظهور الديمقراطية التشاورية وتطورها في الصين عن البيئة الخارجية والظروف الخاصة بها، ولكن الأكثر أهمية من معرفة تلك الأسباب هو حقيقة أن الديمقراطية التشاورية لعبت دورًا في مختلف المراحل التاريخية المختلفة، ويُعد هذا هو السبب المهم في قدرة الديمقراطية التشاورية الصينية على التطور المستمر. فالديمقراطية التشاورية هي الميزة الكبرى للديمقراطية الاشتراكية ذات الخصائص الصينية، فلماذا كان من الضروري التعزيز الموسع للديمقراطية التشاورية؟

بشكل أساسي يمكن القول، إن الديمقراطية التشاورية هي الشكل الديمقراطي

الأنسب والأكثر ملائمة للتطور الاجتماعي والاقتصادي الصيني بالفترة الحالية. فترتيبات النظام التنافسي لا تتناسب مع المجتمع الصيني الحالي، في حين يمكن للتشاور الديمقراطي أن يقوم بتسوية التناقضات الاجتماعية والبحث عن أرضية مشتركة وزيادة التوافق. فوظيفتها الداخلية وتوجه قيمتها له القدرة على حل الصراعات الاجتماعية وتعزيز التوافق الاجتماعي وزيادة التناغم الاجتماعي. ويُعد اختيار الديمقراطية التشاورية هو الشكل الرئيس لممارسة الديمقراطية الصينية في المرحلة الحالية، ويكمن سبب ذلك في امتلاكها قيمة تاريخية ومعاصرة كبيرة.

1- الديمقراطية التشاورية لها القدرة على تعزيز تكامل العلاقات الاجتماعية، وتقليل التناقضات الاجتماعية وزيادة التوافق الاجتماعي:

تعمل الديمقراطية التنافسية على إحداث تضارب في المصالح بكل سهولة من خلال تعزيز الخلافات وتأثير مبدأ "الفائز يأخذ كل شيء" الخاص بها. بينما تسعى طبيعة التشاور إلى الوصول إلى التقاء المصالح والبحث عن "العامل المشترك" الأكبر، فتهتم بمصالح الأطراف كافة، وتعمل على تعزيز التوصل إلى تفاهم وشكل المصلحة المشتركة. ولقد كان هذا هو بالضبط أكثر ما ساهم في حل التناقضات الاجتماعية، وتعزيز طريق التكامل الاجتماعي خلال الفترة الانتقالية للتصنيع، وفترة تعدد التناقضات الاجتماعية.

ويظهر التوافق الاجتماعي وتعزيز التكامل الاجتماعي الذي تشكله الديمقراطية التشاورية في المرحلة الحالية ظهورًا أساسيًّا في التنسيق والتكامل بين العلاقات الثلاث الكبرى: الأحزاب والمجموعات الاجتماعية الناشئة والقوميات، فالناقل الرئيس الذي يعتمد عليه التكامل الاجتماعي هو التنظيمات الحكومية وتنظيمات الأحزاب والتنظيمات المدنية.

وفيما يتعلق بالتكامل الاجتماعي بين العلاقات الثلاث الكبرى، تأتي العلاقات بين الأحزاب في المقام الأول، وقد تم تعزيز العلاقة التعاونية بين الحزب الحاكم والأحزاب الديمقراطية والمجموعات الوطنية بالاعتماد على المؤتمر الاستشاري الصيني ونظام التشاور السياسي، وفي السياق نفسه، كان جوهر نظام

التشاور السياسي، وتعاون الأحزاب المتعددة تحت قيادة الحزب الشيوعي الصيني الذي أسسته الصين، هو أنه نوع من العلاقات التشاورية التعاونية تحت قيادة الحزب الشيوعي الصيني، فيتم التشاور بين الأحزاب الديمقراطية والديمقراطيين اللاحزبيين في القضايا الكبرى، على أن يتم خلال هذا التشاور ضبط العلاقات المشتركة بين الأحزاب وكافة القوى الديمقراطية، وتفعيل دور التشاور في التنسيق بين مصالح جميع الأفراد، وتكامل سائر أنواع القوى السياسية، حتى يتم في النهاية تعزيز شكل التوافق ودفع التطوير الوظيفي.

هذا، وقد حققت الصين بعد الإصلاح والانفتاح تقدمًا تاريخيًّا في البناء الاجتماعي والثقافي والاقتصادي وغيرها من المجالات، وفي هذه الأثناء حدث انقسام بين المجموعات الاجتماعية يومًا بعد يوم، وتعددت المصالح تدريجيًّا، وزادت التناقضات الاجتماعية. وبالتزامن مع البناء الأساسي لاقتصاد السوق الاشتراكي الذي اتخذ من الملكية العامة هيكلاً رئيسًا له، ومن القطاع الخاص مكملاً مهمًّا لا غنى عنه، ظهر في المجتمع الصيني العديد من الفئات الاجتماعية الجديدة التي تمثلت أساسًا في ثلاث مجموعات: أصحاب المشروعات الخاصة، وعمال الياقات البيضاء[1]، والعمال الريفيين المهاجرين في المدن.

وتألفت هذه الفئات الاجتماعية الجديدة التي تعيش على حافة النظام بصورة رئيسة من العاملين بالاقتصاد غير العام، والعمالة الحرة والعمال المهاجرين، الذين اعتُبروا بناة أعمال الاشتراكية ذات الخصائص الصينية، والأساس المجتمعي المكون لسلطة الدولة، ومن الضروري أن تحوز مصالحهم اهتمامًا ورضًا من سلطات الدولة.

وتُعد الديمقراطية التشاورية آلية التنسيق بين المصالح والمشاركات السياسية، آلية لها القدرة على جعل جميع الفئات الاجتماعية تعبِّر عن مطالبها ومساعيها الذاتية، وتحمي مصالحها الشخصية، وفي الوقت نفسه تتحمل مسؤولية خدمة المجتمع. فالصين دولة وحدوية متعددة القوميات، تشتمل أراضيها على 56 قومية.

---

(1) عمال الياقات البيضاء هو مصطلح غربي يُطلق على أولئك الناس الذين يقومون بعمل «ذهني» مكتبي، مثل المديرين والمختصّين.

وقد أُسِّس نظام الحكم الذاتي لمناطق القوميات داخل إطار الدولة الوحدوية، بهدف الحفاظ على وحدة القوميات واستقرارها في ظل شرط الدولة الموحدة، فوحدة القوميات تُعد عاملاً مهمًّا متعلقًا بانسجام المجتمع واستقراره.

وللديمقراطية التشاورية القدرة على تعزيز التفاهم والتعايش بين القوميات كافة، فداخل المؤتمر الاستشاري السياسي، الذي يُعد النظام السياسي الصيني المهم في المرحلة الحالية، يوجد أعضاء ممثلون عن القوميات، ومفوضون دينيون، وبذلك تتصل الغالبية العظمى من الأقليات العرقية والمعتقدين الدينيين بعضهم ببعض، مستخدمين قوة التأثير وقوة التماسك وقوة التجمع في تشكيل مجموعة كاملة من نظم العمل الديني، ونظم العمل القومي التي تتسم بخصائص المؤتمر الاستشاري السياسي، وبهذا تصبح جزءًا مهمًّا من الأجزاء المكونة لآلية العمل الدينية والقومية للحزب والدولة، وتلعب دورًا فريدًا في مجال العمل الديني والقومي للحزب والدولة.

فلما كانت أغلبية الأقليات القومية الصينية تمتلك اعتقادًا دينيًّا؛ بل إن منها ما يُسمى بالقوميات المتدينة بالكامل، ظهرت بطبيعة الحال المشكلات العقائدية بالمجتمع، وضرورة المعالجة الجيدة للعلاقة بين الاشتراكية والدين. وبالطبع سوف يكون استخدام شكل الديمقراطية التشاورية ذا نفع في حماية الحقوق والمصالح المشروعة الثقافية والسياسية والاقتصادية للطوائف الدينية والأقليات القومية، ويساعد على بناء علاقة التعايش والتناغم بين القوميات وبعضها، وبين المعتقدين الدينيين وبعضهم.

2- الديمقراطية التشاورية لها القدرة على تعزيز الإشراف الديمقراطي ورفع جودة الديمقراطية:

إن الديمقراطية التشاورية والديمقراطية الانتخابية والديمقراطية ذات مبدأ قرار الأغلبية، ليست متعاكسة ومتناقضة تمامًا، ولكن عن طريق الديمقراطية التشاورية يتم التعبير الكامل عن جميع الآراء، فتتم إتاحة الفرصة للاستفادة من خبرات الآخرين من خلال عملية تبادل الآراء ومناقشتها، فيستفيد الأقل خبرة من الأكثر

خبرة، كما يتم تجنب التحيز، بالإضافة إلى وجود إمكانية الوصول إلى قرار بالإجماع؛ وبهذا يتم الجمع بين مبدأي "الانصياع لرأي الأغلبية" و"احترام رأي الأقلية" معًا.

وقد كانت خصائص الديمقراطية التشاورية من الشفافية والمساواة والانتشار السبب في أن يكون لها القدرة على الإشراف الديمقراطي في العديد من المجالات، ورفع جودة الديمقراطية وتحقيق التكامل إلى أقصى درجة بين مصالح "الأقلية" و"الأغلبية". فإن استخدام السلطة للعلنية والشفافية هي الطريقة الفعالة للإشراف الديمقراطي.

وتمتلك الديمقراطية التشاورية خاصية العلنية، فمن خلال بحث وتداول السياسات العامة، وإعلان كافة المواد المتعلقة بصياغة السياسات، والتشاور على أساس المساواة بين أصحاب المصالح، تزداد درجة الشفافية في عملية اتخاذ القرار بنظام الحزب والدولة، ويُنفَّذ حق المواطنين في المشاركة وحقهم في المعرفة، مما يسهم في منع حدوث عملية "الصندوق الأسود".

أما عن المشاركة الواسعة التي تتميز بها الديمقراطية التشاورية، فهي تجعل من الممكن الحفاظ على المصالح الجماعية والفردية من خلال التشاور والمناقشة؛ بل ومن الممكن أيضًا أن يتم تجاوز المصلحة الفردية أو الجماعية، الأمر الذي له فاعلية في الحفاظ على المصلحة الاجتماعية المشتركة، ويلعب بذلك وظيفة الإشراف السياسي. كما تجعل مبادئ الديمقراطية التشاورية من المساواة وتحمُّل المسؤولية والاستجابة الظرفية لها، القدرة على الإشراف الفعال على السلطة العامة، وبصفة خاصة على حرية التصرف بالإدارة الحكومية؛ فهي تمتلك نوعًا من تأثير "جميع المشاركين في التشاور السياسي لهم فرص متكافئة في تحديد القضايا، ومناقشة الحجج والأدلة، وتشكيل جدول أعمال، ومن الممكن أن تشتمل عملية التشاور على مختلف المصالح والمواقف والقيم، فيمكن للتشاور أن يحقق أقصى قدر من المعرفة الاجتماعية من خلال عملية المناقشة وصنع القرار". [1]

---

[1] تشين جيا قانغ: "الديمقراطية التشاورية: المفهوم والعوامل والقيمة"، "مجلة مدرسة الحزب التابعة للجنة المركزية بمدينة تيانجين"، 2005م، الإصدار الثالث.

فآلية التشاور العامة التي تُأسسها الديمقراطية التشاورية لها القدرة على تنسيق تفضيلات القيم بين الحكومة والمجتمع والأفراد، فتجعل المصلحة العامة هي "القيمة الكبرى" للمصالح الاجتماعية المتعددة، وكذلك لها القدرة على الوصول إلى التعبير عن المصالح وتنسيق المصالح وتحقيقها من خلال المساواة بين كافة الأطراف، والمناقشة الحرة والجدال والتشاور، ويجدر القول إن هذا أصبح هو القيمة الأعلى والهدف الأهم لعملية تطوير الديمقراطية الصينية المعاصرة، وأحد القيم المعاصرة للديمقراطية التشاورية أيضًا.

3- الديمقراطية التشاورية لها القدرة على رفع مستوى صنع القرار العلمي وزيادة معدل فاعليته وخفض التكاليف السياسية:

يُعد الجدال والمنافسة العلنية هي الشروط الأساسية لكل من الديمقراطية التنافسية والديمقراطية بالتصويت والديمقراطية الانتخابية، وبالرغم من أن هذه الأشكال للديمقراطية لها العديد من المزايا إلا أنها تمتلك في الوقت نفسه نقطة ضعف واضحة، تتمثل في إخراج الخلافات والتناقضات إلى العلن. ويتسبب إخراج الخلافات والتناقضات إلى العلن في جعل القضايا الأساسية تجريدية ومعيارية، ويسهم في تكوين القيم المتعارضة والأحكام الأخلاقية، ونتيجة لذلك تُرفع تكاليف المعاملات المؤدية إلى وجود تناغم وتوافق وفهم اجتماعي مشترك.

أما الديمقراطية التشاورية فتسعى إلى إيجاد نقاط مشتركة وتنحية الخلافات، ولها القدرة في كافة الظروف على تجنب التناقضات الصارخة، وعدم إخراج الخلافات إلى العلن، وبالتالي تصبح ذات قدرة هائلة على تسوية الخلافات والوصول إلى فهم اجتماعي مشترك، والحد من تكاليف المعاملات الخاصة بتسوية الصراعات والوصول إلى حلول وسطية.

ومثلما قال السيد وانغ يانغ الأمين العام للجنة الحزب لمقاطعة قوانغدونغ حينذاك خلال اجتماع عمل المؤتمر الاستشاري بقوانغتشو لعام 2011م: "إن الديمقراطية التشاورية الصينية ذات «معدل فاعلية عالٍ، وتكاليف قليلة، ونتائج جيدة»، ويجب سماع رأي المؤتمر الاستشاري السياسي في جميع مراحل اتخاذ

القرارات المهمة من أجل ضمان عملية هذا القرار".(1)

فالديمقراطية التشاورية لها تأثير في ثلاثة مجالات رئيسة خلال عملية اتخاذ القرار: الأول هو منع التسرع في عملية اتخاذ القرار؛ فنظام القرارات التي تُتخذ من خلال اشتراك أطراف متعددة من الممكن أن يقوم بالكشف الفعال عن المشكلات التي قد ينطوي عليها القرار، الأمر الذي يساعد الحكومة والحزب على التمعن وإعادة التفكير في المزايا والعيوب لهذا القرار، ومن ثم القيام بالخيار الأفضل. والثاني هو منع التباطؤ في عملية اتخاذ القرار؛ فالديمقراطية التشاورية هي منصة عالية المستوى لتجميع حكمة الأفراد ومعرفتهم، فيتم تبادل الخبرات العملية والمعارف النظرية الثرية بين جميع الأطراف المشاركة في التشاور، مما يعطي أساسًا نظريًّا عمليًّا للقرارات التي تُتخذ على جميع مستويات الحزب والحكومة، ويقوم بتحليل وتوقع الآفاق المستقبلية والمخاطر المحتملة. والثالث هو منع التنفيذ غير الفعال للقرار، "تتخلل الديمقراطية التشاورية عملية اتخاذ القرار، وتقوم بمراقبة كيفية تنفيذ القرار أثناء عملية تنفيذه، فتقدم بذلك طبقة أخرى من شبكة الحماية التي تضمن في النهاية الهبوط الآمن لعملية تنفيذ القرار".(2) فيتجسد المضمون الأكبر لآلية صنع القرار الديمقراطي في شكل النظام، وتنظيم وضمان العمل الفعال لهذه الآلية من خلال هذا النظام.

وحاليًّا يُعد المؤتمر الاستشاري السياسي هو القناة الأساسية للديمقراطية التشاورية في الصين، ومن أجل ضمان قيام المؤتمر السياسي بدور فعال، واعتباره النظام الخاص بعناصر صنع القرار الديمقراطي يتحتم أساسًا وجود بعض النظم: نظام البحث المسحي، ونظام اقتراح الأعمال، ونظام عكس الأوضاع الاجتماعية والرأي العام.

---

(1) ليو تشينغ شو: وانغ يانغ: "إن الديمقراطية التشاورية الصينية ذات «معدل فاعلية عالٍ وتكاليف قليلة ونتائج جيدة»"، "جريدة شينكواي"، 2011/8/30م.

(2) لين شانغ لي: "الحزب الشيوعي الصيني والمؤتمر الاستشاري السياسي"، مركز الشرق للنشر، 2011م، ص 274.

(2) الأشكال الرئيسة للديمقراطية التشاورية الصينية

شكلت ممارسات الديمقراطية التشاورية الصينية حاليًّا العديد من المجالات التي تغطي المجتمع، ويتم العمل بها في جميع الأنظمة العامة لإدارة الحكم بين الحزب والدولة والمجتمع والمواطنين، ويعتبر ما يلي من أشكالها الرئيسة:

أولًا: التشاور السياسي

يقوم الحزب الحاكم بالصين في ظل قانون التشاور السياسي، وتعاون الأحزاب المتعددة تحت قيادة الحزب الشيوعي الصيني، بالتشاور مع الأحزاب الديمقراطية، والاستماع الكامل لآرائهم حول السياسات الأساسية الوطنية المتعلقة بالمشكلات المهمة الخاصة بمعيشة الشعب والثقافة والاقتصاد والسياسية، أو باختيار القادة المهمين بالبلاد. وتُستوعب الآراء المكوَّنة خلال التشاور في عملية اتخاذ القرارات، وصياغة القوانين التي يقوم بها الحزب الحاكم؛ لتكون تلك الآراء بذلك هي أساس السياسات والقوانين والقرارات المهمة.

ويتخذ التشاور بين الحزب الحاكم والأحزاب المشاركة في الشؤون السياسية عدة أشكال، كالمؤتمر الاستشاري السياسي، ومجموعات النقاش الصغيرة النطاق، والندوات والاقتراحات الخطية التي تقدمها الأحزاب المشاركة إلى اللجنة المركزية، وغيرها.

ثانيًا: التشاور الإداري

تدور مشاورات الحكم بين حكومات الشعب على جميع المستويات والمواطنين المعنيين المتعلقة بالقضايا العامة، والسياسات العامة، والشؤون العامة، والتناقضات الاجتماعية حول عرض المشكلات الخاصة بالمصالح العامة الفعلية، ومصالح الشعب الحيوية. ويكمن هدف هذه المشاورات في تحقيق التعبير عن المصالح وتجميعها والتنسيق بينها، وتعزيز المستوى العلمي والديمقراطي للقرارات التي تتخذها الحكومة، وتجسيد إرادة ومتطلبات الشعب، وفي الوقت نفسه تقوية وتحسين عدالة وعقلانية السياسات العامة، والأداء الممتاز لعمل الحكومة. ويُعد

هذا المستوى من التشاور امتدادًا لنظام الديمقراطية التشاورية الصينية، ونتيجة من نتائج الإصلاح والانفتاح، وتنمية الإدارة العامة، فيعكس اتجاه العلاقة بين الشعب والحكومة نحو الشكل الأمثل خلال عملية التنمية السياسية الصينية، ويجسد توسع المشاركة السياسية المنظمة للشعب.

وخلال ممارسة هذا النوع من المشاورة يظهر له أشكال متعددة، كالمداولات الديمقراطية، والتواصل عن طريق التشاور، وجلسات الاستماع العامة، والحوار المتعدد الأطراف، واستشارات صنع القرارات، والمناقشات الجماعية، وتعليقات وسائل الإعلام، وغيرها.

ثالثًا: التشاور الاجتماعي

يُقصد به ما يحدث في نطاق الحكم الذاتي للريف والحضر من الحل الذاتي للقضايا العامة والمصالح العامة والتناقضات الاجتماعية، وتحقيق مسار التنمية المنظمة، ويتضح أكثر في خطوات الإدارة الديمقراطية للحكم الذاتي الاجتماعي، والتفاف المواطنين حول الشؤون العامة، ويعمل على تحقيق الإدارة الذاتية والتعليم الذاتي، والخدمة الذاتية، ويستخدم التشاور والاتصال والتنسيق من أجل الوصول إلى الحكم الجماعي. وبالإضافة إلى ذلك، عادة ما يتم تنفيذ طريقة التشاور من أجل تنسيق علاقات العمل والشؤون العامة ذات الصلة داخل المشروعات والمؤسسات العامة.

ولذلك، ينتمي هذا المستوى من التشاور للحكم التداولي المستقل، ودائمًا ما يتخذ طرق تشاور متعددة تختلف طبقًا للزمان والمكان والأمر ذات الصلة، مثل: التحدث بالمنطق، ومنتديات سكان الحضر وتقييمات المواطنين، والمناقشات الرسمية الاجتماعية، والمناقشات الرسمية للحزب والجماهير والحوارات المتبادلة عبر الإنترنت وغيرها، فهو نوع من التشاور لا يقتصر على شكل واحد، ويتميز بالعمومية والعمق والتعامل بشكل يومي مع كافة القضايا الملموسة.[1]

---

(1) رئيسا التحرير: السيد تشين شينغ يونغ، والسيد خيه باو قانغ: "تنمية الديمقراطية التشاورية"، دار نشر العلوم الاجتماعية الصينية، 2006م، ص 89-90، و97-100.

ويلتزم تطوير الديمقراطية التشاورية الصينية بالانطلاق من الواقع الفعلي، فيتم الاستكشاف والبحث الإيجابي عن طريق ومسار له القدرة على التعبير الكامل عن طموحات ونوايا كافة الأطراف، والدمج بين آراء الجميع، وتكون نقطة الانطلاق والهدف الخاصة به هي حماية المصالح الجماعية الكبرى، وتعزيز بناء الديمقراطية، كما يكون ذا قدرة على استيعاب التراث الثقافي التقليدي الصيني، وبذلك نجد أنه في الخلفية الخاصة بعصر الإصلاح والانفتاح أصبحت الديمقراطية التشاورية هي الشكل الديمقراطي المهم للسيادة الشعبية، الذي يضمن المشاركة السياسية الشعبية المنظمة.

(3) الملامح الرئيسة للديمقراطية التشاورية الصينية

أولًا: يتميز التشاور السياسي بنطاقه الواسع، ويلعبه دورًا موسعًا في الحياة الاجتماعية والسياسية

إن التشاور السياسي في الصين المعاصرة لا يقتصر فقط على المؤتمر الاستشاري السياسي، ولكنه ينمو ويتطور في كافة المجالات المختلفة المهمة الخاصة بالحياة السياسية والاجتماعية بالصين. فالتشاور السياسي في الصين لا يوجد فقط في التشاور حول القضايا الوطنية المهمة، الذي يدور بين الحزب الشيوعي الصيني الحاكم وبين كافة الأحزاب الديمقراطية والديمقراطيين اللاحزبيين المشاركين في الحياة السياسية، ومناقشة الشؤون الحكومية، فخلال ممارسة الديمقراطية على المستوى الشعبي توجد أيضًا مشاورات موسعة حول المصالح العامة والشؤون العامة، التي يتم إضفاء الطابع المؤسسي إليها تدريجيًّا. وقد لاقت هذه الظاهرة منذ عصر الإصلاح والانفتاح تطويرًا وتطبيقًا موسعًا خلال عملية ممارسة الديمقراطية على المستوى الشعبي.

وفيما يخص هذا المجال، تُعتبر "المداولات الديمقراطية" بمنطقة وينلينغ بمدينة تايتشو التابعة لمقاطعة تشجيانغ، أحد النماذج المثالية لنظام التشاور الشعبي للشؤون العامة الأساسية. وطبقًا لاستطلاعات الرأي في أنحاء البلاد كافة، بدأ هذا

النوع من الممارسات في الانتشار، وأصبح شكلاً جديدًا من أشكال الديمقراطية الصينية الشعبية، شكلاً ذا درجة انتشار عالية.

ثانيًا: استمرار مضمون التشاور السياسي الصيني في الاتساع والإثراء

ظهر التشاور السياسي على مر التاريخ بشكل رئيس في المستوى السياسي، مكونًا شكلاً مهمًّا للعلاقة بين السياسة والتحالفات السياسية، ولقد كان هذا هو الحال دائمًا فيما يخص هذه النقطة، سواء في الممارسة الديمقراطية الرأسمالية الغربية التاريخية أو المعاصرة. أما بالنسبة لممارسة التشاور السياسي في الصين، فيستخدم التشاور استخدامًا موسعًا خلال اختيار القادة السياسيين وتعيينهم، وأصبح آلية مهمة لتحديد التوظيف السياسي والخلافة السياسية. وينبغي القول، إن استخدام التشاور السياسي في اختيار وتعيين كوادر القادة بمختلف المستويات، هو استكشاف عملي مهم للديمقراطية الصينية المعاصرة، ويلعب دورًا مهمًّا مكملاً للديمقراطية الانتخابية خلال الممارسات الديمقراطية الصينية بالمرحلة الحالية، بالإضافة إلى دوره الفريد ذي الأهمية الحيوية الذي يلعبه تجاه ترسيخ وتوسيع القاعدة الشعبية للحزب الحاكم، وتعزيز شرعية الحكم.

ثالثًا: استمرار التشاور السياسي الصيني خلال عملية الممارسة في استكشاف أشكال نظم قانونية معيارية، واستمرار أشكاله في الاتجاه نحو الكمال دون توقف

لا يكف نظام التشاور السياسي الصيني عن التحسين، ويظهر هذا أولاً في التحسين المستمر لآلية التشاور الخاصة بتعاون الأحزاب المتعددة تحت قيادة الحزب الشيوعي، كما يظهر في الوقت نفسه في التطوير والبناء المتواصل لآلية ونظام العمل الخاص بالمؤتمر الاستشاري السياسي الوطني ومستوياته المختلفة.

وبالتزامن مع هذا كله، توجد آلية التشاور في جدول الأعمال الديمقراطي الداخلي للحزب الحاكم بشكل سليم وذي طابع مؤسسي، وفضلاً عن ذلك أصبحت آلية التشاور ذات طابع مؤسسي ومعياري خلال ممارسة الديمقراطية على

المستوى الشعبي. ومثال ذلك: نظام "المداولات الديمقراطية" الشعبي الذي نشأ في الأصل بتشجيانغ، والذي اندمج وامتزج مع نظام الإشراف ونظام مناقشة الأعمال الرسمية ليُكَوِّنوا سويًّا مجموعة من الإجراءات والنظم المعيارية، ولقد بدأ حاليًّا تطبيقه الأولي في الشؤون العامة المهمة على مستوى المدن، ومثل ذلك: أنه أصبح من الضروري أن يُنفَّذ التشاور في شكل المداولات الصريحة من أجل الدخول إلى إجراءات الميزانية الخاصة بالوزارات، ومن أجل كافة القرارات التي تختمر بداخل الحزب الخاصة بالقضايا أو القوانين المهمة. وحاليًّا أصبح هذا النموذج الجديد لممارسة الديمقراطية يتطور ويتسع يومًا بعد يوم داخل نطاق مقاطعة تشجيانغ.

الباب الخامس

استراتيجية التنمية الديمقراطية الصينية
التوسيع التدريجي لحقوق المواطنين

إن التأكيد والضمان والتوسيع المستمر لحقوق المواطنين هو المضمون الأساسي للديمقراطية. ولكن لا تعتبر حقوق المواطنين في مفهوم الديمقراطية الصينية مطلقة ومقدسة ومجردة. ففي نظر الصينيين، تُعد الحقوق شيئًا يُكتسب ويُتحقق ويُجسَّد بشكل مستمر خلال عملية التنمية الاجتماعية والتقدم التاريخي.

وبالرغم من أن تحقيق الحقوق وتطويرها في الواقع عملية صعبة ومعقدة وطويلة الأمد، فإن التطوير التدريجي لحقوق المواطنين الصينيين يُعد إحدى الاستراتيجيات الأساسية لبناء الديمقراطية الصينية المعاصرة.

الفصل الأول

النظرة التدريجية للحقوق بالصين

إن طريق تطوير حقوق المواطنين بالصين المعاصرة طريق تدريجي. وفي نظر الصينيين تُعد عملية التطوير التدريجي لحقوق المواطنين من خلال ما تنصه القوانين الخاصة بتطوير وتحقيق الحقوق الاجتماعية عملية غير فعالة ومناسبة. فالنظرة السائدة للحقوق في المجتمع الصيني حاليًّا مستمدة من الفلسفة السياسية لماركس، التي تُعد الأيديولوجية الإرشادية الاجتماعية، ومن التجارب التدريجية للحزب الشيوعي الصيني المكتسبة خلال ممارسته الذاتية.

(1) الحقوق شيء تاريخي وليس طبيعيًّا

تُعد الحقوق في نظر فلاسفة السياسة الغربيين شيئًا فطريًّا لا يحتاج إلى إثبات. بينما تُعد الحقوق في نظر الفلسفة السياسية لليونان القديمة شيئًا بديهيًّا غنيًّا عن القول.

وفي ظل ازدهار المدرسية[1]، فسَّر كل من أوريليوس أوغستينوس وتوما الإكويني وغيرهم من المفكرين اللاهوتيين، الحقوقَ المنتمية إلى الثيوقراطية[2] من منطلق الطبيعة الإلهية للحقوق. وبوصول "الإنسان" إلى عصر النهضة الكبرى انتشرت إنسانية الحقوق انتشارًا واسعًا، وأصبحت الحقوق هي حقوق الإنسان، وتعالت أصوات المفكرين منادية بها. وقد أسهم كل من توماس هوبز وجون لوك

(1) تُطلق عادةً على فلسفة المدارس الكاتدرائية في العصر الوسيط -التي أصبحت جامعات فيما بعد- والتي حاولت المزج بين العقائد المسيحية وعناصر الفلسفة الإغريقية عند سقراط وأرسطو باستخدام القياس المنطقي والجدل.

(2) تعني حكم الكهنة أو الحكومة الدينية أو الحكم الديني.

وجان جاك روسو وإيمانويل كانط وغيرهم الكثير بحكمتهم وعواطفهم من أجلها.

ولكن بالوصول إلى عصر التنوير، كانت حقوق الإنسان مثلما نص عليها "إعلان الاستقلال" الأمريكي: "حقوق الإنسان الطبيعية"، التي تعني أن جميع الأفراد متساوون منذ ولادتهم، وقد وهبهم الخالق بعضًا من الحقوق غير القابلة للتغيير والتحويل، من بينها الحق في الحياة، والحق في الحرية، والحق في طلب السعادة.[1]

وقد فسَّر ماركس للمرة الأولى مفهوم الحقوق في أفق المادية التاريخية، فأشار إلى: "أن الحقوق لا يمكنها إطلاقًا تجاوز الهيكل الاقتصادي للمجتمع أو التنمية الثقافية للمجتمع في ظل التقيدات التي يفرضها نظام الهيكل الاقتصادي".[2] وبناء على هذا الشرح الأول، يتضح أن مفهوم الحقوق يُقرَّر على أساس اقتصادي، ويخضع إلى تقيدات ظروف التنمية الثقافية والاجتماعية وغيرهما من العوامل، وأن شكل الحقوق وتحقيقها يحتاج إلى أساس مادي من التنمية الاقتصادية والاجتماعية، ويحتاج أيضًا إلى بيئة ثقافية لينة، ووصول الوعي بالمعنى الأساسي للحقوق إلى مستوى معين. فيتم تقرير مفهوم الحقوق وتنفيذها بواسطة الظروف التاريخية الاجتماعية التي تتوافق مع ظاهرة الحقوق. فالظروف الاجتماعية والتاريخية المختلفة تحمل في طياتها مفاهيم مختلفة للحقوق، فجودة الحقوق وموضوعها الرئيس، ونطاقها يمكن أن يختلف طبقًا لاختلاف الظروف التاريخية، ويمكن أن تتغير طبقًا لتقدم التنمية الاجتماعية.

وقد أرجعت المادية التاريخية الماركسية سلطة تقرير شرح الحقوق وتفسيرها إلى الممارسات التاريخية للمجتمع، وليس إلى القوة الروحية الغامضة غير القابلة للبحث. فعارض ماركس تحويل الحقوق إلى موجودات مجردة، كما عارض نقاش إمكانية الحقوق وواقعيتها من وجهة نظر المفاهيم الإنسانية المجردة. "إن علاقات

---

(1) "الأعمال المختارة من مواد التاريخ القانوني الأجنبي"، دار نشر جامعة بكين، 1982م، ص 440.

(2) ماركس: "نقد برنامج غوثا"، "الأعمال المختارة لماركس وإنجلز"، المجلد الثالث، دار الشعب للنشر، 1995م، ص 305.

الإنتاج هي مَن خلقت الحقوق وأوجدتها، وبمجرد أن تصل علاقات الإنتاج إلى وقت حتمية انحلال قشرتها الخارجية يمكن لهذه الحقوق هي وكافة المصادر المادية للمعاملات التي تعتمد عليها، والمصادر التي تُنشئها العملية الإنتاجية بالحياة الاجتماعية، والأسباب التاريخية والاقتصادية، أن تتلاشى".[1] فقوى الإنتاج هي قوة اتخاذ القرار الأخير، وتعتمد علاقات الإنتاج التي تُنتج علاقات الحقوق على مستوى تنمية معين لقوى الإنتاج، فتنمية علاقات الحقوق تُقرَّر في النهاية من خلال ظروف قوى الإنتاج.

وقد ضرب ماركس من قبل مثالاً على الحرية، موضحًا العلاقة الإيجابية بين درجة معرفة وفهم الضرورة الموضوعية للأشياء ودرجة الحرية. فقال: "ليس من الصحيح أن الناس هم مَن يقررون الحرية التي سيحصلون عليها، وأن القانون هو مَن يعطي الناس الحرية، فالعكس تمامًا هو ما يحدث، فالناس لا تحصل كل مرة على حريتها داخل النطاق الذي يحددونه طبقًا لُمثلهم الإنسانية؛ بل يحصلون على حريتهم داخل النطاق الحالي الذي تحدده وتسمح به قوى الإنتاج".[2]

هذا، وقد أثَّر مفهوم الحقوق لماركس تأثيرًا عميقًا في أعضاء الحزب الشيوعي المعاصر، وأدرك أعضاء الحزب من خلال ممارساتهم الشخصية أيضًا أنه لا يمكن النظر إلى الحقوق على أنها أشياء مجردة ومطلقة ومقدسة، فجعلوا تحقيق حقوق الشعب الصيني في الديمقراطية والحرية مهمتهم الأساسية، وأكدوا ضرورة الالتزام بالقانون الموضوعي لتحقيق الحقوق وتطويرها، وأنه لن يتم العمل بتسرع لا لزوم له.

(2) الحقوق شيء اجتماعي وليس شخصيًّا

توجد صلة تاريخية طبيعية بين كافة المفاهيم الخاصة بالحقوق التي اقترحها المفكرون السياسيون الغربيون والفردية. وتؤكد الفردية الدور الأساسي للطبيعة البشرية، ووجود الإنسان الذي لطالما اتسم بالحرية والانضباط الذاتي. وتُعد هذه

---

(1) ماركس: "رأس المال"، المجلد الثالث "مقتطفات"، "الأعمال المختارة لماركس وإنجلز"، المجلد الثاني، دار الشعب للنشر، 1995م، ص 574.

(2) ماركس وإنجلز: "الأيديولوجية الألمانية"، "الأعمال الكاملة لماركس وإنجلز"، المجلد الثالث، دار الشعب للنشر، 1960م، ص 507.

الطبيعة الركيزة الأساسية للحقوق كافة التي يملكها الإنسان. وتعتقد الفردية أن الحقوق هي التجسيد الخاص لطبيعة حرية الإنسان، والانضباط الذاتي الخاص به، والانعكاس الفعلي المباشر للمصالح الشخصية.

وفي المفهوم الغربي للحقوق، لا تُعد الفردية دليلاً على شرعية الحقوق فحسب؛ بل إنها تعمل على التضخيم الكامل للدور الذي يلعبه الفرد في شرعية الحقوق ومعقوليتها، وفي الوقت الذي تقوم فيه بالتضخيم غير المحدود لدور الفرد تُسقط السمة الاجتماعية للفرد، فتجعل الفرد وحيدًا في شكل من العزلة، ومَن ثم تتحول الحقوق الفردية الطبيعية التي لا يمكن استبدالها أو الاستغناء عنها لتصبح بذلك حقوقًا مطلقة.

وقد نفى ماركس غموض الحقوق الفردية، وكشف عن عدم قدرة الحقوق عن الانفصال عن المجتمع والأساس المادي لحظة واحدة. وأدخل ماركس مبدأ المادية لنطاق التاريخ الاجتماعي الإنساني، وخلال طريق معرفة المفهوم التاريخي للمادية، عارض ماركس مفهوم الحقوق القائم على أساس عزلة الفرد وتجريده؛ حيث رأى أن هذا النوع من مفاهيم الحقوق يتسم بالأنانية الفردية، ويجعل "الإنسان" المجرد و"الإنسان" غير المميز و"الإنسان" العام هو الموضوع الأساسي للحقوق.

ويُعد هذا "الإنسان" المقصود إنسانًا وهميًّا، وليس شخصًا حقيقيًّا عاطفيًّا، يغطي حقيقة الحياة الواقعية للإنسان وما فيها من اختلافات وروح ملموسة، ويفصل بين وجود الإنسان والعالم الواقعي الذي يعيش فيه. فاعتبار الإنسان هو الموضوع الأساسي للحقوق شيء مجرد وغير متوازن، وتبسيط الحقوق الإنسانية وتجريدها يغطي تنوع الحقوق الواقعية وتعقيدها. فجوهر الإنسان "ليس في لحيته ودمه ولحم جسده المجرد؛ بل يكمن في خصائصه الاجتماعية".[1] "إن الإنسان ليس كائنًا مجردًا معزولاً في العالم الذي يعيش فيه؛ بل إن الإنسان هو العالم والدولة والمجتمع".[2]

---

(1) ماركس: "نقد فلسفة هيغل القانونية"، "الأعمال الكاملة لماركس وإنجلز"، المجلد الثالث، دار الشعب للنشر، 2002م، ص 29.

(2) ماركس: مقدمة "نقد فلسفة هيغل القانونية"، "الأعمال المختارة لماركس وإنجلز"، المجلد الأول، دار الشعب للنشر، 1995م، ص 1.

وثراء الجوهر الإنساني أدى إلى أن تكون مطالب حقوق الإنسان هي أيضًا ثرية ومتنوعة، وعكس التنوع الموجود بالعالم الواقعي لحياة البشر، وتعدد الاحتياجات الفعلية للجنس البشري. فباتخاذ تجريد الإنسان رمزًا تصبح حقوق الإنسان أيضًا فرضية ذاتية مجردة، لا يوجد لها أي أساس فعلي يمكن الحديث عنه. أما المفهوم الحقيقي للحقوق فيرتكز على الاحتياجات المادية الفعلية للموضوع الرئيس للحقوق والظروف الحياتية.

وفي الحقيقة يعطي واقع حياة الإنسان الاقتصادية والسياسية والاجتماعية حقوقَ الإنسان سمةَ الواقعية، التي تجعل كلاًّ من حقوق الإنسان والقيمة الذاتية الحقيقية للإنسان، والاحتياجات الموضوعية للمصالح ترتبط بعضها ببعض ارتباطًا وثيقًا. ولذلك فإن التفسير العلمي لمسألة الحقوق يجب أن يبدأ انطلاقًا من الإنسان الواقعي، ومن ظروف المجتمع الواقعية. "فتكون المقدمة والمرجعية الخاصة به هي الإنسان، ولكن ليس ذلك الإنسان الوهمي الذي يعيش معزولاً في حالة ثابتة دون تغيير؛ بل الإنسان الواقعي الذي يمكن الوصول إليه من خلال التجربة والرصد، والذي يمكنه التطور في ظل ظروف معينة".[1]

وبشكل أساسي تمتلك كافة مطالب الحقوق التي يطرحها الإنسان باعتباره ملخص العلاقات الاجتماعية السمةَ الاجتماعية. فظهور ظاهرة الحقوق لا يمكن فصله عن الظروف الحياتية المادية. وقد أكد ماركس، أن العلاقات القانونية تشبه تمامًا شكل الدولة، فلا يمكن فهمها لذاتها، ولا يمكن فهمها من التطور العام لما يُسمى بالروح الإنسانية؛ بل على العكس، يرجع أصلها إلى العلاقات الحياتية المادية، ولقد لخَّص هيغل هذه العلاقات الحياتية المادية طبقًا للسبق الذي حققته كل من فرنسا وإنجلترا في القرن العشرين في "المجتمع المدني"، أما فيما يتعلق بشرح المجتمع المدني فيجب البحث في علم الاقتصاد السياسي.[2]

كما أكد ماركس أن الأساس الخاص بالقوانين وبالحقوق متساوٍ مع

(1) الكتاب السابق، ص 73.

(2) طبقًا لما ورد في: ماركس، مقدمة "نقد الاقتصاد السياسي"، "الأعمال المختارة لماركس وإنجلز"، المجلد الثاني، دار الشعب للنشر، 1995م، ص 32.

"العلاقات الحياتية المادية" و"المجتمع المدني"، وبهذا يتم توضيح الأساس الفعلي لظاهرة الحقوق في الواقع. فلا يمكن فصل إنتاج الحقوق وتكوّنها عن الظروف الحياتية المادية الاجتماعية الخاصة؛ فالظروف الاقتصادية الخاصة والظروف الحياتية الواقعية تُقرر طبيعة الحقوق وظروفها الفعلية. فبالاعتماد على الأساس الفعلي الاجتماعي للحقوق فقط، يمكن الاستيعاب الصحيح لجوهر هذه الحقوق، وتحديد مضمونها الفعلي، والبحث عن مصدرها الحقيقي. ودون مناقشة الظروف المادية والاجتماعية الحقيقية الخاصة بالحقوق لا يمكن فهم الحالة الحقيقية لها، كما لا يمكن تكوين مفهوم علمي للحقوق.

وتُوضح السمة الاجتماعية للحقوق أن الحقوق لا يمكن فصلها عن الممارسات الاجتماعية المحددة للجنس البشري؛ ففي الحياة الواقعية، يجب التعامل بعقلانية مع متطلبات الحقوق، والقيام بالضمان والتطور التدريجي العقلاني للحقوق من خلال آليات المجتمع وقوانينه، وليس من خلال الصياح بهتافات وكلمات رنانة، وإلا ستكون مجرد قول بلا فعل.

وتجدر الإشارة إلى أنه خلال ممارسة ضمان الحقوق لا يمكن عدم التفريق في المعاملة مع مطالب الحقوق المختلفة، كما يجب التحليل العقلاني لمضمون الحقوق والطرق الممكنة لتحقيقها، والنهج الواقعي المناسب لها، بالإضافة إلى تحليل القيم الفعلية لكافة أنواع الحقوق والقيود الخاصة بها، وهكذا يصبح ضمان الحقوق وعملية التنمية الاجتماعية والاقتصادية متزامنين، وتُتخذ الأحكام العقلانية والمواقف العلمية تجاه الحقوق وكافة المصالح المشروعة.

(3) الحقوق شيء واقعي وليس عقليًا ذهنيًا

طالما كانت مطالب حقوق الإنسان بالمجتمع الواقعي ذات طبيعة عقلية، فتوجد كل من مطالب الحقوق وتحقيق هذه الحقوق في مسافة موضوعية، ويُعد فصل الحقوق عن أساس الحياة الفعلية أجمل أمنيات الشعب، ولكن الحقيقة تبعد كل البعد عن هذا، فتوجد الحقوق على الناحية المقابلة للظروف الاجتماعية الفعلية في شكل متوازن.

ويمتلك هذا النوع من الحقوق العقلية شيئًا من العقلانية الخاصة بها، وله دلالة مرجعية مهمة تجاه خطط الحقوق الواقعية، والافتقار إلى وجود الحقوق الواقعية، كما أن لها القدرة على المساهمة في تغيير عدم كفاية الأحوال الخاصة بالحقوق الواقعية، وتعزيز تحسين وتطوير هذه الأحوال، ودفعها نحو الأمام نحو مستوى أفضل وأعلى معيارية، كما تلبي جيدًا احتياجات حقوق المواطنين. ولكن هذا النوع من مطالب الحقوق المحددة هو في النهاية تَصور الناس للحقوق، و"المخطط" الخاص بالحقوق، ولا يمكنه الحل الحقيقي لاحتياجات الحقوق الفعلية للمواطنين في الحياة الاجتماعية.

أما بالحديث عن الحقوق الإلزامية الواجبة التي تظهر في مسألة حقوق دومًا، فنجد أنه يتحتم علينا في الواقع، أن نتفحص جيدًا العلاقة بين الحقوق الإلزامية والحقوق الواقعية. وفي هذا السياق، حلل ماركس في وقت مبكر العلاقة بين إلزامية الحقوق وواقعيتها، وأشار إلى أن الحقوق الإلزامية هي احتياجات القيم الإنسانية، وأن الحقوق الواقعية هي أشكال الحقوق المحددة داخل الحياة الحقيقية بدولة ما. فمن زاوية القيم الإنسانية، أكد ماركس تأكيدًا كاملاً على عقلانية وجود الحقوق الإلزامية. وتُجسد الحقوق الإلزامية مُثل الإنسان وإدراكه بصفته الهيكل الرئيس للمجتمع، فتجسد العدالة والمساواة والحرية وغيرها من القيم الأساسية.

أما الحقوق الواقعية فهي الأحوال الحقيقية الملموسة لحقوق المواطنين في الحياة الفعلية، وترتبط ارتباطًا وثيقًا بظروف الحياة المادية الواقعية المتاحة. وبهذا لم يعارض ماركس الحقوق الإلزامية، ولكن عارض فصل العلاقات الاجتماعية عن ممارسات الحياة الاجتماعية عند الحديث عن حقوق الإنسان المجردة، فالحقوق الإلزامية ليست هي ظاهرة الحقوق التي تتعارض مع مجتمع الدولة؛ بل إنها ترتكز في الأساس على الظروف التاريخية الاجتماعية، وتشير إلى مطالب حقوق في مرحلة أعلى من تطور المجتمع البشري.

وخلال الحياة الواقعية، دائمًا ما يوجد نوع من الانحراف المعرفي فيما يخص قضية تحول الحقوق الإلزامية إلى حقوق واقعية. فالحقوق الإلزامية التي يقرها

القانون لا تعني أنه يمكن تنفيذها بمثابة حقوق واقعية في الحياة الفعلية، فتحول الحقوق الإلزامية إلى حقوق واقعية يتطلب عملية معينة وشروطًا خاصة، ولا يمكن تنفيذه بين عشية وضحاها.

ولذلك يجب أن يبدأ ضمان الحقوق وتطويرها من الواقع، والتأكيد على أن واقعية الحقوق تتفوق على سمتها الذهنية. فيجب معرفة أن الحقوق التي نملكها في الواقع تتفوق عن تلك الحقوق التي لا يمكن تحقيقها. فهذه هي الحقوق التي يمكن أن يتشاركها الناس مشاركة فعلية في الحياة الواقعية، والتي تلائم الاحتياجات الفعلية، وتلبي العوامل الموضوعية والأحوال الواقعية الخاصة بتنمية الحقوق. فبوجود الحقوق العقلية ذات الظروف الواقعية فقط يمكن التعرف الصحيح على الموضوع الأساسي للحقوق، والتلبية الصحيحة لاحتياجات هذا الموضوع الأساسي للحقوق، كما يمكن حينها فقط تحولها إلى حقوق واقعية من خلال سلسلة من الخطوات والروابط. أما تلك الحقوق التي لا تمتلك ظروفًا واقعية فلا يمكن تحويلها إلى حقوق واقعية أبدًا حتى وإن كان ينص عليها القانون.

الفصل الثاني

المصدر الحقيقي لمفهوم الحقوق التدريجي

تُعد الصين دولة نامية، وغالبًا ما تقابل الدول النامية خلال طريق تطوير التحديث الخاص بها العديد من المشكلات، وتمتلك العديد من الشكوك والأشياء غير المؤكدة، ولكن في الحين نفسه تمتلك الدول النامية أيضًا مميزات ذاتية تتمثل في قدرتها على الحصول على الدروس المستفادة من ممارسات الدول المتقدمة، وقدرتها على الاختيار والتصحيح العقلاني لمسار تطورها الذاتي، واختيار سياسات تنمية تتفق بشكل أفضل مع احتياجاتها الخاصة. وفيما يتعلق بقضية تطوير حقوق المواطنين خلال بناء الديمقراطية، امتلكت الصين رؤية دولية وتاريخية أكثر توسعًا، وذلك بسبب ميزة التحرك المتأخر التي تتمتع بها، فكان لها القدرة على دراسة خبرات الدول الأخرى وفحصها بشكل سهل نسبيًّا، والقيام باختيارات آمنة، وتقرير استراتيجيات تنمية تتوافق مع طبيعتها.

فمن خلال المقارنة الدولية، أدركت الصين أن عملية تطوير الحقوق عملية طويلة الأمد ذو طبيعة مرحلية، فهذا ما أثبتته الخبرات الإيجابية، والسلبية لممارسات تطوير الحقوق في النطاق العالمي. فتطوير الحقوق ليس استدلالاً فكريًّا داخل عقول المواطنين؛ بل هو عملية ممارسة فعلية. كما أن تحقيق الحقوق يجب أن يمر بعملية تاريخية طويلة الأمد، ويُعد اعتقاد إمكانية إتمامه بين عشية وضحاها تفكيرًا خياليًّا غير واقعي.

(1) التطور غير النظامي للحقوق

شهدت الصين العديد من الخلافات والنزاعات خلال عملية تحديد نوع الطريق الذي كان عليها اختياره في النهاية لتطوير الحقوق الديمقراطية بداخلها، في

ظلال تأثرها بنظام الخطاب الديمقراطي الغربي تأثرًا كبيرًا. فمنذ ثمانينيات القرن العشرين، انتشرت آراء الراديكالية[1] الخاصة بتطوير الحقوق تطويرًا كبيرًا لفترة من الزمن. فاعتقدت وجهة النظر هذه أن: تنفيذ الحقوق في الصين من الممكن أن يكسر الروتين العام، ويُحدث التنمية السريعة، ويوفر القدرة على تسوية الأمور، وذلك لثلاثة أسباب.

أولها: المقارنة مع التنمية الاقتصادية، الذي يعتقد أن بناء الديمقراطية وإصلاح النظام السياسي الوطني يقل منزلة عن بناء الاقتصاد وإصلاح النظام الاقتصادي، وأن النظام السياسي يعرقل بشدة التطور الاقتصادي، فإذا لم تتطور الحقوق الديمقراطية تطورًا سباقًا ومتقدمًا فلن يتمكن بناء الاقتصاد الصيني من الاستمرار.

وثانيها: المقارنة مع الدول الغربية، الذي يعتقد أن نظامنا الديمقراطي يقل منزلة عن النظام الديمقراطي بدول الغرب، وأنه لا يوجد مزايا مجسدة لنظام الديمقراطية الاشتراكية، وأنه لا يمكن الحل الفعال للأزمات والمشكلات التي تواجه البلاد خلال الفترة الانتقالية، وأنه فقط في حالة التنفيذ الكامل السريع لمطالب حقوق الإنسان داخل البلاد ستتوفر القدرة على تجميع إرادة الشعب وحكمته بشكل أساسي، والإطاحة بكافة الأزمات وحل المشكلات.

وثالثها: هو المقارنة مع الديمقراطية الاشتراكية ذات المستوى الرفيع التي شرحها المؤلفون الكلاسيكيون للماركسية؛ والذي يعتقد أن حالة الديمقراطية الحالية ما زالت بعيدة عن المخططات الديمقراطية التي شرحوها، وأننا يجب أن نمتلك نقطة انطلاق عالية ومستوى مرتفعًا من اللحاق بالتطور، وإلا فلن تكون بلادنا دولة اشتراكية.

ومن ناحية أخرى، تؤمن "نظرية تسريع تطوير الحقوق" بشكل التفكير الخطي، وتعتقد أن الديمقراطية يمكنها أن تتقدم بشكل خطي مستقيم نحو التطور. ولكن في الواقع، غالبًا ما يظهر تقدم تطور الأشياء في شكل موجات ودوامات حلزونية، ودائمًا ما يكون طريق التطور مملوءًا بالمنعطفات والتعرجات، ولم يكن أبدًا سهلاً وميسرًا، "فالتاريخ يبغض الشكل الخطي المستقيم".

(1) مذهب سياسي يطالب بالإِصلاح التام في إطار المجتمع القائم.

فتطور الحقوق لا يمكنه أبدًا أن يشبه الآلة، التي تعمل بكفاءة عالية بمجرد أن يتم تشغيلها. ففي الواقع، لا يُعد ضمان الحقوق وتنفيذها قانونًا يمكن تأسيسه؛ بل إن التطور الفعلي للحقوق عملية بطيئة للغاية. فالحقيقة تشبه ما قاله بوتنام متعجبًا: "يمكن أن يستمر الناس في دراسة تطور النظام وبحثه لأسابيع وشهور؛ بل ولأعوام، ومع ذلك... تكون وتيرة تغير النظام بطيئة، وغالبًا ما تتطلب رؤية تأثير واضح كَونه النظام الجديد في السلوك أو الثقافة مرور عدة أجيال... ويحتاج الإنسان الذي يريد تأسيس نظام جديد، والذي يريد تقييم هذا النظام أن يتحلى بالصبر، ويعتبر هذا هو أهم الدروس المهمة المستفادة من التجربة الإيطالية".(1)

ومن هنا يتضح أن التنفيذ الناجح للحقوق ليس أمرًا يمكن إنجازه في فترة قصيرة من الزمن؛ بل هو أمر يحتاج إلى نضال وسعي عدة أجيال. وأي أمل في تحقيق طرق وأفكار روما في ليلة وضحاها يعتبر حماسة مفرطة ستفسد الأمور، فالتعارض مع نظام تطور الأشياء يحقق ضررًا أكثر مما يحقق خيرًا.

(2) تجربة تاريخ التنمية السياسية بأوروبا وأمريكا

بدراسة تاريخ التنمية السياسية بأوروبا وأمريكا يمكن اكتشاف أن وصول ما يُسمى اليوم بالدول الديمقراطية الغربية المتقدمة إلى أشكال النظم والقيم الأساسية الخاصة بالحقوق في بلادهم، لم يكن أمرًا سهلاً هينًا؛ فقد تمكنوا فقط من تحقيق مستواهم الحالي من خلال المرور بطريق طويل مملوءًا بالتعرجات.

وبالنظر إلى تاريخ ضمان الحقوق، نجد أن "الميثاق الأعظم" الذي صدر في إنجلترا عام 1215م كان هو بداية تاريخ ضمان الحقوق، وبالوصول إلى عام 1948م فقط تمكنت إنجلترا من تنفيذ حق الاقتراع العام في البلاد بأكملها، أي إنه قد مر أكثر من 700 عام من أجل التوصل إلى تحقيق ذلك.

وباتخاذ حق الانتخاب مثالاً للحديث عن عملية تطوير وضمان الحقوق ببريطانيا يتضح ما يلي: أقرت إنجلترا في عام 1429م أن الأشخاص الذين يتجاوز

---

(1) (أمريكا) بوتنام: "جعل عمل الديمقراطية أكثر فاعلية"، ترجمة: وانغ لياه، ولاي هاي رونغ، دار نشر تجيانغشي الشعبية، 1992م، ص 67-69.

دخلهم السنوي 40 شلنًا لديهم مؤهلات الانتخابات، وفي عام 1679م رفعت إنجلترا مؤهل الملكية للناخبين إلى الأشخاص الذين يصل دخلهم السنوي إلى 200 جنيه إسترليني. وفي عام 1688م رُفع مؤهل الملكية الخاص بناخبي أعضاء مجالس المحافظات إلى الأشخاص الذين تبلغ إيرادات أراضيهم السنوية 600 جنيه إسترليني.

أما مؤهل الملكية الخاص بانتخاب أعضاء مجالس المدن فكان لمن يصل دخله السنوي من عقاراته الثابتة 300 جنيه إسترليني. وفي عام 1831م، كانت نسبة الأشخاص البالغين الذين لديهم حق التصويت في إنجلترا 4.4% من إجمالي عدد الأشخاص البالغين، وفي عام 1867م وصلت النسبة إلى ثلث 1/3 عدد الرجال البالغين، فحصل العمال المهرة بالمدن الذين تبلغ نسبتهم 15% من العدد الإجمالي للسكان في إنجلترا حينها على حق التصويت. وفي عام 1884م وصلت النسبة إلى ثلثي 2/3 الرجال البالغين بإنجلترا فحصل العمال الزراعيون الذين يمثلون 28.5% من إجمالي عدد السكان بإنجلترا حينها على حق التصويت، وحاليًّا نُفِّذ حق الاقتراع العام للذكور تنفيذًا كاملاً.

ولكن لم تحصل السيدات اللائي يتخطى عمرهن الـ 21 عامًا على حق التصويت إلا ابتداء من عام 1928م (فقانون عام 1918م أعطى حق التصويت إلى السيدات اللائي يتجاوز عمرهن الـ 30 عامًا). وبالوصل إلى عام 1948م ألغت إنجلترا نظام التصويت المتعدد الخاص بمعلمي الجامعات والتلاميذ وأصحاب الممتلكات، الذي استمر لفترة طويلة، وحينها فقط أصبح الاقتراع العام دون أي قيود خاصة من ناحية المعني القانوني.[1]

أما في فرنسا، فكانت الثروة ومبلغ الضرائب المدفوعة ووقت السكن بالحضر هي التحديدات الثلاثة المفروضة على حق التصويت، وقد بدأ الرجال في الحصول على حقهم في الاقتراع العام تدريجيًّا منذ عام 1791م حتى مُنحوا حقهم كاملاً في عام 1871م، بينما حصلت النساء على حقهن في الاقتراع العام في عام 1944م. أما عن العمر المحدد للتصويت فقد حاز أصحاب الأعمار من 18 عامًا حتى 21

(1) طبقًا لـ: وانغ شاو قوانغ: "المحاضرات الأربع للديمقراطية"، نشر مكتبة سان ليان (الحياة- القراءة- المعرفة)، 2008م، ص 56-58.

عامًا حقهم في التصويت في عام 1974م، وبلغ تاريخ تنفيذ حق الاقتراع العــام في فرنسا قرابة 153 عامًا.

ومن ناحية أخرى، طالما اعتُبرت الثورة الفرنســية الكــبرى هــي أصــل الديمقراطية الحديثة، ولكن بالرغم من ذلك نص القانون الفرنسي عام 1791م على وضع حق الانتخاب في يد دافعي الضرائب البالغ عمرهم 25 عامًا فقط، الذين بلغ عددهم حينها 4 ملايين و400 ألف رجل بالغ، والذين مثلوا نســبة 16.9% مــن إجمالي عدد سكان فرنسا حينها. وفي عام 1795م حصر "التراجع الدستوري" حق الانتخاب في يد الأقلية الغنية من البرجوازيين ودافعي الضرائب الذين يصل عددهم إلى 100 ألف شخص فقط. وخلال ثورة فبراير عام 1848م نفذت فرنسا الاقتراع العام مرة أخرى تحت ضغط من الطبقة العاملة، ولكن تم إلغاؤه بعد مرور أقل من عامين على يد المجلس التأسيسي من أجل منع الطبقة العاملة والطبقة البرجوازيــة الصغيرة من حكم البلاد.

وبالوصول إلى أوائل فترة الجمهورية الفرنسية الثالثة بعام 1871م تم تأســيس نظام الاقتراع العام للرجال مرة أخرى، أما بالنسبة للسيدات فلم يحصلوا على حق الاقتراع العام إلا في عام 1944م بعد الحرب العالمية الثانية.[1]

أما في أمريكا التي تُدعى بنموذج الديمقراطية، فمر تنفيذ حق الاقتراع العــام فيها أيضًا بمرحلة طويلة. ففي الحقبة الاستعمارية المبكرة كان حق التصويت فقط لُملاك الأراضي البالغين من أصحاب البشرة البيضاء، وقد مرت 350 عامًا كاملة، حتى ألغت "خطة عمل حقوق الإنسان" عام 1965م متطلبات الاختبارات الثقافية الخاصة بالتصويت، وحينها فقط حصل الأمريكيون أصحاب الأصــل الأفريقــي (والهنود والصينيون المغتربون وغيرهم من القوميات الأقلية) على حق الانتخــاب قانونيًّا.

وبنظرة شاملة، نجد أنه بالرغم من تأكيد معظم الدول الرأسماليــة بأمريكــا وأوروبا في بداية القرن الــ 19 مبادئ المســاواة والحريــة، وإعلانهــم وضــع

---

(1) طبقًا لــ: وانغ شاو قوانغ: "المحاضرات الأربع للديمقراطية"، نشر مكتبة ســان ليــان (الحياة- القراءة- المعرفة)، 2008م، الصفحات من 58-61.

الانتخابات العامة موضع التنفيذ، إلا أن نسبة الأشخاص البالغين من الرجال والنساء الذين امتلكوا حق الانتخاب بجميع دول أمريكا وأوروبا بمعظم القرن التاسع عشر لم تتجاوز الـ 10% من إجمالي عدد السكان، وبالوصل إلى نهاية القرن التاسع عشر لم تتجاوز النسبة أيضًا الـ 20%.[1]

وبذلك يتضح أن تنفيذ حقوق المواطنين بهذه الدول بدأ من الأعلى إلى الأسفل، ومع التوسع والتراكم التدريجي لنطاق الانتخاب على طول المسار المتدرج يتحقق التطور خطوة بخطوة. وفي العام القادم سوف يكون قد مر 100 عام على تسمية هذه البلاد بالدول الديمقراطية، وبهذا يتضح أن تنفيذ الحقوق الديمقراطية يكون نتيجة لتراكم طويل الأمد، وليس مجرد إنجاز يتم تحقيقه بين عشية وضحاها. فالنظر فقط إلى النتائج دون النظر إلى العملية المؤدية لها، وطرق العمل والخطابات الخاصة بكل من الغرس الإيجابي والإنشاء الفوري والتنفيذ الكامل للحقوق الفردية، يُعد انتهاكًا لقانون تطور الحقوق، ويتعارض مع الحقيقة التاريخية.

(3) الدروس المستفادة من التحول الديمقراطي الأعمى بالدول المتخلفة

قامت أمريكا اللاتينية في الفترة بعد سبعينيات القرن الـ 20 بالنسخ الأعمى لشكل النظام الديمقراطي الخاص بأمريكا وأوروبا، وقد كانت نتيجة ذلك الدخول إلى "فخ أمريكا اللاتينية"، فأصبحت الانقلابات العسكرية واستبدال السلطة أمرًا متكررًا، وانتابت التنمية الاجتماعية والاقتصادية حالة من الركود، وشهد الحق في العيش والحق في التنمية ضررًا كبيرًا، ومن الصعب أن تخفي الحقوق السياسية الزائفة طبيعتها الخرقاء.

وقد واجهت أفريقيا المأزق نفسه الذي واجهته أمريكا اللاتينية؛ ففي ثمانينيات القرن الـ 20 أُجبرت على تقبل الديمقراطية الغربية، فتم تنفيذ نظام الأحزاب المتعددة الذي لم يحقق أي ازدهار اقتصادي ولا استقرار سياسي، ولم

---

(1) (أمريكا) ليسلي ليبسون: "قضايا العلوم السياسية الكبرى"، ترجمة: ليو شاو وآخرين، دار هواشيا للنشر، 2001م، ص 108-111.

ينفذ حقوق المواطنين؛ بل زيادة على ذلك سبب الكثير من الاضطرابات والحروب، بالإضافة إلى الركود الاقتصادي. وبالدخول إلى القرن الـ 21، لم توجد أي من الصفات الجيدة التي من المفترض أن تجلبها "حقوق الإنسان" و"التحرير" إلى المجتمع والبلاد؛ كالقضاء على الوضع المضطرب المتمثل في عدم إيجاد المواطنين لقوت يومهم والفوضى السائدة، وقد حدث ذلك في كل من العراق وأفغانستان وغيرهما من الدول التي صُدِّرت الديمقراطية إليها بالقوة العسكرية للدول الغربية، بالإضافة إلى الدول العربية بشمال أفريقيا وغرب آسيا، وغيرها من الدول التي شهدت ما يُسمى بـ "الربيع العربي". إن "حقوق الإنسان" و"التحرير" لم يأتيا بأي شيء لهذه البلاد وشعوبهم، إلا الفوضى والتوتر.

يُظهر تطور الحقوق الديمقراطية ارتباطًا وثيقًا بظروف البلاد الفعلية. فكما قال كل من رونالد إنجلهارت، وكريستيان ويلز: "إن الآلة يمكن أن تعمل بكفاءة عالية بمجرد تشغيلها، ولكن الديمقراطية الحقيقة ليست بهذه البساطة على الإطلاق. فهي تعتمد على نوعية المواطنين".(1)

"وعند الرغبة في تكوين نظام ديمقراطي يمكنه البقاء والاستمرار، يجب العلم أن "تأثير المظاهرات" الدولي بالرغم من أن له أهمية كبيرة إلا أن دوره النهائي محدود. ويشبه ذلك الأمر الأسئلة من نوعية "هل يمكن للديمقراطية التجوال؟"، فهذه الأسئلة يمكنها إخراج تخيلات وتصورات جميلة وبراقة، ولكنها لا تمثل حقيقة هذا العالم. فيجب أن تتخذ الديمقراطية المجتمع الوطني أساسًا لها، لتبدأ في التطور من الجذور الأساسية". فمن الممكن "أن تستغرق دولة ما ستة أشهر في بناء الديمقراطية السياسية، وست سنوات من أجل بناء اقتصاد السوق، ولكن... ظهور مجتمع مدني حقيقي سيحتاج إلى ستة عشر عامًا".(2)

---

(1) مقتبس من: "الديمقراطية والثقافة" لرئيس التحرير قوا دينغ بينغ، دار نشر شنغهاي الشعبية، 2010م، ص 36.

(2) مقتبس من: "عملية التحول الديمقراطي والسوق" لـ: ميخائيل سيمون (أمريكا). و"الديمقراطية المتغيرة" لكل من (اليابان) تاكاشي إينوغوشي، (إنجلترا) إدوارد نيومان، (أمريكا) جون كين، دار نشر جيلين الشعبية، 1999م، ص 141 و146.

فطريق الديمقراطية يجب أن يُسلك خطوة بخطوة، وتطوير الحقوق لا يحدث إلا تدريجيًّا، والأمل في الاستعانة بـ "استنساخ" النموذج الخاص بالدول الأخرى، وسلوك طريق مختصر من أجل التقدم نحو طريق يوفي بجميع تعهدات الحقوق هو شيء غير عملي ولا يمكن حدوثه. فتجاوز المرحلة التاريخية الحتمية للتطور، والتسرع في التعهد بالحقوق هو تصرف غير مسؤول، ولم يحدث أن لاقى نجاحًا قط، فالحرص على تحقيق نجاح سريع، والحصول على فوائد فورية، لا يساعد في التنمية الاجتماعية والاقتصادية، ولا يساهم في الاستقرار الاجتماعي؛ بل على العكس يقدم لهم مائة ضرر وضرر في مقابل منفعة واحدة، إن وجدت. ولقد أثبتت التجارب التاريخية مرة أخرى أن الحقوق عملية تاريخية تتطور وتتحسن باستمرار في وجود نظام تطوير شُكِّل بصورة ذاتية، ونما تدريجيًّا، ولا يمكن تنفيذها بين عشية وضحاها، وأن طريقة الحرص على تحقيق نجاح سريع، والحصول على فوائد فورية تنتهي بنتائج محزنة على الدوام.

فالتنمية السابقة لأوانها، طالما ترتبط بـ "التقدم المتهور" و"التقدم السريع" و"الراديكالية" و"نفاذ الصبر"، وغيرها من المصطلحات، وتنطلق دائمًا خلال الممارسة السياسية المعاصرة في حركة تشبه الإعصار العنيف لتنتهي في نهاية المطاف بـ "الخروج عن السيطرة" و"الاضطراب" و"الانهيار". ومن ثم، نجد أنه خلال طريق بناء الديمقراطية يكون هذا النوع من الأخطار أكبر بكثير من فوائد مسار تحقيق وضمان الحقوق المتسرع؛ لذا يلزم علينا التراجع لتجنب الصدام معها وتحاشيها، والانعطاف نحو البحث عن طريق إيجابي وآمن ومنظم ومنسق لتنفيذ الحقوق وضمانها، وتطوير الحقوق تطويرًا تدريجيًّا، والدفع الإيجابي للتطور المرحلي للحقوق.

الفصل الثالث

التمسك بالمُضي في طريق تطوير الحقوق ذي الطابع التدريجي

أولت الصين اهتمامها البالغ خلال مرحلة بناء الديمقراطية الصينية إلى تحقيق ضمان حقوق المواطنين الأساسية، وفي الوقت نفسه التأكيد على ضرورة أن يكون تنفيذ الحقوق متناسقًا مع تطوير كافة المشروعات الاجتماعية، وأن يتقدم بصورة تدريجية.

وطالما أكد القادة الصينيون هذه النقطة، فأشار جيانغ تسي مين من قبل إلى الحقوق الفردية والحقوق الجماعية، وأكد أن الحقوق الاجتماعية والاقتصادية والثقافية تندمج مع حقوق المواطنة والحقوق السياسية، وتتطور جميعًا معًا في شكل متناسق، ويتناسب ذلك مع الظروف الفعلية للبلاد؛ ولذلك فهو الطريق الحتمي لتطوير الأعمال الخاصة بحقوق الإنسان بالصين.[1] كما أكد السيد "هو جين تاو" أنه يجب أن يتم تطوير الحقوق بشكل من المساواة على أساس من النضال الشعبي المشترك، والتنمية الاجتماعية والاقتصادية.[2]

وقد أوضحت الممارسات، أن تطوير التشاور والدفع التدريجي لتنفيذ الحقوق الديمقراطية المدنية هي أهم خبرات بناء الديمقراطية التي حصلت عليها بلادنا، وأننا قد سلكنا طريق تطوير الحقوق الديمقراطية الذي يتناسب مع الظروف الفعلية

---

(1) جيانغ تسي مين: "الضمان الكامل لتمتع المواطنين لحقوقهم طبقًا للقانون"، "الأعمال المختارة لجيانغ تسي مين"، المجلد الثاني، دار الشعب للنشر 2006م، ص 56.

(2) هو جين تاو: "التمسك بالمُضي قدمًا بثبات على طول طريق الاشتراكية ذات الخصائص الصينية والسعي من أجل التحقيق الكامل للمجتمع الرغد- في تقرير المؤتمر الوطني الثامن عشر للحزب الشيوعي الصيني"، دار الشعب للنشر، 2012م، ص 14.

لدولتنا. فخلال التنمية الاقتصادية، كان التنفيذ التدريجي والتوسيع الخاص بالحقوق المدنية هو المعنى الصحيح للديمقراطية، وفيما يلي نعرض تجربة الصين وممارساتها في هذا المجال.

(1) الفهم الصحيح للطبيعة المزدوجة الخاصة بالوعي بالحقوق

تُعد الحقوق انعكاسًا لعلاقات المصالح الاجتماعية البشرية. ويمكن التحقيق الكامل للحقوق فقط في حالة إذا ما تم تجاوز مرحلة "علاقات التبعية الإنسانية" خلال تطور التاريخ البشري والوصول إلى مرحلة "الاستقلال الفردي القائم على الاعتماد على الأشياء".[1]

بدأت علاقات المصالح الخاصة بالإنسان في الاختلاف بالتزامن مع تطور قوى الإنتاج، وبدء انقسام المصالح المجتمعية، وظهور الجماعات المختلفة من أصحاب المصالح المشتركة الذين قُسِّموا وفقًا للمكانة الاقتصادية، ذلك الأمر الذي قدم أساسًا موضوعيًّا لصحوة وتنمية الوعي بالحقوق الإنسانية.

وقد كان شيئًا حتميًّا أن يؤدي تغير علاقات المصالح الإنسانية، الذي سببه تغير التنمية الاقتصادية إلى تغير الوعي الخاص بالحقوق. ولذلك أشار ماركس: "يرتبط نضال البشر وسعيهم بأكمله بمصالحهم الشخصية".[2] ويُعد "معيار الحقوق" لاقتصاد السوق الاشتراكي هو "العامل المحفز" لمطالب المصلحة العامة، فالشكل الاقتصادي المتمثل في اقتصاد السوق هو من يجعل الناس يقررون مطالب حقوقهم العام، ولما كانت احتياجات هذا الشكل الاقتصادي لا تكف عن التطور، وتظهر تدريجيًّا في مجالات الحياة الاجتماعية كافة، كان تأسيس حقوق الإنسان في الحياة الاجتماعية واجبًا لا محالة. وبهذا ظلت المطالبة بالمصالح تزداد قوة باستمرار، ويزداد معها ويكبر دون توقف الوعي بالحقوق. فتعزيز مفهوم المصالح له القدرة على تحفيز إيجابية الشعب، مما يؤدي إلى دفع

(1) "الأعمال الكاملة لماركس وإنجلز"، المجلد 46 (الجزء الأول)، دار الشعب للنشر، 1979م، ص 104.

(2) ماركس: "مناقشة الجلسة السادسة لمؤتمر مقاطعة لايين"، "الأعمال الكاملة لماركس وإنجلز"، المجلد الأول، دار الشعب للنشر 1995م، ص 178.

التنمية الاقتصادية والتقدم الاجتماعي، وبهذا يتضح الجانب الإيجابي للوعي بالحقوق. ولكن إذا ما تشوهت مطالب المصالح وأصبحت لا تسعى إلا للفائدة فقط، ستتحول مطالب الحقوق إلى الإدارة الأنانية للحقوق، ومن الممكن أن تختفي إيجابية الوعي بالحقوق وتزداد سلبيته. وهذان هما الجانبان الخاصان بالوعي بالحقوق.

فخلال 30 عامًا من الإصلاح والانفتاح أنشأت الصين نظام اقتصاد السوق الاشتراكي، وحفزت إيجابية الجماهير للمشاركة في البناء وتكوين الثروة، وشهدت قوى الإنتاج تطورًا عظيمًا، وارتفع مستوى معيشة الأفراد ارتفاعًا كبيرًا، وازدادت ثروة المجتمع بسرعة كبيرة، وأصبح المجتمع في حالة من الحيوية الكاملة، وتعزز الوعي الذاتي وروح المنافسة والوعي الإيجابي للمواطنين، وبدأ مفهوم الحقوق الصحوة، وتطور الوعي بالحقوق تطورًا هائلاً. وقد حفز ازدياد الوعي بالحقوق إيجابية الجماهير للمشاركة في الحياة الاجتماعية، وتحسين الظروف والوضع الفردي، مما عزز تعزيزًا موضوعيًّا تقدم المجتمع وتطور المشروعات الوطنية، وبهذا يتمثل الجانب الإيجابي للوعي بالحقوق.

ولكن بمجرد أن يبتعد "نمو" الوعي بالحقوق عن المسار الصحيح، يبدأ لعب دور عكسي. وقد أكد تقرير الجلسة الكاملة السادسة للجنة المركزية الـ 14 للحزب الشيوعي الصيني أنه: "من الممكن أن تؤثر نقاط ضعف وسلبيات السوق على الحياة الروحية".[1] فالتوسع المفرط للوعي بالحقوق من الممكن أن يتجه إلى التطرف. فتطور الوعي بالحقوق الشخصية إذا ما تحول إلى النزعة الفردية المتطرفة سوف يتحول بطبيعة الحال الوعي الوطني إلى الوعي بالانفصالية الوطنية، كما سيتحول الوعي الديني بدوره إلى الوعي الديني المتطرف. وبهذا كان الأمر الذي يثير قلق المجتمع بأكمله هو أن يتم تعزيز الجانب السلبي للوعي بالحقوق بالتزامن مع التعمق المستمر للإصلاح والانفتاح، والتعديل المعمق لعلاقات المصالح.

---

(1) "مختارات من الوثائق المهمة في الفترة بعد المؤتمر الوطني الرابع عشر"، دار الشعب للنشر، 1996م، ص 541.

الدورة الخامسة للمجلس الوطني العاشر لنواب الشعب تصدر "قانون الملكية بجمهورية الصين الشعبية"

وبالحديث عن النزعة الفردية المتطرفة، نجد أن تلك النزعة تتخذ من الفردية أساسًا لها، ومن الأنا الذاتية مركزًا، وذلك من أجل تلبية رغبات النفس وشهواتها بغض النظر عن الإضرار بالمجتمع أو بمصالح الآخرين؛ بل على العكس تعتقد أن هذا دفاع عن الحقوق الشخصية. وبالطبع فمن شأن هذا المفهوم المشوه للحقوق أن يضر بالتناغم الاجتماعي، ويدمر الأخلاق الاجتماعية والثقة الأساسية الموجودة بين الأشخاص. وعندما يتجه الوعي الوطني ناحية التطرف يكون الأمر حينها متصلاً بوحدة البلاد واستقرار المجتمع.

وطالما كان شكل الأمة الصينية يتمثل في: "أنت تنتمي إليّ وأنا أنتمي إليك، وتَجمعنا وحدة تحتوي شخصياتنا المتعددة".[1] فالأمة الصينية تعتبر كيانًا موحدًا من القوميات لا يمكن تجزئته، فتُعد كل قومية جزءًا مهمًّا من الأجزاء المكونة للأمة الصينية، وتتناسب التنمية المشتركة للقوميات مع المصالح الأساسية للأفراد بالقوميات كافة.

ولكن، هناك بعض الأشخاص الذين لا يهتمون بالمصالح الأساسية لمواطني القوميات كافة، ويعتمدون في ذلك على الوعي الوطني الضيق الأفق الخاص بهم، ويشاركون في الأنشطة والأعمال التي من شأنها فصل القوميات، مسببين العديد والعديد من الأحداث الدموية، إلى جانب إلحاق الضرر الهائل بمصالح الشعب والبلاد. ولذلك، يجب أن يتوافق ويتناسق تنفيذ الحقوق مع التنمية الاقتصادية والإصلاح المجتمعي وبناء القانون، كما يجب أن تتلاءم الحقوق مع مستوى التنمية الاقتصادية والاجتماعية، فكل مستوى تطوير معين يحتاج إلى حقوق مدنية معينة تتلاءم معه. فعند إعطاء الشعب العديد من الحقوق دون أن يصل مستوى المشاركة السياسية والوعي بالحقوق إلى مرحلة معينة، لا يمكن أن تلعب هذه الحقوق دورًا فعالاً؛ بل من الوارد جدًّا أن تلعب دورًا عكسيًّا.

---

(1) فاي شياو تونغ: "شكل الوحدة التعددية للأمة الصينية"، دار نشر المعهد المركزي للقوميات، 1989م، ص 1.

(2) الالتزام بالمفهوم العلمي لتطوير الحقوق

طالما التزمت الصين بالمفهوم العلمي لتطوير الحقوق خلال مرحلة ضمان وتطوير الحقوق بداخلها.

أولًا: تأكيد الصين على توافق المصالح الأساسية للمواطنين:

أشار دنغ شياو بينغ قائلاً: "يتضح في النهاية أن المصالح الفردية والمصالح الجماعية موحدة، والمصالح الجزئية والمصالح الكلية موحدة، وكذلك المصالح المؤقتة والمصالح الطويلة الأمد موحدة في ظل النظام الاشتراكي، وأنه يجب علينا تنسيق العلاقة بين أنواع المصالح كافة طبقًا لمبدأ التخطيط الشامل. وإلا فإن نتيجة معارضة المصالح الجماعية، والبحث عن المصالح الفردية، ومعارضة المصالح الكلية، والسعي وراء المصالح الجزئية، والتعارض مع المصالح الطويلة الأمد، وطلب المصالح المؤقتة، سوف تلحق بكل تأكيد الخسائر بكلا الطرفين. وخلاصة القول: تُعد العلاقة بين الديمقراطية والمركزية، والعلاقة بين الواجبات والحقوق هي التعبير الخاص للعلاقات المتبادلة بين كافة أنواع المصالح المذكورة أعلاه في المجالات السياسية والقانونية".[1]

وفي المرحلة الحالية ببلادنا، تتوافق مصالح المواطنين، ولا يوجد أي نوع من تضارب المصالح الأساسية الخاصة بالأفراد، وبالرغم من أنه بالنظر من زاوية جزئية ومؤقتة يتضح، أن هناك اختلافًا مؤكدًا في العلاقات الاقتصادية والاجتماعية الخاصة بكل فرد، وأن ذلك من شأنه أن يسبب اختلافًا في مضمون ودرجة تمتع المواطنين بحقوقهم، ولكن في الأصل يتمتع المواطنون جميعًا بحقوق عامة وحقيقية، ويوجد نوع من التوافق بين حقوق المواطنين وبين الحقوق الفردية والسلطة العامة.

---

(1) دنغ شياو بينغ: "التمسك بالمبادئ الأساسية الأربعة"، "الأعمال المختارة لدنغ شياو بينغ"، المجلد الثاني، دار الشعب للنشر 1994م.

ثانيًا: اهتمام الصين الفعلي بالطبيعة المرحلية لتنفيذ الحقوق:

تتشابه عملية تنفيذ الحقوق مع عملية البناء الاقتصادي؛ فكلاهما ذو طبيعة تدريجية. ولذلك يجب أن تتم هذه العملية بشكل عملي واقعي يتفق مع طبيعتها، فلا يمكن تحقيقها من خلال الاهتمام بالنجاح والاندفاع للحصول على نتائج سريعة، ولا يمكن تجاوز مرحلة التطور التاريخي الخاصة بها. فطالما كانت أعمال ضمان الحقوق أعمالاً مستمرة دون توقف، تحتاج إلى صمود والتزام عدد من الأجيال.

ولقد كانت رؤية العالم الأمريكي غرين فيما يخص هذا المجال صحيحة بالكامل، فأشار غرين إلى: "تُعد الديمقراطية من ناحية الجوهر مستمرة ومتطورة باستمرار ومتغيرة دون توقف؛ لذلك من الوارد ألا يتم اكتمالها إلى الأبد. فهذا الهدف يشبه تمامًا السراب؛ في الوقت الذي تقترب فيه منه يبتعد هو لمسافة طويلة".[1]

وتتفق وجهة النظر هذه مع وجهة النظر الصينية، فأكثر ما تهتم به الصين هو التنمية المتزايدة للحقوق بالاعتماد على المخزون المتوفر. وفي النهاية، حرصت الصين خلال عملية ضمان الحقوق على التفريق بين الهدف النهائي لضمان الحقوق، وبين توحيد المهام المرحلية وتنسيقها.

فقضية الحقوق تحتاج إلى أن يحافظ الحزب الحاكم والحكومة على موقف يتسم بالحكمة والعملية والتفاؤل، ويحددا مهام تنفيذ الحقوق الخاصة بالمراحل المختلفة طبقًا للمراحل المختلفة للتنمية الاجتماعية، والظروف الثقافية والاجتماعية والاقتصادية، وموضوع التنمية بمختلف المراحل، وتعزيز التنمية السليمة المنظمة لتنفيذ ضمان الحقوق والمطالبة بالحقوق. وكذلك معارضة نظرية التسريع، والتصميم على منع تكرار الأخطاء الكارثية للاتحاد السوفيتي، وظهور شكل

(1) (أمريكا) فليتشر ملفين غرين: "فترة الديمقراطية الأمريكية"، نشرت في "العبودية والحرية: المفارقة الأمريكية- مجموعة كلمات رئيس منظمة المؤرخين الأمريكيين"، تحرير: الجمعية الصينية لبحوث التاريخ الأمريكي، دار نشر قويتشو الشعبية، 1993م، ص 21.

"الديمقراطية الكبرى" الخاص بـ "الثورة الثقافية"، والالتزام باتجاه الديمقراطية الذي لا رجعة فيه، والحفاظ الشديد على شكل تطوير الحقوق بأسلوب مرحلي، والتنسيق بين ضمان الحقوق والتنمية الاجتماعية والاقتصادية.

(3) التنفيذ والتوسع التدريجي لحقوق المواطنين

لا تُعد السرعة أمرًا جيدًا في قضية الحقوق، وكذلك البطء أيضًا، بينما تتجسد الحالة المثالية في تنفيذ حقوق المواطنين وتوسيعها بدرجة مناسبة، وبوقت ملائم للتنمية الاقتصادية والثقافية والاجتماعية. وقد أحرز الصينيون بالتزامن مع التعمق المستمر للإصلاح والانفتاح وتقدم بناء الاقتصاد الصيني دون توقف، تقدمًا كبيرًا في مجال ضمان الحقوق، كما شهدت الحقوق بكافة أنواعها ارتفاعًا تاريخيًّا بالمقارنة مع فترة قبل الإصلاح والانفتاح.

أولًا: تجسُّد ضمان حقوق المواطنين الصينيين في الضمان القضائي:

أعاد دستور عام 1978م بعض الحريات والحقوق المهمة من دستور عام 1954م، وأقر شروط ضامنة لتنفيذ الحقوق، وبهذا مهَّد لظهور آلية ضمان الحقوق، ونظام الحقوق الخاص بالفترة الجديدة. وفي عام 1979م طرح المؤتمر الوطني الشعبي "التعزيز الكامل للعمل التشريعي". أما عن دستور 1982م فقد أحرز خطوة إلى الأمام، وأسَّس نظام ضمان ونظام حقوق يتناسبان مع الواقع الفعلي للصين، وأضاف إلى مضمون الحقوق الأساسي، وظهرت المكانة المهمة للحقوق الأساسية للمواطنين في النظام الدستوري. وفي عام 1998م، كُتب "حكم البلاد وفقًا للقانون" في الدستور، وفي عام 2004م كُتب "احترام حقوق الإنسان وضمانها" في الدستور. وفي عام 2007م أُصدر "قانون الملكية" الذي يحمي حقوق الملكية الخاصة بالإنسان.

وفي عام 2011م أُسِّس النظام القانوني الاشتراكي ذو الخصائص الصينية، الذي اتخذ من الدستور قائدًا عامًّا، ومن القانون عمودًا فقريًّا، ويتكون من العديد من الفروع القانونية، مثل القوانين المتعلقة بالدستور، والقانون المدني، والقانون

التجاري، والقانون الإداري، والقانون الاقتصادي، والقانون الاجتماعي، والقانون الجنائي، والقانون الإجرائي والموضوعي. وقد صاحب هذا التطور الهائل للنظام القضائي والقوانين القضائية، ونظام الوساطة ونظام المحاماة، كما تطورت آلية حماية الحقوق ونظام الحقوق تطورًا مستمرًّا بالتزامن مع التقدم الاجتماعي والتنمية الاقتصادية.

ثانيًا: التحسين التدريجي لآلية تنسيق المصالح:

من الضروري تأسيس آلية لتنسيق الحقوق من أجل منع التناقضات والصراعات التي قد تحدث بين الأفراد بسبب اختلاف المصالح، فتقوم هذه الآلية بإصدار أحكام عقلانية وصحيحة تجاه الحقوق، وتقود الوعي بالحقوق لدى المواطنين، وتُحفز الجوانب الإيجابية لها، وتعمل على احتواء الجوانب السلبية.

وحاليًا كُونت بالفعل أربع آليات فعالة، هي آلية لحماية مصالح المواطنين، وآلية علمية لتنسيق المصالح، وآلية التعبير عن المطالب، وآلية الوساطة في النزاعات، وهي كالتالي:

الأولى: تم تحسين آلية التشاور الخاصة بمصالح المواطنين، التي تستهدف كافة القضايا الحيوية الخاصة بالمصالح الشخصية للمواطنين في المرحلة الحالية، والحفاظ على المصالح الجماعية لكافة الأطراف في الحق في المشاركة والحق في المعرفة، وتعزيز الحوار الثنائي على أساس المساواة حول تضارب المصالح، وحل التناقضات والخلافات طبقًا للقانون، وذلك من خلال الدور التنسيقي الذي يلعبه النظام الإداري للحزب والحكومة فيما يتعلق بالتنظيمات الأساسية الشعبية، والنقابات العمالية والرابطات الصناعية وغيرها.

الثانية: أُسِّست آلية ضمان مصالح المواطنين، وتحسين نظام ضمان عدالة القوانين والفرص والحقوق، الذي يضمن بشكل حقيقي حق المشاركة المتكافئة للجماهير كافة.

الثالثة: تم فتح وتمهيد قنوات التعبير عن المطالب، ففُتح المجال للمؤتمر الشعبي الوطني والمؤتمر الاستشاري السياسي، والمنظمات الشعبية والرابطات

الصناعية ووسائل الإعلام الجماهيرية، وغيرها ممن يمتلك وظيفة التعبير عن المصلحة الاجتماعية، وبُنيت منصة شاملة ثلاثية الأبعاد للتعبير عن مطالب الشعب، تعمل على الاستماع بطريقة أفضل لمطالب الشعب.

الرابعة: بناء آلية الوساطة في النزاعات، التي تدمج دمجًا حيويًّا بين الوساطة الشعبية والوساطة القضائية والوساطة الإدارية ومشاركة المحامين، والتأسيس السليم لشبكات الوساطة بمختلف مستوياتها، وتعزيز بناء فِرق من موظفي الوساطة ومتطوعين للوساطة، وتقوية معالجة مصادر النزاعات الاجتماعية، والاستماع الكامل لرغبات الشعب واستخلاص حكمتهم، ودفع عملية اتخاذ القرارات الديمقراطية العلمية.

وقد أوضحت تجارب تطوير الحقوق في بلادنا والعالم بأكمله، أن تنفيذ حقوق المواطنين أمر معقد شاق وطويل الأمد وتدريجي؛ لذلك يُعد طرح جدول زمني وخطة واضحة للمهام له، طريقة غير عملية وغير واقعية. فتنفيذ الحقوق يحتاج إلى إجراءات تدريجية تُتخذ على طول المسار، وإلا فإن إعطاء الحقوق بشكل سريع وأحادي ومبكر من الممكن أن يُحدِث نتائج سلبية، فالتطوير التدريجي لحقوق المواطنين هو القاعدة الأساسية لتطوير الحقوق.

الباب السادس

طرق بناء الديمقراطية الصينية
دفع المشكلات وتعزيز إجراء التجارب

تم تنفيذ وتعزيز بناء الديمقراطية الصينية المعاصرة من خلال إصلاح النظام السياسي. فاستخدام طرق صحيحة لتعزيز إصلاح النظام السياسي كان هو الضمانة المهمة لبناء الديمقراطية. فمن خلال الاستكشاف والبحث المتكرر للعديد من السنوات حققت الصين خبرات مهمة في الإصلاح عن طريق دفع الإصلاح، من خلال حل المشكلات، ودفع الإصلاح بطريق إجراء التجارب، التي أصبحت الاستراتيجيات الرئيسة المستخدمة في تعزيز بناء الديمقراطية، وواحدة من أهم الخبرات التي حصلتها الصين خلال ممارسات إصلاح النظام السياسي وبناء الديمقراطية.

الفصل الأول

"تَحسس الحجارة أثناء عبور النهر":
منهجية الإصلاح

إن إصلاح النظام السياسي هو مشروع اجتماعي عملاق واسع النطاق، وقد كانت مسألة تحديد الطرق والأفكار التي من شأنها أن تؤدي إلى تنفيذ إصلاح النظام السياسي هي القضية التي طالما تم التفكير والتمعن بها، ومناقشتها منذ بداية الإصلاح.

وبالرغم من أن الطرق التي ظهرت أثناء الممارسة لم تكن طرقًا أحادية، إلا أنه قد صُنِّف طرق وأفكار الإصلاح داخل النطاق الخاص بمفاهيم الشعب، فكان من بينها "نظرية التخطيط" التي تتجه نحو الاهتمام بالتوجيه النظري، والتخطيط العقلاني كـ "التخطيط العالي المستوى"، و"نظرية الاستكشاف" التي تتجه نحو الاهتمام بالاستكشاف الفعلي كـ "تحسُّس الحجارة أثناء عبور النهر"، هذان النموذجيان اللذان يعكسان نوعين مختلفين من الاقتراحات والأفكار الخاصة بإصلاح النظام السياسي في الحاضر والمستقبل.

(1) نوعان من الطرق الفكرية: "تَحسُّس الحجارة أثناء عبور النهر" و"التخطيط عالي المستوى"

بالنظر إلى عملية الممارسة، نجد أن اقتراح "نظرية الاستكشاف" الخاصة بـ "تَحسس الحجارة أثناء عبور النهر" قد تشكل مع بداية الإصلاح، بينما بدأ الاهتمام التدريجي بفكرة اقتراح "التخطيط العالي المستوى" التي تتمثل في الاهتمام بالتوجيه النظري والتخطيط العقلاني في بداية القرن الـ 21.

وبالنظر إلى الوثائق العامة المتاحة، يتضح أن السيد تشن يون الذي تـولى في وقت سابق منصب نائب رئيس اللجنة المركزية للحزب الشيوعي، والعضو الدائم للمكتب السياسي للحزب الشيوعي، هو أول مَن طرح نظرية "تَحسُّس الحجـارة أثناء عبور النهر"، وأكد أن اعتبار الاستكشاف التدريجي هو استراتيجية الإصلاح. ففي ديسمبر عام 1980م أشار تشن يون في مؤتمر عمل اللجنة المركزيـة قـائلاً: "نعم، نحن نريد الإصلاح، ولكنه يجب أن يكون إصلاحًا ذا خطى ثابتة. فبسـبب تعقيد قضية الإصلاح الخاصة بنا لا يمكن أن يُنجز سـريعًا وفي وقـت قصـير. فالإصلاح -بلا شك- يحتاج إلى الاعتماد على الأبحاث النظرية، والإحصـائيات والتوقعات الاقتصادية المؤكدة، والأهم من ذلك البدء في التجـارب، وتلخـيص الخبرات في أي وقت، كما يحتاج أيضًا إلى "تَحسُّس الحجارة أثناء عبور النـهر". فيجب أن تكون الخطوات صغيرة في البداية، وأن يتم التحرك شيئًا فشيئًا".[1]

وقد لاقى تفكير تشن يون الخاص بـ "تَحسُّس الحجارة أثناء عبـور النـهر" موافقة وتأكيد القادة في هذا الوقت، وأُقرَّ بالتصرف طبقًا لهذا التفكير خلال عملية ممارسة الإصلاح. وفي عام 1987م بعد المؤتمر الوطني الثالث عشر للحزب الشيوعي الصيني، أشار دنغ شياو بينغ خلال حديثه عن الإصلاح إلى: "أن كافة الأعمال التي نمارسها حاليًّا تُعد أعمالاً جديدة لم يناقشها ماركس من قبل، ولم تفعلها أي دولـة اشتراكية من قبل أيضًا؛ لذلك لا توجد خبرات سابقة يمكن دراستها. فـلا يمكننـا الآن سوى التعلم من خلال العمل والاستكشـاف مـن خـلال الممارسـة".[2] وبالوصول إلى الفترة التي تلت 30 عامًا من الإصلاح والانفتـاح، ظلـت طريقـة الإصلاح المتمثلة في "تَحسُّس الحجارة أثناء عبور النهر" تلقى تأكيد ودعم القادة.

ففي الـ 31 من ديسمبر عام 2012، أشار شي جينغ بينـغ الأمـين العـام الجديد للجنة المركزية للحزب الشيوعي الصيني حينها، خلال التعلم الجماعي الثاني

---

(1) تشن يون: "الأوضاع الاقتصادية والدروس المستفادة"، "الأعمال المختارة لتشن يـون" (1956-1985)، دار الشعب للنشر، 1986م، ص 251.

(2) دنغ شياو بينغ: "الخاصيتان المميزتان للمؤتمر الوطني الثالث عشر"، "الأعمال المختـارة لدنغ شياو بينغ"، المجلد الثالث، دار الشعب للنشر، 1993م، ص 258 و259.

الذي عقده المكتب السياسي الثامن عشر للجنة المركزية للحزب الشيوعي الصيني، قائلاً: "إن حركة الإصلاح والانفتاح هي حدث جديد لم يسبق له مثيل في التاريخ، ويتحتم علينا التمسك بالمنهجيات الصحيحة، والتعزيز المستمر له، بالاستكشاف المستمر خلال الممارسة. فـ "تَحسس الحجارة أثناء عبور النهر" تُعد طريقة الإصلاح ذات الخصائص الصينية التي تتناسب مع الظروف الفعلية للبلاد، ومفادها هو تلمُّس القوانين، والحصول على المعرفة الحقيقية من خلال الممارسة. ويمثل "تَحسُّس الحجارة أثناء عبور النهر" والتخطيط الرفيع المستوى معًا، وحدة ديالكتيكية، فيجب أن يُعزَّز الإصلاح والانفتاح الجزئي ذو الطبيعية المرحلية في ظل فرضية تقوية التخطيط العالي المستوى، ويجب وضع خطة تقوية التخطيط العالي المستوى على أساس تعزيز الإصلاح والانفتاح الجزئي ذي الطبيعة المرحلية. ويجب علينا تعزيز التفكير الكلي، والتخطيط العالي المستوى، وإيلاء المزيد من الاهتمام للطابع المنهجي الشامل التعاوني للإصلاح، وفي الوقت نفسه التشجيع المستمر للتجارب الجريئة والاختراق الجريء، والتعميق المستمر للإصلاح والانفتاح".

وبهذا يصبح من الواضح، أن ما يُسمى بـ "تَحسُّس الحجارة أثناء عبور النهر"، لا يمتلك أي خبرات سابقة، ولا حتى مادة مرجعية، وفي ظل هذه الظروف يجب أن تُستكشف طرق وخطط حل المشكلات طبقًا للأحوال الشخصية والممارسات الذاتية، وخلال عملية حل المشكلات الفعلية، وزيادة على ذلك اكتشاف ومعرفة طرق التعرف على القوانين.

وتجدر الإشارة إلى أن "تَحسُّس الحجارة أثناء عبور النهر" هي استعارة تشبيهية. ففي الأسلوب العلمي، تنتمي الطريقة التجريبية لـ "تَحسُّس الحجارة أثناء عبور النهر" إلى طريقة الاستقراء؛ أي إنه استُدِل على القوانين واستُخرجت تدريجيًّا من خلال عدد كبير من التجار بمعرفة القانون.

وبالتزامن مع التقدم والتعمق المستمر لأعمال الإصلاح والانفتاح، وفي ضوء الأهمية المنهجية للإصلاح، بدأ الظهور التدريجي للصوت الذي يطالب بالمعرفة الكاملة للإصلاح، والقيام بتلخيص نظري، ثم وضع تخطيط شامل، وقد تم تأييد

وتأكيد ذلك الصوت من قِبل قادة الإصلاح. وقد لخَّص المواطنون هذه الطريقة الفكرية في: "التخطيط العالي المستوى". وبالنظر إلى الوثائق العامة المتاحة، ظهر لأول مرة الحديث الرسمي عن "التخطيط العالي المستوى" في آراء اللجنة المركزية المتعلقة بالخطة "الخمسية الثانية عشرة".

ففي الطبعة الحادية عشرة من "معالجة مشكلات الإصلاح، وتحسين نظام اقتصاد السوق الاشتراكي" خلال الخطة الخمسية الثانية عشرة للتنمية الاقتصادية والاجتماعية، طُرح ما يلي: "تعزيز كفاءة مجالات الإصلاح بمزيد من العزم والجرأة، وإيلاء الاهتمام بشكل أكبر بالتخطيط العالي المستوى والخطة العامة للإصلاح، وتوضيح المهام الرئيسة والأولويات الخاصة بالإصلاح، وتعميق تجارب الإصلاح الشاملة التكميلية، وتحفيز الإيجابية بالمجالات كافة، واحترام روح المبادرة عند الجماهير، ودفع إصلاح النظام الاقتصادي بقوة، والتعزيز الإيجابي الآمن لإصلاح النظام السياسي، وزيادة سرعة تقدم إصلاح النظام الثقافي والنظام الاجتماعي، وتحقيق تطور هائل سباق في كافة المجالات المهمة والقطاعات الرئيسة".[1]

وبعد هذا كله، ازدادت الأصوات المنادية بأن إصلاح النظام السياسي يحتاج أيضًا إلى "التخطيط العالي المستوى". وفي السنوات الأخيرة، كان لطرح فكر وطريقة الإصلاح المتمثلة في "التخطيط العالي المستوى" خلفيتان أساسيتان.

أولهما: كان ظهور اتجاه تطور يزداد تعقيدًا يومًا بعد يوم في كافة المجالات الاجتماعية والسياسية والاقتصادية بالصين، وذلك بالتزامن مع التعميق والتطوير المستمر لبناء التحديث والتصنيع والتحضر، وبدأ يظهر تعدد المصالح واختلافها تدريجيًّا، وبناء عليه أصبحت الإدارة الاجتماعية والاقتصادية والهيكل الاقتصادي والاجتماعي والتنظيم الاجتماعي والاقتصادي معقدًا ودقيقًا.

كما أصبح النظام القانوني الاجتماعي والنظام السياسي أكثر دقة وتعقيدًا أيضًا. وفي ظل هذه الأحوال، أخذت ظاهرة وجود تناقضات وخلافات بين

---

(1) "المخطط العام للخطة الخمسية الثانية عشرة للتنمية الاقتصادية والسياسية الوطنية بجمهورية الصين الشعبية":
http://www.ndrc.gov.cn/fzgh/ghwb/gjjh/P020110919592208575015.pdf

السياسات وبعضها والقوانين وبعضها في الازدياد يومًا بعد يوم. وأصبحت نتائج القوانين والسياسات المطروحة لا تشبه تلك القوانين ذات النتائج والآثار القابلة للتنبؤ في بداية الإصلاح والانفتاح؛ بل أصبحت الأحوال عكسية تمامًا: فمع الوقت ظهرت التناقضات المتبادلة بين المزيد من القوانين والسياسات؛ بل ووصل الحال إلى وجود صراعات متبادلة بين بعضهم وبعض. ولقد تسبب هذا الوضع في توهين آثار السياسات والقوانين.

وفي ظل هذه الخلفية، أصبح هناك حاجة لرفع درجة التناغم والانسجام بين القوانين والسياسات، وبين الأقسام المعنية بصياغة القوانين والسياسات.

وثانيهما: لم تتوقف الخبرات الخاصة ببناء الديمقراطية وبإصلاح النظام السياسي، عن التكون والتراكم خلال مرحلة أعمال الإصلاح والانفتاح. وطمح المواطنون في أن تكون هناك مقدرة على استكشاف الإصلاح بشكل أكثر وعيًا ونشاطًا، وأن تُعزَّز الخبرات السابقة لتصبح نظريات، وأن يكون هناك مزيد من الممارسة لاستخدام التوجيه النظري.

ومثال ذلك، ما طرحه المؤتمر الوطني السادس عشر للحزب الشيوعي الصيني فيما يتعلق بقوانين وخصائص بناء الديمقراطية الاشتراكية ذات الخصائص الصينية، من "وحدة الثلاثة"، التي مفادها أن قيادة الحزب وسيادة الشعب والالتزام بالقانون بينها وحدة عضوية. وبدرجة مؤكدة كانت "وحدة الثلاثة" هي نوع من الملخصات النظرية، ونوع من الترتيبات المؤسسية "العالية المستوى". وتمتلك "وحدة الثلاثة" أهمية توجيهية تجاه مستقبل بناء الديمقراطية وإصلاح النظام السياسي بالصين. وفي ظل هذه الخلفية، أصبحت المطالبة بـ "التخطيط العالي المستوى" تدريجيًّا رأيًا عامًّا جماهيريًّا.

ويُعد ما يُسمى بـ "التخطيط العالي المستوى" مفهومًا مشتقًّا من العلوم الهندسية، ومعناه الأصلي هو التفكير الشامل في مختلف عناصر التصميم الهندسي ومستوياته المختلفة، فيتم أولاً تحديد "الفكرة العامة" للمشروع، ويتم وضع الخطة الكاملة والتخطيط الشامل وفقًا لهذه الفكرة العامة، وطبقًا لوحدة الهيكل وتنسيق الوظائف، وتقسيم الموارد وتوحيد المعايير. وقد استخدمت دول الغرب هذا

المفهوم الهندسي قبل وبعد الحرب العالمية الثانية استخدامًا موسعًا في مجالات الجيش والإدارة الاجتماعية، فكان هو أسلوب التفكير المهم الذي استخدمته الحكومة في التخطيط الشامل للسياسات الداخلية والخارجية وصياغة استراتيجيات التنمية الوطنية. وبهذا يُعد "التخطيط العالي المستوى" نوعًا من أساليب التفكير المنهجية.

(2) خصوصية القضايا السياسية

يُعد كل من "تَحسُّس الحجارة أثناء عبور النهر" و"التخطيط العالي المستوى" طرقًا معرفية وعملية، لا تحتوي في حد ذاتها على أية عيوب أو مميزات، فيمكن أن تُستخدم بمرونة طبقًا للمتطلبات والظروف الفعلية خلال الممارسة الاجتماعية. ولكن خلال ممارسة التنمية السياسية الموسعة، تكون الطرق التي تُستخدم لاستكشاف مسار التنمية السياسية، ومعرفة قوانين التنمية الخاصة هي الطريقة الاستقرائية، والطريقة التجريبية الخاصة بما يُسمى "تَحسُّس الحجارة أثناء عبور النهر"، وقلّما تُستخدم الطريقة التحليلية، والطريقة الاستنتاجية الخاصة بـ "التخطيط العالي المستوى" حينها. ويمكن القول إن استخدام المجال السياسي للطرق الاستقرائية والتجريبية له علاقة وثيقة بخائص الأنشطة السياسية الإنسانية. وبالمقارنة مع المجالات الأخرى بالمجتمع، يتمتع المجال السياسي بشيء من الخصوصية، وتظهر خصوصية السياسة وتتضح في ثلاثة نواحٍ:

أولا: تعقيد الظواهر السياسية

تتميز القضايا السياسية بامتلاكها درجة عالية من الشمولية والترابطية. وقد قال فلاديمير لينين من قبل جملة شهيرة هي: ما السياسة إلا التعبير المكثف عن الاقتصاد. فالأنشطة الاقتصادية هي الممارسات الاجتماعية الأساسية للجنس البشري.

وقديمًا، طالما نظر الناس إلى الأنشطة الاقتصادية على أنها نوع من العلاقة بـ "الأشياء"، كعلاقة الإنسان بالطبيعة، فالجنس البشري حصل على الثروات والموارد من الطبيعة خلال أنشطة الإنتاج. بينما كشفت الماركسية بشكل معمق

عن طبيعة أخرى للأنشطة الاقتصادية، مفاداها أن الأنشطة الاقتصادية للجنس البشري تُجسد أيضًا العلاقة الاجتماعية بين الأفراد بعضهم وبعض. فالأشخاص يتعايشون ويمارسون نشاطاتهم من خلال نوع من العلاقات الاجتماعية المحددة، ويتضمن هذا: الأنشطة الاقتصادية التي وفرت موارد تنمية الإنتاج، والحصول على الثروات وصنع الحضارة المادية.

ولقد استخدم لينين مفهوم "الاقتصاد" من زاوية العلاقة الاجتماعية فقط؛ حيث رأى أن الأنشطة الاقتصادية هي الأنشطة الاجتماعية الفريدة للبشر. ومن خلال العلاقات الاجتماعية الخاصة، تمكن البشر من الحفاظ على بقائهم، وتطوير كافة الظروف المادية الضرورية؛ أي إنهم حققوا مصالحهم المادية.

ولقد تمثلت الطريقة الأساسية لتحقيق المصالح المادية من خلال الأنشطة الاقتصادية في المبادلة، فالهيكل الأساسي في العلاقات الاقتصادية دومًا ما يتمثل في الفرد كوحدة أساسية له، وقد حُقِّقت المصالح الاقتصادية عادة من خلال الزيادة التدريجية للمبادلات التي لا تُحصى حتى يتم اكتمال المصلحة.

وبالمقارنة مع الاقتصاد، نجد أن الأنشطة السياسية تمتلك فروقًا واضحة. فكان هدف البشر من المشاركة في الأنشطة السياسية هو الحصول على المصالح أيضًا، ولكن طريقة الحصول على المصالح من خلال الأنشطة السياسية هي طريقة إلزامية، تتمثل في استخدام السلطة السياسية في تحقيق نتائج مخصصة إلزامية خاصة بالمصالح الاجتماعية. وفي حين يعتبر تبادل المصالح الاقتصادية والحصول عليها بدرجة كبيرة هو سلوك بين الأفراد، نجد أن الأنشطة السياسية طالما كانت جماعية.

وتُعد الأنشطة الاقتصادية نوعًا من أشكال تحقيق المصالح، وتتميز بكونها مستمرة وذات شكل تطوري تقدمي. ولكن نتائج الأنشطة السياسية تتميز بطبيعة مرحلية وثابتة نسبيًّا، فبمجرد حدوث تحول سياسي كبير أو تشكيل قرارات سياسية، من الممكن أن يظل هذا الحدث يلعب دورًا بشكل مستقر وطويل الأمد، ويقرر بشكل أساسي توزيع المصالح الاجتماعية، فالسياسة تُعد هي الموزع الكلي للمصالح الاجتماعية.

وتُعد المصالح بالمعنى العام شيئًا محددًا وخاصًّا، أما عن شكلها العام فهي مصالح مادية يمكن للأفراد رؤيتها ولمسها. بينما لا تعتبر المصالح السياسية مصالح مادية ذات شكل، فالمصالح السياسية من ناحية الجوهر هي خطة توزيع كافة أنواع المصالح المادية بمجالات المجتمع. فمجال السياسة نفسه لا يُنتج مصالح؛ بل إن المصالح السياسية والأنشطة السياسية أيضًا ظهرت من خلال تحول المصالح الاجتماعية والأنشطة الاجتماعية الأخرى.

وفي حالة وجود أي خلافات أو مشكلات في المجالات الاجتماعية كافة، ولم يتم العثور على حل لها داخل مجالها تتجه هذه المشكلات والخلافات إلى التجمع بالمجال السياسي؛ حيث يُبحث عن الحل النهائي لها داخل المجال السياسي. وهذا ما يُسمى بظاهرة "التجمع السياسي" النظامية التي أظهرتها الحركات الاجتماعية الإنسانية. وفي الواقع، ليس فقط الخلافات والمشكلات الخاصة بالمجال الاقتصادي هي التي تتميز بامتلاكها لاتجاه التجمع بالمجال السياسي عند تطورها؛ بل إنه تكاد كافة المجالات الاجتماعية والعديد من الأنشطة الاجتماعية أيضًا تمتلك اتجاه التجمع بالمجال السياسي، فتُعد هذه نوعًا من الظواهر الاجتماعية العامة. وببحث ظاهرة التجمع السياسي، نجد أن العالم في الأصل لم يكن به "سياسة"، وأن السياسة كانت نتيجة نوع من التحول لتجمع كافة الخلافات والمشكلات الاجتماعية. وبالمقارنة مع القضايا الأخرى، تنطوي القضايا السياسية على نواحٍ أكثر اتساعًا والمزيد من العوامل ذات الصلة. ولذلك، فإن المجال السياسي هو أكثر المجالات الاجتماعية تعقيدًا، وبالتالي خصوصية، ومحاولة القيام بتخطيط شامل واستنتاجي لعملية السياسة هو أمر صعب للغاية.

ثانيًا: قيود المعرفة السياسية

إن الظواهر السياسة في التصور العام للمجتمع تكاد موجودة في كل مكان. ولكن في الحقيقة يتضح أنه بمقارنة الظواهر السياسية مع غيرها من ظواهر المجتمع الأخرى نجد أنها لا تمتلك درجة عالية من التكرار. ونعني بقولنا إن معدل تكرار الظواهر السياسية منخفض، أن معدل حدوث الظواهر السياسية المتماثلة منخفض،

فتواتر الظواهر السياسية غير واضح وغير ثابت. ومثال ذلك: تُعد ظاهرة الخلافة السياسية ظاهرة سياسية مهمة، وواحدة من القضايا الرئيسة التي تتناولها الأبحاث السياسية، ولكن خلال النظام الوراثي بالمجتمع القديم كانت تتم الخلافة السياسة عادة في ظروف مرض أو وفاة الإمبراطور؛ أي إنها كانت تملك قدرًا من المصادفة والمفاجأة.

أما خلال السياسة المعاصرة، عادة ما يتم التناوب السياسي لحكم البلاد بعد اكتمال دورة قدرها 8 أو 10 أعوام، الأمر الذي أدى إلى ندرة وجود موضوع خاص بظاهرة الخلافة السياسية يمكن بحثه ودراسته. ويتميز موضوع الدراسة الذي تتناوله الأبحاث العلمية عادة بالاستقرار والتكرار، ولكن المجال السياسي في الواقع يفتقر إلى وجود مثل هذه الموضوعات المستقرة المتكررة.

ويمكن للعلم الطبيعي التعرف على موضوع الدراسة من خلال إجراء التجارب لتحديد تكرار الموضوع، ولكن العلوم السياسية لا تمتلك مثل هذا الحظ الجيد، فموضوعات الدراسة الخاصة بالعلوم السياسية لا يمكنها الظهور المتكرر أو الظهور بالشكل نفسه مرة أخرى بعد وقت طويل من الزمان. وقد أدى هذا الطابع الخاص بموضوعات الدراسة المتمثل في كونها أحادية وعابرة، إلى أن أصبحت أبحاث العلوم السياسية بشكل فعلي تفتقر إلى موضوعات الدراسة؛ ولذلك قلّت درجة فاعلية ومصداقية الأبحاث السياسية وزادت صعوبتها.

ثالثًا: ذاتية السلوك السياسي

تُعد الذاتية أو المبادرة الذاتية هي العامل المهم المؤثر في العملية السياسية الذي لا يمكن تجنبه، وكثيرًا ما يقول عنه الناس "تأثير أوديب". ويشير ما يُسمى بـ "تأثير أوديب" إلى التأثير الذي تُحدثه التنبؤات في النتيجة الخاصة بالتنبؤات. فيُعد المجال السياسي تجمعًا للمصالح الاجتماعية ومحور الاهتمام الاجتماعي، والهدف من دور القرارات السياسية هو الحشود المحددة وليس المجتمع المجرد، فما إن يصدر قرار سياسي، حتى يؤثر على مصالح المواطنين، ويسبب انعكاسات اجتماعية، ويجذب المشاركة الاجتماعية. وطالما بذل الإنسان جهوده من أجل

التأقلم مع القرارات السياسية، والاعتماد على مزاياها، وتجنب عيوبها. فـالظواهر السياسية معقدة، والقرارات السياسية يصعب التنبؤ بنتيجتـها، ولكـن النتيجة الوحيدة التي يمكن تحديدها لكافة القرارات السياسية هو حتمية إحداثها لـردود فعل تجنبية مترتبة. وردود الأفعال التجنبية التي تحملها القرارات السياسية بالضرورة لا بد أن تُسبب وقوع تكاليف سياسية، أو أن تؤدي إلى توهين فاعلية القـرارات أو ظهور تدابير مضادة جديدة.

هذا، وقد ساعد "تأثير أوديب" واسع الانتشار بالمجال السياسـي إلى زيـادة صعوبة السيطرة على العملية السياسية. فبسبب ما يحمله "تـأثير أوديـب" مـن التداخل الذاتي، وما تسبب فيه من جعل العملية السياسـية ونتـائج القـرارات السياسية غير محددة ولا يمكن التنبؤ بها، أصبح من الصعب أن يتم بشكل مسـبق تكوين خطة تنفيذ فعالة وتخطيط شامل موثوق. فالسياسات التي يـتم التخطـيط المسبق لها، في الأغلب سرعان ما تفشل نتيجة للأفعال الغامضـة الـتي تسـببها، وبالتالي تقلل من قيمة التخطيط المسبق.

(3) شروط "التخطيط عالي المستوى" ومقدمته المسبقة

إن استخدام "التخطيط العالي المستوى" في تقديم التوجيه للإصلاح يُعد مـن الناحية النظرية صحيحًا بلا أدنى شك. وبالحديث عن الأسلوب الفكري الخـاص بـ "التخطيط العالي المستوى"، يمكن القول إن "التخطيط العالي المستوى" المُسبق يعتبر توجيهًا عمليًّا للخطوة القادمة، ويحتاج إلى شروط خاصة ومقدمات مسبقة، ولكن تلك الشروط الخاصة والمقدمات المسبقة التي يحتاجها صعبة ونادرة.

وعلى مر التاريخ، احتوت بعض العمليات السياسية الرئيسة في الحقيقة على عامل "التخطيط العالي المستوى" الذي شارك فيها. فـ "التخطيط العالي المستوى" هو الذي بدأ الثورات الاجتماعية، التي تُعد المشهد الأكثر مشاهدة في العمليـات السياسية الأساسية للجنس البشري. فخلال الحركات الثورية الاجتماعية الكبرى على مر التاريخ البشري كـ: حرب الاستقلال بأمريكا عـام 1917م، والثـورة الفرنسية الكبرى بعام 1789م، و"ثورة أكتوبر" الروسية بعـام 1917م، والثـورة

الصينية بعام 1949م، وغيرها، لعب "التخطيط العالي المستوى" دورًا ضخمًا في العملية التاريخية التي تنتهي بها الثورات المتمثلة في إنهاء عصر قديم وبدء عصر جديد، فيرجع الفضل في تأسيس "المجتمع الجديد" و"الدولة الجديدة" بالطبع إلى بعض "التخطيطات العالية المستوى". ويرجع مصدر "وثيقة الحقوق" التي نشأت خلال الثورة الفرنسية الكبرى إلى الاتجاه التنويري الأوروبي.

وعلى جانب آخر، وصل تفكير "الفصل بين السلطات الثلاث" الخاص بتشارلز دي مونتسيكيو إلى التجسيد المثالي له في النظام السياسي الأمريكي، ولكن المناقشة التي أجرتها "أوراق الفيديراليست[1]" تجاه قضية الحكم الدستوري، أثرت تأثيرًا عميقًا في تطور النظام السياسي الأمريكي.

وبعد ثورة 1905م، تكوَّن نظام المركزية الديمقراطية داخل الحزب البلشفي الذي يقوده فلاديمير لينين، والذي تحول بعد ثورة أكتوبر وممارسة البلشفية لحكم البلاد ليصبح المبدأ الأساسي للنظام السياسي لأول دولة اشتراكية بالاتحاد السوفيتي. "وقد أهدى انطلاق ثورة أكتوبر إلى الصينِ الماركسيةَ اللينينية"، فبالتزامن مع انتصار الثورة الصينية أصبحت الماركسية اللينينية الأساس النظري الذي يقود أعمال الاشتراكية بالصين.

وبالنظر لتاريخ هذه النظم السياسية التي تكونت من خلال "التخطيط العالي المستوى"، نجد أن نهاية فترة تاريخية وبداية فترة تاريخية جديدة طالما كانت هي المقدمة المسبقة للتخطيط العالي المستوى الخاص بالنظم التي حدثت على مر التاريخ. فالثورات تُنهي التاريخ القديم وتبدأ تاريخًا جديدًا. فعند ظهور اللحظة التي يفقد فيها النظام القديم قيمته الكاملة، يظهر في التاريخ "فراغ" قصير الأجل. ويعطي هذا التوقف التاريخي الفرصة لتخطيط النظم، وتطهِّر الثورات الساحة للنظام الجديد، وهنا فقط يظهر "التخطيط العالي المستوى".

وإلى جانب هذه المقدمة المسبقة، يحتاج "التخطيط العالي المستوى" أيضًا إلى وجود شرط معين، وهو المعرفة والفهم الكامل للعوامل ذات الصلة التي تؤثر في

(1) مجموعة من 85 مقالة كُتبت من قبل ألكسندر هاميلتون، جيمس ماديسون، وجون جاي؛ لتشجيع التصديق على دستور الولايات المتحدة.

مستقبل النظام الجديد والمجتمع الجديد، وبعبارة أخرى، الاحتياج إلى قدر كبير من المعرفة ذات الصلة وإعداد المواد المتعلقة.

ففي نهاية القرن الـ 19، نجحت حركة "استعادة ميجي" في اليابان، وتم تنفيذ مخطط التصنيع الحديث باليابان الذي كانت "التعهدات الخمس" أساسًا له، وانهار نظام الشوغونات[1] وظهور وتحول طبقات "الساموراي السفلي- مجموعة النخبة الشعبية"، وبالإضافة إلى ذلك لم تتعرض اليابان في فترة ميجي إلى تدخل أي قوى خارجية، ومن ثم فقد دعمت هذه الظروف الثورة الاجتماعية باليابان.

وعلى جانب آخر، لاقت حركة التغريب الثورية التي حدثت في الوقت نفسه بالصين الهزيمة في النهاية، وقد رجع ذلك للعديد من العوامل التي تمثلت في الانقسامات، والغيرة داخل طبقة الحكام في أسرة تشينغ، وتقسيم وضع قوى الحكم المركزية الذي سببه مقاومة مواطني الطبقة الدنيا، بالإضافة إلى الغزو المستمر للصين من قِبل القوى الخارجية.

فقد وصلت العلوم الغربية إلى الشرق، وظهرت خطط ازدهار البلاد وتقوية جيوشها في الوقت نفسه تقريبًا في الصين واليابان، ولكن النتائج كانت مختلفة كليًّا؛ حيث لعبت الظروف التاريخية دور العامل الحاسم.

وبإيجاز كلي يمكن القول إن التخطيط العالي المستوى يحتاج إلى الخبرة والإعداد النظري. فعلى أساس وجود المعرفة النظرية والخبرات المؤكدة يملك التخطيط العالي المستوى خصائص: تَشكيل التماسك الداخلي للنظام السياسي، وتقليل الصراعات والخلافات الداخلية به، ورفع فاعليته الكلية.

ولكن بالمقارنة مع "تَحسُّس الحجارة أثناء عبور النهر" يحتاج "التخطيط العالي المستوى" إلى شروط أعلى، ويتضمن التخطيط العالي المستوى أهدافًا محددة ومتطلبات كلية، كما يتطلب أن يتلاءم كل جزء من الأجزاء المكونة للتخطيط الهرمي والكلي مع متطلبات أهداف التخطيط العالي المستوى.

---

(1) الشوغون، للقب الذي كان يُطلق على الحاكم العسكري لليابان منذ 1192م وحتى نهاية فترة إيدو 1868م.

وقد نبع مفهوم التخطيط العالي المستوى من علم الهندسة المعمارية، ولكن يوجد بين التخطيط الهندسي والتخطيط في المجالات الاجتماعية والسياسية فروق أساسية، فكافة الأجزاء المكونة للتخطيط الهندسي ليس لها وجود واقعي، ويجب أن يطابق التخطيط الهندسي أهداف ومتطلبات التخطيط العالي المستوى، وأن يقوم بإجراء تخطيط هرمي وتلبية المتطلبات الكلية.

أما في المجالات السياسية والاجتماعية فتوجد بالفعل كل القوانين والسياسات الحالية والأشياء ذات الصلة، ويوجد تفاوت بين السياسات والقوانين الحالية والأشياء الواقعية، وبين أهداف ومتطلبات التخطيط العالي المستوى؛ ولذلك فإذا كان من الضروري اتخاذ التخطيط العالي المستوى معيارًا، ويتحتم تلبية المتطلبات الخاصة به، فسوف تكون مسألة كيفية التغيير الفعلي للنظام القانوني والسياسات الحالية مشكلة في غاية الصعوبة.

وإذا تم كل شيء وفقًا للتخطيط العالي المستوى، فسيتم إجبار كافة الإدارات على أن "تخطو للأمام" طبقًا للمتطلبات الكلية، ولا يمكنها أن تقوم بالتعديل والاستكشاف مجددًا انطلاقًا من حقيقتها الذاتية. وبالتالي، يمكن للتخطيط العالي المستوى أن يجلب اثنتين من العواقب:

أولهما: رفع تكاليف البناء والإصلاح السياسي، وتُلزم الإدارات التي لا تمتلك حتى الشروط اللازمة، بمواكبة واستباق الخطوات العامة. وثانيهما: أنه من الممكن أن تشكل الإدارات غير القادرة على تلبية الأهداف والمتطلبات الكلية للتخطيط العالي المستوى ظاهرة "السحب للخلف"، وتتكون التناقضات بين الإدارات بعضها وبعض، وبين الإدارات بوصفها جزءًا، والمجتمع بوصفه كلاًّ.

الفصل الثاني

اختيار مسار دفع المشكلات

بدأ كل من حركة الإصلاح والانفتاح التي بدأت في ثمانينيات القرن الـ 20، وعملية بناء الديمقراطية الاشتراكية ذات الخصائص الصينية، بشكل أساسي من الصعوبات الفعلية، والحاجة إلى حل المشكلات.

(1) الظاهرة أكبر من الجوهر: البدء من الحلول المؤقتة

في الـ 10 من مايو عام 1978م، نُشر مقال "الممارسة هي المعيار الوحيد لاختبار الحقيقة"، الذي شارك في تعديله العديد من المُنظرين بمدرسة الحزب للجنة المركزية للحزب الشيوعي الصيني، ودقّقه السيد/هو ياو بانغ، رئيس بمدرسة الحزب للجنة المركزية للحزب الشيوعي الصيني حينها بنفسه، وذلك في العدد الـ 60 من دورية "الاتجاهات النظرية" التابعة لمدرسة الحزب.

وأُعيد نشره في كل من "صحيفة قوانغ مينغ اليومية" و"صحيفة الشعب اليومية" و"صحيفة جيش التحرير"، وغيرها من الصحف والدوريات المهمة، وأطلقته وكالة أنباء الصين الجديدة في كافة أنحاء البلاد. ولقد كان هذا المقال النظري الذي يُطهِّر الفكر "اليساري" المتطرف لـ "الثورة الثقافية الكبرى" بداية حركة تحرير الفكر التي كانت بمثابة الموجه لآراء الإصلاح والانفتاح.

وقد استهدفت حركة تحرير الفكر ما يُسمى باقتراح "اثنين «كل»"[(1)]، الذي

(1) "اثنان «كل»" هو اقتراح طُرح في افتتاحية مقال "الاستفادة من الملفات والتمسك بالمنهج"، الذي نُشر في "صحيفة الشعب اليومية"، ومجلة "الراية"، و"صحيفة جيش التحرير"؛ حيث أشارت مقدمة هذا المقال إلى: "ندعم بقوة كل قرارات سياسية أقرها الرئيس ماو، وسنتبع بثبات كل تعليمات وضعها ماو". ولقد لاقى هذا الاقتراح بعد

ظل موجودًا بعد انتهاء "الثورة الثقافية" والفكر "اليساري" المتطرف لـ "الثورة الثقافية الكبرى" يُحاول المحافظة على أخطاء "الثورة الثقافية"، وطرحت استخدام الممارسات الاجتماعية لاختبار كافة الحقائق، التي تتمثل في المعايير الخاصة بمسار الحزب والدولة وخططتهم وسياساتهم. هذا، وقد أطاحت حركة تحرير الفكر بخرافات التيارات الفكرية الخاطئة التي بُثت خلال "الثورة الثقافية الكبرى"، وفي الوقت نفسه أدت إلى أن قام المواطنون بإعادة التفكير في الأسباب التي سببت "الثورة الثقافية الكبرى"، والنقد العام لتيار الفكر "اليساري"، وأثارت شكوكهم وانتقاداتهم تجاه النظام القديم. وبطبيعة الحال فقد أثرت "الثورة الثقافية" التي دامت لمدة 10 سنوات تأثيرًا مريعًا في الاقتصاد والمجتمع الصيني. فبالرغم من زيادة المبلغ الإجمالي للاقتصاد الوطني خلال السنوات العشر، إلا أن تدمير نظام إدارة المؤسسات سبب انخفاض الفائدة الاقتصادية، وزيادة الاستهلاك والتبذير المبالغ فيه حتى وصلت الفائدة الاقتصادية إلى القاع، وانخفضت مستويات المعيشة بشكل عام.

وفي عام 1976م وصل الاستهلاك السنوي للفرد في الصين من الحبوب إلى 190.5 كيلو جرام فقط، ليقل بذلك عن عام 1952م الذي وصل فيه الاستهلاك السنوي للفرد في الصين من الحبوب إلى 197.5 كيلو جرام. وفي عام 1978م لم يكن قد حُلت مشكلة الغذاء والكساء لـ 250 مليون شخص بالريف، وانخفض متوسط أجور الموظفين والعمال، وأصبح هناك نقص حاد في إمدادات الضروريات اليومية للحياة في المدن، وتم التنفيذ الكامل لنظام تذاكر الحصص التموينية. وأصابت حالة من الركود الحاد جوانب السكن والتعليم والثقافة والرعاية الصحية وغيرها. هذا، وقد سببت "الثورة الثقافية الكبرى"، وما يُسمى في التاريخ بـ "الحركة السياسية" عددًا كبيرًا من الحالات التي غاب فيها تنفيذ العدالة، كما سببت "حركة نزول الشباب المتعلم إلى الريف" الكثير من المشكلات الاجتماعية الخطيرة. وفي نهاية عام 1978 وفي ظل إضراب الشباب المثقف في يوننان، وأحداث

نشره معارضة شديدة من كل من تشين يون، ودنغ شياو بينغ، وآخرين، وأثار مناقشات كبيرة داخل الحزب حول مسألة المعايير الحقيقية.

التقدم بعريضة للسلطات، حضر عدد كبير من الموظفين لتقديم عريضة للسلطات العليا، مما أحدث حالة من توتر المناخ الاجتماعي.

وقد عُقدت الجلسة الثالثة الكاملة للجنة المركزية بالدورة الحادية عشرة في ظل هذا المناخ الاجتماعي. ولقد كوَّن الحزب الشيوعي الصيني والمجتمع الصيني الكثير من المعارف المختلفة حول كيفية "إعادة النظام من الفوضى"، وكيفية تصحيح أخطاء "الثورة الثقافية الكبرى"، وكيفية إصلاح النظام الاقتصادي والسياسي القديم، وذلك من خلال الجلسة الثالثة الكاملة للجنة المركزية بالدورة الحادية عشرة، واجتماع مناقشة المبادئ والنظريات الذي عُقد بعدها. ومن بينها، اقتراح نوع من التيارات الفكرية ذي تأثير واسع النطاق بتصفية المسار الخاص بالفكر "اليساري"، والتمييز بين النظريات الصحيحة والخاطئة، وتصحيح الأخطاء التاريخية.

وقد كان المنطق من وراء الاقتراح بالتصفية الكاملة للماضي هو: ضرورة معرفة الأخطاء الماضية على المستوى الفكري والنظري، وتصحيح المسار الخاطئ للاتجاه "اليساري" من الجذور، فبتصفية كافة أنواع الأخطاء، يمكن حينها فقط اختيار طريق التنمية المستقبلية الصحيح. وقد كان لاقتراح التصفية الشاملة جانب آخر، تمثل في إجراء تخطيط كامل لطريق التنمية المستقبلية، ولقد طرح بعض المُنظرين بداخل الحزب الشيوعي "نظرية إكمال الدرس الغائب" في الفترة بعد الجلسة الثالثة الكاملة للحزب، التي تقترح إعادة ما يُسمى بـ "المرحلة الجديدة للديمقراطية الجديدة" لإكمال الدرس الغائب حول تنمية الرأسمالية.

هذا، وقد واجهت الصين في بداية الإصلاح والانفتاح عام 1979م النوعين التاليين من أفكار الإصلاح والخيارات: التصفية الشاملة للماضي، والتفريق بين الخطأ والصواب من الناحية السياسية والنظرية، والقيام بتخطيط مستقبلي جديد، أم تغيير تركيز العمل وحل المشكلات الواقعية الأساسية؟

ولقد اختار دنغ شياو بينغ بصفته ممثلاً عن قادة الحزب الشيوعي الصيني الاختيار الثاني. وقد لخص دنغ شياو بينغ هذين النوعين من الأفكار في "تصفية الحساب القديم" أو "التطلع إلى الأمام". وفي ديسمبر عام 1978م ألقى دنغ شياو بينغ في الحفل الختامي لمؤتمر العمل للجنة المركزية للحزب، الذي سبق الجلسة

239

الكاملة الثالثة، كلمته الشهيرة بعنوان "تحرر الفكر، البحث عن الحقيقة، الحفاظ على الوحدة، التطلع إلى الأمام"، التي وضعت الأساس لعقد الجلسة الكاملة الثالثة للجنة المركزية. وخلال كلمته، ناقش دنغ شاو بينغ بشكل خاص كيفية التعامل مع أخطاء الماضي و"الثورة الثقافية الكبرى"، وكيفية التعامل مع مشكلات ماو تسي دونغ، وأشار دنغ شياو بينغ إلى أنه يجب حل أخطاء الماضي والمشكلات المتبقية، ولكن ليس من الممكن والضروري أن تُحل بشكل تام. فطرح ما يلي: "يجب إيلاء الاهتمام إلى الهدف العام والتطلع إليه"، و"معالجة المشكلات السابقة من أجل التطلع للأمام".[1]

وفي بداية عام 1979م أظهر مؤتمر مناقشة المبادئ والنظريات جدالاً وخلافًا فيما يتعلق بالإصلاح. ففي الـ 27 من مارس أشار دنغ شياو بينغ في حديثه مع هوياو بانغ، وهو تشياو مو وآخرين، الذين دعاهم من أجل التحضير لمسودة خطابه الذي سيلقيه في مؤتمر مناقشة المبادئ والنظريات، إلى ضرورة امتلاك مجال النظريات والأفكار لفكر مهيمن. فالفكر المهيمن والمهمة المحورية للعمل النظري يجب أن يوجِّها المواطنين للتطلع إلى الأمام.

ولكن وجود الاتجاه المتشبث بتصفية الحساب القديم، قلل من نشر الروح التي بثتها الجلسة العامة الثالثة، وأوضح بعض الصياغات الخادعة؛ بل ووصل الأمر إلى الصياغات المتطرفة، وبالطبع لم يكن هذا أمرًا جيدًا، ولم يساعد على الوحدة والتطلع إلى الأمام، ولم تكن له فائدة في تحفيز إيجابية الجماهير، والتوجه قلبًا وقالبا نحو التحديثات الأربعة. وقد أشار دنغ شياو بينغ قائلاً: "يجب أن تستخدم النظريات من أجل خدمة السياسة. والسياسة الكبرى في بلادنا حاليًّا هي الحفاظ على الوحدة، والتطلع للأمام، والتوجه قلبًا وقالبًا نحو التحديثات الأربعة".[2]

---

(1) دنغ شياو بينغ: "تحرر الفكر، البحث عن الحقيقة، الحفاظ على الوحدة، التطلع إلى الأمام"، "الاعمال المختارة لدنغ شياو بينغ"، المجلد الثاني، دار الشعب للنشر، 1983م، ص 147 و148.

(2) طبقًا لطبعة مركز أبحاث وثائق اللجنة المركزية للحزب الشيوعي "واقع من حياة دنغ شياو بينغ 1975-1997م (الجزء الأول)"، دار نشر وثائق اللجنة المركزية، 2004م، ص 498-500.

هذا، وقد اختار الإصلاح والانفتاح في الصين بدءًا من الجلسة الكاملة الثالثة، البدءَ من حل المشكلة الواقعية، وتوجيه اهتمام المجتمع نحو التنمية الاقتصادية وتحسين المعيشة. وقد أصبح هذا تدريجيًّا هو المبدأ الاستراتيجي للإصلاح والانفتاح، وبناء الديمقراطية بالصين.

وفي حالة إذا ما تم ملاحظة الصين فقط، والنظر إليها وحدها، غالبًا ما سوف تنتفي القدرة على الفهم الصحيح لمعنى اختيار الصين لاستراتيجية الإصلاح هذه، ولكن بالمقارنة مع استراتيجية إصلاح الاتحاد السوفيتي اللاحقة للصين، من شأنها تعميق فهم التجربة الصينية. بدأ إصلاح الاتحاد السوفيتي في منتصف ثمانينيات القرن العشرين؛ حيث كان المؤتمر السابع والعشرون للحزب الشيوعي للاتحاد السوفيتي، الذي عُقد في الفترة بين شهري فبراير ومارس عام 1986م هو علامة بدء الإصلاح الموسع للاتحاد السوفيتي.

وقد أجرى السيد ميخائيل غورباتشوف الأمين العام للجنة المركزية للحزب الشيوعي بالاتحاد السوفيتي حينها، شرحًا كاملاً حول إصلاح الاتحاد السوفيتي في تقريره السياسي؛ حيث سرد في البداية المرحلة التاريخية للتنمية الاجتماعية في الاتحاد السوفيتي، التي كانت بدايتها التاريخية تطوير الدول الاشتراكية، وشرح الأساس النظري للإصلاح، الذي تمثل في التناقضات بين العلاقات الاشتراكية الإنتاجية وقوى الإنتاج، ونقد نظرية التكيف التلقائي لعلاقات الإنتاج.

وأشار إلى أن إصلاح الاتحاد السوفيتي هو تغيير جذري، وطرح استراتيجيات تسريع التنمية، كتغيير شكل العمل الموسع إلى المركزي، وتغيير الإدارة الاقتصادية، ورفع إنتاجية العمل. وذكر أن هذا الإصلاح يعبِّر عن إصلاح شامل، فيندمج الإصلاح السياسي مع الإصلاح الاقتصادي. وفي النهاية طرح قضية معايير اختبار الإصلاح؛ حيث اعتُبرت ممارسات الإنتاج الاشتراكية هي المعيار الوحيد لاختبار الإصلاح. وفي عام 1987م، وافق السيد ميخائيل غورباتشوف على طلب الناشر الأمريكي، وأصدر مؤلفًا ذا تأثير واسع، شرح فيه شرحًا كاملاً إصلاح الاتحاد السوفيتي وتاريخه- (الإصلاح والأفكار الجديدة).

وقد أجرى هذا الكتاب تقييمًا جديدًا لكل من: التصنيع وجماعية الزراعية في فترة حكم جوزيف ستالين في ثلاثينيات القرن الـ 20، والسياسات الداخلية والخارجية في فترة حكم نيكيتا خروشوف وفترة المؤتمر الـ 20 للحزب الشيوعي للاتحاد السوفيتي، والإصلاح الاقتصادي الذي بدأ في عام 1965م بفترة حكم ألكسي كوسيغين، وغيرها من سلسلة القضايا التاريخية المهمة. كما شرح شرحًا مفصلاً مصدر إصلاح الاتحاد السوفيتي وجوهره، والخطوات والإجراءات الخاصة به، ومشكلاته وآفاقه المستقبلية، وعرض أفكار الاتحاد السوفيتي الجديدة تجاه السياسات الخارجية، التي تضمنت علاقة الاتحاد السوفيتي مع الصين وأمريكا وأوروبا وآسيا والشرق الأوسط وأمريكا اللاتينية، وغيرها من الدول والمناطق.

وبالمقارنة مع الإصلاح بالصين، يُعتبر الإعداد النظري لإصلاح الاتحاد السوفيتي كافيًا بدرجة كبيرة؛ فقد حلل المشكلات التاريخية والواقعية، وقدَّم الأفكار والنظريات المُوجِهة للإصلاح، ووضع الخطط الشاملة للإصلاح. وطبقًا لصياغة دنغ شياو بينغ، يمكن القول إن الاتحاد السوفيتي قد بدأ من "تصفية الحسابات القديمة"، وبعد المؤتمر السابع والعشرين للحزب الشيوعي للاتحاد السوفيتي بدأ الاتحاد السوفيتي المناقشات الكبرى للشعب والحزب؛ بحثًا عن سبب ركود التنمية الاجتماعية للاتحاد السوفيتي من أجل أن يتمكن من تحديد خطة الإصلاح والاتجاه الخاص به. ولم تتوقف مناقشات الاتحاد السوفيتي عن التعمق، فبدأت من تأخر التنمية في عهد ليونيد بريجنيف وصولاً إلى الذاتية في عهد نيكيتا خروشوف، كما وصلت إلى "التطهير العظيم" و"التوسع في القضاء على معاداة الثورة" في عهد ستالين، وفي النهاية تناولت التطهير والتصفية المستمرة وصولاً إلى ثورة أكتوبر.

كما أظهر إصلاح الاتحاد السوفيتي مشهدًا اجتماعيًّا فريدًا من نوعه، فمن جانب بدأ المواطنون إجراء المناقشات والبحوث حول القضايا التاريخية كافة والمسألة النظرية، مُشكلين جدلاً أيديولوجيًّا لا يتوقف، وطارحين كافة خطط الإصلاح، ومن جانب آخر، لم تكن هناك أي ضمانة للتدهور الكامل للأحوال الاقتصادية والاجتماعية للاتحاد السوفيتي والاستهلاك الأساسي لمعيشة السكان.

هذا، وترجع ذروة إصلاح الاتحاد السوفيتي إلى "الخطة العالية المستوى" للإصلاح الذي طرحه الاتحاد السوفيتي في عام 1990م- خطة الـ 500 يوم. ففي الـ 28 من يوليو عام 1990م، توصل كل من رئيس روسيا الاتحادية بوريس يلتسين ورئيس الاتحاد السوفيتي ميخائيل غورباتشوف إلى اتفاقية مشتركة، تنص على إنشاء مجموعة صغيرة خاصة بقيادة الأكاديمي ستالين عضو المجلس الرئاسي السوفيتي، التي ستمثل دورها في اتخاذ خطة الـ 500 يوم الخاصة بروسيا الاتحادية أساسًا تصيغ عليه "خطة الـ 500 يوم"، التي ستنقل المجتمع إلى اقتصاد السوق "الانتقال نحو اقتصاد السوق- المخطط والأفكار".

وقد انقسمت الخطة إلى أربع مراحل داخل الـ 500 يوم، يتحقق في نهايتها انتقال وتغيير الاتحاد السوفيتي من الاقتصاد المخطط إلى اقتصاد السوق. وبعد نقاشات وجدالات محتدمة قدَّم ميخائيل غورباتشوف في الـ 19 من أكتوبر عام 1990م إلى المجلس السوفيتي الروسي "الخطة الأساسية للاقتصاد الوطني المستقر والانتقال نحو اقتصاد السوق"، التي عُدَّت الإجراءات والخطة الشاملة للانتقال نحو اقتصاد السوق، التي سيتم تنفيذها. وخلال المرحلة الأولى من تنفيذ هذه الخطة؛ أي في عام 1990م نفسه، دخل اقتصاد الاتحاد السوفيتي كله في حالة من الركود الاقتصادي. وبهذا انهار الاتحاد السوفيتي وتفكك قبل أن تنتهي "خطة الـ 500 يوم" الشهيرة.

وبمقارنة إصلاح الصين وإصلاح الاتحاد السوفيتي، لم يُجرِ الإصلاح الصيني منذ بدايته أي جدل نظري، و لم يصفي المشكلات التاريخية؛ بل ركز على حل أكثر القضايا الواقعية التي تحتاج إلى حلها، وبهذا فقد تجنب إعادة حالة الفوضى والجدل مرة أخرى إلى المجتمع. فعملية حل المشكلات الواقعية تعمل أيضًا على تعميق عملية معرفة القوانين واتجاه التنمية الاجتماعية، فمن خلال حل المشكلات الواقعية يمكن خلق الظروف الملائمة لاتجاه التنمية وهدفها النهائي. وقد حاول الاتحاد السوفيتي حل كافة العقبات النظرية والفكرية التي تعيق الإصلاح، وحاول وضع الخطط بشكل مسبق، وكانت نتيجة ذلك إثارة الجدل الاجتماعي الذي أصبح عائقًا للإصلاح.

ومن خلال هذا كله يمكن القول، إن "تَحسُّس الحجارة أثناء عبور النهر" و"التخطيط العالي المستوى" هما نوعان من استراتيجيات الإصلاح وأفكاره، أحدهما يركز على التقدم النظري، ولمس جوهر الأشياء وحل المشكلات من جذورها، أما الآخر فيركز على الممارسة والبدء من الظاهرة نفسها، ويولي الاهتمام لحل المشكلات الأساسية. فـ "التخطيط العالي المستوى" يهتم بإجراء الحل الجذري الدائم الأثر، ولكن الحل الجذري يحتاج إلى شروط ضرورية، أولها: ضرورة المعرفة والاستيعاب الصحيح لجوهر وطبيعة المشكلة. وثانيها: وجود شروط الحل الجذري. ومن خلال الممارسة، يتضح أنه يصعب في ظل الظروف الطبيعية امتلاك مثل هذا النوع من "الخطة الأمثل".

أما "تَحسُّس الحجارة أثناء عبور النهر" فيهتم بالحل المؤقت، الذي يبدأ من الظاهرة. فالظاهرة ليست هي الجوهر، ولكن الظاهرة أكبر من الجوهر، فالظاهرة تحمل في طياها الجوهر. فالبدء من الظاهرة من الممكن أن يصل في النهاية إلى "الجوهر". وبهذا يُعد دفع المشكلات نوعًا من "ثاني أفضل" الاختيارات.

(2) الانتصارات الصغيرة تُكوِّن النصر الكبير: خفض تكاليف الإصلاح

إن السبب العميق لتفضيل اتخاذ حل المشكلات نقطة بداية الإصلاح على سلسلة من خطط الإصلاح التي صيغت حسب "التخطيط العالي المستوى"، كان يرجع إلى تعقد القضايا السياسية، وما ينتجه هذا التعقد من المخاطر والتكاليف.

وبنظرة إلى تاريخ تطوير النظم السياسية للإنسانية، يتضح أن تغيير النظم والآليات السياسية غالبًا ما يكون رد فعل لحدث كبير، وحلاً لمشكلة كبرى. وقد أوضح التاريخ الصيني والأجنبي أن كافة الإصلاحات والتعديلات السياسية التي لا تقوم على أساس كامل من الممارسة، غالبًا ما تكون عرجاء، ولا يمكن أن تقف بثبات. وأوضح أيضًا تاريخ التنمية السياسية أن اختيار وبناء أي نوع من السياسات أو القوانين يعتمد اعتمادًا أساسيًّا على 3 عوامل:

أولها: تقديم الحلول التي تستهدف حل بعض المشكلات الاجتماعية.

وثانيها: الاتجاه إلى اختيار الحل ذي تكاليف التنفيذ الأقل من بين العديد من الحلول المطروحة للاختيار من بينها.

وثالثها: اختيار السياسة أو النظام ذي المخاطر المنخفضة، من بين كافة أنواع المخاطر التي من الممكن أن تجلبها السياسات والنظم.

وبشكل موضوعي يتبع أيضًا اختيار طريق ونقطة بداية الإصلاح هذه العوامل الثلاثة. ويجب أن تكون خطة إصلاح "التخطيط العالي المستوى" عملية إصلاح ذي دفع شامل وكلي، ويجب أن تحتوي على جميع نواحي الإصلاح أو أهمها؛ فهي تحتاج إلى العديد من الشروط، وفي الوقت نفسه تواجه الكثير من الصعوبات والعوامل غير المؤكدة؛ ولذلك فإن التكاليف والمخاطر الخاصة بتنفيذ خطة "التخطيط العالي المستوى" تزيد على تكاليف ومخاطر تنفيذ طريقة دفع المشكلات. فخطة دفع المشكلات تشتمل على نواحٍ أقل، وتحتاج إلى شروط أقل، وتواجه صعوبات وعوامل غير مؤكدة أقل. ولذلك، فإن البدء من المشكلات لدفع الإصلاح يمتلك مخاطر وتكاليف، هي في الأغلب أقل من شكل المخاطر والتكاليف التي يمتلكها تنفيذ "التخطيط العالي المستوى".

وبصفة عامة، فإن الإصلاح الذي يبدأ من دفع المشكلات له، تتمثل قيمة تعزيزه لبناء الديمقراطية في تقليله لتكاليف الإصلاح؛ فمن خلال تراكم حل المشكلات المحددة يمكن الوصول بفاعلية إلى الأهداف المتوقعة للإصلاح. ولكن بمقارنة دفع المشكلات مع "التخطيط العالي المستوى" يتضح أنه أضعف منها، ويكمن ضعف استراتيجية دفع المشكلات في عدم التناغم والتناسق الذي يظهر بين مجالات الإصلاح المختلفة، وبين استراتيجيات تنفيذ الإصلاح المختلفة بعضها وبعض، لدرجة تصل لوجود ظاهرة التناقض، ويحتاج هذا إلى التنسيق التدريجي خلال عملية الممارسة. وفي معظم الحالات بعد الإصلاح والانفتاح، كانت الحاجة الملحة لحل المشكلات الواقعية هي بداية الإصلاح.

وقد كان نظام التشاور الشعبي للشؤون العامة الأساسية، الذي أُضفي الطابع المؤسسي عليه خلال ممارسة نظام الحكم الذاتي الجماهيري- ظهور المداولات الديمقراطية، وإضفاء الطابع المؤسسي عليها، هو المثال النموذجي على

ذلك، والذي من شأنه أن يوضح قيمة استراتيجية دفع المشكلات.

فقد ظهر عدد كبير من المشكلات الجديدة بالمناطق الريفية بكافة أنحاء البلاد بعد أن نُفِّذ نظام الحكم الذاتي الجماهيري، وتمثلت المشكلة الرئيسة في انتخابات لجان القرويين، فممارسة جماهير الطبقة الأساسية للحقوق الانتخابية مرة واحدة في الحياة، أدت إلى أنه لا يمكن تنفيذ كافة السياسات الديمقراطية والإدارة الديمقراطية والإشراف الديمقراطي من بعد الانتخابات، فظهرت مشكلة كبرى في المجتمع الشعبي.

وبالرغم من اهتمام كافة مستويات الحكومات اهتمامًا بالغًا بهذا الموضوع، إلا أنه في النهاية لم يتم التوصل إلى أي تدابير مضادة فعالة، ولم يكن هناك سبيل للحد من هذه المشكلة التي تتفاقم يومًا بعد يوم. وفي يونيو عام 1999م، أطلقت تشيجيانغ في سائر المقاطعة تعليم التحديث الزراعي والريفي، وقررت لجنة حزب بلدية وين لينغ في تايتشو اختيار بلدة سونغمين مكانًا للتجربة.

ومن خلال التحقيق والمسح، نجد أن فريق عمل لجنة البلدية ولجنة الحزب بمدينة سونغمين، أدرك أن البيئة الاقتصادية والاجتماعية قد شهدت تحولاً كبيرًا بعد الإصلاح والانفتاح، وأن جماهير الطبقة الأساسية الشعبية، وبصفة خاصة في المناطق الريفية، تنعزل عن تنظيم الحزب، ويحملون نوعًا من مشاعر عدم التحمس واللامبالاة تجاهه، ويمتلكون العديد من الآراء تجاه الكوادر.

وحول مسألة كيفية حل هذه المشكلات، رأى بعض من لجنة الحزب بسونغمين أنه يجب إيلاء اهتمام أكبر للظروف والأحوال الجديدة التي تظهر في الريف والطبقة الأساسية الشعبية، وضرورة استخدام طرق جديدة من أجل حل المشكلات الجديدة التي تنشأ في ظل الحال الجديدة.

وقد عقد بعض الأفراد ما يشبه المؤتمر الصحفي، ودعوا الفلاحين إليه، ليقدموا آراءهم المشتركة حول الشؤون العامة الخاصة بالقرى والبلدات الصغيرة. وفي ظل هذه الفكرة المبدعة، قرر فريق عمل لجنة الحزب والبلدية بسونغمين إنشاء "منتدى تعليم التحديث الزراعي والريفي"، الذي كان هو الشكل الأولي للمداولات الديمقراطية. وفي منتصف يونيو عُقدت الفترة الأولى لـ "منتدى تعليم التحديث الزراعي والريفي" رسميًا في سونغمين.

كانت ثمار هذا المنتدى جيدة إلى حد كبير؛ ففي هذا الوقت حضر أكثر من 100 شخص من تلقاء أنفسهم وبرغبتهم للمشاركة في المؤتمر، ومن خلال الحديث السباق في المؤتمر تم الوصول إلى خطة تنمية بناء القرى والبلدات الصغيرة، وحل نزاعات وخلافات الجوار، وغيرها من الأمور المتعلقة، فتبادل الجميع الحوارات المفتوحة والمناقشات الساخنة.

ومنذ ذلك الحين عُقدت 4 فترات متتالية من "منتدى تعليم التحديث الزراعي والريفي" في سونغيمن، ووصل عدد المشاركين فيه إلى أكثر من 600 شخص في المرة، وطُرحت 110 مشكلات خلاله، وشُرح وأُجيب على 84 منها على الفور، وتُعهد بالرجوع إلى الـ 26 الأخرى. وفي أغسطس عام 2000م، عقدت لجنة الحزب الشيوعي بمدينة وينلينغ مؤتمرًا في بلدة سونغمين، قام خلاله المسؤولون كافة عن الأقسام والإدارات الوظيفية في القرى والبلدات وحكومة البلدية، بنوع من عرض ومحاكاة للتعلم بعضهم من بعض. كما تم خلال المؤتمر توحيد مختلف أشكال النشاطات التي ظهرت في كافة الأماكن في وقت سابق، كـ "مداولات أحوال الشعب" و"يوم الديمقراطية للقرويين" و"الطريق المباشر لأحوال الشعب" تحت اسم واحد، وهو "المداولات الديمقراطية". وفي بداية عام 2001م، أجرت لجنة البلدية بوين لينغ تحت قيادة ودعم لجنة الحزب الشيوعي ببلدية تاتيتشو ضبطًا قياسيًّا لمضمون وشكل المداولات الديمقراطية؛ حيث شُكلت ثلاثة مستويات للمداولات الديمقراطية: القرى والبلدات والمدن والمحافظات.

سونغمين التابعة لمدينة وينلينغ في تايتشو بمقاطعة تشيجيانغ تتخذ زمام المبادرة بسائر البلاد في تأسيس نظام المداولات الديمقراطية الجماهيرية

يتمثل دور المداولات الديمقراطية على مستوى القرى في اتخاذ القرارات المهمة فيما يخص الشؤون والمصالح العامة والشؤون الإدارية بالريف، أما عن المشاركين فيها فهم كوادر القرية وممثلون عن الفلاحين وغيرهم من القرويين. أما عن المداولات الديمقراطية على مستوى البلدات فيشارك فيها بشكل رئيس نواب مجلس الشعب المحلي، وكافة مجموعات المصالح الاجتماعية ذات الصلة، والأشخاص المعنيون باتخاذ القرارات، ويمكن للأفراد الآخرين المشاركة بمحض

إرادهم، وتقوم اللجنة التنفيذية الدائمة لمجلس البلدة بالإشراف على عملية تنفيذ القرارات.

بينما تضم المداولات الديمقراطية على مستوى المحافظات والمدن الإدارات الحكومية الوظيفية، ويشتمل مضمون المداولات بشكل رئيس على: وضع وإصدار السياسات الجديدة، أو ضبط النظم الإدارية والطرق الإدارية والإجراءات الإدارية الموجودة بالفعل، وعلى ضبط وزيادة بنود الرسوم والخدمات الجديدة، فضلاً عن الشؤون العامة والحكومية التي تنطوي على مصالح الشعب. هذا، وقد أسست المداولات الديمقراطية نوعًا من المشاركة الجماهيرية المسبقة في اتخاذ القرارات المتعلقة بالشؤون العامة للطبقة الأساسية، ويتم تنفيذ الإشراف الديمقراطي خلال هذ الأمر، وتنفيذ التقييم الديمقراطي له بعد الانتهاء منه، والذي يعتبر الشكل الديمقراطي الأكثر اكتمالاً للحكم الذاتي الجماهيري.

وتحل المداولات الديمقراطية بدرجة معينة المشكلة القديمة الخاصة بعدم تكافؤ "الديمقراطيات الأربع" خلال ممارسة الحكم الذاتي الجماهيري، فتعمل على تحقيق وتنفيذ كل من القرارات الديمقراطية، والإدارة الديمقراطية والإشراف الديمقراطي، والانتخابات الديمقراطية، وتجعل النظام الديمقراطي الشعبي أكثر اكتمالاً وفاعلية.

وبالإضافة إلى هذا، يجدر القول إن خلق هذا النظام وإنشاءه نبع بالكامل من استكشاف المواطنين وبحثهم، وكان استجابة للمشكلات الأساسية. فقد بدأ في ظل ظروف عدم امتلاك المواطنين أي توجيه نظري، أو دعم من تجارب أخرى أو خطط مسبقة، واستهدف المشكلات البارزة وأجرى البحث والتجربة ثم لخص وحسّن تدريجيًّا طرق البحث الجيدة، ليكون بعد ذلك نوعًا من النظم الديمقراطية الشعبية الفعالة.

الفصل الثالث

مبدأ دفع إجراء التجارب

يُعد اتباع المبادئ الإجرائية التي يتم الوصل إليها من خلال إجراء التجارب والدفع التدريجي خلال عملية البناء والإصلاح، هو النقطة الرئيسة الأخرى لاستراتيجية بناء الديمقراطية، وإصلاح النظام السياسي.

ويؤدي تعقيد القضايا الديمقراطية إلى امتلاك كافة الاقتراحات والسياسات لدرجة معينة من عدم اليقين، فالمجال السياسي في الأساس لا يحتوي على "خطة آمنة بشكل تام". ولذلك، ففي الوقت الذي تُتبع فيه المبادئ الناتجة عن الواقع يجب أيضًا التمسك والالتزام بطريقة إجراء التجارب والمشروعات التجريبية، التي تعمل على اختبار السياسات الموجودة.

(1) نظرية المعرفة: السعي لتوحيد الذاتية والموضوعية

يختلف المجتمع عن الطبيعة. فقوانين الطبيعة ما إن تُعرف وتُستوعب غالبًا ما يمكن استخدام المعرفة العلمية والمعارف المتعلقة بها استخدامًا مباشرًا في الممارسة.

في حين يختلف المجال الاجتماعي عن ذلك، فالمعرفة العلمية الاجتماعية يُعتقد أنها صحيحة نظريًا، ولكن ليس بالضرورة أن تكون قابلة للتنفيذ خلال الممارسة؛ فمن الممكن أن تُنفذ لوقت قصير، ولا يمكن تنفيذها لوقت طويل. ولذلك، فإن الممارسات الاجتماعية، وبصفة خاصة إصلاح النظام، يجب أن تمر بمرحلة إجراء التجارب، وأن تُختبر خلال عملية الممارسة، وأن تُثبت جدارتها من خلال الوقت.

تختلف التجارب في المجال السياسي عن التجارب العلمية الطبيعية. فالتجارب العلمية الطبيعية يمكن خلالها الاستدلال على الكل من خلال الجزء، ويمكن أداء

التجربة داخل معمل التجارب، كما يمكن الخلق الاصطناعي لحالة مستقرة وثابتة نسبيًّا لكائن الاختبار.

أما المجتمع فهو شيء يتمثل في التغيير المستمر، ويملؤه أفراد يملك كل منهم استقلاليته ونشاطه الذاتي، ومن ثم تؤدي تلك الأمور إلى جعل تغير الأنشطة الاجتماعية أمرًا أكثر تعقيدًا. وتمتلك كافة التجارب بالمجال السياسي نوعًا من القيود، فإذا ما نجحت تجربة ما في زمن ومكان معينين لا يمكن تغيير الزمان أو المكان وإعادتها مرة أخرى. فالخبرات الجزئية في المجال السياسي غالبًا لا تمتلك طابع العمومية، فالعديد من التجارب الجزئية الناجحة يقتصر سبب نجاحها بدرجة كبيرة على البيئة الجزئية الخاصة بهذه التجربة، وبمجرد أن تُوسَّع هذه البيئة والظروف المحيطة يحدث تغيير كبير. ولذلك، فإن التجارب خلال الإصلاح السياسي، حتى إذا تم اختبارها والتأكد منها، تكون نتائج نجاح جزئي، ولا يمكن تعميمها في عجالة؛ بل يجب العمل على تطويرها تدريجيًّا، وتحسينها وضبطها، وإجراء الأبحاث والمسح حولها خلال عملية الممارسة.

فعملية إجراء التجارب هي عملية الاستخدام المستمر للواقع الموضوعي لاختبار المعرفة الذاتية، عملية تسعى للتوحيد بين الذاتية والموضوعية.

(2) طريقة التجربة والخطأ: تفريق مخاطر الإصلاح

أجرى إصلاح النظام السياسي منذ ثمانينيات القرن العشرين كمية كبيرة من التجارب، فتكاد أن تكون كافة خطوات ومحاولات الإصلاح قد خضعت بالفعل للاختبار.

وبالطبع تُعد هذه طريقة عمل صحيحة بالكامل. فإجراء التجارب هو استخدام الممارسة لاختبار السياسات والنظريات، فهو يعطي الفرصة للأشخاص لتصحيح الأخطاء. وقد أوضحت الخبرات التاريخية: أن أكثر ما يتجنبه إصلاح النظام السياسي ويخافه هو الخطة "المُجمعة"، فما إن يحدث خطأ واحد خلالها حتى يتم خسارة العملية بأكملها، ولا توجد أي فرصة للتصحيح. وذلك لأن إصلاح النظام السياسي لا يمكن أن يحدث به خطأ كبير فقط من خلال عملية

إجراء التجارب، وحتى لو فشل أداء التجربة فسيكون معنى هذا على وجه التحديد تجنب خطأ كبير. ففشل إجراء التجربة وفشل المشروع التجريبي ينطوي على فهم أعمق للخطأ.

فإخضاع الجميع إلى الاختبارات، وإجراء التجارب هو طريقة التجربة والخطأ، والوسيلة اللازمة لتخفيف المخاطر وتجنبها. فلا يمكن أن يتم نمو كافة الأشياء والأمور الجديدة وتطويرها بشكل سهل وسلسل، كما أنه من المستحيل عدم ارتكاب الإصلاح أخطاء. فالحل هو الاعتماد على تصحيح الأخطاء، وفرصة تصحيح الانحراف.

وبمعنى محدد، أنه ما لم تفشل الخطة "المجمعة"، و لم يحدث خطأ كلي، فإن ظهور مشكلات بالإصلاح وحدوث انحراف ببناء الديمقراطية لا يُعد شيئًا سيئًا. فإن ظهور المشكلات والأخطاء لهما فائدة في تعميق المعرفة بقوانين البناء والإصلاح، فالشيء السيئ من الممكن أن يتحول إلى شيء جيد. فإجراء التجارب هو استخدام الممارسة لاختبار المعرفة، فإجراء التجارب قادر على تعميق المعرفة، إجراء التجارب له القدرة على منع الأخطاء الكلية والكبرى، إجراء التجارب يُفرِّق المخاطر، ويتقي الأزمات.

فيجب أن تخضع القرارات الكبرى كافة لإجراء التجارب والتنفيذ التدريجي، وهذه هي الخبرة الثمينة المهمة التي اكتسبتها الصين خلال بناء الديمقراطية وإصلاح النظام السياسي، والتي يجب الالتزام على المدى الطويل بتنفيذها في المستقبل.

الباب السابع

آفاق بناء الديمقراطية الصينية

لقد وجدت الصين بالفعل طريق التنمية السياسية الذي يتلاءم مع متطلبات تطوير التحديث والتصنيع بها، وانتهت من تأسيس نظام ديمقراطي ذي خصائص صينية. ولكنها لا تزال في مرحلة تطوير التصنيع والتحديث، وسوف يواصل بناء الديمقراطية الصينية استكشاف الطريق إلى الأمام، بالتزامن مع تطوير المؤسسات والأعمال وتغيير العصور. ويُعد إصلاح النظام السياسي وتطوير الديمقراطية الصينية من حيث الجوهر، هو منتج تقدم التنمية الاجتماعية بالصين المعاصرة، ويجب ألا يتوقف النظام السياسي عن استيعاب تغيرات البنية الاجتماعية والاقتصادية والتكيف معها. فالديمقراطية شُكِّلت من أجل تطوير المجتمع؛ فهي تقدِّم العون والضمان له. ويحتاج زيادة دفع بناء الديمقراطية إلى سياسات واستراتيجيات صحيحة. وتُحدَّد صحة استراتيجيات وسياسات دفع بناء الديمقراطية من عدمه، من خلال النظر إلى عمليتها من عدمها، وما إن كانت تتوافق مع متطلبات التنمية أم لا.

فاختيار استراتيجيات وسياسات إصلاح النظام السياسي وبناء الديمقراطية، من ناحية يخضع لقيود مسار التنمية السياسية، وتحديدات المنطق الداخلي لأشكال النظم الموجودة، ومن ناحية أخرى يواجه مشكلات جديدة، ويحل المشكلات الجديدة، ويلبـي متطلبات التطوير. ولكن يُعد أي نوع من الـنظم والنماذج

السياسية نتاج مرحلة معينة من التنمية الاجتماعية. ويمتلك النظام السياسي الموجود بالصين حاليًّا العقلانية التاريخية؛ فهو يُعد نتاج الظروف الفعلية للصين وعصورها وبيئتها. أما الديمقراطية الصينية المعاصرة فهي ديمقراطية عصر تنفيذ التحديث والتصنيع بالصين، فلا يمكن فصل إنتاجها وتطويرها وخصائصها وصفاقا المميزة عن التحديث والتصنيع، فجميعها ترتبط ارتباطًا وثيقًا.

ووفقًا لهذا السبب، يجب أن تشهد الديمقراطية الصينية بعضًا من التغيرات بالتزامن مع عملية تنمية التحديث والتطوير. ويعجز الجميع حاليًّا عن تقدير نتائج محددة لتغيير النماذج السياسية والتطوير المستقبلي للسياسة الصينية، ولكن يمكننا حاليًّا إجراء تحليل لمستقبل بناء الديمقراطية والتنمية السياسية للصين، وطرح آفاقها المستقبلية طبقًا لاتجاه تنمية التحديث والتصنيع.

الفصل الأول

تعزيز عوامل العرض الخاصة بنظام بناء الديمقراطية الصينية

ما هو مستقبل الديمقراطية الصينية؟ وكيف سيتم تنفيذ إصلاح النظام السياسي الصيني، أي اتجاه سيسلك للتطوير؟ هذه هي القضايا المهمة التي تسترعي اهتمام الجميع بشكل كبير.

لا يمكن أن يتم توقع مستقبل السياسة الصينية بالانطلاق من الآمال الذاتية، فبالانطلاق من الواقع فقط يمكن القيام بالاستنتاج والاستدلال طبقًا لبعض أنواع النظريات. ويتمثل ما يُسمى بالانطلاق من الواقع في التعمق في تحليل ومعرفة ما هي عوامل العرض الخاصة بالابتكار المؤسسي، ونظام الإصلاح الهيكلي، التي تكونت خلال ممارسة التنمية السياسة الصينية؟ وبصياغة أخرى صريحة، معرفة ما العوامل التي تدفع تنمية الديمقراطية وإصلاح النظام السياسي بالصين، ويجب القول، إن هناك العديد من العوامل الاجتماعية المتنوعة التي تدفع التنمية السياسية بالصين.

فمنذ الإصلاح والانفتاح، تغيرت العوامل الديناميكية للإصلاح بالفترات المختلفة بدرجة معينة، التي كان من بينها العوامل الذاتية، وعلى وجه الخصوص التأثير الواضح في المرحلة الأولى من إصلاح النظام السياسي، الذي أحدثته الأفكار السياسية، والوعي الذاتي لتجمعات القادة والقادة الرئيسين في الفترة الأولى للإصلاح والانفتاح. ولكن بالتزامن مع نشر إصلاح النظام السياسي وتوسيعه، وبصفة خاصة في الفترة بعد عام 1989م، بدأ اللون الذاتي لإصلاح النظام السياسي يتلاشى تدريجيًّا، وبدأت العوامل التي تتوافق مع الظروف والأشكال الموضوعية

الزيادة يومًا بعد يوم، وتتضح هذه النقطة وضوحًا كبيرًا في صنع القرارات السياسية العليا.

وبالرجوع إلى النظر لعوامل دفع وتعزيز إصلاح النظام السياسي، وبناء الديمقراطية بعد الإصلاح والانفتاح، نجد أن العوامل الأكثر أهمية تمتلك ثلاث نواحٍ: الحاجة إلى الفصل المعتدل للسلطة، وتنفيذ تقييد السلطة، والحاجة إلى تنفيذ صنع القرار العلمي ورفع قدرة إدارة السلطة، والحاجة إلى مكافحة الفساد وبناء حكومة نظيفة، وتعزيز بناء الحزب الحاكم.

(1) الحاجة إلى تقييد السلطة

بدء إصلاح النظام السياسي الصيني رسميًّا بكلمة الرئيس دنغ شياو بينغ، التي ألقاها في أغسطس عام 1980م في المؤتمر الموسع للمكتب السياسي للجنة المركزية للحزب الشيوعي الصيني، التي سُميت بعد ذلك بـ "إصلاح نظام قيادة الحزب والدولة". وأشار دنغ شياو بينغ خلال هذه الكلمة قائلاً: "يمكن القول إن أكثر ما يُعيب نظام قيادة الحزب والدولة ونظام الكوادر، هو ظاهرة البيروقراطية، وظاهرة المركزية الزائدة للسلطة، وظاهرة النظام الأبوي، وظاهرة حيازة الكوادر لمناصبهم مدى الحياة، وغير ذلك من أشكال ظواهر الامتياز كافة".[1]

لقد كانت ظاهرة "المركزية الزائدة للسلطة" هي الظاهرة المحورية من بين "الظواهر" الأربع الرئيسة التي سردها دنغ شياو بينغ؛ فبدرجة معينة تُعد ظاهرة المركزية الزائدة للسلطة هي مصدر الظواهر المتبقية، وتُعد أهم العيوب والمشكلات.

ولذلك طالما كان حل ما يُسمى بمشكلة "المركزية الزائدة للسلطة" هو القضية الجوهرية لإصلاح النظام السياسي منذ بداية الإصلاح والانفتاح. ويُعد الفصل المعتدل للسلطة، وتقييد السلطة هما استراتيجيات حل مشكلة المركزية الزائدة للسلطة، والت أصبحت خيطًا رئيسًا يمتد خلال إصلاح النظام السياسي.

---

(1) دنغ شياو بينغ: "إصلاح نظام قيادة الحزب والدولة"، "الأعمال المختارة لدنغ شياو بينغ"، المجلد الثاني، دار الشعب للنشر، 1983م، ص 327.

ففي المرحلة الأولى من الإصلاح، كان الفكر الأساسي لحل ظاهرة المركزية الزائدة للسلطة هو الفصل بين سلطات الحزب والحكومة. وقد نشر دنغ شياو بينغ خلال كلمته "إصلاح نظام قيادة الحزب والدولة" المهام الأربع لإصلاح النظام السياسي، التي كان مضمونها الأساسي تحقيق "عدم المركزية المفرطة للسلطة" و"حل مشكلة عدم انفصال الحزب والحكومة واستبدال الحكومة بالحزب".

وفي عام 1986م، في خلفية الاستعداد لعقد المؤتمر الوطني الثالث عشر للحزب الشيوعي، وخلال مناخ من الإجماع على أن إصلاح النظام السياسي يحتاج إلى زيادة سرعته من أجل التكيف مع إصلاح النظام الاقتصادي، ناقش دنغ شياو بينغ إصلاح النظام السياسي في أربع مناسبات متتالية، وتُعد الفترة من بداية هذا الوقت حتى الوصول إلى المؤتمر الوطني الثالث عشر، هي فترة ذروة أخرى لإصلاح النظام السياسي بالصين. فقد طرح دنغ شياو بينغ بوضوح في عام 1986م: مضمون إصلاح النظام السياسي "النقطة الأولى هي ضرورة فصل سلطات الحزب والحكومة، وحل مشكلة كيفية تحسين الحزب للقيادة. فهذه هي النقطة الأساسية التي يجب وضعها في المقام الأول. أما المضمون الثاني فتفويض السلطة إلى مستويات أدنى، وحل العلاقة بين اللجنة المركزية والمحليات، وفي الوقت نفسه حل المشكلات التي سببها تفويض السلطات في المحليات بمختلف مستوياتها. ويُعد المضمون الثالث هو تبسيط الأجهزة الحكومية، ويُعد هذا الأمر ذا علاقة بتفويض السلطة إلى مستويات أدنى".[1]

وقد شهد الفكر الإصلاحي الخاص بفصل الحزب والحكومة ضبطًا وتعديلاً بعد عام 1989م. فكان الانتقال من فصل الحزب والحكومة إلى الفصل المعتدل للسلطة وتقييد السلطة، واحدًا من المضامين الأساسية لإصلاح النظام السياسي.

طالما كانت نظرية "السلطة تُقيد السلطة" تنتمي إلى "النظريات الغربية"، وإلى فئة النظريات السياسية للطبقة الرأسمالية، وذلك منذ أن طرح جون لوك أولاً وتشارلز دي مونتسيكيو ثانيًا، نظريةَ تقييد السلطة. وفي الوقت نفسه، تم تحديد

(1) دنغ شياو بينغ: "حول مشكلات إصلاح النظام السياسي"، "الأعمال المختارة لدنغ شياو بينغ"، المجلد الثالث، دار الشعب للنشر، 1993م، ص 177.

الترتيب والتخطيط لنظام تقييد السلطة بوصفه إحدى خصائص النظام الديمقراطي الرأسمالي.

لقد كان ما صرح به "إعلان حقوق الإنسان" الذي أُصدر خلال الثورة الكبرى بفرنسا (إن المجتمع الذي لا يتم ضمان الحقوق أو تنفيذ فصل السلطة به، لا يوجد به دستور)، دليلاً على ذلك. أما في نظم الخطاب الماركسية، وخلال الرؤية النظرية للكتاب الكلاسيكيين المبكرين ماركس وإنجلز، رُفض مفهوم ضبط واتزان السلطة. حيث رأى كل من ماركس وإنجلز وغيرهما من الكُتاب الكلاسيكيين المبكرين أن كافة السلطات تأتي من الشعب، وتنتمي إلى الشعب في ظل الظروف الاشتراكية. ولذلك فإن حل السيطرة على السلطة الذي يتمثل في القضاء على "الاغتراب".[1] هو ضمان سيطرة الشعب على السلطة، وإحكام قبضته عليها.

وخلال القيام بالثورة البروليتارية قصيرة الأجل التي وجدت فقط في عصر ماركس، طرح ماركس خلال تلخيص تجربة بلدية باريس والتجريد النظري لها "مبدأ بلدية باريس"، الذي يقضي إلى أقصى حد على الفرق بين القادة والمحكومين، ويضمن ألا تقوم الاشتراكية التي تكونت من أجل القضاء على "الاغتراب" بإعادة "الاغتراب" مرة أخرى. فبمجرد أن يتم القضاء على الفروق بين الحكام والمحكومين، يتم تنفيذ ما قاله ماركس عند حديثه عن النقطة الكبرى لبلدية باريس: "إعلان السير نحو الاتجاه الذي مفاده أن السلطة تأتي من الشعب وتنتمي إلى الشعب".[2]

---

(1) فترى الماركسية أن الرأسمالية هي الاغتراب عن الناس، والسلطة السياسية هي الاغتراب عن حقوق الإنسان. وقد كتب ماركس في كتاب "الحرب الأهلية الفرنسية" ما يلي: "إن السلطة السياسة للدولة التي تعلو عن المجتمع وتتجاوزه وتظهر في مكان عال عنه، هي في الحقيقة أكثر الأشياء المثيرة للاشمئزاز، وهي الأرض الخصبة المواتية للأعمال كافة الفاسدة بهذا المجتمع". فوفقًا للمبادئ الأساسية الماركسية، يتم إخفاء وإخماد الشخصية الطبيعية للناس في ظل نمط الحياة الرأسمالية ونمط الإنتاج الرأسمالي، فتعمل زيادة "الشهوة للسلع" على تبديد قيمة الإنسان. فيمكن للإنسان أن يتخلص من انتشار "التعادل العام في القيمة"، والحصول على تطور كامل وحر فقط في حالة إلغاء النظام الرأسمالي.

(2) ماركس: "الحرب الأهلية الفرنسية"، "الأعمال المختارة لماركس وإنجلز"، المجلد الثالث، دار الشعب للنشر، 1995م، ص 64.

وما دامت الدول الاشتراكية تنتمي للشعب وتُدار سلطتها من قبل الشعب، فمن الطبيعي ألا تكون هناك حاجة للحديث عن "السلطة تقيد السلطة"، فتقييد السلطة ينتمي في الأساس إلى مجال اغتراب السلطة. ولكن أثبتت الممارسات أن الحاجة إلى تقييد السلطة وُجدت بشكل موضوعي خلال كافة النظم السياسية المُنفذة، وأن ممارسة تقييد السلطة هو أيضًا شيء موضوعي، ويتمثل الفرق فقط في الاختلاف في الطرق والدرجات.

ويُعد فلاديمير لينين هو مؤسس أول دول اشتراكية- روسيا السوفيتية، وقد اكتشف لينين بعد فترة قصيرة من تأسيس روسيا السوفيتية مشكلةَ الفروق الداخلية بطبقة البروليتاريا في ظل وجود الاشتراكية. وأدرك لينين أنه حتى في ظل الاشتراكية توجد فروق وتناقضات موضوعية بين القادة والمحكومين. فطبقة القادة التي تتكون من عناصر ممتازة، تتحمل المسؤوليات الكبرى، وتحتاج إلى المهارات الفنية، هي طبقة اجتماعية مستقرة، تختلف عن عامة الشعب. وبهذا فقد اختلف الوضع الفعلي قبل تحقيق الثورة وبعد تحقيقها اختلافًا كليًّا مع تصورات لينين التي وضعها في كتاب "الدولة والثورة".

ففي كتاب "الدولة والثورة" قام لينين بتخيل إدارة المجتمع الاشتراكي على أنها "نمط بريدي"، فقسَّم هيكلها الكلي المعقد للغاية إلى أجزاء بسيطة للغاية، من الممكن أن يتشارك مسؤوليتها العمال العاديون. وبالتالي، تُلغى الفروق الاجتماعية التي يسببها التقسيم طبقًا: للعمل والتعليم والمهارات الفنية، وإلغاء التعارض والانفصال الموجود بين المديرين والأشخاص الذين تتم إدارتهم.

وبمواجهة الحقيقة، نجد أنه من ناحية، ألغى لينين "مبدأ بلدية باريس" الذي نُفِّذ بعد ثورة أكتوبر، والذي يُحقق معاملة خاصة للكوادر والموظفين الفنيين والموظفين الإداريين تعلو معاملة العمال، ومن ناحية أخرى طرح مشكلة "البيروقراطية"، وطلب إجراء التقييد والإشراف الديمقراطي على المجموعة الرائدة التي ترتفع في الحقيقة في مقدمة الطبقة التي تنتمي إليها. وقد عكست "النيابة العامة للفلاحين والعمال"، التي أنشأها لينين في هذا العام بشكل موضوعي، التعارض الموجود بين "طبقة البروليتاريا"، و"المجموعة الرائدة" في هذه

الفترة التاريخية، وجسّدت الترتيبات المؤسسية الواقعية والفكر الإشرافي الخاص بلينين.

أما في الاتحاد السوفيتي والنظام السياسي الاشتراكي المتأثر بنمط الاتحاد السوفيتي، وفي الصين والنظام السياسي ونظام الخطاب للحزب الشيوعي الصيني، طالما وجدت علاقة تقييد السلطة في الحقيقة في المناقشات النظرية، والترتيبات المؤسسية الخاصة بنظام المركزية الديمقراطية. وقد تم التحديد والاعتراف العلني للتوضيحات النظرية والترتيبات المؤسسية لتقييد السلطة وحصولها على تطوير إضفاء الطابع المؤسسي إليها، خلال إصلاح النظام السياسي والممارسة السياسية بالصين التي بدأت بعد عام 1989م.

فالاضطرابات السياسية في عام 1989 والأحداث الكارثية التي توالت، واحدًا تلو الآخر من "انهيار الاتحاد السوفيتي السابق، والتغيير الهائل في شرق أوروبا"، غيرت اتجاه وفكر بناء الديمقراطية وإصلاح النظام السياسي بالصين، ابتداءً من الثمانينيات. وتغيرت طريقة الفكر المتمثلة في فصل الحزب والحكومة والحوار الاجتماعي إلى إيلاء اهتمام أكبر بقيادة الحزب؛ بمعنى تحسين وإصلاح النظام السياسي الذي يكون محوره قيادة الحزب الشيوعي الصيني، وقد أصبح ذلك الأمر هو الاتجاه والفكر الأساسي ابتداءً من التسعينيات. وخلال الاستكشاف العملي للإصلاح الذي يتخذ من تعزيز وتحسين قيادة الحزب اتجاهًا توجيهيًّا له، ويعتبر ضمان قيادة الحزب وثبات مكانته في الحكم مطلبًا أساسيًّا، وفي نطاق هذا الهدف، أصبح التقييد الداخلي لنظام السلطة تدريجيًّا هو الاتجاه والمطلب الموضوعي للإصلاح. فالتقييد الداخلي لنظام السلطة من شأنه أن يمنع ويحل محل فصل الحكومة عن الحزب، ومشكلة "العوامل الخارجية" التي أنتجها الحوار المجتمعي، كما أن له القدرة على تنفيذ الضبط والإشراف الداخلي.

وفي نهاية عام 2000م، ألقى السيد جيانغ تسي مين الأمين العام للجنة المركزية للحزب الشيوعي الصيني حينها، خلال كلمته في الجلسة الكاملة الخامسة للجنة فحص الانضباط التابعة للجنة المركزية للحزب، وطرح خلالها بوضوح لأول مرة ما يلي: "يتم وضع آلية إدارة السلطة التي تتميز بالبناء العقلاني والتوزيع

العلمي، والإجراءات الصارمة الدقيقة، والتقييد المتبادل من خلال تعميق الإصلاح والابتكار المؤسسي".(1)

وكان هذه هي المرة الأولى التي يقوم فيها أحد القادة الرئيسين للحزب خلال كلمة مهمة، بالطرح الواضح لمسألة بناء آلية تقييد السلطة من خلال الابتكار المؤسسي.

وفي عام 2002م قُدِّم شرح رسمي في تقرير المؤتمر الوطني السادس عشر للحزب الشيوعي الصيني خاص بمسألة تقييد السلطة، ولم يكتفِ التقرير بالتأكيد مرة أخرى على تأسيس آلية ونظام تقييد السلطة، التي تتمثل في "وضع آلية إدارة السلطة التي تتميز بالبناء العقلاني والتوزيع العلمي، والإجراءات الصارمة الدقيقة والتقييد المتبادل، وتعزيز الإشراف على السلطة من خلال اتخاذ القرارات وتنفيذها، وغيرها من الخطوات، وضمان أن تُستخدم السلطة التي يمنحها الشعب استخدامًا حقيقيًّا في خدمة كافة مصالح الشعب"؛ بل أنه فضلاً على ذلك قدم شرحًا للترتيبات المؤسسية الخاصة بتقييد السلطة والإشراف عليها، والتي تتضمن تقييد السلطة المستخدمة من قِبل المسؤولين الرئيسين بالحزب والحكومة في الإدارة المالية وإدارة شؤون الموظفين، وتقييد السلطة بين هيئات قيادة الحزب وبين كل من أجهزة فحص وأجهزة القضاء والإشراف الإداري، وأقسام الفحص والمراجعة التابعة للحزب، والتقييد والإشراف بين كافة المستويات الداخلية لمؤسسات قيادة الحزب، الذي يُنفَّذ من خلال إبقاء الجمهور على علم بالشؤون الحكومية، التي تُدار في مؤسسات قيادة الحزب ونظام فحص عمل الكوادر؛ للتأكد من صدقهم ونزاهتهم ونظام عمل التقارير الخاصة بالأحداث الكبرى، وغيرها من التقييدات.(2)

---

(1) جيانغ تسي مين: "تعزيز بناء إدارة الحزب وحكومة نزيهة والسعي لمكافحة الفساد وتعميق التطوير"، "الأعمال المختارة لجيانغ تسي مين"، المجلد الثالث، دار الشعب للنشر 2006م، ص 190.

(2) جيانغ تسي مين: "البناء الكامل للمجتمع الرغيد، وبدء الوضع الجديد للاشتراكية ذات الخصائص الصينية"، "الأعمال المختارة من الوثائق المهمة في الفترة بعد المؤتمر الوطني السادس عشر"، "المجلد الأول"، دار نشر وثائق اللجنة المركزية، 2005م، ص 28.

لقد كانت هذه هي المرة الأول التي يقدم فيها مؤتمر ممثل للحزب، تفسيرًا وتحديدًا لـ "تكثيف الإشراف والتقييد على عملية إدارة السلطة". وفي سبتمبر عام 2004م، أكدت الجلسة الكاملة للمؤتمر الوطني للحزب الشيوعي بالدورة السادسة عشرة مرة أخرى، تقييد السلطة خلال "قرار اللجنة المركزية للحزب الشيوعي المتعلق بتعزيز قدرة الحزب على الحكم"؛ حيث أشار "القرار" إلى: "تكثيف الإشراف والتقييد على عملية إدارة السلطة، وضمان أن تُستخدم السلطة التي يمنحها الشعب استخدامًا حقيقيًّا في خدمة كافة مصالح الشعب، وأن تتقبل الكوادر وكافة مستويات تنظيمات الحزب الرقابة من موظفي الحزب وعامة الشعب. وتوسيع قنوات الإشراف وتعزيز قوتها، وإخضاع إدارة السلطة للإشراف والتقييد الفعال".[1]

وفي عام 2012م، أكد الحزب الشيوعي الصيني خلال المؤتمر الوطني الثامن عشر للحزب الشيوعي، مفهوم تقييد السلطة، الذي يمكن أن يُقال عنه اختراق لنظرية الديمقراطية للحزب الشيوعي الصيني. وقد أشار تقرير المؤتمر الثامن عشر: "يجب ضمان التقييد المتبادل والتنسيق المتبادل بين الحق في اتخاذ القرار، والحق في الحكم والحق في الإشراف، وضمان ممارسة أجهزة الدولة للسلطة طبقًا للضوابط والإجراءات القانونية".[2]

وبنظرة شاملة، ظهرت تقييدات السلطة التي حققها إصلاح النظام السياسي في الصين منذ الإصلاح والانفتاح، وبشكل رئيس منذ تسعينيات القرن الـ 20، بأربعة مجالات في نظام السلطة:

---

(1) "قرار اللجنة المركزية للحزب الشيوعي المتعلق بتعزيز قدرة الحزب على الحكم"، "الأعمال المختارة من الوثائق المهمة في الفترة بعد المؤتمر الوطني السادس عشر"، "المجلد الثاني"، دار نشر وثائق اللجنة المركزية، 2006م، ص 282.

(2) هو جين تاو: "التمسك بالمضي قدمًا بثبات على طول طريق الاشتراكية ذات الخصائص الصينية والسعي من أجل التحقيق الكامل للمجتمع الرغد"، "مجموعة الملفات الخاصة بالمؤتمر الوطني الثامن عشر للحزب الشيوعي الصيني"، دار الشعب للنشر، 2012م، ص 26.

أولًا: التقييدات الداخلية للسلطة الأساسية:

تُعد الأجهزة القيادية للحزب الشيوعي بمستوياها كافة، هي أجهزة الحكم السياسي الرئيسة في النظام السياسي الصيني، ولقد ظهر تقييد السلطة بالصين أولاً في تقييدات السلطة بين المسؤولين الرئيسين وتجمعات القادة في كافة أجهزة القيادة التابعة للحزب الشيوعي بمختلف مستوياها، والتي تمثلت في التحسين والتشكيل التدريجي لنظام القيادة الجماعية والمسؤولية الفردية منذ بداية الإصلاح والانفتاح، والتي كانت علامتها "القواعد الإجرائية للجان الحزب". فبالرغم من أن نظام القيادة الجماعية والمسؤولية الفردية هذا، وُضع وأُقر منذ زمن طويل إلا أن التنفيذ التدريجي له لم يبدأ إلا في تسعينيات القرن الـ 20.

ثانيًا: التقييدات الموجودة بين قطاعات السلطة:

يُعد هذا جزءًا حساسًا نسبيًّا من النظام السياسي الصيني الذي يؤكد "قيادة الحزب"، فمنذ بداية الإصلاح والانفتاح، وبصفة خاصة منذ بداية القرن الـ 20، بدأت حركة تقسيم السلطة بين قطاعات الحكم الرئيسة بالصين في الظهور، وتم التشكيل الأولي لتقسيم العمل بين قطاعات الحكم بدرجة محددة، وتحديد التقيدات الموجودة بينها، في إطار فرضية القيادة الموحدة للجنة المركزية للحزب الشيوعي.

وقد اتضحت هذه التقييدات في اثنين من المجالات: أولهما: ارتفاع المستوى القانوني والدور الفعلي لمجلس نواب الشعب، والذي ظهر في التقييد والإشراف على "الحكومة والمحكمتين[1]" وثانيهما: توسيع السلطات والاستقلال النسبي الخاص بقطاعات الإشراف وفحص الانضباط.

ثالثًا: التقييدات الموجودة بين الحكومة المركزية والمحليات:

كان تبسيط الإدارة وتفويض السلطة إلى مستويات أدنى هو إحدى بدايات إصلاح النظام السياسي، وقد تمثل المجال الأساسي لتبسيط الإدارة وتفويض السلطة إلى مستويات أدنى بسبب طبيعة أراضي الصين الواسعة والتطوير غير المتكافئ لها في

(1) أي محكمة الشعب، والنيابة العامة.

تفويض السلطة من اللجنة المركزية إلى المحليات، فتم بالطبع تحفيز إيجابية المحليات تحفيزًا كاملاً، ويُعد هذا هو أحد أسرار التنمية الناجحة بالصين. وقد كانت نتيجة الانتقال لنظام تبسيط الإدارة وتفويض السلطة إلى مستويات أدنى على المدى الطويل، هي تقسيم السلطات بين الحكومة المركزية والحكومات المحليات، وهكذا شُكلت قيود السلطة الموجودة بين كل من الحكومة المركزية والحكومات المحلية.

رابعًا: التقييدات بين الأحزاب والمجموعات السياسية:

يُعد التشاور السياسي وتعاون الأحزاب المتعددة تحت قيادة الحزب الشيوعي الصيني، هو نظام الأحزاب السياسية في الصين، فمنذ عصر الإصلاح والانفتاح، ارتفع الدور السياسي الفعلي للأحزاب الديمقراطية خارج الحزب الشيوعي الصيني، وأخذت مأسسة نظام التشاور السياسي في الازدياد يومًا بعد يوم. وقد كانت عملية التشاور السياسي بين الأحزاب بشكل فعلي هي أيضًا عملية ممارسة لتقييد السلطة بدرجة محددة.

(2) الحاجة إلى رفع قدرة إدارة السلطة

منذ الإصلاح والانفتاح، شهد الهيكل الاجتماعي والاقتصادي بالصين تغيرًا عميقًا وموسعًا، وذلك بالتزامن مع تطور بناء التحديث والتصنيع، فتعددت المصالح الاجتماعية وتنوعت، كما طرأ تغيير تاريخيٌ على البيئة الدولية والوضع الدولي. وقد واجه الحزب الشيوعي الصيني أيضًا بصفته القائد العام للقوة الأساسية لأعمال التحديث بالصين، الكثير من التحديات الصعبة والمواقف المعقدة للغاية على مستوى الجانب العملي والنظري.

وفي بداية القرن الـ 21 أوضح جيانغ تسي مين: المسألة المتعلقة بالموقف الصحيح الذي يجب اتخاذه تجاه الماركسية وقضية تحول الحزب الثوري إلى الحزب الحاكم، وقضية "الجماعتين المتصدرتين" بالحزب، وقضية تقوية الأساس الطبقي للحزب، وتوسيع الأساس الشعبي الخاص به، وغيرها من القضايا.[1]

---

(1) جيانغ تسي مين: "التعليمات الخاصة بعمل صياغة تقرير المؤتمر الوطني السادس عشر"، "الأعمال المختارة لجيانغ تسي مين"، المجلد الثالث، دار الشعب للنشر، 2006م، ص 439.

لقد طرح هذا التطور والتغيير متطلبات جديدة لكوادر الحزب الشيوعي الصيني والحكومة الصينية والأحزاب بمختلف مستوياتها. فتطلب ضرورة أن يمتلك جميع المسؤولين والقادة بكافة المستويات المعنيين بقيادة أعمال التحديث وإدارة حكم أكبر دول العالم في التعداد السكاني، قدرةً على إدارة الحكم أكثر قوة واكتمالاً.

ويُعد إصلاح النظام السياسي والآلية السياسية هو الخلفية الخاصة بتحسين ورفع قدرة النظام والموظفين على إدارة الحكم، كما يُعد أساس رفع قدرة إدارة الحكم هو قدرة ومستوى النظام السياسي والآلية السياسية على التكيف مع البيئة الاجتماعية الجديدة. فمنذ الإصلاح والانفتاح، ظهرت العملية السياسية لتعزيز بناء الديمقراطية، وإصلاح النظام السياسي من أجل التكيف والتأقلم مع الحاجة، إلى رفع القدرة على إدارة الحكم في ثلاثة مجالات:

أولًا: تعزيز ودفع إصلاح النظام الإداري، ورفع الفاعلية وخفض التكاليف:

كان النظام السياسي والنظام الإداري قبل الإصلاح يتكونان بشكل يتكيف مع حاجات الاقتصاد المخطط. ولكن في ظل ظروف اقتصاد السوق احتاج كل من النظام السياسي والإداري إلى التحول والتغير. لقد أُصلح النظام الإداري 4 مرات متتالية منذ بداية الإصلاح والانفتاح، فكان تبسيط الإدارة، وتفويض السلطة إلى المستويات الدنيا، هو الموضوع الرئيس في الفترة المبكرة لإصلاح النظام الإداري، بينما كان خفض التكاليف الإدارية هو الأساس في الفترة اللاحقة من إصلاح النظام الإداري.

هذا، وقد قررت الظروف الأساسية للبلاد ونظامها السياسي أن البلاد يجب أن تلعب دورًا مهمًّا لا يمكن الاستغناء عنه في التنمية الاقتصادية والاجتماعية. فكان بناء نظام اقتصاد السوق بالصين بدرجة كبيرة هو نتاج دفع وتعزيز الحكومة. وبعد أن تم تأسيس وتشكيل نظام اقتصاد السوق الاشتراكي ظلت الحكومة متعهدة بوظيفة السيطرة الكاملة والخدمة العامة.

فكان هناك نوع من التكامل الحيوي بين دور أجهزة السوق والحكومة، جعل التنمية الاقتصادية تُحقق زيادة سريعة وثابتة ومستمرة. ولكن مع مرور

الوقت ظهرت كمية كبيرة من الأحوال الجديدة، والقضايا الجديدة، والتناقضات الجديدة، فيما يخص دور الحكومة وآلياتها المؤسسية للسيطرة الكاملة، كان من بينها ارتفاع التكاليف الإدارية بلا انخفاض هو الجانب الخارجي الظاهر الذي يعكس مشكلات وتناقضات النواحي كافة.

فقد تحملت الحكومة قدرًا كبيرًا من التنمية الاجتماعية والاقتصادية، ولعبت وظيفة حماية النظام الاجتماعي وضمان الأمن العام والإدارة والخدمة العامة، ولكن صاحب إدارتها الفعالة تلك ارتفاع مستمر للتكاليف الإدارية، التي كان أبرزها ما يُسمى بأعمال "الحفاظ على الاستقرار"، وفضلاً على ذلك برزت ظاهرة "إنفاق الأموال من أجل شراء السلام".

فمنذ زمن طويل يعتمد الإنفاق العام المحلي اعتمادًا كبيرًا على الإيرادات الخارجة عن ميزانية الحكومة المحلية، وهناك بعض الحكومات المحلية التي يعتمد نصف إنفاقها على "توليد الأرباح" الذاتي الخاص بها؛ لذلك سرعان ما تتكون مشكلات "تمويل الأراضي" وغيرها من سلسلة المشكلات الكبرى التي تشتمل على مخاطر محتملة.

ويمكن القول إن كلاًّ من التكاليف الإدارية والعبء المالي الزائد على الحكومات المحلية لهما علاقة بوظيفة ومهام الحكومة، فإذا ما أردنا تخفيف العبء الحكومي وخفض التكاليف الإدارية، يكون الحل الأساسي هو اللجوء والاعتماد على الإصلاح. فخلال الدفع والتعزيز لكل من رفع فاعلية الإدارة وخفض التكاليف الإدارية، يجب أن تُجرى تجارب الإصلاح ابتداءً من الحكومة المركزية ووصولاً إلى الحكومات المحلية، وأن يُتحوَّل تدريجيًّا إلى آليات مؤسسية جديدة.

فعلى مستوى الحكومة المركزية، يظهر الإصلاح بشكل أساسي في إصلاح العلاقة بين الحكومة والسوق الذي يقوم به الإصلاح، والتوسيع المستمر لدور السوق في توزيع الموارد. أما على مستوى الحكومات المحلية فيظهر في توسيع دور ووظيفة الحكم الذاتي الجماهيري، ومنظمات الحكم الذاتي الاجتماعية في الإدارة الاجتماعية الأساسية وبناء المجتمع.

ثانيًا: إصلاح نظام الحكم الشعبي والإدارة الاجتماعية، والاستجابة لمطالب الشعب الخاصة بمصالحهم ووعيهم بالحقوق:

إن أساس مفهوم الديمقراطية هو زيادة الوعي بالحقوق. وقد ارتفع وعي المواطنين الصينيين بالحقوق بشكل عام منذ الإصلاح والانفتاح. فأدى الانتقال من الاقتصاد المخطط إلى اقتصاد السوق إلى حدوث تغيير في الهيكل الاقتصادي والاجتماعي، وتغيرت علاقات المصالح بين كل من الجماعات والطبقات والفئات المختلفة.

ومن ثم ساعد كل من زيادة الوعي بالحقوق، وتغير العلاقات، المصالحَ بشكل ذاتي وموضوعي على تعزيز ظهور كمية كبيرة من التناقضات الجديدة والخلافات على المصالح بالمجتمع الصيني. وأصبح التناقض بين الفقر والغنى، والتناقض بين أصحاب العمل والموظفين، والتناقض بين الحضر والريف، بالإضافة إلى التناقضات التي أدى إليها التفاوت الإقليمي، هي أهم التناقضات الاجتماعية التي وُجدت بالمجتمع الصيني المعاصر. وفي الوقت نفسه، توجهت أنواع التناقضات الاجتماعية كافة في ظل النظام السياسي الصيني نحو سلطة الحكومة، فكانت هذه إحدى خصائص السياسة الصينية.

وتجدر الإشارة إلى أن أبرز ميزات النظام الاجتماعي الصيني هي القدرة على "تركيز القوة في القيام بالأعمال الكبرى"، ولكن الوجه الآخر لهذه الميزة هو: أن كافة متطلبات التناقضات الاجتماعية يصبح من السهل تركيزها في الحكومة والحزب الحاكم، مكونة بذلك ما يُسمى بـ "التناقض بين المسؤولين والمدنيين".

وبهذا شكَّل كل من ازدياد الوعي بالحقوق، وزيادة التناقضات الاجتماعية، واتجاه المركزية السياسية، حوافزَ المشاركة السياسية في الفترة الجديدة، وطالبت بضرورة وجود استجابة من النظام السياسي الصيني، وكونت الطلب على العرض المؤسسي، وأنتجت إصلاح النظام السياسي وتنمية الديمقراطية، وبصفة خاصة الحاجة الفعلية للديمقراطية الشعبية.

وقد كانت السنوات العشر الأولى من القرن الـ 21 هي فترة النمو السريع لإصلاح نظام الاستجابة الصيني، ووجهت تلك الفترة تركيزها بشكل أساسي إلى

التناقضات الاجتماعية التي تحدث بشكل مباشر على المستوى الاجتماعي الأساسي، فخلالها اتخذ الحكم الاجتماعي الشعبي، والحكم الذاتي الجماهيري والإدارة الديمقراطية الشعبية، وحتى عمل الأحزاب الشعبية، كلاً من الاستجابة إلى مطالب مصالح الشعب، وتوسيع حقوق مواطني الطبقات الأساسية، وحماية استقرار المجتمع الشعبي، ورفع مستوى الحكم الاجتماعي الشعبي، أفكارًا توجيهية لإصلاح النظم والآليات، وابتكار القوانين الجديدة.

ثالثًا: اعتماد إنشاء النظام على الإصلاح، وتعزيز القرار العلمي بالقرار الديمقراطي، وبناء آلية مؤسسية قادرة على استيعاب المطالب الاجتماعية:

أدى كل من التغيير العميق الموسع للهيكل الاجتماعي والاقتصادي والعلاقات الاجتماعية التي يزيد تعقيدها يومًا بعد يوم، والتناقضات الاجتماعية التي لا تتوقف عن الازدياد، إلى طرح متطلبات ومعايير عالية لمستوى وقدرة الإدارة والحكم الشعبي. ومن أجل استيعاب المطالب الاجتماعية في ظل هذا الوضع، أصبح كل من توسيع التشاور الاجتماعي، ورفع درجة توازن المصالح، وشمولية السياسات في الحكم الشعبي، هي القوى الدافعة الرئيسة لنظام اتخاذ قرارات الإصلاح.

ولكن ظهرت ممارسات هذا المجال بشكل مركز في إصلاح الآليات المؤسسية في مجالات التشاور السياسي، والتشاور في الشؤون العامة الاجتماعية. ففي عام 1992م، جعل جيانغ تسي مين لأول مرة خلال المؤتمر الوطني الرابع عشر، اتخاذ القرارات بطريقة علمية وديمقراطية هي المهمة الرئيسة لبناء الديمقراطية الاشتراكية. فصرَّح جيانغ تسي مين خلال المؤتمر: "يجب أن تستمع أجهزة القيادة والكوادر القيادية إلى آراء الشعب بشكل جدي، ويُفعِّلوا بشكل كامل دور كافة أنواع الخبراء ومؤسسات البحوث والاستشارات، وزيادة سرعة بناء نظام اتخاذ قرارات علمية ديمقراطية".[1]

(1) جيانغ تسي مين: "تسريع خطوات تنفيذ الإصلاح والانفتاح وبناء التحديث من أجل تحقيق الفوز الأكبر لأعمال الاشتراكية ذات الخصائص الصينية"، "الأعمال المختارة لجيانغ تسي مين"، المجلد الأول، دار الشعب للنشر، 2006م، ص 236.

وبعد انتهاء المؤتمر، شهد نظام اتخاذ القرارات بكلٍ من الحكومة والأحزاب الصينية، تغيرًا كبيرًا خلال عملية الاستكشاف الخاص بإصلاح التشاور حول السياسات، وتأسيس العديد من المستويات والأشكال الخاصة بالتشاور السياسي، وبالتالي بدأت سلسلة من التغيرات والإصلاحات بالنظام السياسي. وقد ظهر إصلاح نظام إضفاء الطابع الديمقراطي على عملية صنع القرار، الذي بدأ في تسعينيات القرن الـ 20 بشكل رئيس في: التشريعات العامة؛ أي التشاور التشريعي، وتطوير وتحسين نظام التشاور السياسي، وطلب رأي الشعب عند اتخاذ القرارات المهمة، ونظام الاستماع للشؤون العامة، ونظام استشارة المؤسسات العلمية والخبراء القانونيين والسياسيين وغيرهم.

(3) الحاجة إلى مكافحة الفساد وبناء النزاهة

يقوم الأساس الاقتصادي بتحديد البنية الفوقية. وقد شهد الأساس الاقتصادي للمجتمع الصيني منذ عصر الإصلاح والانفتاح تغيرًا كبيرًا؛ حيث انتُقِل من الاقتصاد المخطط إلى اقتصاد السوق الاشتراكي. وقد أثَّر تغيير الأساس الاقتصادي على النظام السياسي ونظام الرقابة الإدارية تأثيرًا عميقًا. وقد كان تأثير عوامل اقتصاد السوق على النظام السياسي الصيني وبناء الديمقراطية ذا طابع مزدوج. فمن ناحية، لعب اقتصاد السوق دور المحفز للتنمية الديمقراطية، الذي ظهر بشكل رئيس في دفع زيادة الوعي بالحقوق وأنماط المصالح المتعددة، وخلق الحاجة إلى نظام بناء الديمقراطية وإصلاح النظام السياسي. ومن ناحية أخرى، أثَّرت عوامل اقتصاد السوق تأثيرًا سلبيًّا على الديمقراطية الاشتراكية.

واتضح هذا التأثير والدور السلبي في جانبين:

أولاً: أدى اقتصاد السوق إلى تفريق المجتمع والقضاء على المساواة الاقتصادية، ولكن المساواة الاقتصادية كانت هي الأساس المادي للديمقراطية الاشتراكية، وقد ظهرت المشكلة المتعلقة بهذا الجانب تدريجيًّا في الحياة الاجتماعية بالصين؛ حيث ظهرت الفروق والاختلافات الواضحة بين مطالب المصالح الخاصة بالطبقات العليا وطبقات عامة الشعب، وبين شكل وقدرة المشاركة السياسة وغيرها من الجوانب.

ثانيًا: كان لاقتصاد السوق تأثير هدام على السلطة.

يُعد اقتصاد السوق هو اقتصاد المال. وبالنظر إلى الخبرات التاريخية لتطور المجتمع الإنساني، نجد أن اقتصاد السلع الأساسية قدَّم حافزًا مباشرًا لفساد السلطة، في حين أن تبادل الأموال هو في حد ذاته الشرط الأكثر أهمية ومباشرة للفساد.

ففي تاريخ الصين، كانت الأموال الفضية هي السبب المباشر الذي دفع انتشار الفساد والاختلاس في الدوائر الرسمية بعهد أسرتي مينغ وتشينغ، فشكلت تغييرًا نوعيًّا في تاريخ تطور الفساد. وبعد الإصلاح والانفتاح، صاحب انتشار ونمو الفساد ظهور النضال المستمر الذي يعمل من أجل مكافحة الفساد وبناء حكومة نظيفة، ولقد ساعدت مكافحة الفساد على دفع وتعزيز البناء المؤسسي وإصلاح النظام. وظهر دفع البناء المؤسسي وإصلاح النظام من أجل الحاجة إلى مكافحة الفساد وبناء حكومة نظيفة في فترة بعد الإصلاح، في ثلاثة مجالات:

أولًا: تعزيز إصلاح نظام الكوادر والعاملين بالحزب والحكومة

يُعد تعزيز إصلاح نظام الكوادر والعاملين بالحزب والحكومة، هو المضمون الرئيس لإصلاح النظام السياسي. ولقد كان مكافحة الفساد وبناء حكومة نظيفة بمثابة القوة الدافعة الداخلية للعديد من السنوات التي عملت على دفع إصلاح نظام الكوادر والعاملين بالحزب والحكومة الذي تضمن: تأسيس نظام الموظفين العموميين، ونظام الإشراف الإداري، واختيار وتعيين كوادر الحزب والحكومة، ونظام تولية وتبادل وإقصاء الكوادر بالحزب والحكومة، وتضمَّن أيضًا التعزيز الشامل للتوصيات الديمقراطية لكوادر الحزب والحكومة، والتقييمات الديمقراطية واستطلاعات رأي الشعب، وإشعارات التفتيش والإعلان العام قبل تعيين الكوادر، والتدقيق وفحص الحسابات قبل تقاعدهم، وغيرها من العمليات والإجراءات الخاصة بإدارة الكوادر.

فبعد الإصلاح والانفتاح، قامت القواعد والأنظمة الخاصة بنظام الكوادر والموظفين بالحزب والحكومة وغيرها من الأنظمة بالتشكيل التدريجي للنظام، فتمت صياغة ونشر وتنفيذ "قانون الخدمة العامة"، و"بعض المعايير الخاصة بنزاهة العمل

السياسي للكوادر القيادية وأعضاء الحزب الشيوعي الصيني"، و"مخطط تعميق إصلاح نظام الكوادر والموظفين"، و"اللائحة الخاصة باختيار وتعيين الكوادر القيادية بالحزب والحكومة"، و"طرق الرقابة والتفتيش على اختيار وتعيين الكوادر القيادية بالحزب والحكومة - نسخة تجريبية"، و"طرق المساءلة والتحقيق في مسؤولية اختيار وتعيين الكوادر القيادية بالحزب والحكومة - نسخة تجريبية" وغيرهم، الذين قاموا بالتخطيط الشامل وإصلاح نظام الكوادر والموظفين بالحزب والحكومة، كما قاموا بالتقرير الصارم للطرق والمعايير والمبادئ الأساسية الخاصة باختيار وتعيين الكوادر، وإجراء الإشراف الرشيد والشامل للسلوك السياسي للكوادر.

ثانيًا: تعميق إصلاح نظام الإدارة الحكومية والتركيز على دفع إصلاح نظام الفحص والموافقة

تمثلت القضية الرئيسة لمكافحة الفساد وبناء حكومة نظيفة في منع وتقليل تضارب المصالح بين كوادر الحكومة وكافة الأحزاب بمختلف مستوياتها، في مجال إدارة المجتمع والاقتصاد. وقد كان المفتاح الرئيس لمنع وتقليل تضارب المصالح هو المعالجة الجيدة للعلاقة بين اقتصاد السوق والتنظيم الحكومي، والتنظيم الشامل والمنهجي لسلوك الحكومة، وكان من أهم ما تضمنته تلك النقاط هو التركيز على تعزيز إصلاح نظام الفحص والموافقة الإدارية، وتسريع دفع الفصل بين الحكومة والمؤسسات، والفصل بين الحكومة والأموال، والفصل بين الحكومة ووحدات الخدمة العامة، والفصل بين الحكومة ومنظمات السوق الوسيطة، وتعزيز تحويل الوظائف الحكومية.

ومنذ أن نفّذت الصين نظام الفحص والموافقة الإدارية عام 2001م بعد الإصلاح والانفتاح، ألغت مختلف إدارات مجلس الدولة وضبطت أكثر من 2000 بند من بنود الفحص والموافقة الإدارية، بينما ألغت الحكومات المحلية وأصلحت أكثر من 7000 بند، وهي أكثر من نصف عدد البنود الأصلية.

أما بالنسبة للبنود التي أُبقي عليها، فقد تمت الموافقة العامة عليها من خلال التوسع في بناء مراكز الخدمات الإدارية، كما أُنشئ نظام الإشراف الإلكتروني

والرصد في الوقت المناسب بالفحص والموافقة الإدارية، وتحسين نظام المُساءلة عن مسؤوليات الفحص، والموافقة الإدارية وآليات التقييم الخاصة به، ورفع فاعلية العمل، وتقليل فرص استغلال السلطة للمنفعة الشخصية.

ثالثًا: تنفيذ إصلاح النظام القضائي

النظام القضائي هو أحد الأجزاء المهمة المكونة للنظام السياسي، وبهذا يُعد إصلاح النظام القضائي من المضامين الأساسية لإصلاح النظام السياسي. فبناء نظام قضائي صارم ومُحسن هو إحدى الحاجات الفعلية لمكافحة الفساد وبناء حكومة نظيفة، وهو إحدى السمات البارزة لتنمية الديمقراطية. وقد كان هدف إصلاح النظام القضائي بعد الإصلاح والانفتاح الذي حددته الصين هو: تحسين النظام القضائي للاشتراكية ذات الخصائص الصينية والتمسك به، وضمان أن تقوم الأجهزة القضائية وأجهزة الإشراف باستخدام سلطتها الإشرافية والقضائية باستقلالية ونزاهة.[1]

ومن أجل هذا، تم الاعتماد سنوات عديدة على التخصيص العلمي للسلطة التحقيقية، والسلطة الإشرافية، والسلطة القضائية، والسلطة التنفيذية، في صياغة عدد كبير من القوانين والأنظمة، وتعزيز الإشراف على الأنشطة القضائية، وضبط استخدام أعضاء الهيئة القضائية للسلطة التقديرية، وتأسيس أنظمة المُساءلة عن انتهاك القانون أو تنفيذ القانون تنفيذًا خاطئًا، والتي تضمنت تأسيس وتنفيذ نظام المحاكمة العامة، ونظام المحلفين، ونظام المحاماة ونظام مُشرفي الشعب، ونظام المساعدة القانونية، ونظام الوساطة الشعبية، وغيرها من الأنظمة الخاصة التي تعمل على تعزيز الانفتاح القضائي، وتوسيع ديمقراطية القضاء. فخلال أكثر من 30 عامًا من الإصلاح والانفتاح، لم يكن السبب الجذري لتعزيز إصلاح النظام السياسي وبناء الديمقراطية يكمن في أيديولوجية الشعب وعقليته.

---

(1) هو جين تاو: "التمسك بالمضي قدمًا بثبات على طول طريق الاشتراكية ذات الخصائص الصينية والسعي من أجل التحقيق الكامل للمجتمع الرغد"، "مجموعة الملفات الخاصة بالمؤتمر الوطني الثامن عشر للحزب الشيوعي الصيني"، دار الشعب للنشر،2012م، ص 25.

ولكن بالطبع لا يمكن إنكار أن الوعي والتفكير كان لهما تأثير مؤكد على التنمية السياسية، ولكن كان صاحب التأثير الحقيقي على النظام السياسي، وتعزيز التنمية السياسة، هو عامل واقعي، ألا وهو الحاجة الفعلية لحماية التطور والوجود القادمة من النظام السياسي.

وعلى وجه التحديد، يتمثل أكثر العوامل الموضوعية أهمية لتنمية الديمقراطية وإصلاح النظام السياسي الصيني في ظل خلفية تحقيق نظام اقتصاد السوق الاشتراكي، وزيادة الوعي العام بالحقوق في الحاجة الفعلية إلى ضبط وتوازن السلطة السياسية، ورفع القدرة على إدارة الحكم، والحفاظ على نزاهة الحكم، فهذه الحاجات الثلاث هي القوة الدافعة الحقيقية لتنمية الديمقراطية، وإصلاح النظام السياسي في الصين المعاصرة، كما أنها أساس فهم وتوقع الاتجاه المستقبلي لبناء الديمقراطية وإصلاح النظام السياسي بالصين.

الفصل الثاني

الاستراتيجيات الثلاث لدفع بناء الديمقراطية

إن الاستمرار في تنمية الديمقراطية هو الحاجة الداخلية لتحقيق التحديث والتصنيع بالصين، ولهذا لم تتوقف الصين عن استكشاف وتطوير الأنظمة الديمقراطية ذات الخصائص الصينية. وبالنظر إلى الخبرات الدولية، نجد أن الأحزاب السياسية والسياسات البرلمانية القائمة على الانتخابات التنافسية، لم تكن أبدًا أنظمة سياسية فعالة وملائمة للاستخدام في فترة تحقيق التحديث والتطوير والتحول التاريخي للهيكل الاجتماعي.

وبدراسة تاريخ الصين وظروفها الأساسية، ومراحل التنمية الاجتماعية بها، والمهام الفعلية التي واجهتها، يمكن التنبؤ بأن الطرق والاتجاهات التي ستختارها التنمية الديمقراطية المستقبلية بالصين لا يمكن أن تكون تنمية وتوسيع نظام التنافسية، الذي يتضمن تنفيذ الانتخابات التنافسية، وتعزيز وتوسيع الانتخابات الشعبية التي نُفِّذت منذ أعوام عديدة. ففي المرحلة الحالية، لا تمتلك الصين الظروف الاجتماعية لتنمية شكل الديمقراطية التنافسية، ولا تزال المهمة الرئيسة التي تواجهها الدولة والمجتمع تتمثل في التنمية الاقتصادية، أما بالنسبة لمهام ووظائف البناء السياسي التي تتوافق مع التنمية الاقتصادية فما زالت تتمثل بشكل رئيس في تكثيف التوافق الاجتماعي، وتحفيز إيجابية الشعب على البناء والإنتاج.

ويمكن القول، إن تعزيز بناء الديمقراطية وإصلاح النظام السياسي يحتاج إلى ثلاث استراتيجيات أساسية، هي: نشر المشاركة السياسية المنظمة بمختلف المستويات، وتوسيع نطاق الديمقراطية التشاورية ورفع جودتها، وتأسيس نظام تقييد السلطة وتطوير الإشراف الديمقراطي.

(1) نشر المشاركة السياسة المنظمة بمختلف المستويات

تُعد المشاركة السياسية واحدة من المضامين المهمة للديمقراطية. وتحتل المشاركة السياسية مكانة مهمة في الممارسات الخاصة بالديمقراطية في الصين؛ فهي الطريقة المهمة التي يمارس الناس من خلالها تنفيذ حق السيادة الشعبية الديمقراطي تحت قيادة الحزب الشيوعي الصيني. وتمتلك المشاركة السياسية العديد من الأشكال والمسارات، تُعد الانتخابات الديمقراطية إحداها، وفضلاً على ذلك، المشاركة في وضع السياسات التي تعني تأسيس أشكال السياسات والقوانين على أساس يعكس الرأي العام للشعب، من خلال استخدام النظام الاستشاري للرأي العام، وبفضل استشارة الرأي العام أصبحت جميع استراتيجيات حكم الحزب الحاكم والقوانين والقواعد الخاصة بنظام الحكم، وغيرها من السياسات، تعكس وتمثل بشكل صحيح المصالح الأساسية للشعب.

فمنذ عصر الإصلاح والانفتاح، أسست الصين مجموعة من نظم استشارة وعكس الرأي العام الكاملة نسبيًّا، والتي تتضمن أساسًا اتخاذ القرارات الديمقراطية، وإعلان الشؤون الحكومية على العلن، وتقييم السياسات وغيرها من الروابط الأساسية، بالإضافة إلى تنفيذ كل من العرض العام وجلسات الاستماع العامة، وطلب حجج الخبراء، والتماس الاستشارات الفنية، والاستطلاع العام للرأي، وغيرها من النظم الخاصة المختلفة خلال عملية اتخاذ القرارات المهمة ووضع القوانين.

وحاليًّا تُجري الصين عملية التطبيع، وإضفاء الطابع المؤسسي تدريجيًّا إلى النظام الاستشاري للرأي العام، ومثال ذلك: "مخطط الدفع الشامل لتنفيذ الإدارة الحكومية بما يتفق مع القانون" الذي وضعه مجلس الدولة، الذي نص على الآلية القانونية لاتخاذ القرارات الإدارية الخاصة بالحكومات الصينية، التي تتمثل في "ارتباط كل من المشاركة الشعبية والقرارات الحكومية، ومناقشات الخبراء وآرائهم".

وفي ظل الظروف الاجتماعية الفعلية بالصين، يُعد الحفاظ على نظامية المشاركة السياسية هو الشرط الضامن المهم لتنفيذ المشاركة السياسية. فلقد تركت

فوضوية المشاركة السياسية درسًا خطيرًا في تاريخ ممارسة الديمقراطية الصينية، فخلال "الثورة الثقافية الكبرى" أطلق ماو تسي دونغ دعوته إلى العدد الكبير من الطلاب الشباب قائلاً: "إن كنتم قلقين بشأن أمور البلاد، يجب أن تُكملوا مسيرة «الثورة الثقافية الكبرى» لطبقة البروليتاريا حتى النهاية"، وتم تنفيذ "الديمقراطية الكبرى"، الأمر الذي أدى في النهاية إلى إحداث حالة من الفوضى المجتمعية.

وبدراسة "الثورة الثقافية الكبرى" من زاوية المشاركة السياسية، يتضح أن خطأها لم يتمثل في قيام عامة الشعب "بالقلق حول شؤون البلاد"، ولكن تمثل خطؤها في عدم نظامية المشاركة السياسية. وقد ظهرت فوضوية المشاركة السياسية خلال "الثورة الثقافية الكبرى" في جانبين: أولهما: غياب الإجراءات الصحيحة، والشكل الصحيح للمشاركة السياسة. وثانيهما: افتقرت المشاركة السياسة لاشتمالها على مختلف المستويات. فخلال "الثورة الثقافية الكبرى" تم تحريك واستدعاء عدد كبير من عامة الشعب، وبصفة خاصة الطلاب الشباب، للمشاركة في الحياة السياسة، وكانت الطريقة الرئيسة لهذه المشاركة هي "حرية التعبير، وحرية الفكر، وحرية الكتابة، وحرية النقاش"، وسرعان ما تطور هذا الشكل من المشاركة ليصبح نوعًا من النقاش والخلاف بين مختلف آراء الجماهير، فتحول إلى المشاركة السياسية الشعبوية.

وقد أثبتت الحقيقة، عدم فاعلية المشاركة السياسية ذات الطابع الشعبوي على الإطلاق؛ فهي تعمل على تفريق الشعب، وخلق التناقضات فقط. أيضًا كان افتقار المشاركة السياسة للتدرج والتمييز بين المستويات، هو المشكلة البارزة الأخرى للمشاركة السياسية خلال "الثورة الثقافية الكبرى". ففي السياسة الشعبوية، تتمثل الحقيقة المعطاة للحركات الشعبية في أن عامة الشعب لهم حق المشاركة في مختلف مستويات الحياة السياسية. ولكن خلال "الثورة الثقافية الكبرى" تمثلت المشاركة السياسية في النهاية في "احتلال الطبقة العاملة للبنية العلوية"، وبهذا أخبرت المشاركة السياسية الشعبوية في "الثورة الثقافية الكبرى" الشعب بشكل سلبي: أن المشاركة السياسية المنظمة الفعالة يجب أن يتم فيها التمييز بين المستويات، وقد كانت هذه خبرة مهمة للغاية.

ففي ظل الظروف الحالية للصين، يُعد تنفيذ المشاركة السياسية على المستويات المختلفة هو المفتاح الرئيس لضمان نظامية المشاركة السياسية. وقد أوضح الشكل الديمقراطي المعاصر بشكل جلي أن العلاقة بين طبقة "النخبة" وطبقة "عامة الشعب" هي المشكلة الأكثر أهمية، التي يجب معالجتها خلال الممارسة غير المباشرة للديمقراطية.

فالديمقراطية تحتاج إلى المشاركة السياسية للجماهير، وبصفة خاصة تتطلب امتلاك كافة الجماهير حق المشاركة، ولكن المشكلة تكمن دومًا في كيفية تنفيذ هذا الشكل من المشاركة. ومن ثم أصبحت مسألة تقييد كل من "عدم التكافؤ في المعلومات، والخبرات والقيود التي تفرضها المصالح" بشكل موضوعي لنطاق وقدرة عامة الشعب في ممارسة المشاركة السياسية، هي القضية المهمة التي يجب النظر فيها خلال مناقشة القضايا الديمقراطية وقضايا المشاركة السياسية.

فتنفيذ المشاركة السياسية على المستويات المختلفة هو الطريقة الصحيحة لحل المشاركة السياسية الشعبية للجماهير والجمهور العام. ويجب أن تكون مبادئ المشاركة السياسية على المستويات المختلفة هي: ارتباط المصالح، وكفاية المعلومات، والاشتراك في المسؤولية. فيجب التفريق بين المستويات المختلفة للمشاركة السياسية طبقًا للوجود الموضوعي الخاص بعدم التكافؤ في المعلومات والخبرات والقيود التي تفرضها المصالح.

كما يمكن القول أيضًا: إن التفريق بين الشؤون السياسية المختلفة طبقًا لدرجة الارتباط المباشر للمصالح، ودرجة استيعاب المعلومات، وكذلك درجة الاشتراك في المسؤولية، يؤدي إلى وجود كيان شعبي قوي متماسك، ويعبر عن تحقيق مشاركة سياسية على مختلف المستويات. ومنع المشاركة السياسية مبدئيًا للفئة التي كانت علاقة مصالحها غير مباشرة، والتي لا تعرف الأحوال جيدًا، والتي كانت نتيجة مشاركتها غير ملموسة.

فاستيعاب مبدأ ارتباط المصالح، وكفاية المعلومات، والاشتراك في المسؤولية، يضمن حق الشعب في المشاركة في الحياة السياسية للبلاد، ويمنع المشاركة الفوضوية غير الفعالة. فالمشاركة السياسية المنظمة الموسعة هي نقطة تركيز إصلاح

النظام السياسي، وبناء الديمقراطية الصينية في الحاضر والمستقبل، وهي ايضًا المجال الذي يحتاج إلى الاستكشاف والبحث الموسع. وتسهم المشاركة السياسية المنظمة الموسعة في تحفيز إيجابية الجماهير العريضة، وعكس إرادة الشعب، واتخاذ القرارات الديمقراطية.

ولكن في فترة الصراعات المتعددة يمكن أن تنطوي المشاركة السياسية على مخاطر محتملة، وتثير التناقضات الاجتماعية، وبهذا يتضح أنه في الوقت الذي تقدم فيه المشاركة السياسية الدعم إلى النظام السياسي يمكنها أيضًا أن تُزيد عوامل عدم الاستقرار. ويمكن أن يتم حل كل هذا من خلال الاستكشاف والممارسة المستمرين.

وسواء في الوقت الحالي أو في المستقبل، ما زالت هناك مساحة كبيرة للتطوير في عملية تأسيس وتحسين شكل المشاركة السياسية، الذي يتفق مع ظروف الصين الفعلية، والخبرات المتراكمة في جانب المشاركة السياسية على مختلف المستويات.

(2) توسيع نطاق الديمقراطية التشاورية ورفع جودتها

طرح الحزب الشيوعي الصيني في المؤتمر الوطني الثامن للحزب الحاكم المفهوم العام للشكل الصيني للديمقراطية التشاورية؛ حيث قُدِّمت فكرة تحسين نظام الديمقراطية التشاورية، وآلية العمل بها، وجعل العمل على تنمية الديمقراطية التشاورية ونشرها على نطاق واسع، وتعدد مستوياتها، وإضفاء الطابع المؤسسي عليها، هي المحاور الأساسية لمستقبل بناء الديمقراطية في الصين. وتُعد الديمقراطية التشاورية تقليدًا وميزة للسياسة الصينية المعاصرة. وبمقارنتها مع الانتخابات التنافسية، يتضح أن الديمقراطية التشاورية تسهم في تنسيق وضبط مصالح الخاصة بجماعات المصالح المختلفة، ولها القدرة على حل التعارضات والخلافات بين جماعات المصالح، وتنفيذ وتشكيل المصالح الاجتماعية الشاملة.

فتُعد الديمقراطية التشاورية هي الشكل الديمقراطي الأكثر ملائمة وفاعلية، وبصفة خاصة في الدول التي تشهد عملية التحديث والتصنيع، التي تتغير فيها علاقات المصالح بسرعة كبيرة، وتكثر فيها تغيرات الهيكل الاجتماعي والاقتصادي دون استقرار.

ويُعد نظام التشاور السياسي، وتعاون الأحزاب المتعددة تحت قيادة الحزب الشيوعي الصيني، هو نظام الأحزاب السياسية في الصين. فيُعد نظام التشاور السياسي، وتعاون الأحزاب المتعددة تحت قيادة الحزب الشيوعي الصيني، وبصفة خاصة المؤتمر الاستشاري والسياسي للشعب الصيني، هو نتاج الثورة الديمقراطية الصينية الجديدة، وفي الوقت ذاته هو نظام استوعب العناصر المفيدة من إرث الحضارة السياسية الصينية التقليدية، وبذلك يصبح أحد الابتكارات التي كونها النظام الديمقراطي الاشتراكي ذو الخصائص الصينية. وقد أثبتت الممارسات، أن نظام التشاور السياسي، وتعاون الأحزاب المتعددة تحت قيادة الحزب الشيوعي الصيني نظام ناجح، ويجب الاستمرار في دعمه وتطويره. ولكن آلية التشاور السياسي في الديمقراطية الصينية لا تقتصر فقط على نطاق نظام التشاور السياسي، وتعاون الأحزاب المتعددة تحت قيادة الحزب الشيوعي الصيني. فالتشاور السياسي هو شكل رئيس يُستخدم على نطاق واسع خلال الممارسات الديمقراطية الصينية، ولا يقتصر وجود التشاور السياسي على مستوى الدولة فقط؛ بل إنه يوجد أيضًا في الحكم الذاتي الديمقراطي على مستوى القاعدة الشعبية، ومثال ذلك: "المداولات الديمقراطية" في منطقة وينلينغ بمقاطعة تشجيانغ، التي تُعد نموذجًا جيدًا للتشاور الديمقراطي، كُوِّن بواسطة الجماهير خلال ممارسة الديمقراطية على المستوى الشعبي.

ويحتاج اعتبار الديمقراطية التشاورية هي الاستراتيجية الأساسية للتنمية المستقبلية للديمقراطية الصينية والاتجاه الرئيس لها، إلى توسيع نطاق الديمقراطية التشاورية، وإضفاء الطابع المؤسسي والقانوني على نظام التشاور الديمقراطي ففيما يتعلق بالنظام الديمقراطي الغربي، تُعد آلية فصل السلطة وتقييدها هي مبدأ السياسة الديمقراطية، الذي وُضع في جميع جوانب النظام السياسي الغربي، وفي هذا السياق نذكر الأمثلة التالية: تقييد وفصل السلطات بين أجهزة الحكم، الذي يتضح في الفصل بين السلطة التشريعية والسلطة الإدارية والسلطة القضائية بين أجهزة الحكم على مستوى الدولة، والذي يُسمى "الفصل بين السلطات الثلاث"، والتقييدات الموجودة بين أصحاب السلطة.

وكذلك ما يُسمى بتقييد السلطة وفصل العمل بين "البيروقراطيين" و"السياسيين"، الذي يتم بين السياسيين المنتخبين من بين الحكام والمديرين الفنيين، بالإضافة إلى تقسيم المهام والسلطات بين الدولة والمحليات في النظام الفيدرالي، وما يُسمى في مجال الإدارة المجتمعية بـ "الدولة" و"المجتمع"، الذي يتمثل جوهره في الفصل بين مهام وسلطات منظمات الحكم الذاتي والحكومة، وغيرها من الأمثلة.

كما يجب أن يُتوسَّع في الديمقراطية التشاورية حتى تصل إلى كافة مجالات الحياة السياسية والاجتماعية، وأن يُعد التشاور السياسي آلية الضبط والتشكيل الخاصة بالقوانين، وتكوين السياسات وتنفيذ الأنظمة العامة، ليصبح بذلك المبدأ الجوهري للديمقراطية الصينية. وحاليًّا ما زالت الإجراءات والنظم الملائمة لتنفيذ الديمقراطية التشاورية تحتاج إلى البناء والتحسين المستمر. وعند الحديث عن مستقبل تطوير الشكل الصيني للديمقراطية التشاورية يتضح أمامنا بعض من النظم المهمة الخاصة بتطوير الديمقراطية التشاورية ورفع جودتها، التي يجب إدراجها في جدول الأعمال الخاص بخطة بناء الديمقراطية الصينية، وهي: الاكتشاف الشامل الدقيق الموضوعي للظروف الاجتماعية والرأي العام، وآلية رد فعل الشعب. وبمقارنة الديمقراطية التشاورية بالديمقراطية الانتخابية نجد أن آلية التعبير الخاصة بها أضعف نسبيًّا من نظيرتها؛ ولذلك اتضح جليًّا في خلفية التنمية الرئيسة للديمقراطية التشاورية، أنه من المهم جدًّا تسريع عملية بناء نظام لاستطلاع الرأي العام الصيني.

وبالنظر إلى الوضع الحالي نجد أن الديمقراطية التشاورية ليس لها قاعدة وأساس ثابت متين بالصين، وذلك بسبب أن العمل الخاص باستقصاء الرأي العام هناك ما زال يحتوي على العديد من العيوب وأوجه القصور، التي لا تساعد بعدُ على بناء نظام استقصاء مهني منظم شامل للرأي العام. وفيما يتعلق بهذا الشأن، نجد أنه أصبح لزامًا على الصين دراسة خبرات الدول الأجنبية الأخرى الخاصة بهذا الصدد والتعلم منها، والجمع بين الظروف الوطنية والاحتياجات الفعلية للبلاد، وتسريع عملية بناء المؤسسات والنظم المتخصصة الاستقصائية للرأي العام، والتركيز بشكل

خاص على بناء منظومة مهنية متخصصة مستقلة نسبيًّا خاصة باستقصاء الرأي العام.

(3) تأسيس نظام تقييد السلطة وتطوير الإشراف الديمقراطي

أصبح كل من تقييد السلطة والإشراف الديمقراطي يشغلان حاليًّا دورًا ومكانة أهم من قبل، وذلك في ظل حقيقة التخلي عن وضع الانتخابات التنافسية خيارًا سياسيًّا لبناء الديمقراطية. ويُعد تقييد السلطة أحد المضامين الجوهرية للنظم والنظريات السياسية الغربية. ولقد أثبتت الممارسات الطويلة المدى، أن تقييد السلطة هو أمر فعال وموثوق، باعتباره إجراءً أساسيًّا لمنع تدهور السلطة، وضمان الحفاظ على طبيعتها. فتقييد السلطة يُعد من الإنجازات البارزة للحضارة السياسية الإنسانية، وأحد المبادئ القابلة للتطبيق عالميًّا في ظل وجود نظام سياسي ديمقراطي. وفي تعريف لكل منها يمكن القول إن تقييد السلطة يقوم على مبدأ أساسي، مفاده الإشراف والتقييد المتبادل بين عناصر السلطة المتشابهة أو المتماثلة، بينما يقوم الإشراف الديمقراطي على أساس مفاده إشراف صاحب الحق أو ممثل الكيان الأساسي على المُكلف بالأعمال أو النائب بتنفيذ الأعمال، ومن هنا يتضح أن تقييد السلطة والإشراف الديمقراطي هما آليتان للتقييد والإشراف على السلطة السياسية، يختلفان في الطبيعة ويتقاربان ويتفقان في الدور والوظيفة في ذات الوقت. ولكن في ظل الغموض الذي أحاط بقضية تقييد السلطة والإشراف الديمقراطي والعلاقة بينهما خلال عملية بناء الديمقراطية وممارسة الاشتراكية الطويلة المدى، أصبح من الناحية النظرية لا يوجد فهم ومعرفة واضحة بها، وبالتالي لم تُنفَّذ وتُعزَّز بوعي خلال عملية الممارسة.

وخلال الممارسات السياسية المبكرة للاشتراكية بالاتحاد السوفيتي، اقترح لينين أن تُنفذ أنظمة البلاد الاشتراكية "الجمع بين السلطتين التشريعية والتنفيذية"، وخلال المؤلف النظري المهم "الدولة والثورة"، الذي ألَّفه لينين قبل ثورة أكتوبر، أثنى لينين على فكرة إلغاء البلديات التي طرحها ماركس عند قيامه بتلخيص تجربة ثورة بلديات باريس عام 1871م، وتنفيذه لاقتراح الجمع بين

السلطتين: التشريعية والتنفيذية. واقتبس بالتحديد كلام ماركس، فجاء في الكتاب ما يلي: "وقد كتب ماركس: أنه ليس من الضرورة أن تكون البلديات ذات شكل برلماني؛ بل يجب أن تكون أجهزة عمل، أجهزة مسؤولة عن السلطة التشريعية والتنفيذية". (1)

ولقد عنى إلغاء البرلمان والجمع بين السلطتين التشريعية والتنفيذية تغيير التقييدات، وتقسيمات السلطة الموجودة بين السلطة التشريعية والسلطة التنفيذية خلال ممارسة الديمقراطية الرأسمالية، وينبغي القول، إن هذا كان هو المفهوم المهم للكتاب الكلاسيكيين الماركسيين فيما يتعلق بالنظام السياسي الاشتراكي.

وقد حاولت الصين والاتحاد السوفيتي وغيرهما من الدول الاشتراكية في بداية تأسيسها، تأسيس وتنفيذ النظام السياسي، الذي يجمع بين السلطة التشريعية والسلطة التنفيذية طبقًا للتصور الذي طرحه ماركس، ولكن أظهرت نتائج الممارسات أن التنفيذ العملي للجمع بين السلطة التشريعية والسلطة التنفيذية صعب للغاية؛ أولاً: من الصعب أن يتولى جهاز واحد السلطة التشريعية والتنفيذية؛ نظرًا لاختلاف الصلاحيات والمهام الخاصة بكل منهما. وثانيًا: أن الجمع بين السلطة التشريعية والسلطة التنفيذية يلغي بالطبع التقييدات الموجودة بينهما، فيصبح من الصعب الإشراف على جهاز السلطة الضخم هذا.

وبعد ثورة أكتوبر بفترة قليلة، أدرك لينين من خلال ممارسات الحكم بالفترة الأولى أنه من الصعب تنفيذ الجمع بين السلطتين التشريعية والتنفيذية فعليًّا، وأن أجهزة السلطة العليا المسؤولة عن وضع القوانين والسياسات والاستراتيجيات وأجهزة الحكم المسؤولة عن التنفيذ تمتلك اتجاه الانفصال الطبيعي.

هذا، وقد أشار لينين في مقاله "كيف يمكننا تغير هيئات التفتيش الخاصة بالفلاحين والعمال"، إلى أن المؤتمر الوطني للجنة المركزية للحزب الشيوعي امتلك اتجاه التطور ليصبح أعلى مجلس نواب للحزب، وسيقوم المكتب السياسي والأمانة العامة بتنفيذ الأعمال اليومية.

―――――――――――
(1) لينين: "الدولة والثورة"، "الأعمال المختارة لـ«لينين»"، المجلد الثالث، دار الشعب للنشر، 1995م، ص 149.

أما فيما يخص مسألة كيفية التقييد والإشراف على الحزب والأجهزة الحكومية، فقد تمثل الإجراء المهم الذي اتخذه كل من لينين والحزب الشيوعي الروسي بعد ثورة أكتوبر، في تأسيس أجهزة الإشراف المتمثلة في هيئات التفتيش الخاصة بالعمال والفلاحيين التي يتكون أعضاؤها من الفلاحين والعمال المتميزين على مستوى القاعدة الشعبية؛ للقيام بالإشراف على الحكومة والأحزاب. ولكن كانت نتائج هذا النوع من الإشراف المباشر سيئة للغاية، أو كما وصفها لينين: مشكلة كبيرة.[1]

وقد أوضحت الدراسات، أن الإشراف الديمقراطي وتقييد السلطة يتنميان إلى فئتين مختلفتين، فهناك العديد من الاختلاف بينهم، سواء الجسم الرئيس، والموضوع الرئيس، وغيرها من الجوانب.

فيكمن تقييد السلطة في الإشراف والتقييد الداخلي لنظام الحكم، ويتمثل في تشكيل وظيفة وتأثير الإشراف المتبادل، والتقييد المتبادل من خلال الفصل العقلاني للسلطة. ويترسخ هذا النوع من التقييد والإشراف في داخل نظام السلطة، ومن الممكن أن يلعب دورًا فعالاً نسبيًّا في عملية صياغة السياسات والقوانين، ومنع اغتراب السلطة وإساءة استخدامها. ولأنه هو التقييد والإشراف الداخلي لنظام السلطة؛ لذلك فهو أكثر طرق الإشراف والتقييد مهنية.

بينما يتمثل الإشراف الديمقراطي في التقييد والإشراف الخارجي لنظام السلطة، فهو التقييد والإشراف القادم من أصحاب الحقوق الأساسيين بدرجات مختلفة وطرق مختلفة، ومثل: ما يُسمى غالبًا في الصين بـ "الإشراف المجتمعي" أو "الإشراف من قِبل الجماهير" أو "الإشراف من قِبل الرأي العام"، وغيرها. وفي ذلك العام استخدم الاتحاد السوفيتي الإشراف المباشر، الذي مثّلته هيئات التفتيش الخاصة بالعمال والفلاحين.

إن الإشراف الديمقراطي يأتي من خارج نظام السلطة؛ لذلك فنوع الإشراف الخاص به يختلف عن الإشراف الداخلي لنظام السلطة. وبسبب اختلاف الجسم

(1) طبقًا لما ورد في: لينين "كيف يمكننا تغير هيئات التفتيش الخاصة بالفلاحين والعمال"، "الأعمال المختارة لـ«لينين»"، دار الشعب للنشر، 1995م، ص 779-783.

الرئيس للإشراف الديمقراطي تختلف أيضًا مكانته، وقد أثبتت الممارسات أنه بسبب مشكلة تماثل المعلومات، واتجاه مطالب المصالح إلى جوانب مختلفة، فليس من الملائم إجراء الإشراف والتقييد على عملية تنفيذ السلطة؛ بل إن الأمر المناسب أكثر هو إجراء التقييد والإشراف على نتائج تنفيذ السلطة، وعلى سلوك وأخلاقيات أجهزة السلطة والقادة المتحكمين بالسلطة. ليتم بذلك ما يقوله القول الشائع عن تنفيذ تقييد السلطة: دخول السلطة إلى قفص النظام.

ولقد جعلتنا ممارسات بناء الديمقراطية والتنمية السياسية في الصين على المدى الطويل ندرك في النهاية الفرق الكبير بين الإشراف الديمقراطي وتقييد السلطة، وعلى وجه الخصوص، ندرك قيمة تقييد السلطة، الأمر الذي له دلالة مهمة وكبيرة. فيُعد التفريق بين تقييد السلطة والإشراف الديمقراطي هو الأساس المهم والفرضية المسبقة لتعزيز إصلاح النظام السياسي، وبناء الديمقراطية الصينية في المستقبل، والتفريق بين الإشراف الديمقراطي وتقييد السلطة من الممكن أن يساعد على الإشراف على السلطة وتقييدها بشكل أكثر عملية وفاعلية.

إن تشكيل واختيار النظم السياسية التي تتضمن تقييد السلطة والإشراف الديمقراطي في داخلها، يجب أن يتم طبقًا للخصائص المرحلية للتنمية الاقتصادية والاجتماعية واحتياجات التنمية، كما يجب أن تتلاءم مع الظروف الفعلية للبلاد، وأن تبدأ بالانطلاق من الواقع. وتمر الصين حاليًّا ومنذ فترة طويلة بالمرحلة الأولى من الاشتراكية، فهذا هو العامل الأساسي في ظروف الصين الأساسية.

وخلال المرحلة الأولى من الاشتراكية، تكون المهمة الأساسية للدولة والمجتمع هي تنمية قوى الإنتاج، وبصفتنا دولة كبرى يتحتم علينا اللحاق بمستوى تنمية متقدم في العالم؛ لأن حينها فقط سيمكننا امتلاك القدرة والمكانة التي تسمح لنا بالاستقلال وسط العالم.

ولذلك من أجل ضمان المصالح الجوهرية والمهام الرئيسة لتنمية البلاد، سيكون نظام السلطة السياسية في الصين في المستقبل المنظور نظامًا سياسيًّا ذا درجة عالية من المركزية، ويجب القول، إن الصين لا يمكنها أن تستخدم الانتخابات التنافسية كشكل أساسي لاستراتيجية تنمية الديمقراطية في هذا المستقبل المنظور.

ولهذا لا يمكن أن يصبح نظام تقييد السلطة بالصين مثل نظام تقييد وفصل السلطة الغربي، الذي يُسمى بـ "فصل السلطات الثلاث"، سواء في الوقت الحاضر أو في المستقبل؛ ولهذا حددت قيادة الحزب الشيوعي الصيني المركزية والتوحيد كأعلى سلطة لصنع القرار في الصين. ولكن في ظل فرضية ضمان مكانة قيادة الحزب الشيوعي الصيني، ما زال يمكن تطوير آلية تقييد السلطة داخل نظام السلطة السياسية بالصين، وفي الواقع، تمتلك الأعمال الداخلية لنظام السلطة السياسية الصيني حاليًا بالفعل آلية تقييد السلطة.

ولقد كان نظام الاستماع للشعب، الذي بدأت تنفيذه مدينة يويهتشينغ في وينتشو بمقاطعة تشجيانغ ابتداءً من عام 2007م، هو نوع من أنظمة الإشراف الحكومي، وتقييد السلطات على مستوى المحليات والقاعدة الشعبية. ففي إبريل لعام 2007م، قامت اللجنة الدائمة للمجلس الوطني بمدينة يويهتشينغ لأول مرة بتجريب شكل الجلسات الخاصة خلال فترة اللجنة الدائمة، التي تتكون من نواب عن مواطني المدينة، وبعض المواطنين للاستماع، وموظفين من أجهزة الدولة وأعضاء مجالس البلديات والقرى، يتم خلالها الاستماع إلى تقارير كافة نواب رؤساء البلديات في بداية العام، ووسط العام، ونهاية العام، عن أحوال التعليم والحفاظ على البيئة، والتعمير والمواصلات، والأمن الاجتماعي، وغيرها من الأعمال ذات الصلة بـ "الحكومة والمحكمتين". ويبدي نواب الشعب والمواطنون الحاضرون آراءهم في التقارير.

ثم يقدِّم مجلس الشعب من جانبه رأيًا مكتوبًا في مضمون ما قاله المتحدثون أثناء جلسة الاستماع بعد فهمه وتلخيصه، وتُبلَّغ حكومة البلدية به بعد انتهاء اجتماع المديرين من مناقشته. وتذيع وسائل الإعلام التلفزيونية، وشبكات الإنترنت، بثًّا مباشرًا لجلسة الاستماع كاملة.

وفي أغسطس لعام 2008م أصدر مجلس الشعب بمدينة يويهتشينغ بعض القوانين المؤقتة الخاصة بشكل عمل جلسات الاستماع للشعب، ومنذ ذلك الوقت أصبح نظام "جلسات الاستماع للشعب" هو النظام التقليدي للجنة الدائمة لمجلس الشعب بمدينة يويهتشينغ. ولقد ساعد الجمع بين الاستماع للشعب وإشراف

مجلس الشعب على تعزيز تقييد السلطة التنفيذية، وبالإضافة إلى ذلك أسهم في تحسين إشراف مجلس الشعب، بصفته إحدى الهيئات التابعة للسلطة، على أجهزة الحكومة والحزب وموظفيها، وتعزيز الإدارة الحكومية القائمة على القانون وتوسيع المشاركة السياسية الشعبية المنظمة. وحاليًّا، يعمل الكثير من الأماكن بالصين على تعزيز إجراءات الإشراف الديمقراطي بمختلف أنواعها وأشكالها، ويُعد هذا إحدى جوانب التنمية السياسية المستقبلية بالصين؛ فهو يعمل على تعزيز الإشراف السياسي وتقييد السلطة بالنظام السياسي الصيني في المستقبل؛ لهذا فهو نقطة نمو مهمة في السياسة الديمقراطية في الصين.

ويجب أن تطوِّر الصين خلال إصلاح النظام السياسي الخاص بتطوير آليات تقييد السلطة، تعزيز بناء النظام الخاص بتقييد السلطة، من خلال تصنيف وتسلسل وتدرُّج الشكل الخاص بآلية بناء تقييد السلطة.

ويُقصد بما يُسمى بـ "التصنيف": الترتيب المتوالي لأجهزة السلطة الأساسية في الدولة، كلجنة الحزب والحكومة، ومجلس المؤتمر الشعبي الوطني، والقضاء وغيرها، بناء على أولية بناء آلية داخلية سليمة لتقييد السلطة بها. ويُعَرف ما يُسمى بـ "التسلسل" بـ: التفريق بين السلطات المركزية والسلطات المحلية والإدارات؛ اعتمادًا على آليات توازن السلطة المميزة بكل منها، والتي بُنيت طبقًا للظروف والاحتياجات المختلفة.

أما بالحديث عن ما يُسمى بـ "التدريج" فيمكن القول إن السلطة السياسية في الصين اتخذت شكلاً مركزًا نسبيًّا لفترة طويلة من الزمان، وذلك بسبب ظروف المرحلة الحالية للتنمية في الصين، والقيود التي فرضها تاريخ النظام السياسي على تلك المرحلة، وبالتالي أصبحت آلية توازن السلطة بالنظام السياسي الصيني غير متوازنة ومتجانسة على الإطلاق، وأصبحت هناك فروق بين آليات التوازن الخاصة بطبقات السلطة المختلفة، كما أصبحت هناك فروق بين آليات تقييد السلطة الخاصة بالسلطات العليا والسلطة المركزية، وسلطات باقي المستويات ودرجاتها.

هذا، وقد برز دور ومكانة الإشراف الديمقراطي بشكل أكثر وضوحًا في ظل غياب الشكل الديمقراطي الخاص بالانتخابات التنافسية. وأصبح الإشراف

الديمقراطي شكلاً سياسيًّا ديمقراطيًّا مهمًّا لا يمكن الاستغناء عنه، خاصة في أعمال الصين الخاصة باقتصاد السوق الاشتراكي.

فيُعد الإشراف الديمقراطي الضمانة الخاصة بثبات كافة السلطات التي يمنحها الشعب إلى الحزب الحاكم، وأجهزة السلطة بالدولة، والأجهزة الحكومية، وبتنفيذ النهج الأساسي، الذي مفاده أن السلطة تُستخدم من أجل الشعب، وأن العمل لا يكون إلا لتنفيذ مصالح الشعب. وبمعنى مؤكد يمكن القول إن الإشراف الديمقراطي هو واحد من العوامل الرئيسة التي تضمن المسار الصحيح لتطور الديمقراطية خلال المرحلة الحالية، فبتحقيق إشراف ديمقراطي فعال فقط، يمكن أن تلعب جميع أشكال الديمقراطية الأخرى دورها بشكل صحيح. وبعبارة أخرى، أنه فقط في حالة تنفيذ وتعزيز نظام إشراف ديمقراطي فعال يمكن أن يتم التجسيد الحقيقي لسياسة الديمقراطية الاشتراكية الصينية؛ ولذلك يُعد الإشراف الديمقراطي مجالاً مهمًّا يحتاج إلى التعزيز والتطوير من أجل بناء السياسة الديمقراطية الاشتراكية ذات الخصائص الصينية.